PAIDEIA
FUNDACION
PAIDEIA

Colección: PEDAGOGÍA
Educación crítica

Discapacidad y sociedad

Por

Len BARTON (Comp.)

Traducción de

Roc Filella

Con la denominación de PAIDEIA se constituye en Galicia (1986) una Fundación de interés público. Su finalidad y objetivo permanente consiste en crear un espacio abierto para la reflexión, el debate, la formación y la investigación en las Ciencias Humanas y Sociales, particularmente en su interacción con las áreas de las Ciencias de la Salud, la Educación y los Servicios Sociales.

Para llevar a cabo estos objetivos, la Fundación promueve y apoya las siguientes líneas de actuación:

Actuación y formación permanente de los profesionales de las Ciencias Sociales y Humanas a través de cursos y seminarios de especialización.

Promoción de estudios e investigaciones coherentes con su campo de actuación.

Divulgación: debates, conferencias, mesas redondas en torno a temas relacionados con las Ciencias Sociales y Humanas.

Publicaciones derivadas de sus actividades de formación e investigación y de aquellas otras que estimen de interés el Patronato y la Comisión Científica de la Fundación.

Colaboraciones, convenios y ayudas que favorezcan la consecución de sus objetivos.

La Fundación, en su sede central, dispone de una biblioteca y de bases de datos especializados en las áreas en las que desarrolla su actividad.

Colección "Educación crítica"
Director: Jurjo Torres Santomé

a. **Perrenoud, J.:** *La construcción del éxito y del fracaso escolar* (2.ª ed.).
b. **Jackson Ph. W.:** *La vida en las aulas* (5.ª ed.).
c. **Usher, R. y Bryant, I.:** *La educación de adultos como teoría, práctica e investigación* (2.ª ed.).
d. **Bernstein, B.:** *La estructura del discurso pedagógico* (3.ª ed.).
e. **Ball, S. J.:** *Foucault y la educación* (3.ª ed.).
f. **Liston, D. P. y Zeichner, K. M.:** *Formación del profesorado y condiciones sociales de la escolarización* (2.ª ed.).
g. **Popkewitz, Th. S.:** *Sociología política de las reformas educativas* (2.ª ed.).
h. **McCarthy, C.:** *Racismo y curriculum.*
i. **Gore, J. M.:** *Controversias entre las pedagogías.*
j. **Carr, W.:** *Una teoría para la educación.*
k. **Squires, D. y McDougall, A.:** *Cómo elegir y utilizar* software *educativo.*
l. **Bernstein, B.:** *Pedagogía, control simbólico e identidad. Teoría, investigación, crítica.*
m. **Barton, L. (Comp.):** *Discapacidad y sociedad.*
n. **Whitty, G., Power, S. y Halpin, D.:** *Delegación de poderes y elección educativa.*
ñ. **Epstein, D. y Johnson, R.:** Sexualidades e institución escolar.

Len BARTON (Comp.)

Discapacidad y sociedad

Director de la colección: Jurjo Torres Santomé

FUNDACIÓN PAIDEIA
Plaza de María Pita, 17
15001 - LA CORUÑA

EDICIONES MORATA, S. L.
Fundada por Javier Morata, Editor, en 1920
C/ Mejía Lequerica, 12 - 28004 - MADRID

Título original de la obra:
DISABILITY & SOCIETY:
Emerging Issues and Insights

© Addison Wesley Longman Limited 1996
This translation of *Disability and Society: Emerging Issues and Insights,* First Edition, is published by arrangement with Addison Wesley Longman Limited, London.

No está permitida la reproducción total o parcial de este libro, ni su tratamiento informático, ni la transmisión de ninguna forma o por cualquier medio, ya sea electrónico, mecánico, por fotocopia, por registro u otros métodos, sin el permiso previo y por escrito de los titulares del Copyright.

e-mail: morata@infornet.es
dirección en internet: http://www.edmorata.es

© de la presente edición:
EDICIONES MORATA, S. L. (1998)
Mejía Lequerica, 12. 28004 - Madrid
y
FUNDACIÓN PAIDEIA
Plaza de María Pita, 17. 15001 - La Coruña

Derechos reservados
Depósito Legal: M-39.869-1998
ISBN: 84-7112-434-3

Compuesto por: Ángel Gallardo
Printed in Spain - Impreso en España

Imprime: LAVEL. Humanes (Madrid)
Diseño de la cubierta: DYGRA. La Coruña

Contenido

	Págs.
AGRADECIMIENTOS	10
PRÓLOGO DEL DIRECTOR DE LA COLECCIÓN INGLESA	11
PREFACIO	13
LOS AUTORES	14
PRIMERA PARTE: Desarrollos teóricos	17

CAPÍTULO PRIMERO: **Sociología y discapacidad: algunos temas nuevos,** por Len BARTON 19
Un enfoque emancipador, 19.—Sociología y discapacidad, 22.—Definición, historia y diferencia, 24.—Conclusión, 29.—Bibliografía, 31.

CAPÍTULO II: **¿Una sociología de la discapacidad o una sociología discapacitada?,** por Mike OLIVER 34
Sociología y teoría de la discapacidad: un caso preocupante, 34.—Versiones sociológicas de la discapacidad, 35.—Versiones de la sociología discapacitada, 41.—Discapacidad y capitalismo, 44.—La producción de la discapacidad en estado de transición, 45.—Teoría sociológica - ¿tragedia personal, postmodernismo o economía política?, 48.—Teorización de alcance medio - ¿adaptación y pérdida o adaptación social?, 50.—Metodología - ¿describir, interpretar, comprender o cambiar la experiencia de la discapacidad?, 52.—Conclusiones, 55.—Agradecimientos, 55.—Bibliografía, 56.

CAPÍTULO III: **Las teorías de la discapacidad y los orígenes de la opresión de las personas discapacitadas en la sociedad occidental,** por Colin BARNES 59
Explicaciones sociopolíticas de la discapacidad, 60.—Versiones funcionalistas del surgimiento de la discapacidad, 60.—Versiones materialistas del

surgimiento de la discapacidad, 62.—La experiencia de la insuficiencia y de la discapacidad y el papel de la cultura, 64.—*Variaciones culturales en las percepciones de la insuficiencia,* 65.—*La discapacidad en la cultura occidental antes de la industrialización,* 67.—*Conclusión,* 72.—*Agradecimientos,* 73.—*Bibliografía,* 73.

CAPÍTULO IV: **Trabajo, Utopía e insuficiencia,** por Paul ABBERLEY................ 77
Sociología funcionalista y discapacidad, 81.—*Las Utopías en la teoría social,* 83.—*Marxismo e insuficiencia,* 84.—*El trabajo y la teoría de la discapacidad,* 86.—*Los análisis feministas,* 88.—*Los movimientos sociales y las teorías de la necesidad,* 90.—*Conclusión,* 93.—*Bibliografía,* 94.

SEGUNDA PARTE: Discapacidad y educación 97

CAPÍTULO V: **Teorizar sobre las necesidades educativas especiales en un clima político cambiante,** por Sheila RIDDELL 99
Formas de teorizar la discapacidad, 100.—*Planteamientos esencialistas,* 101.—*Planteamientos construccionistas sociales,* 102.—*Planteamientos materialistas,* 103.—*Planteamientos postmodernistas,* 105.—*Planteamientos del movimiento de la discapacidad,* 108.—*Teorías de la discapacidad y discursos educativos oficiales - el legado de* WARNOCK, 109.—*El Informe Warnock y la legislación posterior a* WARNOCK, 109.—*El Informe del HMI de 1978 y las directrices sobre el apoyo al aprendizaje,* 111.—*Discursos oficiales de las necesidades educativas especiales en el contexto político actual,* 112.—*Necesidades educativas especiales en el* curriculum *5-14,* 113.—*Delegación de la gestión económica en los centros,* 113.—*Provisión del apoyo al aprendizaje en el contexto de las "tablas de clasificación",* 114.—*Responsabilidad de la escuela y ubicación en centros y aulas normales de los niños con dificultades sociales, emocionales y de conducta,* 115.—*El poder de los padres y las necesidades educativas especiales,* 116.—*Conclusión,* 118.—*Bibliografía,* 121.

CAPÍTULO VI: **Las cláusulas de condicionalidad: la acomodación "razonable" del lenguaje,** por Roger SLEE 124
La teoría social: redefinición y alcance, 125.—*Gestión educativa, invalidez e integración,* 129.—*¿Cambiar las conclusiones? ¿Cambiar el discurso?,* 134.—*Bibliografía,* 136.

CAPÍTULO VII: **Reflexiones acerca de la investigación sobre la discapacidad y la enseñanza superior,** por Alan HURST 139
Una historia personal, 139.—*La enseñanza superior y los discapacitados,* 141.—*Algunos aspectos de la investigación sobre la discapacidad en la enseñanza superior,* 146.—*Conexión entre teoría, política y práctica: un estudio de casos,* 150.—*Otras reflexiones,* 154.—*Conclusiones,* 157.—*Bibliografía,* 158.

TERCERA PARTE: Discapacidad, organizaciones benéficas, normalización y representación 159

CAPÍTULO VIII: **Una crítica del papel de las organizaciones benéficas tradicionales,** por Robert F. DRAKE 161
Poder, normas y normalidad, 161.—*Normas y ejercicio del poder,* 161.—*El modelo médico de la discapacidad,* 163.—*El modelo social de la discapaci-*

© Ediciones Morata, S. L.

dad, 163.—Las organizaciones benéficas tradicionales, 164.—El espíritu y el centro de atención de las organizaciones benéficas tradicionales, 166.—Hegemonía, gobierno y control de los recursos, 167.—Estructuras y prácticas, 169.—La imagen, 170.—La esterilidad política, 172.—*El movimiento de la discapacidad,* 173.—*La respuesta de las organizaciones benéficas tradicionales,* 174.—*Conclusiones,* 175.—Temas sociológicos, 175.—¿Qué futuro tienen las organizaciones benéficas tradicionales?, 176.—*Bibliografía,* 178.

CAPÍTULO IX: **Entre la normalización y la Utopía,** por Gillian FULCHER 181
El proyecto de normalización, 181.—*¿Más allá de la normalización?,* 184.—*Un proyecto artístico,* 185.—*Una empresa con ordenadores y niños diagnosticados como autistas,* 186.—*Personas con pérdida de visión: un proyecto con trabajadores de la misma condición,* 187.—*Resumen,* 189.—*Sensibilidades materialistas y el proyecto que trasciende a la normalización,* 189.—*La acción culturalmente productiva como materialista: proclamar que la diferencia es legítima,* 189.—*La representación de la discapacidad y la materialidad de la cultura,* 190.—*Tendencias normalizadoras y materialismo cultural,* 194.—*Preguntas para los proyectos pequeños,* 197.—*Conclusión,* 200.—*Bibliografía,* 201.

CAPÍTULO X: **Poder y prejuicio: los temas de género, sexualidad y discapacidad,** por Tom SHAKESPEARE 205
Imagen, identidad y discapacidad, 206.—*Asexual, indeseable, incapaz para el amor,* 206.—*Los estereotipos de género,* 208.—*Las diferencias entre géneros,* 210.—*Discapacitados, sexo y amor,* 212.—*El rechazo del sexo,* 213.—*Dificultad para encontrar pareja,* 215.—*La experiencia de los abusos sexuales,* 217.—*Discapacidad y placer,* 223.—*Discapacitados, enfermos de SIDA y con HIV,* 224.—*Conclusión,* 226.—*Bibliografía,* 228.

CAPÍTULO XI: **La política de la identidad de la discapacidad,** por Susan PETERS 230
Símbolos culturales y actuaciones rituales, 231.—*Posibles aportaciones de los postmodernistas, feministas y teóricos críticos al desarrollo de la teoría de la identidad de la discapacidad,* 236.—*Postmodernismo,* 236.—*Pedagogía crítica,* 238.—*Teoría feminista,* 241.—*Política de la identidad de la discapacidad en acción,* 243.—*Búsqueda personal de la identidad,* 243.—*Búsqueda política de la identidad,* 245.—*Conclusión,* 246.—*Bibliografía,* 248.

CUARTA PARTE: Discapacidad, un método de investigación concreto 251

CAPÍTULO XII: **El sonido de las voces acalladas: cuestiones acerca del uso de los métodos narrativos con personas con dificultades de aprendizaje,** por Tim BOOTH 253
La fuerza del relato, 255.—*El problema de los métodos narrativos,* 256.—*El relato,* 257.—*La redacción,* 259.—*La interpretación,* 261.—*La propiedad,* 261.—*El relato como una forma de arte,* 262.—*El uso de la metáfora,* 263.—*La caracterización,* 264.—*Las historias compuestas,* 265.—*La dramaturgia,* 266.—*El diálogo,* 267.—*El estilo,* 267.—*Entretenimiento y legibilidad,* 268.—*Conclusiones,* 268.—*Bibliografía,* 269.

ÍNDICE DE AUTORES Y MATERIAS 273

OTRAS OBRAS DE EDICIONES MORATA DE INTERÉS 281

© Ediciones Morata, S. L.

Agradecimientos

Este volumen es un testimonio de la importancia vital que tiene el estudio en la batalla por las ideas y las reflexiones sobre el tema de la discapacidad. Es también un recordatorio de la necesidad de apoyo y de amistad que sienten aquellos que pugnan por una sociedad integradora. Nos necesitamos unos a otros y tenemos mucho que aprender de los demás.

Así pues, quiero agradecer la entrega de todos los que han contribuido en la producción de esta obra, que ha sido fundamental. Se ajustaron a plazos muy estrictos y respondieron de buen grado a los comentarios sobre sus capítulos respectivos.

Gracias también a Bob Burgess, que apoyó la idea inicial de una obra de este tipo y no cesó de alentar y de ofrecer ayuda constructiva.

Por ultimo, gracias a los editores de Longman, por su apoyo y ánimo constantes.

Prólogo del director de la colección inglesa

Esta colección* pretende ofrecer una alternativa a los textos estándar. Aunque la mayoría de los libros de la serie están diseñados pensando en los estudiantes de sociología, los compiladores incluirán obras que tienen un interés más amplio, tanto para estudiantes, investigadores y estudiosos de materias afines, como para un público más general que se ocupe activamente de las ciencias sociales.

La colección es de amplias miras y refleja las polémicas y los debates clave de la sociología y de la política social de la década de los noventa. Todas las obras contendrán una información teórica precisa, emplearán nuevos materiales empíricos y tendrán alguna relación con los temas políticos y sociales. El objetivo de cada volumen será la presentación de un trabajo teórico informado. Los libros están dirigidos a un público internacional, por lo que acostumbran a incluir material comparativo.

Es necesario que los cambios que se producen en la forma, la naturaleza, el estilo y el contenido de la investigación sociológica se reflejen en las publicaciones, de forma que los resultados de las investigaciones sean accesibles para un público amplio, y se puedan difundir a una nueva generación de estudiantes que siguen cursos de sociología.

Este volumen abre nuevos caminos con estudios sobre los temas de la discapacidad. En particular, los autores apuntan los medios con los que los sociólogos pueden contribuir a la comprensión de la discapacidad, ayudar a desarrollar políticas y a poner en entredicho y cambiar las prácticas actuales. En términos generales, esta colección de ensayos demuestra

---

* Se refiere a la colección de sociología publicada por Lorgman con el nombre de *Longman Sociology Series*. (N. del E.)

© Ediciones Morata, S. L.

cómo se pueden emplear la teoría y la investigación sociológicas para mejorar nuestra manera de entender un tema importante para la sociedad actual, y para abordar el desarrollo de políticas. Los ensayos darán lugar a diversos debates posteriores, a la vez que contribuirán firmemente a establecer el estudio de la discapacidad entre las prioridades de la investigación.

Robert G. BURGESS
Universidad de Warwick

© Ediciones Morata, S. L.

Prefacio

Este libro representa un esfuezo por potenciar el estudio sociológico de la discapacidad. Sus capítulos son el fruto de un seminario que yo organicé en octubre de 1994 y al que sólo se podía asistir por invitación. La intención de ese seminario era tanto reconsiderar el estado actual de los estudios sociológicos sobre los temas de la discapacidad, como tratar de identificar sus posibles direcciones futuras.

Sin querer cuestionar la influencia de los sociólogos vinculados a este campo de estudio, a nivel nacional e internacional, y sin pretender decir la última palabra, sin embargo, los autores de este volumen han hecho una contribución significativa a esos avances sociológicos.

Una de las características únicas del seminario fue haber reunido sociólogos discapacitados y no discapacitados. Los debates fueron estimulantes, vivos y de una franqueza admirable. Se delimitaron acuerdos y desacuerdos, y algunos de estos últimos quedaron sin resolver. En general, el tiempo que pasamos juntos constituyó una experiencia de aprendizaje importante, afianzó nuestras ideas, nos hizo conscientes de nuestras limitaciones como sociólogos y nos brindó la oportunidad de aprender a respetarnos mutuamente.

Ofrecemos los capítulos de este libro con la esperanza de que de alguna forma inspiren, inciten y animen a otros estudiantes, investigadores y profesores a considerar la importancia de la cuestión de la discapacidad y a responder a algunos de los temas, reflexiones y preguntas que en ellos se plantean.

Len BARTON
Junio de 1995

© Ediciones Morata, S. L.

Los autores

Paul ABBERLEY fue profesor a tiempo completo en la Universidad de The West of England durante 17 años. En la actualidad trabaja a tiempo parcial como profesor de un curso de Estudios sobre la Discapacidad en el Departamento de Sociología de la Universidad de Bristol. Ha escrito sobre este tema desde 1985, y ha publicado una serie de artículos y reseñas. Forma parte del consejo editorial de *Disability and Society* y ha sido miembro, y en algún momento presidente, de la comisión administrativa de la *Avon Coalition of Disabled People* (Coalición Avon de Personas Discapacitadas). En 1992-1993 fue asesor en un proyecto de investigación sobre el *Independent Living Fund* (Fondo para la Vida Independiente), del *Policy Studies Institute* (Instituto de Estudios Políticos).

Colin BARNES es escritor y persona comprometida, discapacitado, con una deficiencia visual congénita. Además de dedicarse a la enseñanza de estudios sobre la discapacidad en la *School of Sociology and Social Policy* (Escuela de Sociología y de Política Social) de la Universidad de Leeds, es Director de Investigaciones de la *School's Disability Research Unit* (Unidad para la Investigación de la Discapacidad en la Escuela), Director Honorario de Investigaciones del *British Council of Organisations of Disabled People* (BCODP) (Consejo Británico de Organizaciones de Personas Discapacitadas), y editor ejecutivo de la publicación internacional *Disability and Society*.

Len BARTON imparte cursos de licenciatura en Ciencias de la Educación y en Humanidades en la División de Educación de la Universidad de Sheffield. Es el fundador de la publicación internacional *Disability and Society*. Entre los intereses de sus investigaciones se cuentan una visión sociopolítica de la discapacidad y la educación integradora.

© Ediciones Morata, S. L.

Los autores

Tim BOOTH es Profesor adjunto de Política Social en el Departamento de Estudios Sociológicos de la Universidad de Sheffield. Ha escrito y ha investigado mucho sobre las dificultades de aprendizaje. Entre sus publicaciones más recientes están *Outward Bound: Relocation and Community Care for People with Learning Difficulties* (Open University Press, 1990), y *Parenting Under Pressure: Mothers and Fathers with Learning Difficulties* (Open University Press, 1994). En la actualidad participa en un proyecto de investigación-acción, financiado por la Fundación Joseph Rowntree, que pretende desarrollar una organización de ámbito local de apoyo y defensa para padres con problemas de aprendizaje.

Robert F. DRAKE es profesor de política social en la Universidad de Swansea y miembro investigador honorario de la Universidad de Cardiff. Entre los intereses de su investigación están el voluntariado y el modelo social de la discapacidad. Ha colaborado en publicaciones como *Critical Social Policy* y *Disability and Society*, y recientemente ha trabajado con el Foro Galés de Planificación Sanitaria.

Gillian FULCHER es profesora no numeraria del Departamento de Antropología y Sociología, de la Universidad de Monash, e investigadora independiente. Ha enseñado sociología en la Universidad de Monash, y ha investigado sobre temas relacionados con la discapacidad desde 1983, año en que fue adscrita al Departamento de Educación de Victoria como redactora principal de un Estudio Ministerial sobre Servicios Educativos para los Discapacitados. Sus investigaciones más recientes las desarrolla en el *Royal Melbourne Institute of Technology* (Instituto Real de Tecnología de Melbourne) y versan sobre comunicación y discapacidad severa.

Alan HURST es Catedrático del Departamento de Ciencias de la Educación de la Universidad de Lancashire Central, y Asesor para Alumnos Discapacitados. En la actualidad es Vicepresidente de *Skill: National Bureau for Students with Disabilities* (Departamento Nacional para Estudiantes con Minusvalías), y es miembro del *Higher Education Funding Council (England)* [HEFC (E)] (Grupo Asesor sobre Ampliación de la Participación). Sus investigaciones se centran en la discapacidad y la educación superior, y espera publicar pronto una serie de artículos sobre políticas y recursos de otros países.

Mike OLIVER es Catedrático de Estudios sobre Discapacidad en la Universidad de Greenwich. Ha escrito mucho sobre todos los aspectos de la discapacidad. Entre sus trabajos figuran *The Politics of Disablement* (Macmillan, 1990) y *Understanding Disability: From Theory to Practice* (1995). Ha participado activamente en el movimiento de discapacitados durante los últimos veinte años y ha colaborado en varias de las principales publicaciones sobre salud y educación. Últimamente trabaja en una historia actual del movimiento de personas discapacitadas.

© Ediciones Morata, S. L.

***Susan* Peters** es Catedrática Adjunta del Departamento de Educación del Profesorado y de Educación Especial de la Universidad del Estado de Michigan, y Miembro del Claustro Permanente para Programas sobre Estudios Africanos, MSU. Sus publicaciones académicas y sus investigaciones se centran en la educación especial y en la educación comparada. En 1993 se le concedió una beca Fullbright para trabajar en la enseñanza y la investigación en Zimbabue durante seis meses. Ha colaborado en numerosos Consejos y Fundaciones para la promoción de los derechos de los discapacitados. Fue la anterior directora de un *Center for Independent Living* (Centro para la Vida Independiente) de California, y la anterior presidenta del *Michigan State Independent Living Council* (Consejo de Vida Independiente del Estado de Michigan).

***Sheila* Riddell** es profesora del Departamento de Educación de la Universidad de Stirling. Al terminar sus estudios de licenciatura en la Universidad de Bristol en 1988, trabajó como Investigadora en Edimburgo, ocupándose del estudio del impacto de la legislación posterior a Warnock. Desde 1989 trabaja en la Universidad de Stirling y sus investigaciones se centran principalmente en la política sobre las necesidades educativas especiales y las diferencias entre sexos.

***Tom* Shakespeare** es investigador de la Universidad de Leeds. Dedica sus investigaciones a los problemas de identidad cultural, política y sexual. Últimamente ha trabajado en las implicaciones de la investigación sobre el genoma humano y sobre la política sexual de la discapacidad. Participa en el movimiento de la discapacidad como militante activo en las organizaciones de discapacitados locales, y también mediante Regard, la organización nacional de lesbianas, homosexuales y bisexuales discapacitados. Es padre orgulloso de dos hijos discapacitados.

***Roger* Slee** ha enseñado hasta hace poco en la Universidad de Tecnología de Queensland en Brisbane, Australia. En la actualidad es Jefe de Departamento en el *Goldsmiths College* de la Universidad de Londres. Fue el Editor de *Australian Disability Review* y lo es ahora de *International Journal of Inclusive Education*.

PRIMERA PARTE

Desarrollos teóricos

Esta parte del libro pretende ofrecer algunas reflexiones sobre el tema complejo y controvertido de cómo el trabajo de teorización sociológico nos ha ayudado a entender la discapacidad y puede seguir haciéndolo.

Esta pretensión plantea algunos temas clave, entre los que se incluyen la forma, el propósito y los resultados de estas indagaciones sociológicas. Parte de este proceso será la cuestión fundamental de la relación entre el sociólogo y los discapacitados que participan en la investigación.

En su capítulo, Barton pretende identificar algunas de las características esenciales de la teoría social de la discapacidad. Sitúa su análisis en el ámbito de la preocupación por los derechos humanos, la justicia social y la equidad, con lo que sostiene que parte de la labor sociológica consiste en desvelar y poner en entredicho la discriminación. Mantiene que el trabajo sociológico futuro debe disponer de una base de información histórica más consistente y abordar el importante tema de la política de la diferencia.

Oliver ofrece una perspectiva general de la relación histórica entre la sociología y la reflexión teórica sobre la discapacidad, así como un comentario sobre el desarrollo de los vínculos entre ambas. Propone un esquema para evaluar esta relación. Un punto básico en su propuesta es la idea de una sociología como empresa crítica y emancipadora. Por último, estudia las formas en que pueden producirse los futuros avances.

El capítulo de Barnes se centra en las teorías sociopolíticas de la discapacidad y en los orígenes de la opresión de las personas discapacitadas en la sociedad occidental. El autor sostiene que los principales planteamientos teóricos sobre la discapacidad han olvidado, subestimado y malinterpretado el papel que representó la cultura en la opresión de las personas discapacitadas. Se ofrece una explicación materialista de la historia, según la cual, aunque las respuestas sociales a las deficiencias no son universales en absoluto, ha existido una tendencia cultural sistemática en contra de los discapacitados a través de toda la historia documentada, que ha girado en torno al

© Ediciones Morata, S. L.

mito de la "perfección corporal". Este hecho tiene unas implicaciones claras para los futuros análisis sociológicos de las respuestas sociales a las personas con deficiencias.

Por último, ABBERLEY destaca en su capítulo de qué forma las teorías sociales dan a la participación en la producción una importancia fundamental para la integración social. Desde esta perspectiva, el trabajo es considerado como una necesidad y una fuente de identidad. Estas teorías implican la abolición progresiva de la deficiencia como elemento restrictivo en el desarrollo de toda la capacidad humana de las personas. Para ABBERLEY, la consecución total de este objetivo es imposible. Sostiene que, para avanzar en las teorías sociales liberadoras de la discapacidad, debemos orientarnos hacia las fuentes sociológicas que no equiparan la realización humana plena con el trabajo.

CAPÍTULO PRIMERO

Sociología y discapacidad: algunos temas nuevos

Por Len Barton

En este capítulo consideraremos brevemente las contribuciones sociológicas al estudio de la discapacidad. Otorgaremos especial importancia al enfoque emancipador de estas cuestiones, así como a una identificación de algunos temas específicos que el trabajo futuro debe abordar. Entendemos que el trabajo sociológico contribuye tanto a la comprensión como al cambio del mundo social.

Un enfoque emancipador

La sociología es una actividad inherentemente inquisitiva y controvertida. Los sociólogos no dejan de hacer preguntas, de agudizar el objetivo de sus preocupaciones y de formular críticas a las formas existentes de las condiciones y las relaciones sociales. Parte del trabajo sociológico consiste en establecer conexiones entre, por ejemplo, las condiciones estructurales y la realidad vivida de las personas en unas condiciones sociales determinadas. Al tratar de identificar "algunas formas de sensibilidad relacionadas" que se consideran indispensables para el análisis sociológico, GIDDENS sostiene que:

> el análisis sociológico puede desempeñar una función emancipadora en la sociedad humana. Al mismo tiempo, el análisis sociológico nos enseña a ser sensatos. Pues aunque el conocimiento puede ser un complemento importante del poder, no es el propio poder. Y nuestro conocimiento de la historia siempre es provisional e incompleto.
>
> (1986, pág. 13.)

Como sociólogos, debemos recordar siempre la importancia de la *humildad*. Dada la profundidad de los temas sociales a los que nos enfrentamos en la sociedad actual —y no hay duda de que la discapacidad es uno de ellos— no cabe la complacencia; y se dan todas las razones para que identifiquemos las limitaciones de nuestro trabajo, incluido su *status* de parcial e incompleto.

No hay que entender esto como un deseo de falsa modestia o como una pretensión de una forma de subjetivismo equivalente a cierta experiencia espiritual personal, sino más bien como un reconocimiento sincero de que, como sociólogos, estamos *aprendiendo* siempre. Por consiguiente, necesitamos relaciones con amigos "críticos"; el debate, el diálogo y la autocrítica son ingredientes básicos para una dieta sociológica sana. Por tanto, una aproximación crítica a la realidad social constituye un axioma para la imaginación sociológica. La razón de ello está en la convicción de que las estructuras sociales no son ni naturales ni las adecuadas, y por ello están sujetas a la crítica y el cambio.

Es frecuente que la sociología se represente, como observa GIDDENS, como una actividad emancipadora o liberadora y, por tanto, sostiene que:

> La sociología no puede ser un empeño intelectual neutral, indiferente a las consecuencias prácticas que sus análisis puedan tener para aquellos cuyas formas de conducta constituyen el objeto de estudio.
> (1986: Prefacio. Segunda edición.)

Este punto de vista particular plantea algunas cuestiones significativas sobre los complejos procesos que tienen lugar en el desarrollo y la articulación de lo que MILLS (1970) denomina la "imaginación sociológica". Ésta supone la interacción dinámica de la biografía, el contexto y los valores que informan la reflexión sociológica. Desde esta perspectiva, la sociología es fundamentalmente un acto social. Tiene también su parte conmovedora en relación con aquellos sujetos de estudio que son discapacitados y, por tanto, experimentan, en diferentes grados de intensidad, la marginación, la opresión y la vulnerabilidad. Un tema fundamental que se debe examinar con seriedad es hasta qué punto los sociólogos utilizan sus posiciones y sus capacidades en apoyo de la lucha por el cambio. Por último, no sólo suscita cuestiones sobre la forma y el propósito de nuestro trabajo, en el campo de los estudios sobre la discapacidad, sino que tiene sus implicaciones en las relaciones entre sociólogos discapacitados y sociólogos que no lo son.

Una visión "emancipadora" del estudio de la discapacidad conlleva ocuparse de varios temas clave. Por ejemplo, establecer relaciones con las personas discapacitadas, escucharlas; y, en mi caso, ser blanco, varón y no discapacitado, plantea el siguiente tipo de preguntas:

¿Qué derecho tengo de emprender este trabajo?

¿Qué responsabilidades derivan de los privilegios de que gozo como resultado de mi posición social?

¿Cómo puedo emplear mis conocimientos y mis capacidades para desafiar las formas de opresión que experimentan las personas discapacitadas?

¿Con lo que escribo y con lo que digo reproduzco un sistema de dominación o desafío al sistema?

© Ediciones Morata, S. L.

Estas preguntas forman parte de una serie, compleja e inacabada, de preocupaciones. Son aspectos importantes de una experiencia de aprendizaje estimulante, que perturba y enriquece a la vez. ¿Qué significa para un sociólogo *escuchar* a los sujetos del estudio? ¿Cuáles son los temas importantes para establecer y mantener relaciones con personas discapacitadas, cuando parte del trabajo sociológico significa implicarse de forma crítica en los planteamientos de los participantes? ¿Cómo aborda la práctica emancipadora el conflicto de intereses con el que se encuentra el sociólogo entre la ignorancia, los prejuicios y los motivos y conductas reaccionarias de los participantes? Una parte de la imaginación sociológica implica un sano escepticismo y un deseo de ir más allá de la características superficiales, para adentrarse en las estructuras de las relaciones y de la experiencia sociales. ¿Qué significa esto para el sociólogo que pretende adoptar una actitud de apoyo en relación con las personas discapacitadas?

El proyecto emancipador no implica temas de relaciones ni de ética, sino que fundamentalmente se trata del grado en que la imaginación sociológica contribuye al *beneficio* de los discapacitados. Debemos preguntar: "¿es una actividad necesaria?" y "¿qué conlleva y cómo se consigue?"

Al analizar la cuestión de la relación entre pobreza y educación, CONNELL reta a los investigadores a que reconsideren seriamente la naturaleza y los propósitos de sus actividades. Plantea algunas cuestiones de gran importancia, por ejemplo:

> ¿Qué tipo de investigación podría serle útil a un adolescente negro que se enfrenta a la droga y al desempleo estructural en un piso de Boston, o bajo el cielo contaminado de Los Ángeles? ¿Qué investigación le sería útil a un joven de Hamilton que contempla la desaparición de aquellas plantas siderúrgicas, a una pandilla de chavales de Alberta que se preguntan qué se hizo del trabajo en el petróleo?
>
> (CONNELL, 1993, pág. 123.)

Sostiene que esa "investigación educativa" es irrelevante en gran medida y aporta muy poco, en el caso de que aporte algo, para satisfacer las necesidades de estos grupos.

Los sociólogos discapacitados han sido extremadamente críticos sobre la naturaleza ofensiva y favorecedora de la discapacidad de gran parte de la investigación que se realiza en ciencias sociales (OLIVER, 1992; ABBERLEY, 1992). Esto significa que se deben introducir algunos cambios fundamentales en las relaciones sociales de la producción de la investigación, y para los investigadores, como indica MORRIS, que se planteen con seriedad preguntas del siguiente tipo:

> ¿En quién quiero influir con esta investigación?
> ¿Quién quiero que se percate de esta investigación?
> ¿Con quién quiero relacionar esta investigación?
>
> (1992a, págs. 201-202.)

© Ediciones Morata, S. L.

¿Y nuestro trabajo como sociólogos? La función emancipadora no pretende solamente demostrar las diversas formas de discriminación y las condiciones en las que se desarrollan, sino también hacer algo al respecto (OLIVER, 1992). Esto supone una "lucha política abierta contra las estructuras opresoras" (HARVEY, 1990, pág. 20).

Para CONNELL esto no es para gente pusilánime y se trata de una "investigación profuntamente incómoda" (1993, pág. 124). Como tan bien ilustra TROYNA, requiere de verdad unos investigadores que se impliquen con los "tipos y las configuraciones de las relaciones de poder que condicionan al investigador" en su forma de entender "el aspecto" que puede presentar la "capacitación" (1994, pág. 20). Es sano recordar que la intención no asegura el resultado (ACKER, BARRY y ESSEVELD, 1983).

Lo que es importante desde el punto de vista sociológico en relación con la discapacidad es que reconozcamos la dureza de la lucha que tiene como objetivo la consecución de una sociedad sin barreras. Según GIDDENS, "para una política emancipadora lo primordial son los imperativos de la justicia, la igualdad y la participación" (1991, pág. 212). Lo que se busca es la posibilidad de elección y la autonomía. La libertad y la responsabilidad se entienden desde la vida social y colectiva. Así pues, es una cuestión de posibilitar las relaciones con los demás, de oportunidades en la vida y de modo de vida. Esto tiene unas implicaciones decisivas tanto para la naturaleza del trabajo sociológico como para la relación del sociólogo con los sujetos de su estudio.

Sociología y discapacidad

Históricamente, la sociología dominante ha mostrado poco interés por el tema de la discapacidad. Las razones de ello pueden ser varias. Los sociólogos han tendido a aceptar la hegemonía dominante, que ve la discapacidad desde el punto de vista médico y psicológico. Y así se considera que el tema es presociológico o no sociológico. Gran parte del trabajo sociológico se ha basado en el supuesto de los individuos como actores "racionales" (BARBALET, 1993). Aquellos individuos asignados a determinadas categorías por el hecho de ser "subnormales" o "deficientes mentales" eran excluidos de ese trabajo o considerados como ejemplos de conductas exóticas (QUICKE, 1986). Por último, el trabajo sociológico que se ocupaba de la elaboración de las teorías de la reproducción social y la búsqueda del cambio ha olvidado cómo las personas discapacitadas actúan de poderoso movimiento social (BARTON y OLIVER, 1992).

Incluso cuando se ha planteado la cuestión de la discapacidad, no se ha hecho sin cierta inquietud. Por ejemplo, JENKINS (1991) apenas hace referencia alguna a los trabajos que existen de sociólogos discapacitados. Si los conocía, decidió no utilizarlos.

Gran parte del trabajo sociológico llevado a cabo hasta el momento ha sido realizado por los autores de este libro. Pocos de ellos trabajan en los departamentos de sociología clásica o colaboran en publicaciones de socio-

© Ediciones Morata, S. L.

logía reconocidas. Considerar el limitado alcance del impacto que ese trabajo ha producido en la propia disciplina da que pensar.

El estudio sociológico ha contribuido al desarrollo de un cuerpo de conocimientos y reflexiones cada vez mayor, sobre todo durante la última década. En estos conocimientos se incluye:

- La generación de una teoría social de la discapacidad.
- La construcción social de categorías y de las formas que adquieren debido a las influencias económicas y políticas.
- Ideologías y prácticas profesionales, en relación a cómo apoyan los intereses creados y elaboran las definiciones de necesidad.
- La construcción de políticas y, por ejemplo, hasta qué punto sirven a propósitos que son ajenos a los intereses de aquellos a quienes se dice que se apoya.
- Testimonios de la experiencia real de personas discapacitadas en circunstancias sociales determinadas.
- Contribución al desarrollo de formas instrumentales de metodología y de práctica investigadora.
- Examen del movimiento de la discapacidad entendiéndolo como un movimiento social por el cambio (BARTON y TOMLINSON, 1981; 1984; TOMLINSON, 1982; BINES, 1986; ABBERLEY, 1987; FULCHER, 1989; OLIVER, 1990; BARNES, 1991; SHAKESPEARE, 1993).

Son ejemplos de la contribución sociológica a proporcionar modos alternativos de definir la discapacidad y de desafiar a las diversas formas de discriminación institucional. Sin embargo, no cabe la complacencia. Es mucho más el trabajo que queda por hacer.

Pueden servir de estímulo los ejemplos de preocupaciones similares que se observan en otras disciplinas. Por ejemplo, en un análisis sobre el impacto potencial de los estudios sobre discapacidad en la ciencia política en Estados Unidos, HAHN, un científico político discapacitado, mantiene que los principales planteamientos de la ciencia política raramente suponen algún desafío serio y de éxito al statu quo. Sostiene que:

> En la medida en que el paradigma de ciencia política dominante descarta la incorporación de observaciones de estudios multidisciplinares, hechas por personas discapacitadas, o incluso por expertos en política de discapacidad, es posible que el análisis de esta política sufra la carencia de información y de conocimiento esenciales. Y lo que quizá sea más significativo aún, la disciplina de la ciencia política podría verse privada de una rica fuente de conceptos y principios que podrían ayudarle a resolver importantes preguntas que plantea la investigación más allá del ámbito de la política de discapacidad.
>
> (1993, pág. 743.)

En su deseo de ver el desarrollo de una ciencia política menos provinciana y que sea más capaz de comprometerse en el estudio de las complejidades y sutilezas del cambio social, HAHN plantea el tema de la "política de la

© Ediciones Morata, S. L.

identidad" y cómo los grupos menos favorecidos, incluidas las personas discapacitadas, han luchado por "transformar las características personales inicialmente devaluadas en una fuente de identidad positiva" (pág. 749). Cree que una consideración del movimiento de la discapacidad y de la política de la diferencia física podría ser fundamental para el desarrollo de la disciplina. Por lo que se refiere a la sociología, deben abordarse preocupaciones similares.

Definición, historia y diferencia

Nuestra forma de relacionarnos con las personas discapacitadas está influida, por ejemplo, por nuestras experiencias pasadas en este tipo de relaciones y por la forma en que definimos la "discapacidad". Nuestras definiciones son fundamentales porque pueden formar parte de supuestos y prácticas discriminadoras de la discapacidad, e incluso legitimarlos. Las personas discapacitadas han sido receptoras de una variedad de respuestas ofensivas por parte de las otras personas. Entre ellas el horror, el miedo, la ansiedad, la hostilidad, la desconfianza, la lástima, la protección exagerada y el paternalismo.

Una de las influencias dominantes que ha conformado tanto las definiciones profesionales como las de sentido común ha sido el modelo médico. Esta visión, como indica Hahn: "impone una presunción de inferioridad biológica o fisiológica de las personas discapacitadas" (1986, pág. 89). Destaca la pérdida o las discapacidades personales, con lo que contribuye al modelo de dependencia de la discapacidad. Etiquetas como "inválido", "tullido", "tarado", "impedido" o "retrasado" significan, todas ellas, tanto una pérdida funcional como una carencia de valor. Con este tipo de denominaciones se ha acostumbrado a legitimar las visiones individuales médicas y negativas de la discapacidad, en detrimento de otros planteamientos, en particular de los propios de las personas discapacitadas.

La discapacidad es una categoría social y política en cuanto implica prácticas de las regulaciones y las luchas por la posibilidad de elección, la potenciación y los derechos (Oliver, 1989; Fulcher, 1989). Esta visión es una forma de entender la discapacidad muy diferente y conlleva un conjunto alternativo de supuestos, prioridades y explicaciones, como bien demuestra Hahn cuando afirma que:

> la discapacidad surge del fracaso de un entorno social estructurado a la hora de ajustarse a las necesidades y las aspiraciones de los ciudadanos con carencias, *más que* de la incapacidad de los individuos discapacitados para adaptarse a las exigencias de la sociedad.
>
> (1986, pág. 128.)

Ser discapacitado supone experimentar la discriminación, la vulnerabilidad y los asaltos abusivos a la propia identidad y estima.

© Ediciones Morata, S. L.

Por tanto, la discapacidad es una forma de opresión que implica limitaciones sociales, como ha dicho OLIVER de forma tan convincente:

> Todos los discapacitados experimentan su condición de tales como una limitación social, sea que estas limitaciones se produzcan como consecuencia de los entornos arquitectónicos inaccesibles, de las cuestionables ideas sobre inteligencia y competencia social, de la incapacidad del público en general para usar el lenguaje de signos, de la carencia de material de lectura en braille o de las actitudes públicas hostiles hacia personas con deficiencias no visibles.
> (1990, pág. xiv, Introducción.)

Esta perspectiva cuestiona las percepciones tanto profesionales como públicas de la discapacidad. Supone mucho más que simples cambios en las cuestiones de la accesibilidad y los recursos.

En un estudio sobre los cambios que experimentan las definiciones de diferencia en relación con la historia de las personas clasificadas como "retrasadas mentales", RYAN y THOMAS sostienen que tales definiciones:

> siempre han sido concebidas por otros, nunca son la expresión de un grupo de personas que encuentran su propia identidad, su propia historia.
> (1980, pág. 3.)

Más que buscar una explicación basada en las discapacidades de un individuo, destacan el *poder* que ostentan grupos significativos para definir la identidad de otros. En este caso, el resultado de estas intervenciones por parte de los profesionales ha sido la carencia de poder, la marginación y la dependencia.

Los valores y las interpretaciones médicas han contribuido históricamente a una idea que destaca las deficiencias, físicas y/o intelectuales, consideradas como la causa de la discapacidad (RIESER y MASON, 1990). En este breve intento de poner de manifiesto algunas de las características inaceptables de estas ideas, no debemos asumir que las personas discapacitadas no precisen, o consideren la necesidad, en determinados momentos de sus vidas, del apoyo médico. Lo que cuestionamos son las condiciones y las relaciones sociales en las que esos encuentros se producen, el hecho de envolver su identidad en términos médicos, y propugnamos la importancia de que se escuche su voz así como una participación más efectiva en las decisiones que les afectan.

Uno de los peligros al que nos enfrentamos hoy es una posible pérdida de la memoria colectiva (APPLE, 1993). Son tantas las cosas que ocurren en la actualidad y que atraen nuestra atención, que se están perdiendo la necesidad y las ventajas de un conocimiento informado históricamente. Como sociólogos nos interesan los temas de la continuidad y el cambio. Por lo que se refiere a la discapacidad, las cuestiones del poder, la justicia, la igualdad, la ciudadanía y la democracia participativa constituyen temas significativos. Cómo se concibieron las ideas fundamentales en el pasado, quién las concibió, en qué condiciones y con qué consecuencias, son temas que merecen la indagación cuidadosa del sociólogo. Nuestras experiencias actuales, lo que somos, tienen sus raíces en el pasado. Si pretendemos guardarnos de la moda excesivamente pasajera de algunos planteamientos contemporáneos y del relativismo regresivo de ciertas formas del postmodernismo, y desarrollar una base sólida para los avances futuros, necesitamos unos estudios sociológicos que dispongan de una base más histórica. Los beneficios del conocimiento histórico son una de las condiciones previas fundamentales de una lucha por el cambio eficaz. En efecto, una de las deficiencias graves de gran parte del material sobre emancipación y potenciación es la ausencia de cualquier fundamento histórico o de realismo político. Así pues, para decirlo en los términos de GIDDEN, lo que la sociología necesita, y sobre todo en relación con la discapacidad, es una fuerte sensibilidad histórica.

Otra laguna que requiere mayor dedicación sociológica se refiere a la política de la diferencia. Se ha empezado a analizar el movimiento de la discapacidad desde el punto de vista de un nuevo movimiento social de las sociedades modernas (OLIVER, 1990; SHAKESPEARE, 1993). Esto incluye la cuestión de la solidaridad colectiva. Determinadas críticas se han dirigido al grado en que las personas con dificultades de aprendizaje, gays o lesbianas discapacitadas o mujeres discapacitadas están representadas adecuadamente en ese movimiento y se sienten parte de él (MORRIS, 1991). Así, por ejemplo, el grado de marginación se agudiza en el caso de las mujeres discapacitadas, como nos recuerda con tanta fuerza BEGUM, una mujer discapacitada negra:

> Las mujeres discapacitadas se han convertido en marginadas perennes, nuestra condición de impotentes no ha sido abordada con seriedad ni por los derechos del discapacitado ni por el movimiento feminista. Esta negligencia simultánea es imperdonable.
>
> (1992, pág. 73.)

Las mujeres discapacitadas trasladan sus experiencias a las relaciones de género. De este modo se exacerban las correspondientes opresiones. Y resultado de ello son las diferencias en las formas de percepción y de comprensión. La opresión conlleva relaciones de dominio e imposibilidad de escoger en la vida de los oprimidos (HOOKS, 1984). La discapacidad, como la raza, forma parte de una estructura de dominio de exagerada maldad. Esto supone el rechazo de una visión sumativa de la opresión en favor de una idea de entrelazado (HILL-COLLINS, 1991). La forma que tenemos de ver *en su aspecto relacional* a los grupos oprimidos es de suma importancia. Desafiar la opresión que potencia la marginación del discapacitado es un paso necesario en la lucha por erradicar *todas* las formas de opresión.

Haciendo uso de los escritos de la feminista negra Avtah BRAH (1991) quiero aportar mis argumentos en favor de la importancia de la distición entre un concepto de "diferencia" que destaca la particularidad de las historias colectivas, y por tanto se preocupa de las condiciones estructurales y las relaciones sociales, y aquel que concibe la diferencia como diversidad experiencial. Así, hay que ocuparse en identificar de qué forma se estructura la opresión y se legitima en las incuestionables normas, costumbres y reglas de las instituciones. Es algo que forma parte de las limitaciones sistemáticas que actúan sobre los grupos oprimidos. Una necesidad complementaria de estas preocupaciones será la de explorar cómo se construyen de forma múltiple y variada las identidades. La trascendencia de un trabajo de este tipo dependerá del reconocimiento de que el significado de la diferencia es un terreno de la batalla política (YOUNG, 1990). Las teorías de la asimiliación y de la adecuación se rechazan aquí por una visión de la buena sociedad en la que la diferencia de grupo no se elimina ni trasciende, sino que, como mantiene YOUNG (1990):

> Hay igualdad entre los grupos social y culturalmente diferenciados, que se respetan mutuamente y se afirman unos a los otros en sus diferencias.
> (1990, pág. 63.)

En relación con estos temas, se deben emprender muchos más trabajos sociológicos, incluido el análisis del valor del concepto de "opresión simultánea" (STUART, 1992). ¿Qué significa, por ejemplo, ser discapacitada, negra y mujer?

La lucha de los discapacitados es contra la discriminación y el prejuicio en su expresión en las formas individuales e institucionales. Esta tarea fundamental y difícil es, como observa SHAKESPEARE, por ejemplo:

> sobre la "víctima" que rechaza esta etiqueta, y en su lugar dirige la atención a las causas estructurales de su condición de víctima. Es sobre la subversión del estigma: tomar un apelativo negativo y convertirlo en una insignia de orgullo
> (1993, pág. 253.)

Así pues, los discapacitados están comprometidos, en diferentes grados de intensidad y de eficacia, en una batalla por conseguir el poder de dar nombre a la propia diferencia. Un significado emancipador de la diferencia es el que se refiera a metas y a justicia social. Esto supone cuestionar aquellas definiciones que aíslan y marginan, y reemplazarlas por las que generan solidaridad y dignidad.

Forma parte del esfuerzo por alcanzar una participación efectiva en la sociedad de las personas discapacitadas, que implica desafiar las relaciones de poder y las condiciones existentes, así como desarrollar una identidad propia positiva. Johnny Crescendo, el cantante discapacitado, ha recogido estas preocupaciones de esta vívida forma:

> Se trata de sentirse cómodo con la persona que eres como discapacitado. Se trata de disponer de la confianza y del respeto por uno mismo para desafiar el sistema que nos jode, a ti y a mí... Se está librando una batalla por nuestro derecho a ser incluidos en la raza humana. Manténte Fuerte. Manténte Orgulloso. Manténte Airado. COMPROMÉTETE.
> (Casete titulada "ORGULLO".)

© Ediciones Morata, S. L.

Así, existe un rechazo a aceptar la idea de carencia y dependencia que ha conformado con tanto poder la política y la práctica. El lenguaje que se emplea para describir estos esfuerzos habla de guerra, lucha y batalla. La utilización de un discurso de este tipo nos recuerda la obstinación y la influencia omnipresente de aquello a que nos enfrentamos. Se destaca el grado de compromiso que se requiere de quienes realizan estos esfuerzos. Se refuerza la naturaleza social y política de la tarea y la importancia de la solidaridad colectiva. Por último, se asume que no existen respuestas fáciles y rápidas a lo que son fundamentalmente temas complejos y a menudo contradictorios.

BARNES, un analista discapacitado, refleja estos sentimientos en unas afirmaciones llenas de fuerza en las que mantiene que:

> La abolición de la discriminación institucional contra las personas discapacitadas *no* es una actividad marginal; ataca directamente al corazón de las organizaciones sociales tanto del sector público como del privado. No sería posible abordar este problema sin entrar en el debate político y tomar posición sobre una amplia variedad de temas [la cursiva es mía].
>
> (1991, pág. 223.)

En un estudio sobre la política social durante la década pasada, GLENDINNING sostiene que el caso de las personas discapacitadas de hecho ha *empeorado,* en el sentido de que:

> Las políticas económicas y sociales de la última década han hecho poco por mejorar la calidad de vida de los discapacitados, y mucho por empeorarla. A pesar de la retórica de "proteger" a los que más lo "merecen", a los "vulnerables" o "necesitados", gran parte de esta "protección" ha sido ilusoria.
>
> (1991, pág. 16.)

Esta realidad ha culminado en una reducción grave del grado de autonomía y de elección de las personas discapacitadas, y en un incremento y una intensificación del "examen y el control por parte de profesionales y de otras personas" (pág. 16).

Los proyectos que se han emprendido después de haberse formulado estas graves críticas siguen confirmando estas preocupaciones. Por ejemplo, en un proyecto en el que se examinaba hasta qué punto la atención a la comunidad puede favorecer la vida independiente de los discapacitados, MORRIS (1993) entrevistó a personas de esta condición, todas las cuales necesitaban ayuda en las tareas de la vida cotidiana. Algunos resultados constantes confirmaron el sentimiento de desesperanza y de impotencia que muchos discapacitados experimentan cuando tratan de acceder a los servicios legales. Era frecuente que estos servicios no pudieran responder a los requerimientos particulares o cambiantes de los discapacitados. La idea de "atender" a alguien que subyace en la práctica de los servicios sociales y de salud significa sobre todo "responsabilizarse de ellos, hacerse cargo de ellos" (MORRIS, 1993, pág. 38). Esto conlleva necesariamente unas relaciones de dependencia y un interés por "adecuar el cliente al servicio" (pág. 20). Estos factores fomentaban una idea de la atención como tutela. Los servicios legales se basaban con demasiada frecuencia en el supuesto de que "la insuficiencia física es la barrera para la capacitación y la posibilidad de elección" (pág. 42), más que en la forma en que se aborda. En otro proyecto de investigación, BEWLEY y GLENDINNING (1994) analizaron hasta qué punto se consulta a los discapacitados la elaboración de los *Community Care Plans* (Programas de Atención a la Comunidad). El proyecto incluía una valoración de estos programas en las LEA (Autoridades Educativas Locales) de Inglaterra y Gales, y estudios pormenorizados de una serie de autoridades. Algunas de las conclusiones principales revelaron que se han invertido poca energía y escasos recursos en producir materiales adecuados para personas con di-ficultades de aprendizaje. Muchos discapacitados aportaban ejemplos de cómo se les había excluido efectivamente por culpa del formato de las reuniones, el predominio del papeleo, la terminología técnica, la jerga profesional y los conocimientos que compartía el personal de los servicios sociales. Por tanto, los discapacitados tenían pocas oportunidades para definir aquellos temas relacionados con la Atención a la Comunidad que consideraban importantes. Por último, hubo un fracaso evidente en reconocer que son desiguales las relaciones de poder entre quienes controlan la administración de los servicios y los discapacitados, a quienes estos servicios les resultan esenciales para mantener su independencia personal.

Las personas discapacitadas, tanto individualmente como mediante sus organizaciones, han realizado campañas en favor de una serie de cambios en esos cuerpos profesionales. Entre ellos está la demanda de una mayor posibilidad de elección en la naturaleza y la cantidad de los servicios que se ofrecen, más control en la distribución de recursos, especialmente en relación con la vida independiente, y nuevas formas de dar cuenta por parte de quienes ofrecen los servicios a las personas discapacitadas, de manera que se incorporen mecanismos para tratar los desacuerdos (BRISENDEN, 1986; OLIVER y HASLER, 1987; FINKELSTEIN, 1995).

Conclusión

Ser discapacitado significa ser objeto de una discriminación. Implica aislamiento y restricción sociales. En las sociedades modernas, es una causa importante de diferenciación social. El grado de estima y el nivel social de las personas discapacitadas se derivan de su posición respecto a las condiciones y las relaciones sociales más generales de una sociedad determinada *(The Equality Studies Centre*, 1994; FINKELSTEIN, 1995).

Las instituciones particulares pueden ejercer una influencia importante en la posición social. Esta posición está influida por las imágenes culturales de los diversos grupos que, por ejemplo, los medios de comunicación reflejan, así como por los derechos legales y la protección que se les ofrece (BARNES y OLIVER, 1995; CORBETT y RALPH, 1995). La forma que tiene una sociedad de excluir a los grupos o a los individuos conlleva procesos de categorización en

© Ediciones Morata, S. L.

los que se generan y se legitiman las discapacidades y los aspectos inaceptables e inferiores de una persona.

Los sujetos discapacitados están cada vez más comprometidos en el desafío de estos estereotipos y en el desarrollo de unas ideas dignas alternativas, que reconozcan la discapacidad como una cuestión de derechos humanos. Esto supone la lucha por el derecho de elección y la justicia y la participación sociales. Las voces de los discapacitados no se prestan a confusión alguna en estos temas. Escuchemos la siguiente:

> En cierto sentido, se trata de algo asombrosamente sencillo. Vivimos en un mundo cuyo buen funcionamiento depende de la marginación de todos aquellos que no tienen dispuesto su propio espacio de vida, de trabajo y de ocio. Pero no sólo estamos marginados, sino oprimidos; y el efecto básico de la opresión y el abuso es el mismo: hacer que las víctimas se consideren culpables y piensen que son malas.
>
> (CROSS, 1994, pág. 164.)

o ésta:

> Nuestra meta es una sociedad que reconozca nuestros derechos y nuestro valor como ciudadanos iguales, y no una sociedad que se limite a tratarnos como receptores de la buena voluntad de otras personas.
>
> (MORRIS, 1992, pág. 10.)

Este compromiso con los derechos humanos se basa en la creencia de que se puede cambiar el mundo y que debemos encontrar formas de lucha eficaces para conseguir que estas cosas cambien (RICHARDSON, 1991).

Parte de esta lucha debe ocuparse de conseguir una confirmación pública de que la discriminación de las personas discapacitadas no es aceptable. Para ello serán necesarias una legislación contra la discriminación y una acción política. En un libro titulado *Meeting Disability: A European Response*, DAUNT "analiza la intersección de la integración política de Europa con la integración social de los discapacitados". Sostiene también que:

> ... todo lo que hagamos en relación con la discapacidad debe basarse en dos principios complementarios...
> 1. El principio de que todas las medidas se deben basar en el reconocimiento explícito de los *derechos* de las personas discapacitadas.
> 2. El principio de que todas las personas deben ser consideradas como poseedoras del mismo valor en la sociedad y para la sociedad.
>
> (1991, pág. 184.)

El grado de reconocimiento del valor de estos principios y del esfuerzo por ponerlos en práctica en nuestra vida cotidiana dependerá del grado de reconocimiento que otorguemos a la profunda gravedad de la opresión que sufren los discapacitados.

En este capítulo hemos pretendido desarrollar una visión autocrítica del compromiso sociológico con el tema de la discapacidad. Una sociología de

© Ediciones Morata, S. L.

la discapacidad adecuada implicará un análisis de las cuestiones del poder, la justicia social, la ciudadanía y los derechos humanos. Por último, se deben formular preguntas fundamentales acerca de las condiciones y las relaciones estructurales y sociales actuales de la sociedad, y cómo éstas establecen y legitiman la creación de barreras de una forma compleja y a menudo contradictoria. Si se pretende vencer la discriminación institucional, hay que desafiar y cambiar las fuerzas económicas, materiales e ideológicas implicadas.

El tema de la discapacidad suscita cuestiones difíciles que se deben examinar y asumir no sólo en el ámbito social o político, sino también en el individual. ¿Qué idea tenemos de nuestra sociedad y hasta qué punto abordamos el tema de la discapacidad desde el punto de vista de los derechos humanos? Una forma importante de empezar a dedicarse a estas cuestiones es escuchar las voces de las personas discapacitadas tal como ellas las expresan, por ejemplo, a través de sus escritos, sus canciones y sus obras.

Bibliografía

ABBERLEY, P. (1987): "The concept of oppression and the development of a social theory of disability" en *Disability, Handicap & Society,* Vol. 2, N.º 1, págs. 5-20.
— (1992): "Counting us out: A discussion of the OPCS disability surveys" en *Disability, Handicap & Society,* Vol. 7, N.º 2, págs. 139-156.
ACKER, S., BARRY, K. y ESSEVELD, J. (1983): "Objectivity & truth: problems in doing feminist research" en *Women's Studies International Forum* 6, págs. 423-435.
APPLE, M. (1993): "What postmodernists forget: cultural capital and official knowledge" en *Curriculum Studies,* Vol.1, N.º 3, págs. 301-316.
BARBALET, J. (1993): "Citizenship, class inequality and resentment" en TURNER, B. (Ed.) *Citizenship & Social Theory.* Londres, Sage.
BARNES, C. (1991): *Disabled People in Britain and Discrimination. A Case for Anti-discrimination Legislation.* Londres, Hurst & Company.
— y OLIVER, M. (1995): "Disability rights: rhetoric and reality in the UK" en *Disability & Society,* Vol. 10, N.º 1, págs. 111-116.
BARTON, L. y OLIVER, M. (1992): "Special needs: personal trouble or public issue?" en ARNOT, M. y BARTON, L. (Eds.) *Voicing Concerns. Sociological Perspectives on Contemporary Education Reform.* Wallingford, Triangle Books.
— y TOMLINSON, S. (Eds.) (1981): *Special Education: Policy, Practices and Social Issues.* Londres, Harper & Row.
—— (Eds.) (1984): *Special Education and Social Interests.* Beckenham, Croom Helm.
BEGUM, N. (1992): "Disabled women and the feminist agenda" en *Feminist Review,* N.º 40, págs. 70-84.
BEWLEY, C. y GLENDINNING, C. (1994): "Representing the views of disabled people in community care planning", en *Disability & Society* (Número especial), Vol. 9, N.º 3, págs. 301-314.
BINES, H. (1986): *Redefining Remedial Education.* Beckenham, Croom Helm.
BRAH, A. (1991): "Questions of difference and international feminism" en AARON, J. y WALBY, S. (Eds.) *Out of the Margins. Women's Studies in the Ninettes.* Lewes, Falmer Press.

BRISENDEN, S. (1986): "Independent living and the medical model of disability" en *Disability, Handicap & Society,* Vol. 1, N.º 2, págs. 173-178.
CORBETT, J. y RALPH, S. (1995): "The changing image of charity advertising: a case study of Mencap". Ponencia presentada en The Fourth International Special Education Congress, Birmingham, UK, 10-13 abril.
CONNELL, R. (1993): *Schools and Social Justice.* Philadelphia, Temple University Press. (Trad. cast.: *Escuelas y justicia social.* Madrid, Morata, 1997.)
CRESCENDO, J. (1993): *Pride.* Una canción en la casete Pride.
CROSS, M. (1994): "Abuse" en KEITH, L. (Ed.) *Mustn't Grumble.* Londres, The Women's Press.
DAUNT, P. (1991): *Meeting Disability: A European Response.* Londres, Cassell.
FINKELSTEIN, V. (1995): *"Disabling Society: Enabling Interventions. Workbook 4".* K255 The Disabling Society. Open University, School of Health, Welfare and Community Education.
FULCHER, G. (1989): *Disabling Policies? A Comparative Approach to Education Policy and Disability.* Lewes, Falmer Press.
GIDDENS, A. (1986): *Sociology. A Brief Critical Introduction.* Londres, Macmillan (2.ª edición). (Trad. cast.: *Sociología.* Madrid, Alianza, 1997, 8.ª ed.)
— (1991): *Modernity and Self Identity. Self and Society in the Late Modern Age.* Cambridge, Polity Press. (Trad. cast.: *Modernidad e identidad del yo. El yo y la sociedad en la época contemporánea.* Barcelona, Península, 1997.)
GLENDINNING, C. (1991): "Losing ground: social policy and disabled people in Great Britain 1980-90", *Disability, Handicap & Society,* Vol. 6, N.º 1, págs. 3-20.
HAHN, H. (1986): "Public support for rehabilitation programs: the analysis of US Disability Policy", en *Disability, Handicap & Society,* Vol. 1, N.º 2, págs. 121-138.
— (1993): "The potential impact of disability studies on political science (as well as vice-versa)" en *Policy Studies Journal,* Vol. 21, N.º 4, págs. 740-751.
HARVEY, L. (1990): *Critical Social Research.* Londres, Allen & Unwin.
HILL-COLLINS, P. (1991): *Black Feminist Thought.* Londres, Routledge.
HOOKS, B. (1984): *Feminist Theory from Martin to Centre.* Boston, South End Press.
JENKINS, R. (1991): "Disability and social stratification", *British Journal of Sociology,* Vol. 42, N.º 4, págs. 557-580.
MILLS, C. W. (1970): *The Sociological Imagination.* Harmondsworth, Penguin. (Trad. cast.: *La imaginación sociológica.* México, Fondo de Cultura Económica, 1986, 11.ª ed.)
MORRIS, J. (1991): *Pride against Prejudice: Transferring Attitudes to Disability.* Londres, Women's Press.
— (1992a): Citado en JONES, L. y PULLEN, G. "Cultural differences: deaf and hearing researchers working together", *Disability, Handicap & Society,* Vol. 7, N.º 2, páginas 189-196 (Número especial).
— (1992b): *Disabled Lives. Many Voices, One Message.* Londres, BBC.
— (1993): *Community Care or Independent Living.* York, Joseph Rowntree Foundation.
OLIVER, M. y HASLER, F. (1987): "Disability and self-help: A case study of the Spinal Injuries Association", *Disability, Handicap & Society,* Vol. 2, N.º 2, págs. 113-125.
— (1989): *Disability and dependency: A creation of Industrial Societies* en BARTON, L. (Ed.) *Disability and Dependency.* Lewes, Falmer Press.
— (1990): *The Politics of Disablement.* Basingstoke, Macmillan.
— (1992): "Changing the social relations of research production?", *Disability, Handicap & Society,* Vol. 7, N.º 2, págs. 101-114 (Número especial).

© Ediciones Morata, S. L.

QUICKE, J. (1986): "A case of paradigmatic mentality? a reply to Mike Oliver", *British Journal of Sociology of Education,* Vol. 7, N.º 1, págs. 81-86.
RIESER, R. y MASON, M. (Eds.) (1990): *Disability, Equality in the Classroom: A Human Rights Issue.* Londres, ILEA.
RICHARDSON, R. (1991): "Introduction: a visitor yet a part of everybody - the tasks and goals of human rights education" en STARKEY, H. (Ed.) *The Challenge of Human Rights Education.* Londres, Cassell.
RYAN, J. y THOMAS, F. (1980): *The Politics of Mental Handicap.* Harmondsworth, Penguin.
SHAKESPEARE, T. (1993): "Disabled people's self organisation: a new social movement?" en *Disability, Handicap & Society,* Vol. 8, N.º 3, págs. 249-264 (Número especial).
STUART, O. (1992): "Race and disability: just a double oppression?" en *Disability, Handicap & Society,* Vol. 7, N.º 2, págs. 177-188.
THE EQUALITY STUDIES CENTRE (1994): *Equality, Status and Disability.* Dublin, University College Dublin.
TOMLINSON, S. (1982): *The Sociology of Special Education.* Londres, Routledge & Kegan Paul.
TROYNA, B. (1994): "Blind faith? 'empowerment' and educational research" en *International Studies in Sociology of Education,* Vol. 4, N.º 1, págs. 3-24.
YOUNG, I. (1990): *Justice and the Politics of Difference.* New Jersey, Princeton University Press.

CAPÍTULO II

¿Una sociología de la discapacidad o una sociología discapacitada?

Por Mike Oliver

En este capítulo se pretende esbozar la relación entre la empresa de la sociología y el surgimiento de las teorías sobre la discapacidad. Se ofrece un esquema para evaluar el estado de esa relación y se apuntan posibles formas de desarrollarla en el futuro. En esta tarea, nos concentraremos en la sociología y en los trabajos sobre la insuficiencia física realizados en Gran Bretaña y en Estados Unidos. El espacio de que disponemos no nos permite incorporar los avances teóricos llevados a cabo en Australia y en Canadá en particular, ni los trabajos sobre sociología del aprendizaje e insuficiencia sensorial. Por la misma razón, hemos omitido importantes trabajos sobre la sociología de la educación especial.

Sociología y teoría de la discapacidad: un caso preocupante

En otra parte de este libro, Barton analiza la relación entre sociología y discapacidad con más detalle y critica la falta de interés de la sociología por los temas de la discapacidad. No deseo reproducir aquí mi versión de ese análisis, sino señalar que Barton se refiere a la obra de Giddens (1986; 1991) en sus comentarios. Giddens, sin duda el sociólogo británico más destacado de su generación, es el autor de uno de los textos de introducción a la sociología más populares, y en él no existe una sola mención a la discapacidad; el examen de muchos otros textos de ese tipo obtendría resultados similares.

Naturalmente, este hecho no constituye una prueba de la tesis de que la sociología ha olvidado completamente la discapacidad, pero es un testimonio de que ésta apenas ha figurado en los planes sociológicos. Las principales razones de esto han sido que se ha entendido la discapacidad como un tema médico a la vez que como un problema individual. De ahí que se haya confi-

© Ediciones Morata, S. L.

nado la cuestión a las disciplinas de la medicina y la psicología, como un objeto de preocupación teórica y empírica.

Incluso cuando cabría esperar que la discapacidad formara parte del "territorio sociológico", como en la sociología médica, la disciplina y sus profesionales no han sabido poner en entredicho la individualización y la medicalización de la discapacidad. Recientemente, una serie de sociólogos que trabajan en el campo general de la sociología médica y las enfermedades crónicas han mostrado interés por la creciente importancia de la "teoría de la opresión social" de la discapacidad, por sus correspondientes métodos de investigación y por sus implicaciones en el trabajo de investigación en los "campos de las enfermedades crónicas y la discapacidad" (Bury, 1992).

Debido a la influencia de Foucault, la sociología ha reavivado últimamente su interés por el cuerpo, un campo en el que se podría esperar razonablemente que el "cuerpo discapacitado" ocupara un lugar central en cualquier innovación teórica o conceptual. Sin embargo, los sociólogos que trabajan en este campo reproducen la discapacidad que la sociología demuestra en cualquier otra parte; los sociólogos del cuerpo o bien olvidan completamente la discapacidad, o la analizan como si fuera el mismo fenómeno que la enfermedad.

De ahí que una colección reciente sobre el tema (Featherstone, Hepworth y Turner, 1991) olvide prácticamente la discapacidad, a excepción de un artículo de Arthur Frank. En su repaso analítico, aporta su propia tipología que de hecho olvida la discapacidad, y explica sus razones de esta manera:

> No es una condición que encaje en mi esquema, por lo que se demuestra que cualquier teoría debe contar con sus categorías residuales.
> (Frank, 1991, pág. 87.)

Así pues, los discapacitados no sólo son relegados a la marginación social, sino también a la marginación de la teoría sociológica.

Desde posiciones marginales, algunos sociólogos se han tomado en serio la discapacidad; en los dos apartados siguientes intentaré ocuparme de ello brevemente, centrándome en primer lugar en la sociología estadounidense, antes de pasar a hablar de Gran Bretaña. Separar las dos tradiciones de este modo significará que quizá no prestemos suficiente atención a algunas de las interconexiones de ambas; por ejemplo, a la influencia indudable que teóricos de la sociología estadounidenses como Parsons, Becker y Goffman han ejercido en la sociología médica en Gran Bretaña.

Versiones sociológicas de la discapacidad

Del mismo modo que la sociología general estadounidense, la sociología de la discapacidad ha estado influida profundamente en Estados Unidos por las teorías funcionalistas e interaccionistas. Nos ocuparemos aquí de esta influencia.

Gran parte de las obras sociológicas estadounidenses que se ocupan de la discapacidad se fundamentan en los trabajos de Parsons y en su análisis de la conducta relacionada con la enfermedad. Esto se debe a que el paradigma parsoniano ha sido el responsable de dos visiones distintas pero independientes que han influido, de forma explícita o implícita, en todos los análisis posteriores. Se trata de la importancia del "papel del enfermo" en relación con la discapacidad y su asociación con la desviación social, y la idea de salud como adaptación (Bury, 1982).

De forma resumida, el modelo de Parsons sostiene que cuando aparece la enfermedad, los "enfermos" deberían adoptar el papel de tales. A partir del supuesto de que la enfermedad y las dolencias obstaculizan tanto las capacidades fisiológicas como las psicológicas, las personas "enfermas" quedan automáticamente privadas de cualquier expectativa y responsabilidad normales. En general se considera que no son responsables de su condición, y no se espera de ellas que se recuperen por voluntad propia. Se les incita a que vean su estado actual como "aborrecible e indeseable", y, para recuperar su condición anterior, se espera de ellas que busquen la ayuda de los especialistas médicos profesionales (Parsons, 1951).

El modelo de Parsons afirma que, con independencia del tipo de condición de que se trate y de los factores socioeconómicos concurrentes, todos se comportarán exactamente de la misma forma. Presta poca atención a la interpretación subjetiva y en él solo encuentran expresión las ideas de los representantes de la sociedad a los que se reconoce la responsabilidad de la recuperación, es decir, la profesión médica. No tiene en cuenta la variable del papel de enfermo (Twaddle, 1969), ni la distinción entre enfermedad e insuficiencia (Gordon, 1966; Sieglar y Osmond, 1974).

La intención es que la condición de enfermo sea algo temporal. Pero los mismos supuestos se aplican a las personas con insuficiencias. El "papel de impedido", por ejemplo, se atribuye a un individuo cuya condición no es probable que vaya a cambiar, y que no puede o no quiere cumplir el primer prerrequisito del papel de enfermo: "ponerse bien" lo antes posible. Se dice que quienes ocupan este constructo han abandonado por completo la idea de recuperación y han aceptado la dependencia. El papel de impedido significa una pérdida de "toda la condición humana" y "no exige el esfuerzo de cooperar con el tratamiento médico ni de intentar recuperar la propia salud, pero el precio de ello es una especie de ciudadanía de seguna clase" (Sieglar y Osmond, 1974, pág. 116).

Una variante más de esta línea de pensamiento es el "papel de rehabilitación" tal como lo expresó Safilios-Rothschild (1970). Este modelo sostiene que cuando una persona con una insuficiencia adquiere conciencia de su condición debe aceptarla y aprender a vivir con ella. Esto se consigue, se dice, mediante la máxima explotación de las capacidades existentes. En este marco de referencia, los individuos con insuficiencias están obligados a asumir tantas funciones "normales" como puedan, y de la forma más rápida posible. No están exentos de expectativas o responsabilidades sociales, pero deben adaptarse como convenga. Además, deben cooperar con los profesionales e innovar y mejorar nuevos métodos de rehabilitación.

Es evidente que el peso de la responsabilidad recae directamente en los hombros de la persona que sufre la insuficiencia. Dependen de los profesionales de la rehabilitación al menos para dos funciones específicas: primera, la iniciación de los programas de rehabilitación diseñados para devolver a la "normalidad" a los individuos con insuficiencias y, segunda, la ayuda para la acogida psicológica de una identidad "discapacitada". El proceso de ajuste cognitivo a la insuficiencia se presenta normalmente como una serie de etapas psicológicas, tales como *"shock"*, "rechazo", "enojo" y "depresión". Es un movimiento secuencial que generalmente se considera en un solo sentido. El paso por cada una de las fases está determinado por un esquema de tiempo razonable que responde a los criterios establecidos profesionalmente (ALBRECHT, 1976).

Aparte del hecho de que existen pruebas importantes que ponen en entredicho su validez empírica (SILVER y WORTMANN, 1980), estas teorías se pueden criticar al menos en tres aspectos diferentes. Primero, son esencialmente deterministas: sólo se entiende la conducta de forma positiva si es acorde con la idea de realidad que tienen los profesionales. Segundo, olvidan los factores sociales, políticos y económicos extrínsecos. Tercero, desautorizan y niegan las interpretaciones subjetivas de la insuficiencia desde la perspectiva de la persona implicada.

En resumen, son el producto de la "imaginación psicológica" construida sobre la base de supuestos "no discapacitados" acerca de lo que supone la experiencia de la insuficiencia (OLIVER, 1983). Se presume que la comprensión de la insuficiencia implica algún tipo de pérdida o de "tragedia personal". Así pues, esta visión médica individualista se puede entender mejor como "teoría de la tragedia personal" (OLIVER, 1986).

Un factor importante que explica la continuada hegemonía ideológica de la "teoría de la tragedia personal" es su oportunismo, tanto en el aspecto individual como en el aspecto estructural. Si los individuos no consiguen alcanzar las metas de rehabilitación determinadas profesionalmente de antemano, se puede explicar este fracaso haciendo referencia a la ineptitud que se percibe en la persona discapacitada —una ineptitud de base física, de base intelectual, o ambas. Al "experto" se le libra de responsabilidad, la integridad profesional permanece intacta, no se cuestionan el conocimiento ni los valores tradicionales, ni se desafía el orden social establecido (BARNES, 1990).

La teoría interaccionista ha explicado la discapacidad como desviación social, y sugiere que la relación entre discapacidad y desviación se puede entender con referencia a la ausencia de obligaciones y responsabilidades sociales que está explícita en el constructo del papel de enfermo y en la visión negativa de la insuficiencia que prevalece en las sociedades industriales y postindustriales. Dado que estas sociedades están cimentadas sobre los ideales liberales de la responsabilidad individual, la competición y el trabajo remunerado, se consideran desviados quienes aparecen como incapaces de cumplir esos ideales.

© Ediciones Morata, S. L.

El análisis de la reacción social hacia las minorías menos favorecidas, como las personas con insuficiencias, era fundamental para los sociólogos que trabajaban siguiendo las tradiciones del interaccionismo simbólico durante la década de 1960. Al destacar el sentido, la identidad y el proceso de etiquetado, analizaban la relación entre discapacidad y conducta socialmente proscrita. Al principio, los sociólogos que trabajaban desde esta perspectiva se interesaban por la delincuencia y la drogadicción pero, depués de importantes investigaciones etnográficas, dirigieron su atención hacia los mecanismos de creación de la desviación y el proceso de etiquetado (BECKER, 1963).

LEMERT (1962) distinguía entre desviación "primaria" y "secundaria". La primera solamente tenía implicaciones marginales para el individuo en cuestión; la segunda, guardaba relación con la asignación por otros de una identidad y una condición social devaluadas. La desviación secundaria se convierte en una faceta fundamental de la existencia para quienes están etiquetados como tales, "y altera la estructura psíquica" al tiempo que produce unos papeles sociales especializados para la autogestión. LEMERT (1962) estudia la discapacidad con profundidad pero, como ocurre con la sociología parsoniana, no consigue abordar la enfermedad y la discapacidad como dos cosas conceptualmente distintas.

GOFFMAN (1963) avanzó más en la teoría interaccionista mediante el uso del concepto de "estigma", un término, sostenía, empleado tradicionalmente para referirse a un signo de imperfección que denota "inferioridad moral" y que el resto de la sociedad debe evitar. Apuntaba que los "estigmatizados", como "el enano, el ciego, el desfigurado... y el ex enfermo mental" generalmente son considerados como no muy humanos. Para GOFFMAN, la aplicación del estigma es el resultado de las consideraciones situacionales y de las interacciones sociales entre lo "normal" y lo "anormal".

No hay duda de que el uso que GOFFMAN hace del término "estigma" se basa en las percepciones del opresor más que en las de los oprimidos. Por sus orígenes en la costumbre de los griegos de marcar a los esclavos, la aplicación del estigma es un tema de explotación y de opresión, más que de evitación; los amos de los esclavos no evitaban a éstos: usaban y abusaban de ellos para sus necesidades más personales, íntimas y sexuales.

En el contexto moderno GOFFMAN no sabe ir más allá del individuo con su atención en los desacreditados y los desprestigiados; da por supuesta la segregación, la pasividad y la condición inferior impuestas de los individuos y los grupos estigmatizados —incluidos los discapacitados— arraigadas en las relaciones sociales capitalistas, sin considerar seriamente las cuestiones de causalidad (FINKELSTEIN, 1980). DAVIS (1964) repite este fracaso y tampoco sabe traspasar la teoría de la tragedia personal en su estudio de las *víctimas* de la poliomelitis (la cursiva es mía), y conceptualiza las respuestas de sus sujetos como desmentidos más que como resistencia.

Como consecuencia, mientras algunos sociólogos han considerado que el estigma supone un avance en la forma de entender la discapacidad (por ejemplo AINLEY y cols., 1986), los discapacitados:

han preferido reinterpretar sus experiencias colectivas según los conceptos de discriminación y opresión, más que los interpersonales de estigma y estigmatización.
(OLIVER, 1990, pág. 68.)

Hacia finales de los sesenta, se cuestionaba, cuando no se desafiaba, el predominio del funcionalismo y del interaccionismo en la sociología de Estados Unidos (GOULDNER, 1971; 1975). Fue en ese momento cuando se publicaron dos textos que trataban específicamente de la discapacidad y que ofrecían una síntesis de aquellas dos tradiciones dominantes. El estudio de SCOTT (1969) sobre la ceguera, referido a todo el país, mostraba tanto el funcionalismo en el uso que hace de los valores básicos de una variedad de sociedades, como el interaccionismo en su análisis de cómo esos valores conformaron la experiencia de la ceguera. El texto de SAFILIOS-ROTHSCHILD (1970) era una síntesis teórica de las dos tradiciones, y también abría la sociología de la discapacidad a las teorías del conflicto que empezaban a surgir en la sociología estadounidense en general.

Fue en ese momento cuando la lucha de los discapacitados de Estados Unidos por una vida independiente y por los derechos civiles empezó a producir su efecto. El estudio de estas luchas colectivas resultaba más fácil dentro de la sociología del conflicto que acababa de surgir. Estos esfuerzos por alcanzar una vida independiente (DE JONG, 1979) mediante el fin de la discriminación y la inclusión de sus derechos en la sociedad ha conducido al surgimiento de la perspectiva "sociopolítica" de la sociología estadounidense. Como ocurrió en el Reino Unido, a la cabeza de estas ideas han estado los propios discapacitados, como HAHN (1988) y ZOLA (1979).

También las mujeres discapacitadas han empezado a articular sus preocupaciones y a emplear para ello la herramienta de la sociología feminista (DEEGAN y BROOKS, 1985). Se han empezado a establecer los vínculos entre la comunidad académica y las personas discapacitadas gracias a la fundación de *The Society for Disability Studies* (Sociedad de Estudios sobre la Discapacidad) y la publicación de su *Disability Quarterly.*

Por tanto, si en cierto modo la relación entre la sociología estadounidense y la discapacidad está más desarrollada que en el Reino Unido, también es verdad que no ha sido capaz aún de librarse del legado del funcionalismo y del interaccionismo con sus apuntalamientos consensuales y el hecho de que, desde hace veinte años, la sociología del conflicto americana se ha mantenido esencialmente pluralista.

Por ejemplo, un libro reciente de un destacado sociólogo de la discapacidad estadounidense (ALBRECHT, 1992), dice que "aporta una nueva visión al estudio de la discapacidad y la rehabilitación", y la publicidad del editor sostiene incluso que el libro "presenta una metáfora fresca y nueva que ayuda a reestructurar nuestros conocimientos sobre la discapacidad y la industria de la rehabilitación".

En el centro de la pretensión de constituir una perspectiva nueva se encuentra la idea de que la discapacidad está producida: lo cual es distinto de la idea de que se trata sencillamente de una anormalidad médica o fisiológi-

© Ediciones Morata, S. L.

ca; distinto de la idea de una desviación construida socialmente; distinto de los argumentos de los discapacitados de que son un grupo minoritario.

> La posición que una persona ocupa en la sociedad afecta al tipo y la gravedad de la discapacidad física que pueda experimentar y, lo que es más importante, a la probabilidad de que vaya a recibir servicios de rehabilitación. En efecto, la economía política de una comunidad determina qué condiciones de deterioro de la salud se producirán, cómo se definirán y en qué circunstancias, y por último quién recibirá los servicios.
> (ALBRECHT, 1992, pág. 14.)

Sin embargo, no se acomete el estudio de la propia estructura capitalista de Estados Unidos. Es verdad que el libro menciona el hecho de que temas como la pobreza, la raza, el sexo y la edad son factores que intervienen en la producción de la discapacidad, pero nunca se reconoce el carácter fundamental de estos temas para la comprensión tanto teórica como experiencial de la discapacidad, ni mujeres o personas negras discapacitadas emprenden trabajos importantes pertinentes para avanzar en estas perspectivas.

En este mismo sentido, el postmodernismo merece una mención, pero ni se estudia en parte alguna, ni se analiza su efecto en la producción de la discapacidad. De hecho, el concepto de postmodernismo de ALBRECHT se puede reducir a una mención a la llegada de las nuevas tecnologías y al surgimiento de las industrias y los profesionales de servicios. Estamos otra vez ante un tema importante, porque si no se teoriza adecuadamente la idea de postmodernismo, resulta difícil comprender los trabajos recientes que versan sobre la producción y la representación cultural de la discapacidad. En efecto, es evidente que los argumentos de ALBRECHT no se han podido librar de las ataduras del funcionalismo y del interaccionismo, como cuando hace afirmaciones como ésta:

> Las personas con discapacidades deben o aceptar la definición que de ellos se ha construido socialmente, o luchar por una redefinición personal.
> (ALBRECHT, 1992, pág. 275.)

Esta falta de comprensión se agrava cuando se estudia el movimiento de la discapacidad casi exlusivamente desde el punto de vista de la defensa y de la autoayuda. De nuevo ninguna alusión a la importancia de los nuevos movimientos sociales en general, al movimiento de la discapacidad en particular, ni al desafío que representan para la producción de la discapacidad, sus representaciones culturales y la posible transformación de la rehabilitación, que dejaría de ser un producto para convertirse en arma política.

Al final, es posible que ALBRECHT evite la sociología interaccionista y funcionalista al decir que produce algo nuevo, pero cuando observa que

> el reto consiste en crear una política social y unos programas realistas basados en la economía política de la industria de la rehabilitación existente que atiende las necesidades de todas las personas con discapacidades.
> (ALBRECHT, 1992, pág. 317.)

© Ediciones Morata, S. L.

es evidente que el pluralismo, sea en su variante de conflicto o en la de consenso, sigue dirigiendo aún la sociología estadounidense.

Versiones de la sociología discapacitada

Como ya he apuntado, en Gran Bretaña la sociología ha prestado poca atención al tema de la discapacidad, aunque la sociología médica hizo incursiones en este campo en ciertos momentos del pasado (BLAXTER, 1976; LOCKER, 1985) y más recientemente (SCAMBLER, 1989; ROBINSON, 1988). Además, sociólogos como WALKER y TOWNSEND (1981) han empleado el análisis político de FABIAN para estudiar la discapacidad en el contexto de la pobreza y la desigualdad.

Sin embargo, ninguno de estos trabajos ha estado localizado en los proyectos críticos o emancipadores que han acompañado a ciertas teorizaciones sociológicas. En este apartado, pretendo examinar con detalle el surgimiento de una sociología crítica y emancipadora tal como se ha producido dentro de la tradición sociológica inglesa.

Podemos examinar un despertar gradual del interés sociológico por este campo, que arranca casi exclusivamente en las ideas de personas discapacitadas, muchas de las cuales no eran sociólogos. En 1966 aparecieron una serie de trabajos escritos por discapacitados (HUNT, 1966). El último estaba firmado por Paul HUNT, y era un análisis crítico del papel de los discapacitados en la sociedad, escrito desde una posición radical, más que crítica. Otro ensayo de esa serie, obra de Louis BATTYE, podría considerarse el precursor de un importante trabajo posterior sobre la representación cultural, llevado a cabo por personas como HEVEY (1992), SHAKESPEARE (1993) y DARKE (1994).

La influencia de Paul HUNT no surgió solamente de sus escritos. Fue también un participante clave en la *Union of the Physically Impaired Against Segregation* (Unión de Personas con Insuficiencias Físicas contra la Discriminación) (UPIAS). Fue éste un grupo de nueva creación de personas discapacitadas que, después de haberse reunido regularmente para compartir sus experiencias y fomentar colectivamente sus luchas personales, llegaron a la conclusión de que la discapacidad era una forma de opresión social.

> En nuestra opinión, es la sociedad la que incapacita físicamente a las personas con insuficiencias. La discapacidad es algo que se impone a nuestras insuficiencias por la forma en que se nos aísla y excluye innecesariamente de la participación plena en la sociedad. Por tanto, los discapacitados constituyen un grupo oprimido de la sociedad. Para entenderlo es necesario comprender la distinción entre la insuficiencia física y la situación social, a la que se llama "discapacidad", de las personas con tal insuficiencia. Así, definimos la insuficiencia como la carencia parcial o total de un miembro, o la posesión de un miembro, órgano o mecanismo del cuerpo defectuosos; y discapacidad es la desventaja o la limitación de actividad causada por una organización social contemporánea que tiene en escasa o en ninguna consideración a las personas con insuficiencias físicas, y por tanto las excluye de la participación en las actividades sociales generales. La incapacidad física es, por consiguiente, una forma particular de opresión social.
> (UPIAS, 1976, págs. 3-4.)

© Ediciones Morata, S. L.

Cuando se publicó *Fundamental Principles of Disability* parecía que eran los no sociólogos quienes ejercían la imaginación sociológica, al menos en lo que se refería a la discapacidad. El siguiente paso de la historia sociológica de la discapacidad también lo dieron personas que no eran sociólogos. En 1980, Finkelstein, cuya formación era la de psicólogo y también participaba activamente en UPIAS, publicó *Attitudes and Disabled People*, una obra que abría caminos, en la que trazaba una visión materialista de nuestra forma de entender la discapacidad, y sostenía que ésta era una relación mediatizada por las interacciones de las estructuras sociales y económicas con la insuficiencia individual.

Ambas publicaciones influyeron profundamente en mis trabajos y me llevaron a identificar el "modelo social de la discapacidad" (Oliver, 1983), que se convirtió en un concepto básico sobre el que los discapacitados empezaron a interpretar sus propias experiencias y a organizar su propio movimiento político. El siguiente paso importante se produjo con la fundación de la revista internacional, llamada entonces *Disability, Handicap and Society*, que se publicó en 1986 por primera vez. Sin ser una publicación exclusivamente de sociología, fue la primera que abordó seriamente el tema de la reflexión teórica social respecto a la discapacidad.

El artículo de Abberley (1987) que apareció en esta revista fue el que iba a llevar la idea de la discapacidad como opresión más allá de lo que lo había hecho UPIAS; la situó en un contexto sociológico e introdujo el concepto de minusvalidismo junto al de racismo y sexismo. Su conclusión fue una representación molesta pero precisa del minusvalidismo inherente en el quehacer sociológico.

> La sociología de la discapacidad es a la vez atrasada en su teoría y un estorbo más que una ayuda para las personas discapacitadas. En particular, ha olvidado las implicaciones que los importantes avances que se han producido en los últimos quince años han tenido en el estudio de la desigualdad sexual y racial, y reproduce en el estudio de la discapacidad defectos paralelos a aquellos que se encuentran en lo que hoy muchos consideran una sociología racista y sexista. Otro aspecto de "buena sociología" que creo que generalmente está ausente es algún reconocimiento significativo de la especificidad histórica de la experiencia de la discapacidad.
>
> (Abberley, 1987, pág. 5.)

El siguiente avance significativo fue la publicación de mi propia explicación materialista de la producción de la discapacidad como condición medicalizada e individualizada dentro de las relaciones sociales de la producción capitalista (Oliver, 1990), sobre lo que me extenderé en el apartado siguiente. Se trataba en parte de un intento de avanzar en la anterior explicación materialista de la discapacidad de Finkelstein. Pero era más un intento tanto de aplicar mi propia imaginación sociológica a mis experiencias personales de persona discapacitada, como de explicar los cambios políticos y sociales que empezaban a producirse como resultado de los esfuerzos de las personas discapacitadas en sus organizaciones colectivas autónomas.

© Ediciones Morata, S. L.

En el año siguiente se produjeron otros dos avances significativos. En primer lugar, la publicación de *Disabled People in Britain and Discrimination*, de BARNES (1991), que introducía la idea de discriminación institucional de las personas discapacitadas, aportaba pruebas de su omnipresencia en la sociedad inglesa y pedía con vehemencia una legislación contra la discriminación. En segundo lugar, MORRIS (1991) daba una versión feminista de la experiencia de la discapacidad que criticaba las versiones sociológicas de la discapacidad de orientación machista anteriores, a la vez que era un canto a las vidas de las mujeres discapacitadas.

El segundo avance importante fue la publicación de una edición especial de *Disability, Handicap and Society* (Vol. 7, N.º 2, 1992), que estaba dedicada a la investigación sobre la discapacidad. Suscitó importantes preguntas tanto sobre el paradigma positivista como sobre el paradigma interpretativo de investigación, e introdujo nuevos temas y conceptos en los programas sociológicos. Ponía en entredicho las relaciones sociales de la producción investigadora existentes, cuestionaba las anteriores explicaciones de las vidas de los discapacitados, con la introducción del concepto de opresión simultánea, y apuntaba de qué forma la investigación sobre temas de discapacidad podía luchar para no resultar opresora ni minusvalidista.

El ataque prolongado de HEVEY (1992) a las organizaciones benéficas fue la siguiente publicación de importancia respecto a los programas sociológicos. Además de ser un análisis de la organización y la forma de operar de las organizaciones benéficas, también realizaba un examen teórico complejo de la representación cultural de las personas discapacitadas que producía la imaginería trágica. Aunque quizá no haya sido una teoría completamente postmodernista, estuvo muy cerca de ella.

En la obra de SHAKESPEARE (1993; 1994a) hay una influencia más clara de las ideas postmodernistas. Sostiene que las personas discapacitadas no sólo se enfrentan a problemas de discriminación que tienen su origen en las relaciones de producción materiales, sino también a problemas de prejuicio engendrados por las representaciones culturales de los discapacitados como "otra" historia totalmente diferente.

> Me he alejado de los intentos de construir modelos teóricos de aplicación general, y de imponer estructuras racionales a las experiencias de la discapacidad, para adoptar un punto de vista que acentúa la subjetividad; la contingencia, el conflicto y la discontinuidad de la experiencia de discapacidad y de las identidades individuales de los discapacitados. Hasta cierto punto, me he aproximado a las perspectivas sociológicas postmodernas...
> (SHAKESPEARE, 1994b, pág. 195.)

Es en esta intersección de las teorías materialista, feminista y postmodernista donde ha desembocado la imaginación sociológica; al menos así ha ocurrido en el caso de esos pocos sociólogos y otros que trabajan en la actualidad en este campo. Más adelante me ocuparé de las especulaciones sobre la dirección que podríamos tomar en adelante; lo que ahora se necesita es hacer una revisión y una evaluación del punto en el que

© Ediciones Morata, S. L.

nos encontramos. Empezaré con mi propia reflexión teórica sobre la discapacidad.

Discapacidad y capitalismo

Cualquiera que fuese el destino de los discapacitados antes del advenimiento de la sociedad capitalista, y cualquiera que sea en el mundo feliz del siglo XXI, con la llegada de aquélla padecimos la exclusión económica y social. Como resultado de esta exclusión, la discapacidad adquirió una forma determinada: un problema individual que requería tratamiento médico.

La transición hacia el último capitalismo (la sociedad postindustrial, como la han llamado algunos autores, o su manifestación de moda más reciente, el postmodernismo) ha llevado a las exigencias de integración de aquellos que anteriormente habían estado excluidos. Como consecuencia de esto, la imagen de la discapacidad como un problema médico indivual ha venido recibiendo cada vez más ataques, y en los programas sociológicos se han multiplicado los esfuerzos por definirla de otra manera, de una forma social acorde con la integración.

El punto de partida de mi propia explicación materialista de la discapacidad fue la cuestión de si la visión medicalizada y trágica de ésta que predominaba en la sociedad inglesa se reproducía en otras sociedades. Una lectura rápida tanto de historia como de antropología pronto reveló dos cosas. Para empezar, no sólo la sociología fue incapaz de abordar la discapacidad seriamente, sino que la historia y la antropología lo fueron también. Además, las pruebas demostraban que la visión medicalizada y trágica de la discapacidad era exclusiva de las sociedades capitalistas, y que otras sociedades la entendían de varias formas diferentes.

Siguiendo a FINKELSTEIN, y naturalmente a MARX, parecía muy claro que el sistema de producción desempeñaba un papel fundamental, en el sentido de que, con el surgimiento del capitalismo y de la posterior mano de obra individualizada en las fábricas, las personas con insuficiencias estaban en grave desventaja. De hecho, fueron tantos los que no pudieron mantener sus trabajos, que se convirtieron en un problema social para el estado capitalista, cuya primera respuesta a todos los problemas sociales fue la dureza en la disuasión y el internamiento.

Las personas con insuficiencias se convirtieron en un problema particular, porque carecían, más que de la voluntad, de la capacidad de adaptarse a las nuevas exigencias del mercado laboral. De ahí que la disuasión estuviera condenada al fracaso y fuese considerada injusta. Sin embargo, dado que las personas con insuficiencias no podían integrase en el mercado de trabajo, debían ser controladas. Esto se hizo mediante una variedad de instituciones especialistas cuyo objetivo manifiesto era ofrecer, más que castigo, tratamiento o cobijo ante la dureza del mundo.

Todo esto coincidió con el ascenso hasta un punto destacado de la profesión médica, que deseaba con ahínco legitimar las categorías de personas meritorias y no meritorias. Como consecuencia, a las personas discapacitadas se les puso la etiqueta de enfermas, y se les ubicó en diversas instituciones médicas. En ese momento, se consideraba que la enfermedad era un hecho accidental aleatorio y desafortunado que sufrían determinadas personas, y de ahí surgía la idea de que la insuficiencia era de algún modo un suceso trágico que les ocurría a los individuos.

Como dije en otra parte, la sociología había adquirido gran destreza en adentrarse en esta ideología en campos diferentes al de la discapacidad, pero no había centrado su mirada en esta dirección particular.

> Así pues, una teoría social de la discapacidad se debería integrar en las teorías sociales existentes, más que desgajarse de ellas. Sin embargo, hay que recordar que la teoría de la tragedia personal ha desempeñado su propia función particular. Al igual que la teoría del déficit como explicación de unos bajos resultados educativos, al igual que la enfermedad como explicación de la conducta criminal, al igual que la debilidad de carácter como explicación de la pobreza y el desempleo, y al igual que otras teorías de asignación de la culpa a la víctima (RYAN, 1971), la teoría de la tragedia personal ha servido para individualizar los problemas de la discapacidad, y con ello dejar intactas las estructuras sociales y económicas. La ciencia social en general, y la política social en particular, han hecho grandes avances en el rechazo de las teorías individualistas y en la elaboración de varias teorías alternativas —confiemos en que la teoría de la tragedia personal, la última de toda una serie, desaparezca pronto también, y sea sustituida por una teoría (de la opresión) social de la discapacidad mucho más adecuada.
>
> (OLIVER, 1986, pág. 16.)

Al cabo de unos diez años hemos avanzado algo en este camino, por eso necesitamos examinar y evaluar nuestro progreso.

La producción de la discapacidad en estado de transición

Para desarrollar unas explicaciones sociológicas más apropiadas de la discapacidad, es necesario comprender que la producción de la discapacidad se encuentra en estado de transición. En este proceso de transición, nuestra tarea compleja y difícil es la de entender que se trata de un proceso de paso de una visión mundial de la discapacidad a otra.

Este proceso es lo que KUHN (1961) llamaba un "cambio de paradigma", en el sentido de que el paradigma individualizado y medicalizado descrito en el apartado anterior tiene tantos defectos que se está produciendo el surgimiento de una paradigma nuevo, o desde luego de una serie de paradigmas. Y aunque no está clara en absoluto la forma que tendrán estos nuevos paradigmas, es evidente que están influidos por la teoría materialista, pluralista y postmodernista, así como por las exigencias de los discapacitados de que sociólogos e investigadores, entre otros, les tomen en serio.

© Ediciones Morata, S. L.

Tres son los niveles en los que podemos abordar la tarea de aprehender este proceso de transición de los paradigmas de la discapacidad: el ontológico, el epistemológico y el experiencial (véase la Tabla 2.1.). Conducen a las siguientes preguntas: ¿cuál es la naturaleza de la discapacidad? ¿Cuál es su causa? ¿Qué experiencia se tiene de ella? Estas preguntas básicas suscitan diferentes conjuntos de temas en distinto grado de abstracción.

TABLA 2.1. *La hegemonía de la discapacidad*

Nivel	Pregunta	Forma de entenderlo
Ontología	¿Cuál es la naturaleza de la discapacidad?	Teoría sociológica
Epistemología	¿Cuál es la causa de la discapacidad?	Teorías de medio alcance
Experiencia	¿Que se siente al ser discapacitado?	Metodología

En el nivel ontológico los temas se deben abordar desde el punto de vista de la teoría sociológica; ya hemos visto algunos ejemplos, y entre ellos están el funcionalismo, el interaccionismo y la economía política, tanto en su variante pluralista como en la materialista. *En el nivel epistemológico,* los temas se deben abordar desde la perspectiva de las teorías de alcance medio, cuya necesidad se señalaba en la obra del sociólogo estadounidense MERTON (1968). *En el nivel experiencial,* los temas se deben abordar desde la perspectiva del desarrollo de una teoría apropiada para comprender la experiencia de la discapacidad desde el punto de vista de los propios discapacitados (CAMPLING, 1981; OLIVER y cols., 1988; MORRIS, 1989).

La existencia de cada uno de estos niveles no es independiente de la de los demás, excepto en un sentido conceptual. Por el contrario, interactúan unos con los otros para producir lo que se podría denominar la totalidad o, sin duda, la hegemonía de la discapacidad. La hegemonía, tal como aquí la empleamos, describe las formas en que los niveles ontológico, epistemológico y experiencial se interconectan entre sí para formar un todo completo.

La hegemonía de la discapacidad, tal como la produce la sociedad capitalista —y deberíamos insistir otra vez en que las otras clases de sociedad han producido la discapacidad de formas diferentes— surge de los supuestos que asume acerca de la naturaleza patológica y problemática de la discapacidad.

Estos supuestos ontológicos están unidos directamente con las preocupaciones epistemológicas acerca de las causas de la discapacidad en los individuos, con miras a la erradicación mediante la prevención, la cura o el tratamiento. De ahí que el supuesto sea, desde el punto de vista de la salud, que la discapacidad es una patología, y según la perspectiva del bienestar,

© Ediciones Morata, S. L.

que la discapacidad es un problema social. El tratamiento, la cura y la mejora son las respuestas sociales apropiadas a las patologías y los problemas que se perciben. Por último, estos supuestos y estas preocupaciones ejercen una influencia considerable en el tipo de experiencia que supone la discapacidad tanto para las personas discapacitadas como para las que no lo son —tener una discapacidad es tener un problema, tener una discapacidad es tener "en ti algo que no es correcto".

En los últimos años, esta hegemonía de la discapacidad ha sido atacada de forma constante y persistente en la sociedad capitalista más reciente. En su nivel ontológico esto no ha conducido a la negación de la naturaleza problemática de la incapacidad, sino a la de sus supuestos de patología. En el nivel epistemológico, la teorización de medio alcance ha experimentado un giro de ciento ochenta grados: la discapacidad no está causada por las limitaciones funcionales, físicas o psicológicas de las personas con insuficiencias, sino por el fracaso de la sociedad en suprimir las barreras y las restricciones sociales que incapacitan. En el nivel experiencial, los discapacitados ven cada vez más que sus problemas surgen de la opresión social (SUTHERLAND, 1981) y de la discriminación institucionalizada (BARNES, 1991), lo cual les lleva a la idea de que la insuficiencia es algo que se debe festejar, no curar o mejorar.

Así pues, la idea de que los problemas de la discapacidad son sociales más que individuales, y de que emanan de la opresión que ejerce la sociedad más que de las limitaciones de los individuos, constituye una parte esencial del proceso de desarrollo de una comprensión adecuada de las respuestas sociales a la discapacidad. Sin embargo, en los esfuerzos por comprender la hegemonía de la discapacidad, es fundamental entender cómo se interconecta la individualización de la discapacidad en los niveles de la sociedad, la política, la práctica y la experiencia personal. Estas interconexiones son fundamentales para intentar reformular la discapacidad como un tema para la sociedad, y desarrollar una comprensión más apropiada de las respuestas políticas, la práctica profesional y la experiencia personal.

En este momento, la individualización y la medicalización de la discapacidad impregnan los tres niveles y los unen entre sí. La discapacidad es considerada una tragedia personal que les ocurre de forma aleatoria a los individuos, y los problemas de discapacidad exigen que los individuos se adapten a la tragedia o la acepten. En las investigaciones se han empleado técnicas diseñadas para "probar" la existencia de estos problemas de adaptación. La idea alternativa sugiere que la discapacidad se produce de una forma estructurada que depende de las relaciones materiales de producción (OLIVER, 1990), el problema de la adaptación atañe a la sociedad, no a los individuos, y las investigaciones deberían ocuparse en identificar de qué forma la sociedad incapacita a las personas, más que de los efectos sobre los individuos (OLIVER, 1992; ZARB, 1992).

En la Tabla 2.2 se resumen tanto la forma dominante actual de entender la discapacidad, como las formulaciones alternativas.

TABLA 2.2. *Paradigmas antiguo y nuevo*

Formas de comprensión	Paradigma nuevo	Alternativas 1 (Otros)	Alternativa 2 (OLIVER)
Teoría sociológica	(Tragedia personal)	Sociopolítica	Economía política (materialista)
	Funcionalismo	Economía política (pluralista)	
	Interaccionismo	Postmodernismo	
Teorización de alcance medio	Adaptación/pérdida	Derechos individuales	Adaptación social
	Papel del enfermo	Integración	Inclusión
	Desviación/estigma	Potenciación personal	Potenciación colectiva
Metodología	Positivista	Participativa	Emancipadora
	Interpretativa	Investigación aplicada	
		Investigación en la acción	

Una vez hecho el resumen esquemático del estado actual de la sociología respecto a la discapacidad, en los restantes apartados de este capítulo quiero reflejar mis trabajos relativos a ambos paradigmas sociológicos, el antiguo y el alternativo.

Teoría sociológica - ¿tragedia personal, postmodernismo o economía política?

No hay duda de que, en el fenómeno de la discapacidad, la teoría dominante, aunque implícita, ha sido la de la tragedia personal. Según esta teoría, la discapacidad es un hecho trágico que les ocurre a individuos desafortunados y aislados, de forma aleatoria. Esta idea influye además en las respuestas de política compensatoria y en las intervenciones terapéuticas diseñadas para ayudar a los individuos a aceptar la tragedia. En su experiencia individual, muchas personas discapacitadas llegan a la conclusión de que sus vidas están arruinadas por la tragedia.

El problema es que la teoría de la tragedia personal no ofrece una explicación universal de la discapacidad: en algunas sociedades la discapacidad se considera un privilegio, un signo de haber sido elegido por los dioses. En

© Ediciones Morata, S. L.

otras, se considera que reporta importantes beneficios sociales, tales como el bilingüismo, como demostraba el uso omnipresente del lenguaje de signos en toda la comunidad de El Viñedo de Marta* (GROCE, 1985). Y más aún, incluso en algunas sociedades de tipo capitalista más reciente, se está cambiando la política compensatoria por la de derecho. También las intervenciones terapéuticas están pasando de la adaptación a la capacitación. Por último, con el desarrollo de una política de identidad personal, la experiencia de la discapacidad se reinterpreta de modo positivo, más que negativo (MORRIS, 1991).

El surgimiento del postmodernismo en el proceso teorizador de la discapacidad atrae la atención hacia la influencia importante que la representación cultural ejerce en la conformación de la experiencia de la incapacidad; pero, en la obra de SHAKESPEARE, parece que se trata de un proceso reduccionista. En otra parte de este libro, BARNES observa que:

> Tiene razón cuando sugiere que las raíces culturales de la opresión de los discapacitados en las sociedades occidentales son anteriores a la aparición del capitalismo. Sin embargo... da a entender que todas las culturas responden a la insuficiencia de un modo esencialmente negativo. En otras palabras, el prejuicio contra las personas con insuficiencias es, de un modo u otro, inevitable y universal.
>
> (BARNES, 1966, Capítulo III de este libro.)

BARNES prosigue para demostrar, con pruebas históricas y antropológicas, que no sucede de este modo.

La economía política, al menos en su variante materialista, sugiere que todos los fenómenos (incluidas las categorías sociales) están producidos por las fuerzas económicas y sociales del propio capitalismo. La forma en que se producen depende en última instancia de su relación con la economía (MARX, 1913). Por consiguiente, la categoría de discapacidad, en la forma particular en que aparece, está producida por estas precisas fuerzas económicas y sociales. Además, está producida como problema económico debido a los cambios en la naturaleza del trabajo y en las necesidades del mercado de trabajo dentro del capitalismo.

> La velocidad del trabajo industrial, la obligada disciplina, la sujeción a un horario y las reglas de producción: todo ello supuso un cambio muy desfavorable de los métodos de trabajo más lentos y más ajustados a cada uno en los que se habían integrado las personas discapacitadas.
>
> (RYAN y THOMAS, 1980, pág. 101.)

Por ello, la economía, tanto mediante la actuación del mercado de trabajo como la organización social del trabajo, desempeña un papel clave en la producción de la categoría de discapacidad y en la determinación de las respuestas de la sociedad a las personas discapacitadas. Además, la opresión a

---

* Una comunidad de personas sordas, de la que trata la obra de GROCE. *(N. del T.)*

© Ediciones Morata, S. L.

la que éstas se enfrentan tiene sus raíces en las estructuras económicas y sociales del capitalismo, que por sí mismas producen racismo, sexismo, homofobia, gerontofobia y discapacidad.

Prácticamente durante todo el siglo xx, el trabajo se ha organizado en torno a los principios gemelos de la competición entre los trabajadores individuales y de la obtención del máximo beneficio. Ha sido inevitable que los discapacitados hayan sufrido por la forma en que se ha organizado el trabajo según estos dos principios; ha sido inevitable que hayamos experimentado la exclusión del mercado de trabajo, e incluso los estudios oficiales indican que al menos siete de cada diez personas discapacitadas que están en edad de trabajar carecen de empleo (MARTIN, WHITE y MELTZER, 1988).

La única vez que estas cifras cambiaron de forma sustancial fue durante las dos guerras mundiales. Durante la Segunda Guerra Mundial, 430.000 discapacitados que habían sido excluidos previamente del mercado de trabajo se incorporaron a las fábricas y a la industria, y no sólo en labores de muy escasa relevancia, sino a menudo en puestos importantes de supervisión y gestión (HUMPHREYS y GORDON, 1992). Me parece que la razón es muy sencilla. El objetivo del trabajo durante esas dos guerras no era obtener el máximo beneficio, sino luchar contra el enemigo común. Se organizaba el trabajo según los principios de la cooperación y la colaboración, y no sobre los de la competición y la obtención del beneficio máximo.

Cuando terminó la Segunda Guerra Mundial salió elegido un gobierno que se comprometió a mantener esa situación, y se aprobaron leyes para asegurar que las personas discapacitadas no fueran excluidas del mercado de trabajo. La realidad es que, al cabo de tres años, no sólo había perdido su empleo la mayoría de aquellas personas discapacitadas que habían sido incluidas en el mercado laboral, sino que el paro afectaba de manera importante a la mayoría de los otros discapacitados cuyas insuficiencias habían sido causadas por la guerra. Los viejos principios de la economía capitalista se habían impuesto de nuevo.

Así pues, desde la perspectiva de la economía política, los discapacitados están excluidos del mercado laboral no por culpa de sus limitaciones personales o funcionales (paradigma antiguo), ni simplemente por culpa de las actitudes y las prácticas discriminadoras de los empresarios y de los mercados de mano de obra (alternativa 1), sino por culpa del sistema de organización del trabajo dentro de la propia economía capitalista (alternativa 2).

Teorización de alcance medio - ¿adaptación y pérdida o adaptación social?

Las teorías de alcance medio se ocupan normalmente de vincular los conceptos abstractos de la teoría con las experiencias específicas de los fenómenos concretos. Por tanto, los estudios sobre la discapacidad realizados según el antiguo paradigma han estado dominados por las teorías de alcance medio de la adaptación. Según éstas, cuando algo ocurre en el cuerpo de

© Ediciones Morata, S. L.

un individuo, algo ocurre también en la mente. Y de este modo, para volver a ser completamente humano, para formarse una identidad de discapacitado, el individuo discapacitado debe seguir un tratamiento médico y una rehabilitación física, así como el proceso de adaptación psicológica o de aceptación de la incapacidad (FINKELSTEIN, 1980).

Sin embargo, el marco conceptual que ofrece la teoría de alcance medio de la adaptación ha sido criticado duramente por razones teóricas (OLIVER, 1981) y porque no se corresponde con la experiencia real de la discapacidad. Se han desarrollado marcos alternativos, tales como la adaptación social (OLIVER y cols., 1988) y la opresión social (UPIAS, 1976).

Dentro del paradigma de la alternativa 1, destacan conceptos como el de los derechos individuales, la integración y la capacitación personal. Como ya hemos insinuado, el problema reside en que no prestan atención suficiente a los temas de la estructura y el poder social y económico. Las personas luchan individualmente por conseguir integrarse en la sociedad tal como es y, al hacerlo, capacitarse ellas mismas. Es como si quisieran que cambiasen las reglas del juego de manera que pudieran jugar con los demás, más que cambiar el juego. Naturalmente, el problema es que, si el juego consiste en un individualismo posesivo en una sociedad que se rige por la competición y la desigualdad, las personas con insuficiencias estarán inevitablemente en posición de desventaja, sin que importe cómo cambien las reglas del juego.

En mis primeros trabajos sobre los efectos a largo plazo de la lesión de médula espinal (alternativa 2) apuntaba que el hecho de que se produzca una incapacidad como acontecimiento significativo en la vida de un individuo es sólo un punto de partida para comprender las consecuencias prácticas y personales de vivir con la discapacidad. En ese trabajo se sugería además que el entorno social, los recursos materiales y, lo que es más importante, el sentido que los individuos dan a las situaciones y a los acontecimientos eran los factores más importantes que se debían considerar para desarrollar un modelo conceptual adecuado, al que hemos denominado de adaptación social.

> Para nosotros, pues, comprender las consecuencias de la lesión de médula espinal implica una relación compleja entre el individuo con la insuficiencia, el contexto social en el que ésta ocurre y las referencias de que disponen los individuos que les permitan explicar lo que está ocurriendo.
> (OLIVER y cols., 1988, pág. 11.)

Por consiguiente, la experiencia de la lesión de médula espinal no se puede entender como un proceso puramente interno, psicológico o interpersonal, sino que obliga a considerar toda una serie de otros factores tales como la vivienda, la situación económica, el empleo, las condiciones arquitectónicas del entorno y las circunstancias familiares. Además, todos estos factores materiales pueden cambiar, y cambiarán, con el tiempo, a veces para mejor y a veces para peor, con lo que dan una dimensión temporal, a la vez que material, a la experiencia de la discapacidad.

© Ediciones Morata, S. L.

De ahí que las respuestas personales de los individuos a sus insuficiencias no se puedan entender meramente como una reacción al trauma o a la tragedia, ni como una lucha por la capacitación personal. Se debe situar esa comprensión en un marco en el que se consideren las historias de la vida de las personas discapacitadas, sus circunstancias materiales y el sentido que la discapacidad tiene para ellas, ya que han luchado mediante la acción colectiva por capacitarse y ser integradas en las sociedades en que viven.

Metodología - ¿describir, interpretar, comprender o cambiar la experiencia de la discapacidad?

La cuestión metodológica básica se refiere al propósito de la investigación y a si tal propósito es el de describir, interpretar, comprender o cambiar los fenómenos particulares. Por lo que se refiere a la investigación sobre la discapacidad, los enfoques positivista e interpretativo del paradigma antiguo se han ubicado en el modelo médico con los supuestos que lleva incorporados, y según los cuales la discapacidad constituye una patología individual. En consecuencia, se considera que la mayor parte de estas investigaciones son, en el mejor de los casos, irrelevantes, y en el peor, opresoras (OLIVER, 1992).

Incluso cuando se han empleado la investigación aplicada o la investigación en la acción, no se ha sabido cambiar las relaciones sociales de la producción de la investigación (OLIVER, 1992), y se ha entendido que la investigación es un medio de informar al desarrollo político o de mejorar la práctica profesional. Estos enfoques no han contado con la participación de las personas discapacitadas en el proceso de investigación, como participantes activos, más que como sujetos pasivos.

Esto se ha traducido en el desajuste permanente entre las personas discapacitadas y las que no lo son en sus respectivas formas de articular sus experiencias, y ha tenido implicaciones tanto para la provisión de servicios como para la capacidad de los individuos de controlar sus propias vidas. Como señala DAVIS (1986), la investigación sobre la discapacidad nunca ha sabido integrar a los discapacitados, a no ser como objetos pasivos para entrevistas y observaciones diseñadas por investigadores sin experiencia ni sensibilidad hacia la realidad cotidiana de la discapacidad -una situación que, mientras para los investigadores puede ser beneficiosa, nada hace por servir a los intereses de los discapacitados. Por eso muchos de éstos se han alejado de la investigación sobre la discapacidad; un problema no poco frecuente en los sujetos de las investigaciones, según un comentarista (ROWAN, 1981).

Este desencanto por los sistemas de investigación existentes ha planteado la cuestión de desarrollar un enfoque alternativo y emancipador para que la investigación sobre la discapacidad sea más relevante para las vidas de los discapacitados y contribuya más a la mejora de sus circunstancias materiales. Los dos pilares clave en los que se debe asentar este enfoque son la capacitación y la reciprocidad. Estos pilares se pueden incorporar mediante el fomento de la autorreflexión y de una comprensión más profunda de la situa-

© Ediciones Morata, S. L.

ción objeto de la investigación por parte de sus propios sujetos, así como mediante la posibilidad de que los investigadores se identifiquen con los sujetos de sus estudios (LATHER, 1991).

La importancia de la investigación emancipadora, por tanto,

> está en establecer un diálogo entre quienes trabajan en la investigación y las personas de base con las que trabajan, para descubrir y asumir las necesidades prácticas y culturales de esas personas. La investigación se convierte aquí en una parte de un proceso del desarrollo en el que se incluyen también la educación y la acción política.
>
> (REASON, 1988, pág. 2.)

Esta interpretación es un requisito previo esencial para ofrecer una redefinición de "la naturaleza real del problema". Este proceso ha sido captado sucintamente en un comentario acerca de la investigación sobre temas que afectan a los negros.

> No eran los negros quienes debían ser analizados, sino la sociedad blanca; no se trataba de educar a blancos y negros para la integración, sino de combatir el racismo institucional; el campo de estudio no eran las relaciones raciales, sino el racismo.
>
> (BOURNE, 1980, pág. 339.)

Diez años depués, estas palabras se aplican exactamente al "estado" de la investigación sobre la discapacidad; no son los discapacitados quienes necesitan ser analizados, sino la sociedad capacitada; no se trata de educar a discapacitados y capacitados para la integración, sino de combatir el minusvalidismo institucional; el campo de estudio no deberían ser las relaciones de discapacidad, sino el minusvalidismo.

Pero no podemos estudiar la discapacidad, el racismo, el sexismo o cualquier otra opresión por separado. En seguida se ha puesto de manifiesto que estos conceptos son demasiado simplistas y que no hay duda de que ellos mismos pueden ser opresores. Como dice MORRIS:

> No sirve de gran ayuda hablar de que las mujeres discapacitadas experimentan una "desventaja doble". Las imágenes de desventaja constituyen una parte de la experienncia de opresión tan importante que la investigación compensatoria (aquella que pretende favorecer los intereses de "los investigados") debe desafiarlas sistemáticamente. Y ahí está uno de los problemas que plantea el examen de las relaciones entre sexo y discapacidad, raza y discapacidad como una "desventaja doble". La investigación puede convertirse ella misma en parte de la opresión.
>
> (MORRIS, 1992, pág. 162.)

Además, estos enfoques sumativos han sido criticados por personas discapacitadas negras, que sostienen que su experiencia de la discapacidad solamente se puede entender en el contexto del racismo. Así, según un investigador negro:

> En mi opinión, el concepto de doble discriminación, tal como lo han propagado feministas discapacitadas, constituye un marco inadecuado para comprender el racismo dentro de la la discapacidad... por el contrario, mi propuesta es que el racismo dentro de la discapacidad es parte de un proceso de opresión simultánea que los negros experimentan todos los días en la sociedad occidental.
> (Stuart, 1992, pág. 179.)

Solamente nuevas investigaciones, más desarrolladas y emancipadoras, podrán demostrar si la opresión simultánea constituye una forma más adecuada de explicar la discapacidad. Pero es evidente que las personas empiezan a hablar en este sentido.

> Como mujer negra discapacitada, no puedo separar ni colocar en compartimentos mi identidad como tal. La experiencia colectiva de mi raza, mi incapacidad y mi sexo es lo que conforma e informa mi vida.
> (Hill, 1994, pág. 7.)

Si esta idea puede servir para ancianos, negros, homosexuales y discapacitados sigue siendo una cuestión abierta. Y lo mismo ocurre con sus conexiones con las teorías de alcance medio y la teoría social dominante. Estas cuestiones indican que nuestro trabajo de desarrollo y ampliación de la sociología de la discapacidad no ha hecho más que empezar.

Hay un último tema que debemos analizar y que se refiere a la distinción que establezco entre investigación en la acción, participativa y aplicada (alternativa 1), e investigación emancipadora (alternativa 2). Volviendo al símil del juego que empleaba antes, me parece que los primeros enfoques se preocupan de permitir que los grupos antes excluidos se integren en el juego tal como es, mientras que los métodos emancipadores se preocupan tanto de conceptualizar como de crear un juego nuevo, en el que nadie esté excluido de antemano.

Desde una perspectiva un poco diferente, Morrow demuestra una preocupación similar:

> Los debates sobre el postmodernismo han sacado a la luz todos los temas acumulados que la idea positivista de restaurar el orden mediante la ciencia había suprimido, después del colapso de la visión religiosa del mundo. Dada la decadencia de esta visión totalizadora modernista, nos enfrentamos a su opuesto dialéctico: la fragmentación, diferencia y particularidad infinitas como características inevitables de la vida social y los límites fundacionales de la indagación social.
> (Morrow y Brown, 1994, pág. 320.)

Sin embargo, continúa con la siguiente observación:

> La perspectiva de la teoría crítica implica un intento de mediar entre la unificación totalizadora y la fragmentación anárquica. La pretensión fundamental de este acto equilibrador es que nuestra explicación histórica de la determinación social es la que nos permite concebir mundos alternativos.
> (Morrow y Brown, 1994, pág. 320.)

© Ediciones Morata, S. L.

Estos mundos alternativos son lo que ABBERLEY (1995), en otra parte de este libro, llama Utopías, y a los que yo, en otra parte de este capítulo, me refiero como otro juego.

Sin embargo, ZARB (1992) sostiene que la distinción entre investigación participativa y emancipadora es falsa porque la segunda solamente se alcanzará cuando el material y las relaciones sociales de la producción de la investigación sean derrocadas: en otras palabras, cuando el último capitalismo o la postmodernidad minusvalidistas hayan sido sustituidos por un tipo de sociedad diferente. Hasta entonces, la investigación participativa es todo lo que tenemos, a menos que queramos volver a los enfoques positivistas o interpretativos.

Estoy de acuerdo con esto siempre que se entienda la investigación participativa como parte del viaje a Utopía: para mí, ésta es una sociedad en la que personas con insuficiencias viven y prosperan junto a las demás, pero en la que han desaparecido las barreras que agudizan la discapacidad y los valores y las actitudes minusvalidistas. Para mí, el problema de muchas investigaciones emancipadoras postmodernistas (por ej. LATHER, 1991) es que no existe Utopía. Todo se reduce al desafío de las estructuras de poder existentes, que se convierte en un fin en sí mismo, y no en un medio para algo mejor.

Conclusiones

Este capítulo ha intentado presentar una breve historia de la sociología de la discapacidad. Además, ha apuntado que enfrentarse a la hegemonía de la discapacidad tal como se produce en la actualidad dentro del antiguo paradigma sociológico no es un trabajo sencillo, y nos obliga a examinar y valorar nuestro trabajo y el de los demás, lo cual implica una nueva evaluación de los supuestos ontológicos, epistemológicos y metodológicos que poseemos sobre la discapacidad. Por último, y como aspecto central de esta nueva evaluación, sólo podemos aprehender, desafiar y cambiar la hegemonía que es la discapacidad si comprendemos las interrelaciones entre los niveles ontológico, epistemológico y metodológico.

En este capítulo he intentado hacer todo lo anterior respecto a mi propio trabajo y respecto al trabajo de otros sociólogos en el campo de la discapacidad. Si el esquema que he empleado para llevarlo a cabo tiene alguna utilidad es una cuestión que no puedo responder. De una cosa estoy seguro: si usamos toda la teoría extraordinariamente rica sobre la discapacidad que se ha desarrollado durante los últimos años, la sociología se enriquecerá como disciplina, y se podrá ofrecer a las personas discapacitadas unas herramientas teóricas para su emancipación.

Agradecimientos

Agradezco a todas las personas que participaron en el seminario de Hull en Octubre de 1994, y en particular, a Colin BARNES y a Len BARTON, por su contribución específica al desarrollo de este capítulo.

© Ediciones Morata, S. L.

Bibliografía

ABBERLEY, P. (1987): "The concept of oppression and the development of a social theory of disability", *Disability, Handicap & Society,* Vol. 2., N.º 1, págs. 5-19.
— (1995): "Work, Utopia and impairment", Capítulo IV de este volumen.
AINLEY, S., BECKER, G. y COLEMAN, L. (Eds.) (1986): *The Dilemma of Difference: A Multidisciplinary View of Stigma.* Londres, Plenum Press.
ALBRECHT, G. (1976): *The Sociology of Physical Disability and Rehabilitation.* Pittsburgh, University of Pittsburgh Press.
— (1992): *The Disability Business.* Londres, Sage.
BARNES, C. (1990): *The Cabbage Syndrome: The Social Construction of Dependence.* Lewes, Falmer.
— (1991): *Disabled People in Britain and Discrimination.* Londres, Hurst & Co.
— (1996): "Theories of disability and the origins of the oppression of disabled people in Western Society", Capítulo III de este volumen.
BECKER, H. (1963): *Outsiders.* Nueva York, Free Press. (Trad. cast.: *Los extraños.* Barcelona, Ediciones Buenos Aires, 1983.)
BOURNE, J. (1980): "Cheerleaders and ombudsmen: a sociology of race relations in Britain", *Race & Class,* Vol. XXI, N.º 4, págs. 331-352.
BURY, M. B. (1982): "Chronic illness as biological disruption", *Sociology of Health and Illness,* N.º 4, págs. 167-187.
— (1991): "The sociology of chronic illness: A review of research and prospects", *Sociology of Health and Illness,* Vol. 13, N.º 4, págs. 451-468.
— (1992): "Medical, sociology and chronic illness: a comment on the panel discussion", *Medical Sociology News,* Vol. 18, N.º 1, págs. 29-33.
CAMPLING, J. (1981): *Images of Ourselves.* Londres, Routledge & Kegan Paul.
DARKE, P. (1994): "The Elephant Man: An analysis from a disabled perspective", *Disability, Handicap & Society,* Vol. 9, N.º 3, págs. 327-342.
DAVIS, F. (1964): "Deviance disavowal and the visibly handicapped" en BECKER, H. (Ed.) *The Other Side.* Nueva York, Free Press.
DAVIS, K. (1986): "Pressed to death", *Coalition News,* Vol. 1, N.º 4.
— (1986): *Developing our own Definitions - Draft for Discussion.* Londres, British Council of Organisations of Disabled People.
DEEGAN, M. y BROOKS, N. (Eds.) (1985): *Women and Disability: The Double Handicap.* New Brunswick, Transaction Books.
DE JONG, G. (1979): "Independent living: from social movement to analytic paradigm", *Archives of Physical Medicine and Rehabilitation,* Vol. 60, págs. 435-446.
FEATHERSTONE, M., HEPWORTH, M. y TURNER, B. (Eds.) (1991): *The Body: Social Process and Cultural Theory.* Londres, Sage.
FINKELSTEIN, V. (1980): *Attitudes and Disabled People: Issues for Discussion.* Nueva York, World Rehabilitation Fund.
FOUCAULT, M. (1977): *Discipline and Punish: The Birth of the Prison.* Londres, Allen Lane. (Trad. cast.: *Vigilar y castigar. Nacimiento de la prisión.* Madrid, Siglo XXI, 1986, 5.ª ed.)
FRANK, A. (1991): "For a sociology of the body: an analytical review" en FEATHERSTONE y cols. (1991).
GIDDENS, A. (1986) (2.ª ed.): *Sociology. A Brief Critical Introduction.* Basingstoke, Macmillan.
— (1989): *Sociology.* Cambridge, Polity Press. (Trad. cast.: *Sociología.* Madrid, Alianza, 1997, 8.ª ed.)

© Ediciones Morata, S. L.

GIDDENS, A. (1991): *Modernity and Self-Identity: Self and Society in the Late Modern Age.* Cambridge, Polity Press. (Trad. cast.: *Modernidad e identidad del yo. El yo y la sociedad en la época contemporánea.* Barcelona, Península, 1997.)
GILLESPIE-SELLS, K. (1994): "Getting things right", *Community Care Inside,* 31 marzo.
GOFFMAN, E. (1963): *Stigma: Notes on the Management of a Spoiled Identity.* Harmondsworth, Penguin. (Trad. cast.: *Estigma: la identidad deteriorada.* Buenos Aires, Amorrortu, 1992.)
GORDON, G. (1966): *Role Theory and Illness: A Sociological Perspective.* New Haven, Connecticut College and University Press.
GROCE, N. (1985): *Everyone Here Spoke Sign Language: Hereditary Deafness on Marth's Vineyard.* Londres, Harvard University Press.
GOULDNER, A. (1971): *The Coming Crisis in Western Sociology.* Londres, Heinemann.
— (1975): *For Sociology: Renewal and Critique in Sociology Today.* Harmondsworth, Pelican Books. (Trad. cast.: *La sociología actual: renovación y crítica.* Madrid, Alianza, 1979.)
HABER, L. y SMITH, R. (1971): "Human deviance; normative adaptation and role behaviour", *Amercian Sociological Review,* 36, págs. 87-97.
HAHN, H. (1988): "The politics of physical differences: disability and discrimination", *Journal of Social Issues,* Vol. 44, N.º 1, págs. 39-47.
HAMMERSLEY, M. (1992): "On feminist methodology", *Sociology,* Vol. 26, N.º 2, páginas 187-206.
HEVEY, D. (1992): *The Creatures That Time Forgot: Photography and Disability Imagery.* Londres, Routledge.
HILL, M. (1994): "Gettings things right", *Community Care Inside,* 31 marzo.
HUMPHREYS, S. y GORDON, P. (1992): *Out of Sight: The Experience of Disability 1900-1950.* Plymouth, Northcote House Publishers.
HUNT, P. (1966) (Ed.): *Stigma.* Londres, Chapman.
KUHN, T. (1961): *The Structure of Scientific Revolutions.* Chicago, University Press. (Trad. cast.: *La estructura de las revoluciones científicas.* Madrid, Fondo de Cultura Económica, 1990, 14.ª ed.)
LATHER, P. (1991): *Getting Smart: Feminist Research and Pedagogy With/In the Postmodern.* Londres, Routledge.
LEMERT, E. (1962): *Human Deviance: Social Problems and Social Control.* Englewood Cliffs, New Jersey, Prentice-Hall.
MARX, K. (1913): *A Contribution to the Critique of Political Economy.* Chicago. (Trad. cast.: *Contribución a la crítica de la economía política.* Madrid, Corazón, 1978, 2.ª ed.)
MERTON, R. (1968): *Social Theory and Social Structure.* Nueva York, Free Press. (Trad. cast.: *Teoría y estructuras sociales.* México, Fondo de Cultura Económica, 1992, 3.ª ed.)
MORRIS, J. (1989): *Able Lives: Women's Experience of Paralysis.* Londres, Women's Press.
— (1991): *Pride against Prejudice.* Londres. Women's Press.
— (1992): "Personal and political: a feminist perspective in researching physical disability", *Disability, Handicap & Society,* Vol. 7, N.º 2, págs. 157-166.
MORRISON, E. y FINKELSTEIN, V. (1993): "Broken arts and cultural repair: the role of culture in the empowerment of disabled people" en SWAIN y cols.
MORROW, R. con BROWN, D. (1994): *Critical Theory and Methodology.* Londres, Sage.
OLIVER, M. (1983): *Social Work with Disabled People.* Basingstoke, Macmillan.
— (1986): "Social policy and disability: some theoretical issues", *Disability, Handicap & Society,* Vol. 1, N.º 1, págs. 5-18.

© Ediciones Morata, S. L.

OLIVER, M. (1990): *The Politics of Disablement.* Basingstoke, Macmillan, y Nueva York, St. Martins Press.
— (1992): "Changing the social relations of research production", *Disability, Handicap & Society,* Vol. 7, N.º 2, págs. 101-115.
—, ZARB, G., SILVER, J., MOORE, M. y SALISBURY, V. (1988): *Walking into Darkness: The Experience of Spinal Injury.* Basingstoke, Macmillan.
PARSONS, T. (1951): *The Social System.* Nueva York, Free Press. (Trad. cast.: *El sistema social.* Madrid, Alianza, 1988, 3.ª ed.)
REASON, P. (Ed.) (1988): *Human Inquiry in Action: Developments in New Paradigm Research.* Londres, Sage.
ROBINSON, I. (1988): *Multiple Sclerosis.* Londres, Routledge.
ROWAN, J. (1981): "A dialectical paradigm for research", en REASON, P. y ROWAN, J. (Eds.) *Human Inquiry: A Source Book of New Paradigm Research.* Chichester, John Wiley & Son.
RYAN, J. y THOMAS, F. (1980): *The Politics of Mental Handicap.* Harmondsworth, Penguin.
SAFILIOS-ROTHSCHILD, C. (1970): *The Sociology and Social Psychology of Disability and Rehabilitation.* Nueva York, Random House.
SCAMBLER, G. (1989): *Epilepsy.* Londres, Routledge.
SCOTT, R. (1970): *The Making of Blind Men.* Londres, Sage.
SHAKESPEARE, T. (1993): *Disability, Handicap & Society,* Vol. 8, N.º 3, págs. 249-264.
— (1994a): "Cultural representations of disabled people: dustbins for disavowal", *Disability and Society,* Vol. 9, N.º 3, págs. 283-300.
— (1994b): «Conceptualising disability: impairment in sociological perspective". Tesis doctoral, University of Cambridge.
SIEGLAR, M. y OSMOND, M. (1974): *Models of Madness: Models of Medicine.* Londres, Collier Macmillan.
SILVER, R. y WORTMAN, C. (1980): "Coping with undesirable life events" en GERBER, J. y SELIGMAN, M. (Eds.) *Learned Helplessness, Theroy and Applications.* Londres, Academic Press.
STUART, O. (1992): "Race and disability: what type of double disadvantage", *Disability, Handicap & Society,* Vol. 7, N.º 2, págs. 177-188.
SUTHERLAND, A. T. (1982): *Disabled We Stand.* Londres, Souvenir Press.
SWAIN, J., FINKELSTEIN, V., FRENCH, S. y OLIVER, M. (Eds.): *Disabling Barriers and Enabling Environments.* Londres, Sage Publications in Association with the Open University.
TWADDLE, A. (1969): "Health decisions and sick role variations", *Journal of Health and Social Behaviour,* 10, págs. 195-215.
UPIAS (1976): "Fundamental principles of disability". Londres, Union of the Physically Impaired Against Segregation.
WALKER, A. y TOWNSEND, P. (Eds.) (1981): *Disability in Britain: A Manifesto of Rights.* Londres, Martin Robertson.
ZARB, G. (1992): "On the road to Damascus: first steps towards changing the relations of research production», *Disability, Handicap & Society,* Vol. 7, N.º 2, págs. 125-138.
ZOLA, I. (1979): "Helping one another: a speculative history of the self-help movement", *Archives of Physical Medicine and Rehabilitation,* Vol. 60.

© Ediciones Morata, S. L.

CAPÍTULO III

Las teorías de la discapacidad y los orígenes de la opresión de las personas discapacitadas en la sociedad occidental

Por Colin Barnes

A partir de la politización de la discapacidad llevada a cabo por el movimiento internacional de personas discapacitadas (Davis, 1993; Driedger, 1989; Oliver, 1990), un número cada vez mayor de profesores, muchos de ellos son también discapacitados, ha reconceptualizado la discapacidad como una forma compleja y sutil de opresión social (Oliver, 1986) o de discriminación institucional parecida al sexismo, al heterosexismo y al racismo (Barnes, 1991). De este modo, se ha producido un cambio en el objetivo del análisis teórico, que ha pasado de los individuos y sus insuficiencias a los entornos que agudizan la discapacidad y a las actitudes sociales hostiles (Barnes, 1991; Barton, 1989; Finkelstein, 1980; Oliver, 1983; Oliver y Barnes, 1991). Sin embargo, se dice que estos estudios han subvalorado, en mayor o menor grado, el papel que desempeña la cultura, que aquí se entiende como un conjunto de valores y de creencias de común aceptación (Douglas, 1966), en la opresión de las personas discapacitadas (Shakespeare, 1994).

Este capítulo examina la relación entre la cultura y la opresión que sufren las personas discapacitadas. Está dividido en tres apartados distintos pero que guardan relación entre sí. El primero ofrece una breve visión general de los enfoques sociopolíticos de la discapacidad. El segundo examina las variaciones culturales que se dan en las percepciones de la insuficiencia, y el tercero se ocupa de las respuestas sociales a las personas con insuficiencias en la cultura occidental anterior a la industrialización, con especial interés por el caso de Gran Bretaña —la cuna del capitalismo industrial (Marx, 1970). Mostraremos que la discapacidad o la opresión de las personas discapacitadas pueden remontarse hasta los orígenes de la sociedad occidental, y hasta las fuerzas materiales y culturales que crearon el mito de la "perfección corporal" o el ideal de "cuerpo capacitado".

© Ediciones Morata, S. L.

Explicaciones sociopolíticas de la discapacidad

A grandes rasgos, los análisis sociopolíticos de la discapacidad se pueden dividir en dos grupos distintos pero interrelacionados: uno estadounidense y otro británico. El primero, firmemente asentado en las tradiciones estadounidenses del funcionalismo estructural y la teoría de la desviación, explica la "construcción social" del problema de la discapacidad como un resultado inevitable de la evolución de la sociedad contemporánea. El segundo se inspira con fuerza en las teorías materialistas de Marx y Engels (1970) y sugiere que la discapacidad y la dependencia son la "creación social" de un tipo particular de formación social; concretamente, el capitalismo industrial.

Sin embargo, ambas aproximaciones tienden a subestimar el efecto de la cultura occidental en la opresión de las personas discapacitadas. El tema, no obstante, se ha convertido en un objetivo para autores que se preocupan, más que de la producción, de la experiencia tanto de la insuficiencia como de la discapacidad.

Versiones funcionalistas del surgimiento de la discapacidad

Los sociólogos estadounidenses, con su interés por el significado, la identidad y el proceso de etiquetado, analizaron, durante la década de 1960, la relación entre insuficiencia y discapacidad. Centrándose en el proceso de estigmatización y en la construcción social de la dependencia por parte de los profesionales de la rehabilitación, autores como Erving Goffman (1968) y Robert Scott (1970) cuestionaron la visión ortodoxa, según la cual los problemas asociados con la discapacidad eran el resultado directo de las insuficiencias y/o las condiciones médicas individuales. Estas explicaciones, junto con la radicalización de los jóvenes discapacitados estadounidenses del *Movement for Independent Living* (ILM) (Movimiento en favor de la Vida Independiente) llevaron a Gerben De Jong a iniciar lo que Mike Oliver llamaría más tarde el "modelo social de la discapacidad" (Oliver, 1983), con la proclamación de que los factores actitudinales y ambientales son al menos tan importantes como la insuficiencia en la valoración de la discapacidad (De Jong, 1979).

Deborah A. Stone (1984) desarrolló esta idea. Sostiene que todas las sociedades funcionan mediante un complejo sistema de distribución de bienes, cuyo principio motor es el trabajo. Pero dado que no todos son capaces de trabajar, o no quieren hacerlo, se desarrolla un segundo sistema basado en las percepciones de necesidad. Mediante una explicación mayoritariamente histórica de la política social, referida sobre todo al siglo xix en Estados Unidos, Gran Bretaña y Alemania, Stone demuestra cómo el acceso al sistema basado en las necesidades está determinado tanto por las consideraciones médicas como las políticas. De ahí que la "construcción social de la discapacidad" se explique con referencia a la acumulación de poder por parte de

© Ediciones Morata, S. L.

la profesión médica y a la necesidad que tiene el estado de limitar el acceso al sistema de bienestar que él patrocina.

En la obra de Wolf WOLFENSBERGER se puede encontrar una variante de esa visión. Este autor se centra en la experiencia reciente de las sociedades occidentales, y sostiene que la construcción social de la discapacidad y la dependencia es una función latente pero esencial del crecimiento sin precedentes que las "industrias de servicios humanos" han experimentado a partir de 1945. Todas estas agencias han manifestado o afirmado propósitos o funciones, cuando lo más importante son las funciones latentes o no reconocidas. Son las funciones no reconocidas de los servicios humanos que se consiguen de forma sutil e indirecta. Sostiene que en una "economía de producción posprimaria" como la de Estados Unidos o la de Gran Bretaña, donde las industrias de servicios humanos han cobrado una importancia cada vez mayor, su función no especificada es la de crear y mantener grandes cantidades de personas dependientes y devaluadas, con el fin de asegurar el trabajo de los demás. Esto está en clara oposición con su pretendida función de rehabilitar a estas personas e integrarlas en la comunidad (WOLFENSBERGER, 1989).

Gary L. ALBRECHT (1992) da un paso más en este sentido cuando dice que la "discapacidad" está producida por el "negocio de la discapacidad". Esto se opone a las ideas de la discapacidad como una condición médica, una forma de desviación social, y/o un tema político o de grupo minoritario. Al tiempo que señala la escasez de fuentes históricas y antropológicas en este campo (véase más adelante), demuestra cómo el tipo de sociedad en la que viven las personas crea unas formas determinadas de insuficiencia y de incapacidad. Examina paso a paso de qué forma el "modo de producción" —la economía y cómo está organizada— causa unas condiciones biofísicas determinadas y afecta a las interpretaciones sociales de la insuficiencia, y cómo, hoy en Estados Unidos, debido al crecimiento de las industrias de servicios humanos y a la politización de la discapacidad por parte del movimiento de personas discapacitadas, la "discapacidad" y la "rehabilitación" se han convertido en mercancía y po tanto se han transformado en iniciativa comercial.

Todos los autores anteriores representan, en mayor o menor grado, un desafío importante a las definiciones médicas de discapacidad, pero no aciertan a examinar algunos de los factores estructurales que precipitan su aplicación. En efecto, aunque tanto WOLFENSBERGER como ALBRECHT aceptan que temas como los de la pobreza, la raza, el origen étnico, el sexo y la edad constituyen factores significativos en la construcción y la producción de la discapacidad y la dependencia, los valores básicos sobre los que descansa el capitalismo occidental —individualismo, libre empresa competitiva y consumismo, por ejemplo— quedan intactos. Para estos autores, la "discapacidad" como problema social es el resultado inevitable de la evolución de la sociedad industrial.

© Ediciones Morata, S. L.

Versiones materialistas del surgimiento de la discapacidad

Se puede encontrar una valoración más crítica en la obra de los autores ingleses, muchos de los cuales son también personas discapacitadas. En un ensayo importante y a menudo olvidado sobre la experienca de la discapacidad, por ejemplo, Paul HUNT (1966), discapacitado y activista, sostiene que las personas con insuficiencias, debido a que son consideradas "desventuradas, inútiles, diferentes, oprimidas y enfermas", representan un desafío directo a los valores sociales comúnmente aceptados.

Para HUNT, las personas con insuficiencias son "desventuradas" porque se las considera incapaces de "disfrutar" de los beneficios materiales y sociales de la sociedad moderna. Dado el carácter prioritario del trabajo en la cultura occidental, esas personas son consideradas "inútiles" ya que no son capaces de contribuir al "bien económico de la comunidad". De este modo, se las clasifica de "grupo minoritario" en condiciones parecidas a las de otros grupos oprimidos, como los negros o los homosexuales, porque al igual que a ellos se les ve como "anormales" y "diferentes" (HUNT, 1966).

Esto llevó a HUNT a la teoría de que las personas discapacitadas se enfrentan al "prejuicio que se manifiesta en discriminación y opresión" (1966, página 152). Además del trato inhumano del que ha sido testigo en sanatorios ingleses, HUNT llama la atención sobre la discriminación que sufren las personas con insuficiencias en los ámbitos generales de la comunidad; sobre todo, en el trabajo, en los restaurantes y en las relaciones conyugales. El último aspecto del "reto" de los discapacitados a los valores "capacitados" es que son personas "enfermas, que sufren, afectadas, que siente dolor": en resumen, representan todo aquello que más teme el "mundo normal": "la tragedia, la pérdida, lo oscuro y lo desconocido" (HUNT, 1966, pág. 155). Es evidente, pues, que la relación entre la consideración material y las ideas culturales sobre las personas discapacitadas es básica en la explicación que HUNT ofrece de la experiencia de la insuficiencia y la discapacidad en la sociedad occidental.

Casi una década después, la *Union of the Physically Impaired Against Segregation* (UPIAS) (Unión de Personas con Insuficiencias Físicas contra la Segregación), de la que HUNT es miembro, estableció la distinción fundamental entre insuficiencia y discapacidad. La primera, en coincidencia con la visión médica tradicional, está relacionada con las condiciones biofísicas de carácter individual, pero la segunda se refiere a la exclusión de los discapacitados de la sociedad general "normal". Así, la discapacidad es "la desventaja o la limitación de actividad causada por una organización social contemporánea que no tiene en cuenta, o lo hace muy poco, a las personas que tienen insuficiencias físicas, y por tanto las excluye de la participación en las actividades sociales generales" (UPIAS, 1976, pág. 14). Esta definición la ampliaron más tarde, para que abarcara todas las insuficiencias —físicas, sensoriales e intelectuales— organizaciones de discapacitados tales como el *British Council of Organisations of Disabled People* (BCODP) (Consejo Británico de

© Ediciones Morata, S. L.

Organizaciones de Personas Discapacitadas), un organismo que aglutina a las organizaciones controladas y dirigidas por discapacitados (BARNES, 1991; OLIVER, 1990).

Desde una visión materialista de la historia, Vic FINKELSTEIN (1980), miembro también de UPIAS, afirma que la incapacidad es un producto del desarrollo de la sociedad industrial occidental. Divide la historia en tres fases consecutivas diferentes. La Fase Uno corresponde en general al período feudal de Gran Bretaña inmediatamente anterior a la industrialización, en el que la actividad económica la consituían básicamente las industrias agrarias o de base rural -un modo de producción, sostiene, que no excluía de la participación a las personas con insuficiencias.

Pero en la Fase Dos, hacia el siglo xix, cuando la industrialización se afianzó, las personas con insuficiencias fueron excluidas del mundo laboral porque eran incapaces de seguir el ritmo del nuevo sistema de trabajo en las fábricas. En consecuencia, fueron apartadas de la actividad económica y social general y recluidas en diversos establecimientos sanitarios. La Fase Tres de FINKELSTEIN, que acaba de empezar, verá la liberación final de la opresión de las personas discapacitadas, gracias al desarrollo y el uso de la tecnología, y el trabajo conjunto de esas personas y de quienes las ayudan por objetivos compartidos.

Para FINKELSTEIN la incapacidad es una paradoja que surgió en la Fase Dos —el desarrollo de la sociedad capitalista occidental. Por un lado, implica "una tragedia personal, pasividad y dependencia" (FINKELSTEIN, 1980, pág. 1). Por el otro, se puede entender como restricción y discriminación social. En la Fase Uno, las personas con insuficiencias estaban dispersadas por la comunidad; pero en la Fase Dos, debido al surgimiento de una industria a gran escala, con unas líneas de producción dirigidas a "normas capacitadas" y a una "medicina de base hospitalaria" (pág. 10), fueron apartadas de sus orígenes sociales y reunidas en un grupo subvalorado claramente definido. La Fase Tres será testigo del final de la paradoja, cuando la incapacidad sea considerada solamente como una limitación social.

El análisis de FINKELSTEIN, una ayuda para comprender, más que una proposición histórica precisa, ha sido criticado por ser simplista y excesivamente optimista. Es simplista porque supone que existe una relación simple entre el modo de producción y las ideas y experiencias de incapacidad (véase más adelante). Es demasiado optimista por su suposición de que el avance tecnológico y la participación profesional integrarán de nuevo a los discapacitados en la sociedad. La tecnología dirigida a los discapacitados puede servir para capacitarles o para incapacitarles y, hasta la fecha, los intereses creados profesionales han demostrado ser una de las mayores barreras para la capacitación de los discapacitados (BARNES, 1990; OLIVER, 1986; 1990).

Mike OLIVER, en *The Politics of Disablement* (1990), hace un análisis más exhaustivo de la transición al capitalismo y de sus implicaciones para las personas discapacitadas. A partir de todo lo anterior, OLIVER da una explicación materialista de la creación de la incapacidad, en la que coloca a la "ideología" —un conjunto de valores y creencias en las que se asientan las prácticas

© Ediciones Morata, S. L.

sociales— o la cultura en el centro del análisis. En consecuencia, el desarrollo económico, la naturaleza cambiante de las ideas y la necesidad de mantener el orden durante la industrialización influyeron en las respuestas sociales a la insuficiencia y, por tanto, en la experiencia de ella. El nacimiento del sanatorio como mecanismo tanto de provisión social como de control social, y la individualización y medicalización de los "problemas sociales" en el capitalismo precipitaron el surgimiento de la visión médica de base individual de la discapacidad. Para OLIVER la "teoría de la tragedia personal" de la discapacidad alcanzó después la "hegemonía ideológica" (GRAMSCI, 1971); en el sentido de que ha adquirido carta de naturaleza, se da por supuesta y se estima que es de aplicación casi universal.

A diferencia de los teóricos estadounidenses de los que nos ocupábamos antes, estas explicaciones de los ingleses apuntan con claridad a que la base de la opresión de los discapacitados está en los cambios materiales e ideológicos o culturales que acompañaron el surgimiento de la sociedad capitalista.

La experiencia de la insuficiencia y de la discapacidad y el papel de la cultura

Haciéndose eco de muchas de las preocupaciones que Paul HUNT expresó casi tres décadas antes, una serie de autores que trabajan desde una perspectiva predominantemente feminista han criticado las explicaciones materialistas de FINKELSTEIN y de OLIVER porque olvidan las experiencias individuales de las personas discapacitadas —sobre todo en lo que se refiere a la condición de mujer o varón (MORRIS, 1991), la circunstancia de minoría étnica (STUART, 1993; BEGUM, 1994) y la insuficiencia (CROW, 1992; FRENCH, 1993; 1994). Esto ha impulsado al autor discapacitado Tom SHAKESPEARE a argumentar que el "modelo social" de la discapacidad debe ser conceptualizado de nuevo para que incluya la experiencia de la insuficiencia. Esto se podría conseguir, sostiene, con un análisis más riguroso del papel que la cultura desempeña en la opresión de los discapacitados.

SHAKESPEARE plantea que las personas con insuficiencias no están discapacitadas simplemente por la discriminación material, sino también por el prejuicio. Este prejuicio, que no es sencillamente interpersonal, está implícito en la representación cultural, en el lenguaje y en la socialización. A partir del trabajo de feministas como Simone DE BEAUVOIR (1976), explica este prejuicio mediante la referencia al proceso de objetivar a los discapacitados como "otros" o a la prueba evidente de las limitaciones del cuerpo.

Sugiere que la mejor manera de comprender la historia de la discapacidad es refiriéndose a las obras de antropólogos culturales como Mary DOUGLAS. En respuesta a los temores por lo desconocido profundamente enraizados, apunta DOUGLAS, las sociedades "primitivas" reaccionan ante anomalías como la insuficiencia con una reducción de la ambigüedad, con un control físico sobre ella, reduciéndola, etiquetándola de peligrosa o adoptándola como ritual (DOUGLAS, 1966). SHAKESPEARE afirma que las experiencias históricas

© Ediciones Morata, S. L.

como la del bufón de la corte, el fenómeno de circo, el hospital psiquiátrico o los campos de exterminio nazis se pueden comprender en una u otra de estas categorías (SHAKESPEARE, 1994).

Además, en una posición similar a la de Susan GRIFFIN (1984), que explica la opresión de las mujeres y de los negros desde la perspectiva de su relación con el cuerpo, el instinto y la sensualidad, SHAKESPEARE extiende el análisis para incluir a discapacitados, *gays* y lesbianas. Así, la gente no discapacitada no teme la "discapacidad" sino la insuficiencia, pues los "discapacitados recuerdan a quienes no lo son su propia condición de mortales". De este modo, son una amenaza -al orden, como apunta DOUGLAS (1966), o a la idea que los seres humanos occidentales se han formado de sí mismos, para verse como "perfectibles, conocedores de todo... sobre todos los seres humanos". Concluye con la indicación de que esta "ética de la invencibilidad" está vinculada directamente a las ideas de masculinidad y potencia (SHAKESPEARE, 1994, pág. 298).

Se puede considerar que el anÞálisis de SHAKESPEARE supone un paso adelante en el desarrollo de nuestra comprensión del papel que la cultura representa en la opresión de las personas discapacitadas, sobre todo respecto a la experiencia de la insuficiencia. Acierta cuando afirma que las raíces culturales de la opresión de los discapacitados en la sociedad occidental son anteriores al surgimiento del capitalismo. Sin embargo, la principal dificultad de su análisis estriba en que su refrendo de la visión esencialmente fenomenológica de DOUGLAS implica que todas las culturas responden a la insuficiencia de un modo básicamente negativo. En otras palabras, el prejuicio contra las personas con insuficiencias es, de una forma u otra, inevitable y universal.

Esta teoría tiene al menos dos problemas. Primero, como veremos más adelante, existen muchas pruebas antropológicas de que todas las sociedades no responden a la insuficiencia exactamente de la misma forma (ALBRECHT, 1992; OLIVER, 1990; SAFILIOS-ROTHSCHILD, 1970). Segundo, reduce las explicaciones de fenómenos culturales como las percepciones de la diferencia física, sensorial e intelectual al nivel de procesos de pensamiento, con lo que desatiende las consideraciones económicas y sociales (ABBERLEY, 1988).

Así pues, el apartado siguiente se centrará en las variaciones culturales que se dan en las percepciones de la insuficiencia. A esto le sigue una explicación materialista de la opresión de las personas con insuficiencias que se centra en los antecedentes culturales del capitalismo occidental anteriores a la industrialización.

Variaciones culturales en las percepciones de la insuficiencia

La insuficiencia es tan antigua como el cuerpo humano y las primeras sociedades conocidas: es una "constante humana" (ALBRECHT, 1992, pág. 36). Desde la era de Neanderthal en adelante, al menos, los arqueólogos han documentado la aparición regular de individuos que en la actualidad serían considerados discapacitados. Dos ejemplos son el esqueleto de un anciano del período Neanderthal encontrado en Shanidar Cave —padecía un estado avanzado de artritis, tenía un brazo amputado y una herida en la cabeza— y los restos de un hombre con artritis grave, en Chapel aux Saints. Además, desconocemos el grado de extensión de la insuficiencia en las primeras sociedades —algunas circunstancias como la insuficiencia sensorial y/o intelectual, por ejemplo, no se aprecian en los restos de esqueletos—, sin embargo existen pruebas sustanciales en América del Norte, Europa, Egipto, China y Perú que abarcan miles de años de historia y que demuestran que la incidencia de la insuficiencia era algo común entre nuestros antepasados (ALBRECHT, 1992).

Los antropólogos se han centrado ante todo en la cultura, pero se han hecho relativamente pocos intentos de explicar las respuestas sociales a las personas con insuficiencias (OLIVER, 1990). Uno de los primeros, y sin duda uno de los más influyentes, es la "tesis de la población excedente". Se trata de un desarrollo inevitable del pensamiento de finales del siglo XIX —en particular, el utilitarismo liberal y el darwinismo social (véase más adelante)— según el cual las sociedades en donde la supervivencia económica es precaria, cualquier individuo débil o dependiente será eliminado. De este modo, se mata a los niños con insuficiencias, a los adultos con insuficiencias adquiridas se les obliga a alejarse de la comunidad, y se deja morir a los ancianos. En un estudio sobre la sociedad esquimal realizado a principios de este siglo, por ejemplo, RASMUSSEN (1908) presenta el caso de un esquimal y de su mujer que resultaron heridos de gravedad en una explosión. Incapaces de valerse por sí mismos, se deja morir a la mujer y el hombre se suicida.

El problema de este análisis es que existen muchos ejemplos de comunidades en donde la supervivencia económica es extremadamente inestable y a pesar de ello las personas con insuficiencias siguen siendo miembros valorados de la comunidad. Dos ejemplos son los dalegura, un grupo de aborígenes australianos (DAVIS, 1989), y los palute, una tribu de indígenas americanos (HANKS y HANKS, 1980). En ambas sociedades el infanticidio estaba prohibido, se consideraba la edad como signo de autoridad y de respeto, y los individuos con insuficiencias no eran abandonados. En efecto, hay constancia de que los dalegura se turnaban para transportar mientras vivió, a una mujer que nunca pudo caminar. Murió a los 65 años (DAVIS, 1989, pág. VII).

Una segunda explicación teórica implícita surge de la obra de EVANS-PRITCHARD (1937). Relacionada con las sociedades en las que dominan fuertes creencias religiosas, la obra indica que las insuficiencias se consideran un castigo divino o el resultado de la brujería. Los wapagoro, por ejemplo, creen que los epilépticos están poseídos por los espíritus malignos (AALL-JILLEK, 1965). Este tipo de explicaciones, aparte de que presentan las creencias religiosas como el único factor determinante y autónomo, tienden a ensombrecer otros estudios que demuestran que las personas con insuficiencias son consideradas como de talento excepcional o tocadas por Dios; de ahí que su condición, más que disminuir, mejore (SAFILIOS-ROTHSCHILD, 1970; SHEARER, 1981).

© Ediciones Morata, S. L.

Una tercera teoría parte de la obra de Douglas (1966), de la que hemos hablado antes, y de Turner (1967), y se asienta en la idea de "liminalidad". El antropólogo discapacitado Robert Murphy utilizó este concepto para explicar la posición de las personas con insuficiencias en todas las sociedades. Para Murphy, los discapacitados viven en un estado de suspensión social, ni "enfermos" ni "sanos", ni "muertos" ni "vivos", "fuera de la sociedad aunque no del todo... existen en un aislamiento parcial de la sociedad, como personas indefinidas y ambiguas" (Murphy, 1987, pág. 112). Como hemos visto, las respuestas sociales a las insuficiencias no son siempre negativas. Además, como en la teoría de Douglas, se trata de una explicación firmemente enraizada en la metafísica que olvida las consideraciones sociales y materiales.

La teoría causa una particular sorpresa puesto que en 1948 (reedición en 1980) Hanks y Hanks, en una revisión antropológica bastante olvidada, habían demostrado que las respuestas culturales a las personas con insuficiencias en las sociedades no occidentales eran muy variables y estaban determinadas por muy diferentes factores. Desde el punto de vista sociológico, se pueden dividir estas respuestas en dos categorías distintas aunque interrelacionadas: concretamente, el modo de producción y el sistema de valores básico. En el primero se incluye el tipo de economía, la necesidad y el tipo de mano de obra, la cantidad de plusvalía que genera y cómo se distribuye. El segundo está relacionado con la estructura social —si es jerárquica o igualitaria, cómo se define el rendimiento, las ideas sobre la edad y el sexo, sus relaciones con las sociedades vecinas, sus valores estéticos "y otros muchos factores relacionados funcionalmente" (Hanks y Hanks, 1980, pág. 13).

Así pues, es evidente que las respuestas sociales a la insuficiencia no se pueden explicar sencillamente con una referencia a factores individuales como la economía, el sistema de creencias o el relativismo cultural. Están producidas por una interacción compleja entre "el modo de producción y los valores fundamentales de la sociedad en cuestión" (Oliver, 1990, pág. 34). En el campo de la sociología, al menos desde Marx y Weber, se han producido debates encarnizados sobre cuál es el principal factor determinante; para Marx y Engels (1970) es la economía la que genera un determinado tipo de cultura o de ideología, y para Weber (1948), al revés.

El apartado siguiente se centra en la historia de las respuestas sociales a las personas con insuficiencias en las sociedades occidentales, dando especial importancia a la experiencia inglesa.

La discapacidad en la cultura occidental antes de la industrialización

Existen pruebas de la existencia de prejuicios sistemáticos contra las personas con insuficiencias en la sociedad occidental antes del surgimiento del capitalismo. Se pueden encontrar ejemplos en la cultura griega, en las religiones judeocristianas y en el teatro y el arte europeos desde bastante antes del Renacimiento (Barnes, 1991; 1992; Shearer, 1981; Thomas, 1982).

© Ediciones Morata, S. L.

Está ampliamente aceptado que fueron los antiguos griegos quienes pusieron los cimientos de la "civilización" occidental. Sus logros en la filosofía, en las artes y en la arquitectura han producido un profundo efecto en la cultura de todo el mundo occidental. Sin embargo, se olvida a menudo que la economía de los griegos se basaba en la esclavitud y en una sociedad abiertamente jerárquica y violenta. A pesar de que se les reconocía haber afirmado los derechos ciudadanos y la dignidad del individuo, éstos nunca se extendieron a las mujeres o a los que no eran griegos. Eran también una raza violenta proclive a la guerra. La sociedad griega estaba formada por una serie de ciudades estado semiautónomas que estaban siempre en guerra unas contra las otras —hasta cierto punto, esto era inevitable para mantener una provisión de esclavos constante. Además, con su inmutable pesimismo sobre el destino del alma después de la muerte, los griegos afirmaban la importancia del disfrute de los placeres del mundo físico (CAHN, 1990; RUSELL, 1981).

Era inevitable que la buena forma física e intelectual fuera esencial en ese tipo de sociedad; las personas con algún tipo de defecto o imperfección tenían en ella un espacio reducido. En efecto, la obsesión de los griegos por la perfección corporal encontraba su expresión en el asesinato de los niños que padecían alguna insuficiencia y en los deportes de competición. En Esparta, una de las ciudades estado griegas más importantes, los ancianos de la ciudad examinaban a los niños cuando nacían; si se les consideraba "débiles" en algún sentido, se les abandonaba a los elementos y se les dejaba morir (TOOLEY, 1983). Se esperaba que los griegos varones compitieran individual y colectivamente por alcanzar la excelencia física e intelectual.

Estas preocupaciones se reflejaban en la filosofía y en la cultura griegas. Los dioses y las diosas de los griegos eran el modelo por cuya imitación se animaba a luchar. Es significativo que sólo existiera un dios con defecto físico, Hefestos, el hijo de Zeus y de Hera. Y así fue que Zeus cometió una especie de infanticidio al privar del cielo a su hijo. Después Afrodita, la diosa del amor, se apiada de Hefestos y se casa con él. Pero el matrimonio no duró y la diosa toma como amante a Ares, no discapacitado, porque su marido es un "lisiado". La asociación entre insuficiencia, exclusión e impotencia resulta ya familiar y es evidente.

Además la idea de la insuficiencia como castigo por el pecado también tiene sus orígenes en la cultura griega. Por ejemplo, el famoso cuento de Sófocles de Edipo Rey que, después de descubrir que había cometido incesto al casarse con su madre, en castigo se provoca la ceguera.

Por otro lado, a lo largo de la historia, la arquitectura griega ha ejercido una influencia considerable en el diseño de edificios en Europa y en Estados Unidos (RISEBORO, 1979). Como consecuencia, muchos edificios públicos presentan importantes dificultades para las personas que padecen insuficiencias relacionadas con la movilidad (DAVENPORT, 1995).

Sin embargo, cuando los romanos conquistaron Grecia, asimilaron su legado cultural y lo transmitieron al resto del mundo conocido a medida que su imperio se extendía. La sociedad romana era una economía basada en la esclavitud, defendía los derechos ciudadanos individuales, era altamente mili-

© Ediciones Morata, S. L.

tarista, y poseía valores tanto materialistas como hedonistas. Al igual que los griegos, los romanos eran partidarios entusiastas del infanticidio en el caso de niños "enfermizos" o "débiles", a quienes solían echar al río Tíber en Roma. Aquellos cuyas insuficiencias no eran visibles en el momento de nacer recibían un trato severo. Por ejemplo, en los juegos romanos de triste memoria se obligaba a los "enanos" a luchar contra mujeres para diversión del pueblo romano *(Readers Digest,* 1986, pág. 116). Piénsese también en los malos tratos de carácter verbal que, tanto por parte de la nobleza romana como de la guardia romana, y debido a sus múltiples insuficiencias, recibía el emperador Claudio antes de ascender al trono imperial, después del asesinato de Calígula (GRAVES, 1934).

Tanto los griegos como los romanos, no obstante, desarrollaron tratamientos de base "científica" para las personas con insuficiencias adquiridas. Aristóteles, por ejemplo, intentó estudiar la sordera, y Galeno e Hipócrates trataron de curar la epilepsia, a la que consideraban un problema psicológico más que metafísico (THOMAS, 1982). Los romanos desarrollaron unas terapias elaboradas de hidroterapia y de mantenimiento físico para los casos de condiciones adquiridas. Pero sólo los ricos y los poderosos podían acceder de forma general a estos tratamientos (ALBRECHT, 1992).

Algunas de estas características son también manifiestas en las tradiciones religiosas judía y cristiana —una fuente importante, si no la más importante, de los principios y valores occidentales en la actualidad. Influida por la sociedad griega desde los tiempos de Alejandro Magno (DOUGLAS, 1966), la cultura judía del mundo antiguo entendía las insuficiencias como algo impío y como la consecuencia de haber obrado mal. En efecto, gran parte del *Levítico* se dedica a hacer una relación de las imperfecciones humanas que impiden a su poseedor acercarse a cualquier rito religioso o participar en él *(Levítico,* 21, págs. 16-20). Pero, a diferencia de otras religiones importantes de la época, la doctrina judía prohibía el infanticidio. Esta circunstancia resultó ser clave en sus posteriores derivaciones, el Cristianismo y el Islam, como ocurrió con la costumbre de "cuidar" de los "enfermos" y de los "menos afortunados" bien mediante la limosna, bien mediante el "cuidado directo" (DAVIS, 1989).

La oposición al infanticidio y la institucionalización de la caridad están relacionadas probablemente con el hecho de que la sociedad judía no era particularmente rica. Estaba basada en una economía sobre todo pecuaria que dependía de la cría de ganado, cabras y ovejas, así como del comercio (ALBRECHT, 1992). Además, a diferencia de sus vecinos, el pueblo judío era una raza relativamente pacífica, más inclinado a la propia opresión que a la opresión de los demás. No hay duda de que en una sociedad de este tipo las personas con insuficiencias contribuían de alguna forma a la economía y al bienestar de la comunidad. Además, el Cristianismo fue en sus orígenes una religión de los que carecían de privilegios, de "esclavos y mujeres" *(Readers Digest,* 1986, pág. 118) y, por tanto, las obras benéficas eran fundamentales para su capacidad de atracción y, desde luego, para su supervivencia.

Después de la caída de Roma en el siglo V después de Cristo, la Europa occidental se sumió en la agitación, el conflicto y el pillaje. Durante la "Edad oscura" las Islas Británicas se componían de una miríada de reinos y de lealtades en continuo cambio, en los que la única fuerza unificadora era la Iglesia Cristiana. Dado el carácter violento de este período, cabe suponer que las respuestas a las personas con insuficiencias fueron igualmente duras.

Pero hacia el siglo XIII, y en contraste con gran parte del resto de Europa, en las Islas Británicas se había alcanzado un grado de estabilidad. Además, existen pruebas documentales importantes de que en Inglaterra, un reino separado desde el siglo X, se encontraban ya asentados todos los prerrequisitos de una economía capitalista, sin fábricas. Entre ellos, una economía de mercado desarrollada, una mano de obra geográficamente móvil, y una tierra que ofrecía rentabilidad. "Se había establecido por completo la propiedad privada (y) la explicación racional y el lucro se habían generalizado" (MACFARLANE, 1979, pág. 196).

Además, en los contratos de transmisión de propiedades de la época se observan indicios de la actitud de la sociedad inglesa hacia la dependencia y, de forma implícita, hacia la insuficiencia. Cuando se cedían los derechos de propiedad a los hijos, a menudo se obligaba a los padres ancianos a que exigieran unos derechos muy concretos en compensación. Porque "es evidente que sin la protección legal de un documento escrito podrían haber sido echados de la propiedad que ya no les pertenecía" (MACFARLANE, 1979, pág. 141). Hasta el siglo XVII, la supervivencia de la gente que era rechazada por su familia y que carecía de recursos dependía exlusivamente de la tradición caprichosa y a menudo ineficaz de la caridad cristiana. Las personas que sufrían insuficiencias "graves" normalmente eran ingresadas en alguno de los pequeños hospitales medievales en los que se reunían "los pobres, los enfermos y los postrados en cama". El espíritu de estos establecimientos era eclesiástico más que médico (SCULL, 1984).

Sin embargo, durante el siglo XVI la riqueza y el poder de la Iglesia de Inglaterra se redujeron mucho debido a una serie de confrontaciones políticas desafortunadas con la Corona. Se produjo también un incremento constante del número de personas que dependían de la caridad. Era el resultado del crecimiento de la población que siguió a la reducción causada por las plagas, las pobres cosechas sucesivas y un flujo de inmigrantes procedentes de Irlanda y de Gales (STONE, 1984). Como consecuencia, el temor a las "bandas de tenaces pordioseros" llevaron a los jueces locales a exigir a la autoridades centrales, la Corona, una respuesta adecuada (TREVALYAN, 1948). Para asegurar su lealtad, los monarcas de la dinastía de los Tudor proveyeron económicamente a aquellos que hasta entonces habían dependido de la Iglesia. La Ley de Pobres de 1601, por consiguiente, representa el primer reconocimiento oficial de la necesidad de la intervención del Estado en las vidas de las personas con insuficiencias. Pero la ley de 1388 que obligaba a los funcionarios locales a separar a los pobres "merecedores" de los pobres "no merecedores" ya había propiciado un recelo general hacia las personas que dependían de la beneficiencia (STONE, 1984).

Además, aunque el "individualismo inglés" estaba bien afianzado hacia el siglo XIII, la Iglesia seguía siendo una fuerza extraordinaria en la cultura ingle-

© Ediciones Morata, S. L.

sa y europea. Además de ofrecer el perdón y una vida democrática después de la muerte, en un mundo a menudo hostil donde la vida podía ser "repugnante, salvaje y corta" (HOBBES, 1983) para muchos, la Iglesia Cristiana afirmaba y mantenía su autoridad mediante la difusión y la perpetuación del miedo al demonio y a la influencia diabólica. La relación bíblica entre insuficiencia, impureza y pecado era fundamental en este proceso. En efecto, San Agustín, el hombre a quien se atribuye haber traído el Cristianismo a la isla de Gran Bretaña a finales del siglo VI, proclamaba que la insuficiencia era "un castigo por la caída de Adán y otros pecados" (RYAN y THOMAS, 1987, pág. 87).

Las personas con insuficiencias eran la prueba viviente de la existencia de Satanás y de su poder sobre los hombres. Así, se creía que los niños que sufrían insuficiencias manifiestas habían suplantado subrepticiamente a otros al nacer —eran los sustitutos del diablo. El *Malleus Maleficarum* de 1487 declaraba que esos niños eran el producto de las prácticas de brujería y hechicería de sus madres (HAFFTER, 1968). El dirigente e intelectual religioso reconocido como el autor de la Reforma Protestante, Martín LUTERO (1485-1546), decía que veía al diablo en los niños discapacitados; recomendaba que se les matara (SHEARER, 1981). Además, LUTERO fue el autor de un tercio de todos los libros publicados en Alemania entre 1517, cuando proclamó su herejía, y 1522. En los veinte años siguientes, se hicieron 430 ediciones de sus traducciones bíblicas y teológicas y se distribuyeron por toda la sociedad europea. Además, "los textos protestantes hablaban directamente a la nueva clase media, que no leía en latín y era el agente del nuevo capitalismo" (INGLIS, 1990, pág. 15).

Tal vez no debamos sorprendernos de que estas creencias se reflejaran también en la literatura y el arte medievales. Probablemente el ejemplo más famoso es Ricardo III, de Shakespeare, escrito a finales del siglo XVI. Aunque el rey Ricardo real no tenía ninguna insuficiencia física (REISER, 1992), Shakespeare le retrata contrahecho de cuerpo y de espíritu. Como no puede tener éxito como amante debido a su deformidad, está decidido a tenerlo como villano. Las personas con insuficiencias eran también objeto de la diversión y el ridículo durante la la Edad Media. El estudio de Keith THOMAS (1977) sobre los libros de chistes de la Inglaterra de los Tudor y los Estuardo ilustra bellamente la amplitud de esta dimensión de la opresión a la que se enfrentaban los minusválidos de la época. Además de referencias a otros personajes llamados eternos y universales del humor "popular", como los extranjeros, las mujeres y los clérigos, cualquier defecto "desde la idiotez hasta la locura, la diabetes y el mal aliento servía de motivo de diversión" (THOMAS, 1977, páginas 80-81). Además, las visitas a Bedlam* eran una forma habitual de divertirse para quienes gozaban de una buena situación social, y la práctica de mantener "idiotas" como objetos para el entretenimiento era frecuente entre la aristocracia (RYAN y THOMAS, 1987).

---

* Nombre popular del Hospital de Santa María de Belén, de Londres, que antiguamente fue manicomio. *(N. del T.)*

© Ediciones Morata, S. L.

El siglo XVIII fue testigo de una intensificación importante de la comercialización de la tierra y de la agricultura, y de los inicios de la industrialización. En él se produjo también el anuncio de la "Edad de la Razón" (RUSSELL, 1948) con su interés por la "racionalidad científica" y el progreso social, y el surgimiento del utilitarismo liberal —una filosofía del secular interés propio individual y racional (ABERCROMBIE, HILL y TURNER, 1984) que, desde el punto de vista político, legitima las acciones que favorecen a la mayoría a expensas de las minorías. Estas dos circunstancias juntas ofrecieron nuevas razones para legitimar los mitos y las prácticas que ya estaban bien arraigados desde los tiempos antiguos. Así, el siglo XIX es sinónimo de la aparición de la discapacidad en su forma actual. En ella se incluye la individualización y la medicalización del cuerpo (ARMSTRONG, 1983), la exclusión sistemática de las personas con insuficiencias de la vida comunitaria general (SCULL, 1984) y, con el surgimiento del darwinismo social y el movimiento eugenésico, la reificación "científica" del antiguo mito que proclama que, de una u otra forma, las personas con cualquier tipo de imperfección física o intelectual constituyen una seria amenaza para la sociedad occidental (JONES, 1986; KEVLES, 1985).

Hoy, la importancia y el deseo de una perfección corporal son endémicos en la cultura occidental. La opresión de los discapacitados encuentra su expresión en la ingeniería genética, las revisiones médicas prenatales, el aborto selectivo y la negación o el racionamiento del tratamiento médico para niños o adultos con insuficiencias (MORRIS, 1991; SHEARER, 1981; ROGERS, 1994), la discriminación institucional de las personas discapacitadas en la educación, el empleo, los sistemas de bienestar, las condiciones arquitectónicas y la industria del ocio (BARNES, 1991), y la proliferación de valores "capacitados" y la falsa representación de los discapacitados en todo tipo de medios de comunicación (BARNES, 1992; GARTNER y JOE, 1987; HEVEY, 1992). Además, sólo en la última década más o menos se ha empezado a rebatir seriamente esta hegemonía cultural o ideológica.

Conclusión

Este capítulo ha analizado los orígenes de la discapacidad en la sociedad occidental. Ha mostrado que mientras las respuestas sociales a la insuficiencia no son universales en absoluto, han existido prejuicios culturales permanentes contra las personas que padecen insuficiencias a través de la historia escrita, y este fenómeno ha sido olvidado, infravalorado o mal interpretado por los principales teóricos sociopolíticos que trabajan en este campo. Aunque las teorías funcionalistas han supuesto cierto desafío a las explicaciones médicas tradicionales de la discapacidad, no han sabido reconocer las tendencias de ésta en la cultura occidental. En contraposición, los análisis materialistas han sostenido que la base de la opresión de los discapacitados está en los cambios materiales y culturales que acompañaron el surgimiento del capitalismo en los países de occidente en el siglo XIX. Otros, desde una perspectiva ampliamente feminista/fenomenológica, han afirmado que la opresión de las personas discapacitadas sólo se puede entender con referencia a las fuerzas tanto metafísicas como estructurales, y que esto se refleja en las relaciones interpersonales de los sujetos con insuficiencias y los que no las tienen, y dentro de la cultura occidental desde antes del capitalismo.

Es evidente que la opresión cultural de las personas con insuficiencias se puede remontar hasta el mismo nacimiento de la sociedad occidental. En su núcleo reside el mito de la perfección corporal e intelectual o el ideal de "cuerpo capacitado". Aunque este constructo se ha interpretado históricamente de diversas maneras y encuentra su expresión en varias formas diferentes, poco cabe dudar de que ejerce una influencia considerable en la experiencia vital de las personas discapacitadas y en la de otros grupos oprimidos, como las mujeres, por ejemplo. Está claro, no obstante, que se puede explicar este fenómeno con referencia a las fuerzas materiales y culturales más que a las consideraciones y supuestos metafísicos. Así, el prejuicio, en cualquiera de sus formas, no es una consecuencia inevitable de la condición humana, sino el producto de una determinada forma de desarrollo social asociada con el capitalismo occidental. Por tanto, si deseamos eliminar el prejuicio, debemos detener y transformar este desarrollo. En este propósito se deben incluir, además de iniciativas económicas y políticas, la construcción de una cultura que reconozca, tenga en cuenta y festeje la diferencia humana, cualquiera que sea su causa, y no la oprima.

Los sociólogos pueden contribuir considerablemente a este proceso si sitúan el mito del "cuerpo perfecto" y la interacción entre las fuerzas materiales y culturales que lo sostiene en el centro de las futuras explicaciones sociológicas de la discapacidad y, desde luego, de otras formas de opresión social.

Agradecimientos

Parte del material que contiene este trabajo se basa en las actuales investigaciones sobre "Evaluación de la Discapacidad en la Sociedad", financiadas por el Economic and Social Research Council (Consejo de Investigaciones Económicas y Sociales). (Beca n.º R000235360.)

Bibliografía

AALL-JILLEK, L. (1965): "Epilepsy in the Wapogoro tribe" Acta Psychiat, *Scand,* N.º 61, páginas 57-86.

ABERCROMBIE, N., HILL, S. y TURNER, B. S. (1984): *The Penguin Dictionary of Sociology.* Londres, Penguin. (Trad. cast.: *Diccionario de sociología.* Madrid, Cátedra, 1986.)

ABBERLEY, P. (1988): "The body silent: a review", *Disability, Handicap & Society,* Vol. 3, N.º 3, págs. 305-307.

ALBRECHT, G. L. (1976): *The Sociology of Physical Disability and Rehabilitation.* Pittsburgh, The University of Pittsburgh Press.

ARMSTRONG, D. (1983): *The Political Anatomy of the Body.* Cambridge, Cambridge University Press.
BARNES, C. (1990): *Cabbage Syndrome: The Social Construction of Dependence.* Lewes, Falmer.
— (1991): *Disabled People in Britain and Discrimination: A Case for Anti-Discrimination Legislation.* Londres, Hurst and Co.
— (1992): *Disabling Imagery and the Media: An Exploration of Media Representations of Disabled People.* Belper, The British Council of Organisations of Disabled People.
BARTON, L. (Ed.) (1989): *Disability and Dependence.* Lewes, Falmer.
BEGUM, N. y cols. (Eds.) (1994): *Reflections.* Londres, Central Council for the Education and Training of Social Workers.
CAHN, M. (Ed.) (1990): *Classics of Western Philosophy: 3rd Edition.* Indianápolis, Cambridge.
CROW, L. (1992): "Renewing the social model of disability", *Coalition,* julio, págs. 5-9.
DAVENPORT, J. (1995): "Part M, access and disabled people", ponencia de un seminario presentada a la Disability Research Unit in the School of Sociology and Social Policy, Universidad de Leeds, 10 febrero.
DAVIS, A. (1989): *From Where I Sit: Living With Disability in an Able Bodied World.* Londres, Triangle.
DAVIS, K. (1993): «On the movement" en SWAIN, J. y cols. *Disabling Barriers: Enabling Environments.* Londres, Sage, págs. 285-293.
DE BEAUVOIR, S. (1976): *The Second Sex.* Harmondsworth, Penguin. (Trad. cast.: *El segundo sexo.* Madrid, Aguilar, 1981.)
DE JONG, G. (1979): "The movement for independent living: origins, ideology and implications for disability research" en BRECHIN, A. y LIDDIARD, P. (1983) *Handicap in a Social World.* Milton Keynes, Hodder and Stoughton in Association with the Open University Press, págs. 239-248.
DOUGLAS, M. (1966): *Purity and Danger.* Londres, Routledge & Kegan Paul. (Trad. cast.: *Pureza y peligro: análisis de los conceptos de contaminación y tabú.* Madrid, Siglo XXI, 1991, 2.ª ed.)
DRIEDGER, D. (1989): *The Last Civil Rights Movement.* Londres, Hurst & Co.
EVANS-PRITCHARD, E. (1937): *Witchcraft, Oracles and Magic Amongst the Azande.* Oxford, Clarendon Press. (Trad. cast.: *Brujería, magia y oráculos entre los Azande.* Barcelona, Anagrama, 1976.)
FINKELSTEIN, V. (1980): *Attitudes and Disabled People.* Ginebra, World Health Organisation.
FRENCH, S. (1993): "Disability, impairment or something in-between" en SWAIN, J. y cols. *Disabling Barriers: Enabling Environments.* Londres, Sage, págs. 17-26.
— (Ed.): *On Equal Terms: Working With Disabled People.* Londres, Butterworth Heinemann.
GARTNER, A. y JOE, T. (Eds.) (1987): *Images of the Disabled. Disabling Images.* Nueva York, Praeger.
GOFFMAN, E. (1968): *Stigma: Notes on the Management of Spoiled Identity.* Harmondsworth, Penguin. (Trad. cast.: *Estigma: la identidad deteriorada.* Buenos Aires, Amorrortu, 1992.)
GRAMSCI, A. (1971): *Selections from the Prison Notebooks.* Londres, Lawrence and Wishart. (Trad. cast.: *Cartas desde la cárcel.* Madrid, Cuadernos para el Diálogo, 1975.)
GRAVES, R. (1934): *I Claudius.* Londres, Penguin Books. (Trad. cast.: *Yo, Claudio.* Madrid, Alianza, 1997, 20.ª ed.)

© Ediciones Morata, S. L.

GRIFFIN, S. (1984): *Women and Nature.* Londres, The Women's Press.
HAFFTER, C. (1968): "The changeling: history and psychodynamics of attitudes to handicapped children in european folklore", *Journal of the History of Behavioural Studies,* N.º 4.
HANKS, J. y HANKS, L. (1980): "The physically handicapped in certain non-occidental societies" en PHILIPS, W. y ROSENBERG, J. (Eds.) *Social Scientists and the Physically Handicapped.* Londres, Arno Press.
HEVEY, D. (1992): *The Creatures Time Forgot.* Londres, Routledge.
HOBBES, T. (1983): "Leviathan" en HELD, D. (Ed.) *States and Societies.* Oxford, Martin Robertson, págs. 68-71. (Trad. cast.: *Leviatán.* Madrid, Alianza, 1996, 5.ª ed.)
INGLIS, F. (1990): *Media Theory: An Introduction.* Londres, Basil Blackwell.
JONES, G. (1986): *Social Hygiene in the Twentieth Century.* Londres, Croom Helm.
KEVLES, D. J. (1985): *In the Name of Eugenics.* Nueva York, Alfred A. Knopf.
MACFARLANE, I. (1979): *The Origins of English Individualism.* Oxford, Basil Blackwell.
MARX, K. (1970): *Capital Vol. 1.* Londres, Lawrence and Wishart. (Trad. cast.: *El Capital I.* Barcelona, Folio, 1997.)
— y ENGELS, F. (1970): *The German Ideology: Students Edition.* Londres, Lawrence and Wishart. (Trad. cast.: *La ideología alemana.* Valencia, Servei de Publicacions de la Universitat de València, 1994, 4.ª ed.)
MORRIS, J. (1991): *Pride Against Prejudice.* Londres, The Women's Press.
MURPHY, R. (1987): *The Body Silent.* Nueva York, Henry Holt.
OLIVER, M. (1983): *Social Work with Disabled People.* Londres, Macmillan.
— (1986): "Social policy and disability: some theoretical issues", *Disability, Handicat & Society,* Vol. 1, N.º 1, págs. 5-19.
— (1990): *The Politics of Disablement.* Londres. Macmillan.
— y BARNES, C. (1991): "Discrimination, disability and welfare: from needs to rights" en BYNOE, I., OLIVER, M. y BARNES, C. *Equal Rights and Disabled People: The Case for a New Law.* Londres, Institute of Public Policy Research.
RASMUSSEN, K. (1908): *People of the Frozen North.* Philadelphia, Lippincott.
READERS' DIGEST (1986): *The Last Two Million Years.* Londres, Readers' Digest.
RIESER, R. (1992): "Stereotypes of disabled people" en RIESER, R. y MASON, M. *Disability Equality in the Classroom: A Human Rights Issue.* Londres, Disability Equality in Education, págs. 98-104.
RISEBERO, B. (1979): *The Story of Western Architecture.* Londres, Herbert. (Trad. cast.: *Historia dibujada de la arquitectura occidental.* Barcelona, Blume, 1982.)
ROGERS, L. (1995): "Downs babies miss out on heart surgery", *The Sunday Times,* 24 octubre, pág. 1.
RUSSELL, B. (1981): *History of Western Philosophy.* Londres, Unwin Paperbacks. [Trad. cast.: *Historia de la Filosofía Occidental.* Madrid, Espasa-Calpe, 1984, 4.ª ed. (2 Vols.).]
RYAN, J. y THOMAS, F. (1987): *The Politics of Mental Handicap* (edición revisada). Londres, Free Association Books.
SAFILIOS-ROTHSCHILD, C. (1970): *The Sociology and Social Psychology of Disability and Rehabilitation.* Nueva York, Random House.
SCOTT, R. A. (1969): *The Making of Blind Men.* Londres, Sage.
SCULL, A. (1984): *Decarceration (2nd ed.).* Londres, Polity Press.
SHAKESPEARE, T. (1994): "Cultural representations of disabled people: dustbins for disavowal", *Disability & Society,* N.º 9, Vol. 3, págs. 283-301.
STONE, D. A. (1984): *The Disabled State.* Macmillan, Londres.
STUART, O. (1993): "Double oppression: an appropriate starting point", en SWAIN, J. y cols. *Disabling Barriers: Enabling Environments.* Londres, Sage, págs. 93-101.

THOMAS, D. (1982): *The Experience of Handicap.* Londres, Methuen.
THOMAS, K. (1977): "The place of laughter in Tudor and Stuart England", *Times Literary Supplement,* 21 enero, págs. 77-81.
TOOLEY, M. (1983): *Abortion and Infanticide.* Nueva York, Oxford University Press.
TREVELYAN, G. A. (1948): *English Social History.* Londres, Longmans Green.
TURNER, V. (1967): *The Forest of Symbols: Aspects of Ndembu Ritual.* Nueva York, Cornell University Press. (Trad. cast.: *La selva de los símbolos.* Madrid, Siglo XXI, 1990, 2.ª ed.)
WEBER, M. (1948): *From Max Weber: Essays in Sociology,* edición con una Introducción por H. H. GERTH y C. WRIGHT MILLS, Londres, Routledge & Kegan Paul. (Trad. cast.: *Ensayos de sociología contemporánea.* Barcelona, Martínez Roca, 1972.)
WOLFENSBERGER, W. (1989): "Human service policies: the rhetoric versus the reality" en BARTON, L. (Ed.) *Disability and Dependence.* Lewes, Falmer, págs. 23-42.

CAPÍTULO IV

Trabajo, Utopía e insuficiencia

Por Paul ABBERLEY

En este capítulo pretendo relacionar algunas características esenciales de la teoría social dominante con temas de la sociología de la discapacidad. En la teoría de la discapacidad existe un recelo, explicable desde el punto de vista político, a estudiar la insuficiencia. Sin embargo, es necesario que lo hagamos si queremos desarrollar un análisis más profundo de la relación entre insuficiencia e incapacidad. La insuficiencia no es "natural", sino una categoría que cambia a lo largo de la historia; del mismo modo, no todas las restricciones en la actividad humana son opresión. La crítica social de la opresión de los discapacitados, que es un reflejo del "movimiento real", ha sido eficaz tan sólo en los últimos años.

La práctica sociológica está relacionada con la teoría social, no sólo en cuanto a los conceptos, las herramientas y las estructuras explicativas, sino también en lo que se refiere a sus fines últimos. La forma en que un determinado análisis critica el mundo real se basa en una idea de cómo podrían ser las cosas, una Utopía. Las teorías sociales clásicas dan a la participación en la producción una importancia fundamental para la integración social; en su Utopía, el trabajo es una necesidad, como fuente de identidad. Estas teorías implican la abolición progresiva de la insuficiencia como elemento que limita el desarrollo de todas las capacidades de las personas. Pero, como es imposible alcanzar completamente este objetivo, sigue existiendo alguna desventaja no opresora para las personas con insuficiencias en esta Utopía.

La teoría feminista acusa de sexistas a estas teorías que se basan en el trabajo. Pero gran parte de las investigaciones feministas no redefinen la identidad de forma separada del trabajo, sino que más bien amplían la definición de lo que es el trabajo para incluir en ella a las mujeres no discapacitadas. Sin embargo, algunos estudios feministas contienen elementos, un análisis del cuerpo, un escepticismo sobre la tecnología, que son a la vez materialistas y críticos; esto puede ayudarnos a formular una teoría sobre la función social de las personas discapacitadas en Utopía. Asimismo, la investigación sobre los movimientos sociales y sobre la teorización acerca de las necesidades humanas contiene elementos que pueden ser útiles.

El tema más importante de la sociología de la discapacidad es conceptual. La teoría tradicional, a la que se suele llamar modelo médico, sitúa la fuente de la discapacidad en la deficiencia del individuo y en sus discapacidades personales. En contraposición, el modelo social entiende la discapacidad como el resultado del fracaso de la sociedad al adaptarse a las necesidades de las personas discapacitadas.

La Organización Mundial de la Salud, por ejemplo, trabaja según una clasificación en cuatro categorías de base médica, desarrollada por WOOD (1981), conocida como *International Classification of Impairment, Disability and Handicap* (ICIDH) (Clasificación Internacional de la Insuficiencia, la Discapacidad y la Minusvalía). Su finalidad es reunir las experiencias de un individuo en una lógica que atribuye la desventaja a la naturaleza. Una *afección*, como la lesión de columna vertebral, causa una *insuficiencia*, como una incapacidad de controlar las piernas, que *provoca discapacidad* porque produce una incapacidad para andar, y una *minusvalía* porque supone para el individuo problemas para viajar, conseguir un trabajo y mantenerlo, etcétera. Así pues, la afección es la responsable última de la minusvalía. Un modelo social de la discapacidad, en cambio, se centra en el hecho de que las actividades humanas llamadas "normales" están estructuradas por el entorno social y económico general, que está construido por los intereses de las personas no discapacitadas y para estos mismos intereses. De este modo, la "discapacidad" se define como una forma de opresión:

> la desventaja o la restricción de la actividad causadas por una organización social contemporánea que no atiende, o atiende muy poco, a las personas que tienen insuficiencias físicas, y de este modo las excluye de las actividades sociales dominantes
>
> (UPIAS, 1976, págs. 3-4.)

El término "discapacidad" representa un sistema complejo de restricciones sociales impuestas a las personas con insuficiencias por una sociedad muy discriminadora. Ser discapacitado hoy en el Reino Unido significa sufrir la discriminación

(BARNES, 1991, pág. 1.)

Este modelo está promovido por la *Disabled Peoples International* (Internacional de Personas Discapacitadas), de la que es miembro el *British Council of Disabled People* (Consejo Británico de Personas Discapacitadas), y se dedica cada vez más a los estudios sobre la discapacidad. Para un modelo social, tanto la idea de normalidad en la manera de actuar como la desventaja que experimenta el que actúa de un modo "deficiente" constituyen productos sociales opresores. Así pues, el significado que aquí se da a la "discapacidad" abarca el área que cubren los dos términos de la OMS "discapacidad" y "minusvalía". En este trabajo, empleo y analizo esta definición, con su separación entre insuficiencia y discapacidad.

© Ediciones Morata, S. L.

Algunos autores (MORRIS, 1991, 1992; SHAKESPEARE, 1993, 1994) han planteado, desde la perspectiva general de un modelo social de la discapacidad, el tema de la insuficiencia, y han hablado de cómo se tiende a ver con malos ojos el estudio de este tema y a desarrollarlo sólo dentro del movimiento de la discapacidad. En concreto, dice Sally FRENCH:

> Estoy de acuerdo con los principios básicos (del modelo social de la discapacidad) y considero que es el avance más importante para las personas discapacitadas, pero creo que algunos de los problemas más graves que tienen las personas con determinadas insuficiencias son difíciles, si no imposibles, de solucionar mediante la manipulación social.
> (1993, pág. 17.)

> (Pero) cuando trato estos temas con personas discapacitadas que se adhieren estrictamente a la definición de discapacidad como "restricción impuesta socialmente" se me recuerda con toda la educación o bien que de lo que estoy hablando es de "insuficiencia" y no de "discapacidad", o bien que los problemas que describo no tienen nada que ver con la carencia de visión, sino que se encuentran sin duda "ahí fuera" en el entorno físico y social; mi falta de percepción de esto se atribuye a mi prolongada socialización como persona discapacitada. La discusión suele acabar prematuramente cuando se me dice que mis definiciones son erróneas, que prácticamente no he entendido qué es la discapacidad.
> (1993, pág. 19.)

Existen razones tácticas a corto plazo evidentes de por qué se produce este final de la discusión. En un mundo donde las personas con insuficiencias están en desventaja y son discriminadas y despreciadas, hay que esperar que parte de la oposición a esto debería implicar inicialmente una concentración en los procesos sociales injustos de la discapacidad, y la correspondiente indiferencia hacia la insuficiencia. Además, un análisis y una práctica política que se inspiran con tanta fuerza en los modelos del antisexismo y antirracismo es probable que reproduzcan, con el rechazo de las explicaciones biológicas de la desigualdad social, un recelo hacia cualquier análisis de la diferencia física. Pero para un desarrollo más completo de las teorías sociales de la discapacidad, se deben especificar las diferencias, así como las semejanzas, entre la discapacidad y otras formas de opresión, y encontrar un modo de incorporar la realidad material de la insuficiencia en las teorías sociales de la discapacidad. Mi deseo es demostrar la necesidad de que hablemos más sobre la insuficiencia a nivel de *teoría* si pretendemos entender la discapacidad, ya que la insuficiencia es el sustrato material sobre el que se erigen las estructuras sociales opresoras de la discapacidad. Además, esta insuficiencia no se puede reducir a "mera" diferencia. Así:

> Una teoría de la discapacidad como opresión debe ofrecer lo que es esencialmente una teoría social de la insuficiencia.
> (ABBERLEY, 1987, pág. 9.)

© Ediciones Morata, S. L.

Para ello es necesario reconocer que no se puede entender la insuficiencia como una categoría abstracta, porque siempre y sólo ocurre en un contexto social e histórico que determina su naturaleza. Una consecuencia de esto es que, desde el momento en que una insuficiencia se puede prevenir, erradicar o se pueden mejorar de forma significativa sus efectos, ya no se puede considerar como un simple fenómeno natural, aunque fuera correcto hacerlo en un determinado momento. Por el contrario, el tema adquiere un aspecto social. Así, la experiencia de unas simples cataratas o el desgaste de la articulación de la cadera, que quizá en otro tiempo fueran consideradas, con razón, un producto de la naturaleza, hoy no se pueden entender en este país separadamente de los fenómenos sociales de las prácticas sociales nocivas, las listas de espera del Servicio Nacional de Salud, saltarse la cola en la obtención de subsidios, la discriminación basada en la edad y en la insuficiencia, etc. Negar el tratamiento cuando es posible y deseado debe considerarse una forma de opresión. Pero lo que fue una vez el sustrato de la invalidez también se desliza a la superestructura de la discapacidad y, por consiguiente, de la opresión, de otra forma. Esta segunda forma se produce cuando se llega a experimentar la posibilidad técnica de la "cura" como un imperativo moral por la persona con insuficiencia y su familia, porque un sistema social organizado en torno al supuesto incuestionable de la bondad de la independencia, el trabajo y la normalidad física, no puede admitir excepciones a esta visión del mundo. Se supone que no se debe tolerar la insuficiencia, si es evitable. De ahí que la posibilidad de "cura" lleve a la opresión ideológica de quienes no desean que se les "rectifique", a ellos o a sus hijos. Es éste un aspecto más difícil de comprender para las personas que no son discapacitadas, y sin duda para muchos minusválidos —tan socializados estamos con la idea sobre nosotros mismos propia de los no discapacitados— sin embargo está en la base del tema de la autenticidad de los modos de ser insuficientes.

Este tipo de análisis, al apuntar a la falsedad de la división entre lo natural y lo social, indica también la necesidad de una especificidad histórica compleja para cualquier distinción entre insuficiencia y discapacidad. Para ampliar esta idea:

> Los humanos son no naturales por naturaleza. Ya no andamos "naturalmente" sobre las patas traseras, por ejemplo: males como los pies planos, el dolor de espalda y la hernia atestiguan que el cuerpo no se ha adaptado por completo a la postura erguida. Y sin embargo, esta postura antinatural, impuesta por el proyecto de utilizar herramientas a un cuerpo que no lo deseaba, es precisamente lo que ha hecho posibles determinados aspectos de nuestra "naturaleza": la mano y el cerebro, y el complejo sistema de destrezas, el lenguaje, y las disposiciones sociales que fueron a la vez efecto y causa de la mano y el cerebro. De este modo, las estructuras creadas por el hombre y las fisiológicas han terminado por juntarse de forma tan completa, que resulta ingenuo hablar de un proyecto humano contrario a la biología humana: somos lo que nos hemos hecho, y debemos continuar haciéndonos mientras existamos.
>
> (DINNERSTEIN, 1977, pág. 21-22.)

Según este parecer, la idea de insuficiencia, en el último análisis, como algo "natural" no es tanto errónea cuanto incoherente. Se le da la vuelta al "modelo médico", que diluye lo social en lo biológico, y la insuficiencia se convierte en un aspecto de lo social, que se define como colindante con toda la historia de la humanidad desarrollada. Esto no significa decir que todas las restricciones de la libertad humana sean opresoras. Las personas no están oprimidas por los simples fenómenos naturales, como la fuerza de la gravedad. Por el contrario, la opresión es el resultado de la acción humana. Se presupone esta conexión por el hecho de que la opresión es injusta, ya que las cuestiones de justicia únicamente pueden surgir en situaciones en las que está implicada la acción humana. Sin embargo, reconocer la historicidad inevitable de la insuficiencia no significa negar su materialidad. Dice TIMPANARO:

> Es verdad que el desarrollo de la sociedad cambia en los hombres (*sic*) el modo que tienen de sentir el dolor, el placer y otras reacciones psicofísicas elementales, y que apenas queda en el hombre contemporáneo algo que sea "puramente natural", que no haya sido enriquecido y remodelado por el entorno social y cultural. Pero... dado que lo biológico siempre se nos presenta como mediatizado por lo "social", que lo "biológico" no es nada y que lo "social" lo es todo, mantener esto sería... sofistería idealista.
>
> (TIMPANARO, 1975, pág. 45.)

Por tanto, desarrollar una teoría de la discapacidad implica un debate sobre el *status* ontológico de la insuficiencia, que en modo alguno se agota con la simple ubicación de la insuficiencia en el individuo, y de la discapacidad en la sociedad.

Sociología funcionalista y discapacidad

En los últimos diez años, las críticas basadas en la sociología sobre la situación actual de las personas discapacitadas han demostrado ser las más productivas analítica y políticamente. Sin embargo, este avance no hubiera sido posible si sólo se produjera en las mentes de individuos aislados. Íntimamente unido a la génesis de estos trabajos se encuentra el movimiento real de personas discapacitadas de Gran Bretaña, y la fuerza de las obras teóricas reside, en gran medida, en el hecho de que en ellas cristalizan las creencias, las preocupaciones y los intereses de un número cada vez mayor de personas discapacitadas que ven, ellas mismas, la discapacidad como un proceso social más que como tragedia personal, y algunas rechazan cualquier tipo de valoración negativa de la insuficiencia. Sin embargo, conviene que seamos más precisos en cuanto a qué áreas de la sociología han sido útiles; desde luego, los estudiosos de la discapacidad no han buscado sus herramientas teóricas para una perspectiva tan inherentemente conservadora como el funcionalismo. En efecto, en manos de un sociólogo como TOPLISS (1982), una perspectiva de este tipo se ha identificado como parte del problema. Los defectos de esta clase de explicaciones no nacen de las ineptitudes individuales, sino de los problemas teóricos con que actúan. La crítica rigurosa de estas perspectivas implica no sólo el rechazo de sus afirmaciones sobre las personas discapacitadas, sino la deconstrucción de sus ideas de discapacidad, y presentarlas como algo construido ideológica o culturalmente, más que como algo natural o un reflejo de la realidad (ALCOFF, 1988).

DURKHEIM (1964) establece una distinción fundamental entre sociedades no industriales o preindustriales y sociedades industriales. En las primeras, la integración social se caracteriza por asentarse en la similitud de funciones en la división social de la mano de obra, la solidaridad "mecánica". Después de la industrialización, con una creciente separación y distinción del individuo con respecto al grupo, a medida que la división de la mano de obra se especializa y se individualiza progresivamente, una buena sociedad es la que cuenta con estrechos lazos de solidaridad "orgánica". Estos lazos se constituyen mediante el reconocimiento del papel de los otros en la compleja división de la mano de obra que conforma esa sociedad. El lugar donde debe forjarse esta solidaridad son las asociaciones profesionales. De este modo, estar desprovisto de este papel significa estar desprovisto de la posibilidad de ser miembro de pleno derecho de la sociedad. Alguna parte de su polémica obra, como el ensayo *Individualism and the Intellectuals* (DURKHEIM, 1971), escrito como una intervención en el Caso Dreyfus, destaca mucho la necesidad de que la buena sociedad reconozca la diversidad, sin embargo no hay indicio de que esto se extienda a la incorporación a la sociedad de quienes no pueden trabajar.

No es casualidad que TOPLISS, desde una perspectiva funcionalista que en última instancia se puede remontar a la obra de DURKHEIM, proponga el siguiente argumento sobre lo inevitable de la discriminación de las personas discapacitadas:

> Aunque el tipo o grado particular de insuficiencia que incapacita a una persona para la plena participación en la sociedad puede cambiar, es inevitable que exista siempre una línea, un tanto indefinida pero no por ello menos real, entre la mayoría capacitada y la minoría discapacitada a cuyos intereses se les concede menos importancia en las actividades de la sociedad en su conjunto.
>
> De modo parecido, los valores en que se asienta la sociedad deben ser aquellos que apoyan los intereses y las actividades de la mayoría, de ahí el interés por la absoluta independencia y los logros competitivos, sobre todo en el ámbito profesional, con el desafortunado resultado indirecto de que fomenta una visión estigmatizadora y negativa de las discapacidades que merman las posibilidades de los individuos en estos aspectos valorados de la vida. Debido al carácter fundamental de estos valores en la formación del tipo de ciudadanos que se necesitan para mantener la disposición social que la mayoría capacitada desea, se seguirán fomentando en la educación familiar, el sistema educativo y la valoración pública. Por el contrario, la incapacidad que impide a un individuo participar en estas áreas seguirá siendo valorada negativamente, y con ello se tenderá a imputar la inferioridad general al individuo discapacitado o a la estigmatización.
>
> (TOPLISS, 1982, págs. 111-112.)

Para TOPLISS la desventaja inevitable de los discapacitados, en cualquier sociedad posible, nace de nuestra incapacidad general de cumplir los criterios de actuación en el trabajo. Se puede contrastar esto con otras perspectivas, como el interaccionismo, algunos de cuyos autores (HABER y SMITH, 1971) sugieren que la "deficiencia" central de los discapacitados es estética.

Las Utopías en la teoría social

El movimiento de la discapacidad (BYNOE, OLIVER y BARNES, 1991, LIBERTY, 1994) considera que estas ideas son políticamente inaceptables, de ahí que los autores se hayan inclinado por los planteamientos más críticos y sociales del marxismo y el feminismo para desarrollar sus modelos. El resultado ha sido la identificación y la exposición de los problemas fundamentales de la discapacidad como de naturaleza socioeconómica. Pero si se quiere progresar en el desarrollo de las teorías de la discapacidad, es necesario también debatir qué futuro deparan a las personas con insuficiencias las diversas teorías y perspectivas sociológicas que empleamos. Y esta necesidad no se debe sólo a razones de simple curiosidad teórica, sino a que las Utopías implícitas en las teorías sociales se leen de nuevo en los estudios actuales y en las teorías y prácticas políticas consiguientes. Debemos deconstruir no sólo la "discapacidad", sino también el futuro que los sistemas de análisis críticos deparan a las personas con insuficiencias, si deseamos comprender cómo emplearlos; debemos deconstruir las Utopías. En primer lugar conviene señalar que estas "sociedades buenas" se conciben y tienen su fuerza como destilaciones del presente en posibilidades reales, no sólo como quimeras. Ruth LEVITAS, en su estudio sobre *The Principle of Hope* de Ernst BLOCH, muestra cómo éste define el pensamiento Utópico como el Todavía No:

> la expresión de la esperanza, una esperanza construida "no sólo como emoción... sino de modo más esencial como un acto director de tipo cognitivo".
> (LEVITAS, 1990, pág. 87.)

Y continúa la autora:

> Toda ilusión... dirige la atención a las deficiencias de la realidad, un paso necesario en el camino hacia el cambio. Además el Todavía No no sólo pretende transmitir la interdependencia del deseo y de la satisfacción, sino pasar de uno a la otra, hacia el cambio (*ibid:*)... Si la afirmación de que la Utopía se puede prever no debe implicar una visión completamente idealista y voluntarista del futuro, hay que establecer la distinción entre aquellos sueños de una vida mejor que constituyen posibilidades reales y aquellos que no; por tanto BLOCH se ve obligado a distinguir entre Utopía abstracta y Utopía concreta. Los elementos de previsión se identifican con la Utopía concreta... los elementos compensatorios, con la Utopía abstracta... la tarea consiste en descubrir y recuperar la esencia previsora de entre la escoria de elementos contingentes y compensatorios con los que se

© Ediciones Morata, S. L.

reviste la Utopía en determinadas circunstancias históricas... Para BLOCH, la naturaleza inacabada de la realidad sitúa la Utopía concreta como un futuro posible dentro de lo real; y si se puede anticipar como experiencia subjetiva, también goza de condición objetiva.

(LEVITAS, 1990, págs. 88-89.)

En este sentido, el pensamiento utópico sería un aspecto necesario de una teoría de la opresión en cuanto denota qué significaría para esta opresión el hecho de ser abolida; no es un concepto evaluador, sino una continuación de la lógica del rechazo de determinados aspectos de la sociedad actual para delimitar las consecuencias de su supuesta erradicación. La cuestión que plantea, para cualquier teoría social determinada, es: "¿cuáles son las consecuencias de vuestra buena sociedad para las personas con deficiencias?"

Así pues, es perfectamente correcto y necesario explorar y documentar los determinantes socioeconómicos de la discapacidad de las personas con deficiencias, y en el momento actual esta labor tal vez deba hacer suya la ingente cantidad de trabajo realizado en el desarrollo de las teorías sociales de la discapacidad, sin embargo no es únicamente esto lo que hay que hacer. Porque, para llevarlo a cabo con eficacia, parece necesario que se analice qué es lo que "prevemos", si no se desea elevar sin querer las exigencias parciales e históricamente condicionadas de un sector de personas discapacitadas a principios generales de la teoría y la política de la discapacidad. Y para que esto se produzca, debemos considerar, desde el punto de vista de la teoría que empleamos para analizar el presente, la insuficiencia en un mundo sin discapacidad.

Marxismo e insuficiencia

Respecto al análisis de la opresión de las personas discapacitadas en las sociedades capitalistas, el marxismo ha ofrecido herramienas eficaces, pero en el pensamiento utópico marxista creo que nos encontramos con serias dificultades para las personas con insuficiencias. Algunas veces parece que MARX reduce el problema de la libertad del hombre al tiempo libre, por ejemplo en *Wage-Labour and Capital*, de 1847 (MARX, 1969). Según esta idea, no existiría ningún poroblema en Utopía para quienes estuvieran discapacitados para el trabajo: el tiempo libre ocuparía toda la vida. Pero es más frecuente que se ridiculice esta idea, y en *Grundrisse*, de 1857-1858, se afirma que: "El trabajo realmente libre es al mismo tiempo precisamente aquello que reviste la mayor seriedad, el esfuerzo más intenso" (MARX, 1973, pág. 611). En *Critique of the Gotha Programme* de 1875, MARX hace esta famosa afirmación:

en una fase más avanzada de la sociedad comunista... cuando el trabajo ya no sea un medio para seguir vivos, sino que se haya convertido en una necesidad vital... (podremos tener) de cada uno según sus capacidades, a cada uno según sus necesidades.

(MARX, 1974, pág. 347.)

© Ediciones Morata, S. L.

Pero esto implica que las personas con insuficiencias sigan estando en desventaja, si no por culpa de la sociedad, por culpa de la biología. La insuficiencia, debido a que establece un límite en la práctica sensual creativa, es alienadora, para quienes aceptan que se debería entender este término como un elemento de un canon terminológico marxista. Quizá esto no constituya un problema en relación con el tiempo libre, pues incluso en Utopía no se esperaría que todas las personas participaran en todas las actividades recreativas y culturales posibles. Sin embargo, sí supone una restricción en relación con el trabajo, que es una interacción entre agente y naturaleza cuyo resultado es la producción de valor social. Mientras las distinciones entre trabajo productivo, reproductivo e improductivo son fundamentales para el análisis del capitalismo, más que la exploración de una Utopía marxista, la capacidad de trabajar en cierto sentido socialmente reconocido sigue pareciendo una obligación para ser miembro de pleno derecho de una futura sociedad buena basada en la teoría marxista. Aunque se puede considerar que los niños, como trabajadores potenciales, y los ancianos, como antiguos trabajadores, pueden alcanzar cierto *status* en un paraíso del trabajo, resulta difícil ver cómo, a pesar de todos los esfuerzos de una estructura social benigna, un grupo que se admite que es reducido de personas con insuficiencias puede conseguir la integración social. Siguiendo la teoría marxista así entendida, las vidas de determinadas personas con insuficiencias no pueden ser verdaderamente iguales, en cualquier sociedad, ya que se priva al individuo de la posibilidad de aquellas satisfacciones y de aquella condición de miembro de la sociedad a las que le da derecho su humanidad y que únicamente el trabajo puede proveer. Para las personas con insuficiencias, estar bien equipados en el sistema de distribución, pero excluidos del sistema de producción (es decir, en una forma superior de bienestar) sería satisfactorio, ya que esas personas seguirían ocupando la relación con la sociedad esencialmente periférica que hoy ocupamos nosotros. Así pues, para el marxismo existe una identificación entre quién eres y el trabajo que realizas que trasciende al capitalismo y al socialismo y entra en el terreno de la Utopía concreta del futuro para constituir un elemento clave de la humanidad, y una necesidad clave de los seres humanos en todas las épocas. Si otras necesidades de las personas con insuficiencias se pueden satisfacer, y quizá esto se pueda hacer de una forma no opresora, la única necesidad que no se puede satisfacer para quienes no pueden trabajar es la necesidad de trabajar.

BAUDRILLARD (1975) se ha referido a este elemento básico del pensamiento marxista como un romanticismo de la productividad. Willam MORRIS, cuya obra *News from Nowhere* imagina una profunda erosión de las barreras entre el trabajo necesario y el resto de la vida humana, atribuye al trabajo un papel fundamental en la felicidad y la identidad humanas:

> Creo que el ideal del futuro no apunta a la disminución de la energía de los hombres debido a la reducción al mínimo del trabajo, sino a la reducción al mínimo del dolor en el trabajo... el verdadero incentivo para un trabajo útil y feliz es y debe ser el placer por el trabajo mismo.
>
> (citado en LEVITAS, pág. 108.)

© Ediciones Morata, S. L.

MARCUSE, aunque cree que en Utopía el trabajo puede ser más placentero que hoy, apunta a una profunda coincidencia de análisis entre MARX y FREUD:

> Detrás del Principio de Realidad reside el hecho fundamental de la escasez... cualquier satisfacción posible necesita del trabajo, unas disposiciones y unas tareas más o menos dolorosas para la obtención de los medios para satisfacer las necesidades.
> (MARCUSE, 1955, pág. 35.)

Andre GORZ, en el extremo opuesto al de MORRIS en su defensa de la reducción al mínimo del trabajo socialmente necesario, y de la potenciación al máximo del tiempo libre, sigue considerando que la actividad y la competencia intencionales son una condición para la integración social:

> la abolición del trabajo no significa abolir la necesidad del esfuerzo, el deseo de actividad, el placer de la creación, la necesidad de cooperar con los demás y de ser útil a la comunidad.
> ... la exigencia de "trabajar menos" no significa ni implica el derecho a "descansar más".
> (GORZ, 1982, págs. 2-3.)

Pero éste es precisamente el tipo de derecho que las personas con insuficiencias exigen de verdad, hoy y para el futuro.

Parece que el marxismo, en cualquier interpretación, al igual que la medicina alopática que tan vinculada ha estado a la discapacidad de las personas con insuficiencias en la era moderna, nunca podrá ser otro proyecto que el de la Ilustración. Comparte con otras iniciativas similares una adherencia a las aspiraciones de "perfección", y sólo puede identificar a quienes no trabajan con la burguesía históricamente superflua, uno de los aspectos de cuya alienación es su fracaso en participar en la producción social. Y las implicaciones de esta exploración teórica presentan una destacada, e igualmente cuestionable, similitud con las que concluía el funcionalismo de TOPLISS.

El trabajo y la teoría de la discapacidad

¿De qué forma sirve esto en los análisis sobre la discapacidad en la sociedad de hoy? Con menos de un tercio de empleados de los que componen el grupo de edad en Gran Bretaña hoy (MARTIN, MELTZER y ELLIOT, 1988), para muchos discapacitados la demanda de acceso al trabajo constituye un componente fundamental de la batalla por la igualdad. Así se refleja en el objetivo de las débiles propuestas del gobierno de "abordar" la opresión que sufren los discapacitados y que se centran en el lugar de trabajo. Algunas obras recientes (LUNT y THORNTON, 1994) han estudiado algunos temas relacionados con la puesta en práctica de políticas de empleo desde el punto de vista de un modelo social de la invalidez, pero no se ha examinado el objetivo de estas

© Ediciones Morata, S. L.

políticas. A un nivel de teoría más general, FINKELSTEIN ha señalado repetidamente (1980, 1993):

> que el factor predominante que contribuye a la invalidez de los diferentes grupos es la forma en que las personas pueden participar en la creación de riqueza social.
>
> (1993, pág. 12.)

Y continúa diciendo que dado que

> los niveles de empleo asumidos separan a las personas en diferentes grados de dependencia... Al tratar de distanciarse (los grupos de personas con determinadas insuficiencias o grados de invalidez) de los grupos a los que consideran más discapacitados que ellos, pueden albergar la esperanza de mantener su exigencia de una independencia económica y un *status* aceptable en la comunidad.
>
> (1993, pág. 14.)

Advierte que no se debe hacer esto por razones esencialmente políticas, que esto dividirá el movimiento, y señala que quienes lo hicieron se rindieron a la lógica del modelo médico, que dicen rechazar. Esta llamada a la unidad y a la coherencia teórica, aunque es apropiada en su contexto, me parece que olvida un tema fundamental para los discapacitados y que el romanticismo de la productividad oscureció: que incluso en una sociedad que *de verdad* realizara esfuerzos intensos y sinceros por integrar a las personas discapacitadas en el mundo del trabajo, algunas de ellas seguirían excluidas debido a su insuficiencia. Cualesquiera que sean los esfuerzos que se realicen para integrar a las personas con insuficiencias en el mundo del trabajo, algunas de ellas, en cualquier posible Utopía basada en el trabajo, no serán capaces de producir bienes o servicios de valor social —de "participar en la creación de riqueza social". Esto es así porque, en cualquier sociedad, determinados productos, aunque variables, tienen un valor, y otros no, con independencia del esfuerzo que conlleve su producción. Por tanto mi argumento es que, debido precisamente a que el principal mecanismo de nuestra opresión es nuestra exclusión de la producción social, no deberíamos fiarnos de concluir que luchar contra la opresión debería conllevar nuestra completa integración en la producción social. Como reconoce FINKELSTEIN, es posible que una sociedad esté dispuesta, y en determinadas circunstancias llegue a ansiarlo, a absorber en el mercado laboral a una porción de su población con insuficiencias, pero esto puede producir el efecto de mantener y quizá de intensificar la exclusión del resto. Es un tema que parece que se plantea de forma distorsionada en relación con los Juegos Paralímpicos (BBC TV, 1994), en los que el hecho de que los patrocinadores escojan deportes y atletas estéticamente agradables, casi "normales", implica el rechazo de participantes "más discapacitados", cuya actuación se considera desagradable y cuyos resultados se infravaloran.

© Ediciones Morata, S. L.

Los análisis feministas

El feminismo ha señalado que el marxismo está marcado profundamente por el carácter masculino de sus creadores —y nunca tanto como en la función clave asumida por el trabajo en la constitución de la identidad social humana. Se afirma que la aparente neutralidad sexual de las categorías teóricas marxistas es en realidad una discriminación entre sexos que legitima la excesiva atención del marxismo a la "esfera masculina" de la producción de bienes. Las respuestas feministas a esto han revestido diversas formas, que parecen tener diferentes implicaciones para las personas discapacitadas.

Jerry Morris sostiene (1991, 1992) que en la medida en que los discapacitados aparecen de alguna forma en ciertos análisis feministas lo hacen como una carga para las mujeres, que se debe erradicar a corto plazo mediante la extensión de la asistencia institucional, y a largo plazo mediante la erradicación de la insuficiencia. Critica a las feministas que hacen formulaciones como la siguiente para ignorar la existencia y desde luego la preponderancia de las mujeres entre la población discapacitada:

> deberíamos elaborar una crítica más fuerte de las actuales ideas de "asistencia comunitaria" y luchar por nuevas formas de asistencia institucional.
> (McIntosh, 1981, pág. 35.)

Finch afirma que: "A fin de cuentas, me parece que la alternativa del asilo es la única que en última instancia nos permitirá salir del punto muerto que supone la bondad personal" (1984, pág. 16). En un tono similar, Dalley concluye que: "Esto es seguro pues el modelo asistencial familiar que hoy predomina se basa en premisas que son inaceptables para las feministas" (1988, página 137).

Se nos asegura que la naturaleza de la asistencia en residencias por la que abogan estos autores sería muy diferente de las instituciones actuales, con:

> una comunidad alegremente integrada de individuos que participan libre y completamente en la vida social del grupo y que se relacionan con otros ajenos al grupo, donde cuidadores y cuidados colaboran.
> (Dalley, 1988, pág. 121.)

Finch presenta toda la empresa de privar de su libertad a los discapacitados al menos como un hecho precursor de la Utopía:

> Las soluciones colectivas (al punto muerto que supone la bondad personal) estarían, después de todo, en el propio espíritu de un programa político socialista. (Con) el reconocimiento de que la buena voluntad supone trabajo, y que en una economía de salarios se debe pagar como tal... una bonificación adicional sería para la creación de trabajos "reales" adicionales en el sector del bienestar.
> (1984, pág. 16.)

© Ediciones Morata, S. L.

En otro lugar dice MORRIS:

> RAMAZANOGLU... justifica no haber sabido incorporar a los discapacitados y a las mujeres mayores en su análisis. Dice: "Es verdad que son áreas fundamentales de opresión para muchas mujeres, pero adquieren formas diferentes en las diversas culturas, y por eso resulta difícil generalizar sobre ellas. Son también formas que adquiere la diferencia que se podrían transformar mediante cambios en la conciencia" (RAMAZANOGLU, 1989, pág. 95). Se trata realmente de argumentos poco sólidos.
>
> (MORRIS, 1992, pág. 161.)

Si seguimos las críticas de MORRIS a estas autoras feministas, parece que llegamos de nuevo a la conclusión de que, desde el punto de vista de estas teorías, las personas con insuficiencias deben seguir oprimidas o desaparecer en su Utopía. Estos análisis no redefinen la calidad de miembro de la sociedad de forma separada del trabajo; por el contrario, redefinen el trabajo de un modo que incluya a las mujeres no discapacitadas en las filas de los posibles trabajadores no alienados. Si esto, que en el marxismo se presenta como una idea de los seres humanos en la que no se considera la diferencia de sexos, es en realidad una idea de ellos como machos, del mismo modo se puede entender cierto feminismo como una idea de la humanidad basada en su capacidad para trabajar y definida por el trabajo. Este tipo de definiciones olvidan (y por consiguiente mantienen en la opresión) a las personas con insuficiencias, cuya mayoría, al menos hoy en Gran Bretaña, son mujeres.

Sin embargo, el feminismo no es un pensamiento estático ni unitario, y dentro de esta diversidad una serie de preocupaciones compartidas sugieren resultados más fructíferos para los defensores de la existencia continuada de las personas con insuficiencias en una Utopía real. Un aspecto de esto conlleva las ideas feministas sobre el cuerpo humano, que son mucho menos abstractas que las formulaciones marxistas clásicas. Al examinar la política de la biología reproductora humana, el feminismo abre a la reflexión crítica otros aspectos de nuestras vidas biológicas, y con ello la insuficiencia. Otro aspecto es haber señalado que las soluciones políticas tradicionales para tratar la desigualdad —"conseguir un trabajo", así como otras soluciones tecnológicas tradicionales— no se han traducido en una sociedad mejor para las mujeres:

> Un hecho poco comprendido... es que las mujeres que viven en la pobreza son trabajadoras productivas de forma casi invariable, y participan plenamente en el mercado laboral, tanto en el remunerado como en el no remunerado... La sociedad no puede persistir con el modelo masculino según el cual un empleo saca automáticamente de la pobreza a una familia.
>
> (MCKEE, 1982, pág. 36.)

En *Black Feminist Thought,* Patricia HILL-COLLINS cita a May MADISON, que participó en un estudio sobre afro-americanos de zonas urbanas deprimidas, y señala que:

Una diferencia muy importante entre blancos y negros es que los blancos piensan que uno *es* su trabajo... Bien, un negro va más allá de esta percepción porque sabe que lo que hago no tiene nada que ver con lo que deseo hacer o con lo que hago cuando lo hago para mí mismo. Así pues, los negros creen que mi trabajo es tan sólo lo que tengo que hacer para conseguir lo que quiero.

(Citado en COLLINS, 1990, págs. 47-48.)

Aunque los sociólogos, varones, blancos no discapacitados pueden interpretar esto como una prueba de la tesis del trabajador alienado o instrumental, quizá convenga que lo entendamos como un ejemplo de base social de la teoría alternativa de la identidad y la participación social. Esta evaluación negativa de la importancia del "trabajo" y de la "tecnología" en la actualidad no se interpreta como algo que se explica por las "deformaciones que se producen en el capitalismo", sino que se lleva a una crítica de la viabilidad para las mujeres de una sociedad organizada en torno al "trabajo" y la "sumisión ciega a la tecnología". Creo que se trata de temas importantes para el desarrollo de las teorías de la invalidez. SCHWEICKART, entre otros muchos, representa otra tendencia, cuando dice:

La dominación de las mujeres y la dominación de la naturaleza se sirven de modelo mutuamente. Así, la ciencia y la tecnología tienen un lugar en una Utopía feminista sólo si se pueden redefinir aparte de la lógica de la dominación.

(1983, pág. 210.)

Parece que este debate es importante para la teoría de la discapacidad, tanto por detalles como el del deseo de que las máquinas realicen actividades de asistencia, como por los temas de mayor relevancia de hasta qué punto sería correcto transformar a las personas discapacitadas para facilitarnos el acceso al mundo. Así pues, entre los temas "profundos" de la relación entre los seres humanos y la naturaleza que se plantean en el feminismo, hay muchos que encuentran su eco en la teoría de la discapacidad.

Los movimientos sociales y las teorías de la necesidad

Creo que los planteamientos teóricos que he considerado anteriormente implican una distinción importante entre discapacidad y otras formas de opresión. Mientras estas últimas conllevan una Utopía en la que quizá se pueda entender que la libertad se alcanza mediante la plena integración en el mundo del trabajo, para las personas con insuficiencias vencer la discapacidad, aunque sería algo muy liberador, no erradicaría por completo un residuo de desventajas en relación con el poder sobre el mundo material. A su vez, esto limita nuestra capacidad de estar plenamente integrados en el mundo del trabajo en cualquier sociedad posible. Una consecuencia que se puede sacar de esto, que encuentra su mayor apoyo en los planteamientos sociológicos clásicos con la importancia que otorgan al papel del trabajo en la participación social, es que no sería deseable ser una persona con insuficiencias en una

© Ediciones Morata, S. L.

sociedad de ese tipo, y por tanto que la abolición de la invalidez implica también, en la medida de lo posible, la abolición de la insuficiencia.

El modelo de participación e identidad social que se basa en el trabajo está unido intrínsecamente al planteamiento de la medicina alopática basado en la prevención y la cura, y a la lógica instrumental específica de la ingeniería genética, el aborto y la eutanasia. En última instancia, supone un juicio de valor sobre lo indeseable del modo de ser insuficiente. Sin embargo, esta lógica permite la integración en el proceso social del trabajo de quizá una proporción sustancial de cualquier población que exista de personas con insuficiencias, pero sólo hasta el punto en que la interrelación entre la insuficiencia del individuo, la tecnología y la actividad valorada socialmente produzca un resultado positivo. Así, la abolición de la invalidez de un individuo depende en última instancia de la lógica de la productividad y a ella se subordina. Ejemplo de esta lógica son los acontecimientos recientes ocurridos en China, donde una ley de eugenesia "genocida" se ha acompañado de una importante legislación sobre la igualdad para las personas discapacitadas.

Una teoría utópica alternativa puede ser la que ofrezca otro futuro en la medida en que rechace el trabajo como elemento esencialmente definitorio de la participación social, y que cuestione algunos de los imperativos de progreso implícitos en la ciencia moderna. Pero estos planteamientos no son meras modificaciones poco sistemáticas de las ideas de Utopía existentes. Parece que ese rechazo y esa duda significan también un distanciamiento de los valores de la sociedad "moderna" caracterizados por GIDDENS (1990) como un sistema de producción y de control basado en el industrialismo, el complejo militar e industrial y la vigilancia de la vida social, ya que una sociedad tal supone necesariamente la identificación de las personas con lo que puedan producir en ese sistema.

SHAKESPEARE estudia un modo de analizar el rechazo de la racionalidad instrumental del mundo moderno, y examina la posibilidad de comprender el surgimiento del movimiento de la discapacidad desde el punto de vista de "los Nuevos Movimientos Sociales... [la] más reciente obsesión de los sociólogos" (1993, pág. 257). Contempla la utilidad de una serie de teóricos del movimiento social, sin embargo no menciona la obra de Alain TOURAINE en su estudio. Y es lamentable, porque el concepto de movimientos sociales de TOURAINE otorga especial importancia al reto que plantean a los sistemas de creencias predominantes, y su análisis trasciende considerablemente lo empírico.

A partir del examen concreto de la aparición de Solidaridad en Polonia (1983a) y de la oposición de los franceses a la energía nuclear (1983b), TOURAINE concluye (1984) que, lejos de ser áreas de estudio periféricas e idiosincrásicas, los movimientos sociales constituyen un tema básico para la sociología contemporánea. Para TOURAINE, el objetivo de un movimiento social no es simplemente reaccionar contra las desigualdades existentes, sino trabajar por el cambio de las normas y de los valores de la vida cultural y social. Al mismo tiempo, intenta afirmar por todos los medios los efectos sobre los actores de la estructura social y la historia. Para que la acción produzca nuevos elementos de la estructura social debe trabajar con las instituciones y las

© Ediciones Morata, S. L.

formas culturales preexistentes y en contra de ellas: "Un movimiento social es a la vez un conflicto social y un proyecto cultural" (1995, pág. 240). La plena dimensión de esos proyectos conflictivos se pone de manifiesto en su obra reciente (1995), en la que vincula los movimientos sociales con las críticas de la racionalidad instrumental dominante mientras predominen los valores de la razón, la libertad, el método, el universalismo y el progreso de la Ilustración. Para la escuela de Frankfurt, FOUCAULT y los análisis postmodernos, se entiende que la modernidad da origen inevitablemente a las mismas formas de opresión que pretende vencer. Para TOURAINE, sin embargo, estas críticas no consiguen reconocer la naturaleza "autocrítica" y "autodestructiva" de la modernidad, que la racionalidad basada en los valores encarnada en la práctica de los movimientos sociales es capaz de desafiar, y de vencer, la ascendencia de la racionalidad instrumental basada en la producción.

TOURAINE intenta reintroducir la idea de acción y de movimiento social, la movilización de las convicciones basada en la convicción moral y en los temas personales, en contra del determinismo sociológico predominante. No hay duda de que el movimiento de las mujeres, una serie de campañas "verdes", las movilizaciones en contra del Código de Derecho Penal y, mientras escribo estas páginas, las movilizaciones en contra de la exportación de terneros vivos, indican que los análisis de TOURAINE consiguen identificar características importantes de la vida social moderna que no se pueden reducir a las explicaciones sociológicas tradicionales basadas en la producción. Por lo que se refiere al movimiento de la discapacidad, Jenny MORRIS ha escrito que:

> La filosofía del movimiento de la vida independiente se basa en cuatro supuestos:
> que toda vida humana tiene un valor;
> que todos, cualquiera que sea su insuficiencia, son capaces de hacer elecciones;
> que las personas que están discapacitadas por la reacción de la sociedad a la insuficiencia física, intelectual y sensorial y a las afecciones emocionales tienen derecho a ejercer el control de sus vidas;
> que las personas discapacitadas tienen derecho a la plena participación en la sociedad.
>
> (1993, pág. 21.)

Estos supuestos contienen valores claros opuestos al produccionismo dominante, que plantea la exigencia, sin obligaciones, de "ganar" y limita unos derechos no alcanzados todavía; constituyen una serie de contravalores a las normas sociales predominantes. Encarnadas en la práctica del movimiento, se puede considerar que estas ideas son una alternativa teórica y práctica; en términos de TOURAINE, un movimiento social.

El interés de TOURAINE por la acción parece que tiene una relevancia especial en el análisis del movimiento de la discapacidad, y asimismo también es relevante en el proceso teorizador de la identidad de la insuficiencia un interés renovado por las necesidades humanas que ha aparecido en la filosofía social durante los últimos veinte años. Ganadora de dos prestigiosos premios, el Myrdal y el Deutscher, la obra de DOYAL y GOUGH, *A Theory of Human Need* estudia y evalúa los trabajos realizados en este campo y trata de elaborar un programa de satisfacción de necesidades. Su forma de conceptualizar la discapacidad se basa abrumadoramente en el modelo médico, y su única referencia a los estudios sobre el movimiento de la discapacidad indica que no han sabido captar los temas que se plantean, y por tanto no han conseguido incorporarlos en sus conclusiones generales. No obstante, de ese tipo de estudio se puede beneficiar la teoría de la discapacidad y, en la medida en que pueda definirse por oposición a los supuestos minusvalidistas que contienen tales modelos de humanidad, desarrollar su carácter propio.

Conclusión

Creo que estos planteamientos teóricos son fuentes fértiles a las que deben recurrir las teorías sociológicas de la discapacidad para avanzar. Políticamente, aglutinan los intereses de todas las personas con insuficiencias. Analíticamente, ofrecen formas de explicar no sólo la opresión de todas las personas discapacitadas como una categoría creada socialmente, sino que esa subsección, por grande que sea, pueda convertirse en parte del mundo del trabajo. Esto no significa en absoluto negar que los orígenes de nuestra opresión, incluso para quienes tienen trabajo, están en nuestra exclusión histórica, como grupo, del acceso al trabajo, ni significa oponerse a las campañas por el incremento del acceso a un puesto de trabajo. Sin embargo, señala que un análisis materialista concienzudo de la discapacidad hoy debe reconocer que la plena integración de las personas con insuficiencias en la producción social nunca puede constituir el futuro al que aspiramos como movimiento. Si debemos aspirar a algo más que a un paraíso del trabajo, a la Utopía concreta que informa el desarrollo de las teorías de nuestra opresión, nuestro pensamiento no debe avanzar por el camino de los análisis clásicos del trabajo social. Por el contrario, es necesaria una ruptura con este tipo de análisis, y un reconocimiento explícito de que las aspiraciones y las exigencias del movimiento de la discapacidad implican el desarrollo y el proselitismo de los valores y de las ideas que discurren profundamente en contra del esquema cultural dominante tanto de la izquierda como de la derecha. No es una cuestión de elección, sino de la supervivencia futura de unos modos de ser insuficientes y alternativos.

Así pues, mi teoría es que debemos desarrollar planteamientos teóricos que expresen el punto de vista de los discapacitados, cuyos intereses no los sirven necesariamente las doctrinas de otros grupos sociales, sean éstos los dominantes o los oprimidos, de los que los discapacitados son también miembros. Esta sociología supone potenciación para los discapacitados, porque el conocimiento es por sí mismo un aspecto del poder. Las personas discapacitadas han habitado en un mundo cultural, político e intelectual de cuya constitución han sido excluidas y en el que han sido relevantes sólo como problema. Se ha empleado el conocimiento científico, incluida la sociología, para reforzar y justificar esta exclusión. Una nueva sociología de la discapacidad

© Ediciones Morata, S. L.

debe desafiar esta "objetividad" y "verdad" y sustituirla por el conocimiento que surge de la situación del oprimido y que pretende comprender esta opresión. Tal sociología requiere una estrecha participación con el movimiento real histórico de los discapacitados si pretende tener alguna utilidad. Del mismo modo, este tipo de avances tienen importancia para la corriente dominante de la teoría social, por cuanto sirven de base para comprobar la adecuación de los planteamientos teóricos que alardean de explicar las experiencias de todos los miembros de una sociedad.

Bibliografía

ABBERLEY, P. (1987): "The concept of oppression and the development of a social theory of disability", *Disability, Handicap & Society*, Vol. 2, N.º 1, págs. 5-19.
ALCOFF, L. (1988): "Cultural feminism versus post-structuralism: the identity crisis in feminist theory", *Signs*, Vol. 13, N.º 3, págs. 405-436.
BBC TV (1994): 11 julio, *"Disability and Dollars"*.
BARNES, C. (1991): *Disabled People in Britain and Discrimination*. Londres, Hurst & Co.
BAUDRILLARD, J. (1975): *The Mirror of Production* (trad. M. POSTER). St. Louis, Telos Press. (Trad. cast.: *El espejo de la producción*. Barcelona, Gedisa, 1980.)
BYNOE, I., OLIVER, M. y BARNES, C. (1991): *Equal Rights for Disabled People - the Case for a New Law*. Londres, Institute for Public Policy Research.
COLLINS, P. (1990): *Black Feminist Thought*. Londres, Harper Collins.
DALLEY, G. (1988): *Ideologies of Caring - Rethinking Community and Collectivism*. Londres, Macmillan.
DINNERSTEIN, D. (1977): *The Mermaid and the Minotaur: Sexual Arrangements and Human Malaise*. Nueva York, Colophon.
DOYAL, L. y GOUGH, I. (1991): *A Theory of Human Need*. Londres, Macmillan. (Trad. cast.: *Teoría de las necesidades humanas*, Barcelona, Icaria, 1994.)
DURKHEIM, E. (1964): *The Division of Labour in Society*. Illinois, Glencoe. (Trad. cast.: *La división del trabajo social*. Madrid, Akal, 1987.)
— (1969): "Individualism and the intellectuals" (trad. LUKES S. y J.), *Political Studies*, XVII, págs. 14-30.
FINCH, J. (1984): "Community care: developing non-sexist alternatives", *Critical Social Policy*, Vol. 9, N.º 4, págs. 5-19.
FINKELSTEIN, V. (1980): *Attitudes and Disabled People: Issues for Discussion*. Nueva York, World Rehabilitation Fund.
— (1993): "The commonality of disability" en J. SWAIN y cols. (Eds.) (1993) *Disabling Barriers - Enabling Environments*. Londres, Sage/Open University Press.
FRENCH, S. (1993): "Disability, impairment or something in between?" en J. SWAIN y cols., *op. cit.*
GIDDENS, A. (1990): *The Consequences of Modernity*. Cambridge, Polity Press. (Trad. cast.: *Consecuencias de la modernidad*. Madrid, Alianza, 1997, 3.ª ed.)
GORZ, A. (1982): *Farewell to the Working Class - An Essay on Postindustrial Socialism*. Londres, Pluto Press. (Trad. cast.: *Adiós al proletariado*. Barcelona, Ediciones 2001, 1982, 2.ª ed.)

HABER, L. y SMITH, T. (1971): "Disability and deviance", *American Sociological Review*, Vol. 36, págs. 82-95.
LEVITAS, R. (1990): *The Concept of Utopia*. Hemel Hempstead, Philip Allen.
LIBERTY (1994): *Access Denied - Human Rights and Disabled People*. Londres, National Council for Civil Liberties.
LUNT, N. y THORNTON, P. (1994): "Disability and employment: towards an understanding of discourse and policy", *Disability, Handicap & Society*, Vol. 9, N.º 2, págs. 223-238.
MCINTOSH, M. (1979): "The welfare state and the needs of the dependent family" en S. BURMAN (Ed.) *Fit Work for Women*. Londres, Croom Helm.
MCKEE, A. (1982): "The feminisation of poverty", *Graduate Woman*, Vol. 76, N.º 4, páginas 34-36.
MARCUSE, H. (1955): *Eros and Civilization*. Nueva York, Vintage Books. (Trad. cast.: *Eros y civilización*. Barcelona, Ariel, 1995, 3.ª ed.)
MARTIN, J., MELTZER, H. y ELLIOT, D. (1988): *Report 1: The Prevalence of Disability Among Adults*. Londres, HMSO.
MARX, K. (1969): "Wage-labour and capital" en *Marx-Engels Selected Works*. Vol. 1. Moscú, Progress Publishers. (Trad. cast.: *Trabajo asalariado y capital*. Barcelona, Debarris, 1998.)
— (1973): *Grundrisse*. Harmondsworth, Penguin Books. (Trad. cast.: *Líneas Fundamentales de la Crítica de la Economía Política Grundri*. Barcelona, Crítica, 1978.)
— (1974): "Critique of the Gotha Programme" en *The First International and After*, Political Writings Volume 3. Harmondsworth, Penguin Books. (Trad. cast.: *Crítica al programa de Gotha*. Barcelona, Materiales, 1977.)
MORRIS, J. (1991): *Pride Against Prejudice: Transforming Attitudes to Disability*. Londres, The Women's Press.
— (1992): "Personal and political: a feminist perspective on researching physical disability", *Disability, Handicap & Society*, Vol. 7, N.º 2, págs. 157-166.
— (1993): *Independent Lives - Community Care and Disabled People*. Londres, Macmillan.
RAMAZANOGLU, C. (1989): *Feminism and the Contradictions of Oppression*. Londres, Routledge.
SCHWEICKART, P. (1983): "What if... science and technology in feminist Utopias" en J. ROTHSCHILD (Ed.) (1983) *Machina ex Dea-Feminist Perspectives on Technology*. Oxford, Pergamon.
SHAKESPEARE, T. (1993): "Disabled people's self-organisation: a new social movement?", *Disability, Handicap & Society*, Vol. 8, N.º 3, págs. 249-264.
— (1994): "Cultural representation of disabled people: dustbins for disavowal?", *Disability and Society*, Vol. 9, N.º 3, págs. 283-300.
SWAIN, J., FINKELSTEIN, V., FRENCH, S. y OLIVER, M. (Eds.) (1993): *Disabling Barriers, Enabling Environments*. Londres, Sage.
TIMPANARO, S. (1975): *On Materialism*. Londres, New Left Books.
TOPLISS, E. (1982): *Social Responses to Handicap*. Harlow, Longman.
TOURAINE, A. y cols. (1983a): *Solidarity - An analysis of a Social Movement* (trad. D. DENBY). Cambridge, Cambridge University Press.
— y cols. (1983b): *Anti-nuclear Protest: the Opposition to Nuclear Energy in France* (trad. P. FAWCETT). Cambridge, Cambridge University Press.
— (1984): "Social movements: special area or central problem in sociological analysis?", *Thesis Eleven*, N.º 9, págs. 5-15.

© Ediciones Morata, S. L.

TOURAINE, A. (1995): *Critique of Modernity* (trad. D. MACEY). Oxford, Basil Blackwell. (Trad. cast.: *Crítica de la modernidad.* Madrid, Temas de Hoy, 1993.)

UPIAS (*Union of the Physically Impaired Against Segregation*) (1976): *Fundamental Principles of Disability.* Londres, Union of Physically Impaired Against Segregation.

WOOD, P. (1981). *International Classification of Impairments, Disabilities and Handicaps.* Ginebra, World Health Organisation.

SEGUNDA PARTE

Discapacidad y educación

La política y la reglamentación educativas han sido objeto de atención particular de los sucesivos gobiernos conservadores. Todos los niveles del sistema educativo han experimentado el impacto de múltiples cambios, incluida la reglamentación de la gestión, financiación, contenidos y resultados escolares y postescolares.

Con la introducción de un discurso populista sobre los temas de la variedad, los niveles y la competición, se han cambiado drásticamente las antiguas formas de relacionarse y de entenderse las escuelas y las autoridades educativas locales (LEA). Para apoyar esta evolución se ha introducido una legislación importante, incluidas las Leyes de Reforma Educativa de 1981, 1988 y 1993.

En este contexto, el capítulo de RIDDELL pretende examinar esos discursos tal como se reflejan en los documentos políticos clave. La autora sostiene que existe una tendencia creciente a reforzar una idea de déficit individual en las necesidades educativas especiales y en la discapacidad y que, en el actual ambiente político, se necesita una teoría sociológica que se base en el reconocimiento de todas las personas que se cruzan en las diversas experiencias de los discapacitados. Las futuras teorías deben considerar tanto la base material como la cultural de la opresión y esforzarse por implicar a los discapacitados como agentes activos en el proceso investigador.

En el capítulo de SLEE, el análisis se centra en el desarrollo de las teorías de la discapacidad con una especial atención al potencial de la teoría para analizar cuestiones políticas actuales. Al autor le interesa determinar de qué forma las explicaciones sociológicas básicas de la discapacidad pueden abandonar la periferia para dirigirse a los centros de decisión política. La escena educativa constituye el contexto político general y se presta una atención específica a la política de gestión de la integración. SLEE argumenta que el discurso de la integración supone un pobre desafío al dominio de las teorías que propugnan la exclusión en las políticas de las autoridades educativas centrales.

Sobre el tema de la discapacidad y la educación superior, HURST sostiene que este nivel educativo es un entorno social importante pero olvidado en el que los discapacitados siguen experimentando la opresión. Mediante ejemplos de prácticas de instituciones de educación superior, incluida la suya propia, aporta reflexiones tanto sobre las dificultades como sobre las posibilidades de poner en práctica una política integradora para *todos* los estudiantes. También identifica algunos de los difíciles dilemas que el hecho de ser miembro de diferentes tipos de organizaciones nacionales le plantea como investigador. Al tiempo que aboga por la importancia del proceso teorizador, HURST destaca el continuo dilema que supone aceptar las modificaciones al *statu quo* dentro de la práctica existente, en oposición a adoptar una estrategia más radical para el cambio.

CAPÍTULO V

Teorizar sobre las necesidades educativas especiales en un clima político cambiante

Por Sheila Riddell

Aunque se ha planteado la necesidad de que las investigaciones y los trabajos sobre la discapacidad se centren más en la teoría, merece la pena considerar por qué se puede entender ésta como un proyecto valioso. En primer lugar, se podría justificar como un medio para comprender por qué las instituciones y las relaciones sociales asumen determinadas formas más que otras, aunque algunos podrían naturalmente desechar este tipo de teorización como una actividad elitista de la que se puede prescindir. Quizá otra justificación más importante sea que, para desafiar las relaciones de poder existentes, es importante hacer explícita la teoría y ofrecer interpretaciones alternativas de cómo son las cosas y cómo podrían ser. Abberley transmite la idea de la naturaleza interactiva de la teoría y la acción cuando sostiene que una teoría de la discapacidad:

> ... es inevitablemente un planteamiento político, por cuanto supone la defensa y la transformación, tanto material como ideológica, de la provisión sanitaria y de bienestar del Estado, como condición esencial para transformar las vidas de la inmensa mayoría de discapacitados.
>
> (1992, pág. 243.)

Este artículo refleja la idea de que las políticas oficiales de la discapacidad están conformadas teóricamente y tienden a ofrecer una justificación del *statu quo*. Sin embargo, las políticas escritas no se pasan simplemente a quienes las ponen en práctica y las experimentan, sino que son contestadas y posiblemente subvertidas en todas sus fases. Como señalaron Bowe y Ball, los actores están implicados en los "procesos de la interpretación y la significación activas que relacionan los textos políticos con la práctica" (1992, página 13).
Además:

las intenciones políticas pueden contener ambigüedades, contradicciones y omisiones que ofrezcan oportunidades concretas a las partes para el proceso de "puesta en práctica", lo que podríamos denominar "espacio" para la maniobra.
(1992, pág. 14.)

No hay duda de la importancia de atender no sólo a lo que está escrito, sino también a lo que se representa. Concretamente, este trabajo pretende examinar la explicación que da OLIVER sobre las definiciones cambiantes de la discapacidad y de las necesidades educativas especiales en el período de posguerra. Señalaba que se habían dejado de localizar los problemas

en el individuo, para pasar a considerarlos una construcción social y terminar por reconocerlos como una creación social.
(1988, pág. 28.)

Este capítulo tiene tres partes. En la primera se señalan algunas de las formas en que se ha teorizado sobre las necesidades educativas especiales y la discapacidad por quienes tienen una diversidad de intereses. En la segunda parte se consideran los discursos que se reflejan en una serie de investigaciones recientes que aportan pruebas de cómo las políticas basadas en la gestión y el mercado amenazan determinados discursos y favorecen otros. Por último, abordamos el tipo de teoría que puede ser útil para los discapacitados en la lucha por el cambio político. El argumento fundamental es que los documentos publicados inmediatamente antes de la victoria del Partido Conservador en las elecciones de 1979 representan un cambio hacia el planteamiento de construcción social, aunque hay evidentes contradicciones internas. Sin embargo, el efecto de las políticas educativas recientes, se basen éstas en el mercado o impongan un control más estrecho desde el centro, ha sido, más que la existencia de una creciente aceptación de una visión creacionista (o materialista) social, como defendía OLIVER, una tendencia a constituirse en refuerzo de una idea de déficit individual sobre las necesidades educativas especiales y la minusvalidez. Se analizan las implicaciones de estos cambios para quienes se ocupan de desafiar la marginación social y económica de las personas con discapacidades.

Formas de teorizar la discapacidad

Veamos en primer lugar una serie de planteamientos teóricos actuales, los dos primeros de los cuales se han reflejado en documentos políticos oficiales, y los tres últimos representan un reto a las explicaciones ampliamente aceptadas. Hay que destacar que muchas explicaciones no encajan perfectamente en ninguno de estos planteamientos.

Planteamientos esencialistas

En los planteamientos esencialistas está implícita la creencia de que una característica o un déficit pertenecen al ámbito individual y es probable que tengan causas biológicas más que sociales. Diversos comentaristas (por ej. JENKINS, 1989; ABBERLEY, 1987) han observado que se ha prestado escasa atención a la teorización de la discapacidad, aunque algunos estudios, al tiempo que no aciertan a hacer explícita su posición teórica, tienden a reflejar un planteamiento esencialista. Por ejemplo, los estudios epidemiológicos de KELLMER-PRINGLE y cols. (1986) y de RUTTER y cols. (1975) suponían que las insuficiencias eran hechos sociales que se podían identificar mediante las explicaciones aceptadas de lo que es un funcionamiento normal. Este tipo de estudios daba el carpetazo a las dudas acerca de los límites imprecisos y las definiciones subjetivas, en la creencia de que una vez se han identificado los problemas, se pueden hacer las provisiones médicas y educativas adecuadas. Se restaba relativamente importancia a la idea de que las insuficiencias o eran creadas o construidas por las fuerzas sociales más amplias.

Las explicaciones sobre el desarrollo de la educación especial tendían también a apoyarse en una idea de "marcha del progreso". Por ejemplo, THOMSON sostenía que el incremento de los tests de inteligencia que se produjo en Escocia en la primera parte del siglo XX, utilizados para asignar a los individuos a determinados tipos de escolarización, estaban informados por "el deseo sincero de sacar el mayor provecho al talento y de concentrarse en la valía del individuo" (1983, pág. 239). Una interpretación alternativa apuntada por TOMLISON (1982) era que, lejos de reflejar una preocupación ilustrada por las necesidades individuales, la extensión de la educación especial estaba impulsada por un deseo de control y de dominio.

Las explicaciones esencialistas, basadas en la premisa de que los problemas residen en el individuo independientemente del contexto social, se han asociado a menudo a los programas políticos conservadores. Sin embargo, algunas explicaciones que emplean categorías de insufuciencia pueden reflejar un programa progresista. BARNES (1991), por ejemplo, quería acumular pruebas sobre la amplitud de la discriminación de las personas discapacitadas para promover una legislación antidiscriminadora. Así pues, reunió estadísticas oficiales, basadas en las categorías de insuficiencia oficiales, en relación con la experiencia de personas discapacitadas de diversos ámbitos, incluidos los de la educación, el empleo, el sistema de subsidios a la discapacidad y los servicios de apoyo social y sanitario. Aunque BARNES rechazó sin duda un planteamiento esencialista, sin embargo sintió que, en el contexto de la lucha por una legislación antidiscriminadora, se debía establecer claramente la extensión de la desigualdad. Creyó que se podían utilizar las estadísticas oficiales para revelar la naturaleza de la desigualdad estructural de una forma que los minuciosos estudios de casos individuales eran incapaces de hacer. Por tanto, es evidente que las explicaciones que emplean categorías oficiales y establecen comparaciones estadísticas entre las experiencias de los diferentes grupos se pueden usar bien como medio para justificar

© Ediciones Morata, S. L.

la desigualdad existente, bien de base para cuestionar esa desigualdad. Por consiguiente, no sería sensato rechazar cualquier estudio que se pudiera tildar de positivista porque emplee estadísticas y categorías oficiales. Es evidente que hay que tener en cuenta también la estructura política en la que se realiza la investigación.

Planteamientos construccionistas sociales

Las explicaciones construccionistas sociales ponían en duda la "realidad" de la insuficiencia y afirmaban que debería entenderse la discapacidad, más que como algo inherente al individuo, como una etiqueta negativa que unas personas aplican a otras y cuyo efecto es el reforzamiento de la marginación social. Estos pensamientos representaban un desafío importante a la idea esencialista de las necesidades educativas especiales, aunque muchas personas sean reacias a considerar todas las insuficiencias como un problema de etiquetado. Por ejemplo, BARTON y TOMLINSON sostenían que, aunque pudiera haber cierto acuerdo sobre la definición y los límites de determinadas categorías de impedimentos,

> categorías como subnormal, inadaptado o problemático desde el punto de vista educativo no son normativas. No existen instrumentos de medición adecuados ni criterios aceptados para decidir sobre estas categorías particulares —por ejemplo, la inclusión de los niños en una categoría de "problemático" depende de juicios de valor, y pueden existir discrepancias legítimas entre los profesionales, los padres, etc., sobre qué constituye esa categoría.
>
> (1986, pág. 72.)

Como veremos en el apartado siguiente, las explicaciones construccionistas sociales ejercieron un impacto importante en la política oficial. Sin embargo, también han sido objeto de las críticas de autores como SODER (1989), que decía que en los programas de formación del profesorado y de los trabajadores sociales existía una aceptación ciega de la teoría interaccionista simbólica de autores como GOFFMAN (1961, 1963). Según SODER, una idea común de estos programas es que la opresión que se origina en la insuficiencia tiene una base conceptual más que material, y que la provisión especializada, sobre todo aquella que se da en unidades separadas, confirma los estereotipos negativos. La idea de SODER es que el planteamiento contrario a la determinación de categorías es peligroso por cuanto se puede utilizar para justificar la supresión de las prestaciones especializadas y la inexistencia de diferencias entre las personas discapacitadas y las demás. El argumento de que la discapacidad es una categoría construida socialmente, y que no tiene una realidad material, puede resultar atractiva para los responsables políticos que buscan soluciones baratas. Sin embargo, la teoría de SODER es que puede acarrear consecuencias negativas para quienes desean defender la prestación de bienestar y la atención particular para las personas con necesidades o discapacidades especiales.

© Ediciones Morata, S. L.

Los dos planteamientos que hemos examinado hasta ahora (el esencialista y el construcionista social) han sido cuestionados por una serie de explicaciones más críticas que han gozado de menor favor por parte de los responsables políticos, pero que, sin embargo, han representado un papel importante a la hora de cuestionar las explicaciones recibidas. De ellas nos ocupamos en los siguientes apartados.

Planteamientos materialistas

A grandes rasgos, quienes trabajan desde una perspectiva materialista sostienen que la opresión de los discapacitados no se puede reducir simplemente a problemas del individuo o de las actitudes de los demás, sino que está enraizada en las estructuras económicas. Como razona ABBERLEY, hay que explicar la opresión de los discapacitados desde el punto de vista material, de modo que "hay que identificar a su benificiario principal y sistemático en el orden social actual o, para ser más precisos, en el capitalismo en su forma racional e histórica actual" (1992, pág. 242). Quienes trabajan con estas teorías han sentido la necesidad de abordar con mayor disciplina el análisis de la discapacidad como opresión. Por ejemplo, ABBERLEY dice:

> La afirmación de que las personas discapacitadas están oprimidas implica, sin embargo, afirmar otra serie de puntos. Empíricamente significa decir que, en dimensiones importantes, se puede considerar a los discapacitados como un grupo cuyos miembros ocupan una posición inferior a la de los otros miembros de la sociedad porque son personas discapacitadas. Significa también decir que estas desventajas están relacionadas dialécticamente con una ideología o un grupo de ideologías que justifican y perpetúan esta situación. Más allá de esto, significa sostener que esas desventajas y las ideologías que las apoyan no son ni naturales ni inevitables. Por último, implica la identificación de los beneficiarios de esta situación.
>
> (1992, pág. 253.)

Los que adoptan una pespectiva materialista reconocen que la experiencia de la discapacidad siempre se produce en unas condiciones sociales y económicas dadas y está mediatizada por ellas, pero al mismo tiempo mantienen que las insuficiencias suelen tener unas causas físicas y no son unos meros constructos sociales. Es necesaria una actitud ambivalente, para enfrentarse a las fuerzas que provocan discapacidad, como la guerra o la pobreza, y valorar las vidas de los discapacitados. Esta postura crítica exige poner en entredicho las ideologías que definen a las personas discapacitadas como "no del todo sanas" o "realmente normales".

Hay que señalar que, a pesar de que muchas personas comprometidas con el movimiento de la discapacidad han aceptado los planteamientos materialistas, otros los han criticado por su reduccionismo manifiesto debido a la importancia que otorgan a la economía como fundamento de la opresión de los discapacitados. JENKINS (1991), por ejemplo, dice que si la discapacidad

© Ediciones Morata, S. L.

está relacionada con la clase social, también es un determinante del *status* social por derecho propio. Muchos derechos y obligaciones civiles que se confieren automáticamente a la población no discapacitada, partícipe o no en el mercado del trabajo, tal vez se les garanticen sólo de forma condicional a los minusválidos. Por ejemplo, no hay garantía de que a una mujer identificada como discapacitada psíquica se le respete el derecho a ser informada sobre una intervención médica y a dar su consentimiento, sobre todo en temas relacionados con la fertilidad. Además, aduciendo juicios hipotéticos sobre su capacidad de cumplir satisfactoriamente la función parental, se le puede negar la custodia de sus hijos (Booth y Booth, 1994). No parece posible que únicamente la clase social, que implica algún tipo de relación con el mercado de trabajo, pueda explicar por sí sola la opresión específica que sufren los discapacitados, algunos de los cuales tal vez no participen nunca en el trabajo remunerado. Los constructos del *status* social y la valía social, además de la clase social, pueden ser útiles para comprender la relación de los discapacitados con el Estado en las sociedades no capitalistas y en las de diferentes tipos de capitalismo. Concretamente, el movimiento de la discapacidad necesita teorías que tengan en cuenta los cambios que se producen dentro del capitalismo y las diferentes variables que manifiesta en su movimiento, al menos en occidente, hacia una forma postindustrial y más desorganizada. En un momento en que una parte cada vez mayor de la población del mundo desarrollado sufre el paro de larga duración, debemos ser capaces de explicar por qué y en qué sentido las experiencias de los discapacitados son diferentes de las de la población en general.

Quienes, como Fulcher, adoptan una perspectiva al estilo de la de Foucault, han cuestionado también la preeminencia que se otorga a las relaciones de clase en la determinación de resultados políticos. Las estructuras teóricas marxistas, sugería esta autora, son "reduccionistas en el sentido de que utilizan esos conceptos (clase y capitalismo) para afirmar que la única lucha importante es la lucha de clases, o que las únicas 'necesidades' importantes son las del capitalismo". Al contrario, decía, "... las luchas se producen con una amplia variedad de objetivos que son importantes para quienes participan en ellas (no son una manifestación disfrazada de la lucha de clases)" (1989, pág. 16). El modelo que la autora adoptó en su análisis de la política educativa y la discapacidad se basaba en una idea del discurso como teoría y táctica. Así:

> En cada una de nuestras prácticas sociales buscamos alcanzar nuestros objetivos y empleamos el discurso tanto como nuestra teoría sobre cómo funciona este trozo del mundo en el que queremos conseguir nuestro objetivo, como táctica, es decir, como medio para alcanzarlo.
>
> (1989, pág. 15.)

Es una forma optimista de ver el mundo porque evita la desesperación a la que podrían conducir explicaciones demasiado deterministas, pero se le puede criticar que contemple la desigualdad desde el punto de vista local, y no global, y que no preste atención suficiente a los factores estructurales que limitan la negociación. Es evidente que las explicaciones al estilo de las de FOUCAULT muchas veces no han sabido definir las fuerzas que subyacen en las relaciones de poder y conocimiento. No es casualidad, por ejemplo, que los discapacitados, los negros y las mujeres se encuentren a menudo en posiciones en las que carecen del control sobre los discursos hegemónicos. Sin embargo, como señala BARRETT (1992), uno de los temas fundamentales de FOUCAULT es que la búsqueda de un momento fundacional que lo explique todo es vana. Más que emplearse en esta búsqueda, los investigadores sociales deberían tratar de identificar el sentido de la forma actual de entender los objetos y las experiencias.

Como resumen de lo dicho hasta aquí, mientras algunos de los que trabajan desde una perspectiva materialista entendían la discapacidad como producto de las relaciones económicas que se desarrollan en la sociedad capitalista (es decir, no era el fruto de la percepción ni de las actitudes), otros proponían mecanismos alternativos enraizados en las luchas contra el *status* social y los discursos en competencia. La crítica de las explicaciones materialistas ha sido ampliada por una serie de autores que adoptan una perspectiva postmodernista y de los que nos ocupamos a continuación.

Planteamientos postmodernistas

Si algunos comentaristas como ABBERLEY y OLIVER han propuesto una teoría de la discapacidad más sistemática, los autores postmodernistas han cuestionado el valor de un proyecto de este tipo por la razón de que la experiencia humana es demasiado compleja y diversa para que quepa en cualquier explicación única (por ej. MACLURE, 1994), y cualquier metanarración es opresora (LATHER, 1991). Además, los postmodernistas se preguntan si se pueden sostener las explicaciones de la opresión ya que es imposible dar una definición según la cual unos acontecimientos son superiores a otros, y los conceptos de emancipación se basan en las ideas de racionalidad y de progreso de la Ilustración. Algunas feministas como LATHER sostienen que es posible conservar las nociones de capacitación en un paradigma postmodernista. En su opinión, este proceso de potenciación de poder significa:

> examinar las ideas sobre las causas de la carencia de poder, reconocer las fuerzas opresoras sistemáticas y actuar individual y colectivamente para cambiar nuestras condiciones de vida... Es importante señalar que, según esta idea, poseer poder es un proceso que uno emprende para sí mismo; no es algo que se haga "a" o "para" alguien.
>
> (1991, pág. 4.)

Existen problemas evidentes en una definición de capacitación que en última instancia se apoya en la idea del individuo que se conciencia y desafía la opresión. Por ejemplo, si se supone que todas las explicaciones son igualmente válidas y que el árbitro último es la experiencia individual, entonces ¿cómo se deben juzgar las diferentes explicaciones o evaluar la validez de las propuestas que hacen otros individuos u otros grupos? Si el individuo, posiblemente aliado con otros, va a ser el responsable de su propio proceso de capacitación, entonces ¿qué va a ser de quienes carecen de los recursos económicos y sociales para emprender esta acción? Es asombroso cuánto se parecen el rechazo de Lather de las soluciones asistenciales y su idea individualista de la capacitación a las fórmulas de quienes abogan por el mercado libre, cuya misión durante las décadas de 1980 y de 1990 se puede resumir como la de "hacer que los gobiernos dejen de molestar a la gente".

Corbett ha propuesto una aplicación más modesta del pensamiento postmodernista. Esta autora indica que la deconstrucción puede servir para comprender cómo se emplea el lenguaje como un instrumento de opresión. Dice, por ejemplo, que:

> El término "necesidad especial" ya no es positivo ni útil. Refleja una propiedad profesional, en la que las definiciones educativas y médicas clasifican qué puede ser especial y quiénes pueden alegar una necesidad. No encaja con el nuevo discurso del movimiento de la discapacidad que, al igual que el movimiento feminista antes, quiere hacerse con la propiedad del lenguaje que ha convertido a los discapacitados en "los otros".
>
> (1993, pág. 549.)

El trabajo de Corbett concluye con la siguiente afirmación:

> el surgimiento de planteamientos nuevos y diversos sobre los antiguos significados, categorías e identidades no puede sino refrescar nuestra forma de ver. Así tal vez consigamos dejar que la necesidad especial se disuelva y apoyar nuevos discursos en la definición de la naturaleza de la necesidad.
>
> (1993, pág. 552.)

En su opinión, "...no existirá una imagen que pueda contener a la necesidad especial" y se necesitan "senderos divergentes" (pág. 552) pero no contempla la posibilidad de que la conceptualización de discapacidad o necesidad especial que propugne un grupo pueda resultar opresora para otros, ni que las explicaciones puedan oponerse entre sí.

Será interesante ver si las preocupaciones postmodernistas afectarán, y cómo, a las obras y los estudios futuros sobre las necesidades educativas especiales y la discapacidad. Estos enfoques tal vez sean útiles para abordar las implicaciones de las múltiples identidades, pero el rechazo de la teoría y del interés por la relatividad de las explicaciones quizá resulten inútiles para quienes luchan por el cambio político y social. Sin embargo, como observa Acker (1994) en relación con el feminismo, responder al reto del postmodernismo puede significar que los análisis en torno a la teoría social, en oposición a la política social, sigan figurando en el programa. Recopilaciones como las de Barrett y Phillips (1992) y de Arnot y Weiler (1993) consiguieron mantener un interés por la lucha por la justicia social, al tiempo que reconocían la naturaleza compleja de las identidades individuales y de grupo y cuestionaban la adecuación de la teoría generalista.

Dadas las grandes coincidencias entre los dilemas que afrontan el movimiento feminista y el de la discapacidad en su propósito de aceptar las críticas de la metanarración, merece la pena considerar los tipos de argumentos que presentan los autores de las recopilaciones editadas mencionadas antes. BARRETT y PHILLIPS (1992) describen el feminismo de la década de 1970 como un movimiento esencialmente modernista con un alto grado de similitud con los problemas planteados por las feministas negras, radicales y sociales; a todos les preocupaba identificar las causas últimas de la opresión de las mujeres, y creían que ahí se encontrarían las referencias para un programa de cambio. (Las feministas liberales, por el contrario, solían ver el problema desde el punto de vista de la discriminación basada en el prejuicio y la irracionalidad, más que como cierta causa primera general.) BARRETT y PHILLIPS afirman que desde la década de 1970, a medida que las mujeres han adquirido mayor conciencia de la compleja naturaleza de la identidad, se ha producido una erosión gradual de la fe en las explicaciones generales de la opresión basada en las estructuras sociales. Estos avances se han reflejado en el pensamiento feminista:

> Las feministas han pasado de la teoría global a los estudios localizados; de los análisis interculturales del patriarcado a la interrelación compleja e histórica del sexo, la raza y la clase; de los conceptos de identidad femenina o de los intereses de las mujeres a los de inestabilidad de la identidad femenina y de creación y recreación activas de las necesidades y las preocupaciones de las mujeres.
> (1992, pág. 6.)

La pregunta que se plantea entonces es si las mujeres tienen algo general que decir, y PHILLIPS y BARRETT concluyen que el programa político del feminismo requiere todavía un enfoque colectivo:

> En este momento las cuestiones estratégicas que afronta el feminismo contemporáneo están informadas de una explicación de la heterogeneidad y de la diversidad mucho más rica; pero siguen girando en torno a las alianzas, las coaliciones y las personas que dan sentido a la idea de feminismo.
> (Pág. 9.)

Los autores de la recopilación de ARNOT y WEILER también entienden un programa futuro como una "política de la diferencia", pero advierten de los peligros que comporta exagerar el interés por la diferencia y en la relatividad del significado. YATES expresa la siguiente preocupación:

> ... deshacer los silencios y deconstruir las categorías, renegando incluso del término "mujer", es peligroso para la práctica feminista. ¿Qué asociación, qué movimiento que busque el cambio puede actuar sobre esta base? También, está la cuestión de si las teorías actuales producen abstracciones que satisfacen a los intelectuales, pero que pierden el contacto con las discriminaciones y las desigualdades palpables que siguen afectando a la mayoría de las mujeres.
> (1993, pág. 169.)

© Ediciones Morata, S. L.

A quienes participan en el movimiento de la discapacidad se les plantean precisamente los mismos temas. Como señalábamos en el apartado anterior, considerar la opresión de los discapacitados desde el punto puramente de vista económico significa olvidar sus diferentes intereses e identidades. Por otro lado, como he dicho en otro lugar (RIDDELL, 1993), a los discapacitados les ha sido difícil forjar alianzas políticas debido en parte a esta diversidad, pero también a causa de los discursos que han tendido a considerar los problemas desde el punto de vista de las carencias y las necesidades individuales, más que como parte de una estructura social más amplia. Del mismo modo que las feministas luchan por construir un movimiento social al tiempo que reconocen la diversidad, este mismo empeño sería muy importante en el caso de los discapacitados. En el apartado siguiente abordamos este punto con más detalle.

Planteamientos del movimiento de la discapacidad

Para quienes se identifican con el movimiento de la discapacidad, la justificación básica de la teoría es su capacidad de favorecer el cambio social. OLIVER (1990) describe este tipo de grupos como uno de una serie de "movimientos sociales nuevos" (TOURAINE, 1981) que surgen en la sociedad postcapitalista y que, a pesar de carecer de poder económico, son capaces de poner en entredicho la hegemonía social por medios diversos, incluida la acción directa. Comprender las causas primeras y los mecanismos de la opresión que se basa en la discapacidad es menos importante que comprometerse en la acción política por el cambio, y por consiguiente se adopta un sistema de teorización ecléctico.

El poder creciente del movimiento de la discapacidad se puede ver en una serie de áreas, incluida la lucha contra la legislación discriminadora. Sin embargo, cuando se hace hincapié en la importancia de los nuevos movimientos sociales, se corre el riesgo de restar interés al papel fundamental que desempeñan las estructuras económicas en la reproducción de la desigualdad. OLIVER reconoce que:

> Debemos admitir que estos movimientos no han conseguido dar la vuelta al *statu quo* en ninguna parte del mundo. Su importancia ha sido la de incluir nuevos temas en el programa político, presentar viejos temas de una forma nueva y, desde luego, abrir nuevos campos y espacios al discurso político. La importancia que tienen en el último capitalismo es su potencial contrahegemónico, no sus resultados reales.

(1990, pág. 130.)

En resumen, es evidente que se ha teorizado la discapacidad de muchas formas diferentes, y que esas teorías han sido explícitas o implícitas. En todos los planteamientos, es fundamental cómo se interpreta la diferencia. En un esquema esencialista, se entiende que la labor de los profesionales es la de identificar y después proveer los servicios que cubran las necesidades de los individuos que tienen determinadas categorías de dificultad. Los planteamientos construccionistas sociales, al igual que las versiones del feminismo liberal, sostienen que las diferencias se deben a ideas basadas en el prejuicio que se pueden y se deben cambiar mediante la argumentación racional. Los planteamientos materialistas consideran que la opresión que se basa en la discapacidad refleja las desigualdades de clase social y/o condición social, que requieren un cambio económico e ideológico. Los postmodernistas ponen en entredicho el proyecto teorizador en su conjunto, y afirman que la complejidad de la experiencia hace que toda generalización sea inadecuada. Si hay que mantener las ideas de opresión y de capacitación, habrá que interpretarlas desde un punto de vista individual. (Hay que señalar que el postmodernismo está acosado por sus contradicciones internas. Mientras se abstiene de teorías, gran parte de sus trabajos son altamente teóricos.) Por último, el proyecto de los grupos de la discapacidad que actúan como nuevos movimientos sociales no es el de producir teorías absolutas e irrefutables, sino desarrollar unos principios rectores que informen la acción en favor del cambio en un momento determinado. Como señalaba al principio de este capítulo, es importante comprender cómo esas teorías se han introducido en los discursos de la educación oficial, y ésta es mi intención en el apartado siguiente.

Teorías de la discapacidad y discursos educativos oficiales - el legado de WARNOCK

Como señalábamos antes, OLIVER decía que en los discursos educativos se podía observar un desplazamiento desde el pensamiento esencialista, pasando por el construccionista social, hasta el creacionista social o materialista. En este apartado expongo que estos desplazamientos tienen unos contornos menos precisos y más que un movimiento hacia un planteamiento creacionista social, lo que ha solido ocurrir es una nueva adopción del pensamiento esencialista, que localiza las dificultades en el niño y establece límites estrictos entre quienes tienen necesidades educativas especiales y quienes no las tienen. Pero consideremos en primer lugar la teoría que informa a una variedad de documentos políticos clave.

El Informe Warnock y la legislación posterior a WARNOCK

Algunos (por ej. HEWARD y LLOYD-SMITH, 1990) han aclamado el Informe Warnock como representativo de un momento ilustrado del pensamiento oficial sobre las necesidades educativas especiales, y no hay duda de que en él se pueden observar elementos radicalmente nuevos. Se rechazó el sistema de categorización obligatoria y se estableció el concepto de un continuo de necesidades, lo cual implicaba unas fronteras permeables entre los alumnos con necesidades educativas especiales y los otros. Sin embargo, también eran evidentes los discursos contradictorios. Al mismo tiempo que defendía

© Ediciones Morata, S. L.

centrar la atención en las necesidades educativas de cada uno de los niños, WARNOCK dedicaba apartados del informe a los problemas de los niños con insuficiencias concretas y defendía las escuelas especiales porque representaban "una técnica altamente desarrollada de discriminación positiva". Parecía que WARNOCK deseaba el equilibrio de poder para pasar de un discurso médico a un discurso educativo, pero temía ir demasiado lejos en esa dirección. Así pues, en el Informe se pueden ver paradigmas tanto esencialistas como construccionistas sociales.

Sobre la posición de los padres, WARNOCK muestra una ambivalencia similar, y sostiene que se les debe considerar socios en una empresa común pero, como observó KIRP (1982), rechazando en última instancia una aproximación que se basara en sus derechos. KIRP hizo observaciones muy cáusticas sobre la naturaleza limitada del papel de socio que se ofrecía a los padres. Su condición subordinada, decía, se reflejaba incluso en la composición de la comisión, que:

> "... estaba formada enteramente por profesionales que tenían alguna relación con la educación especial... Su presidente, un profesor de filosofía de Oxford, era el único que no era especialista. Solamente uno de los 26 miembros de la comisión era padre de un niño disminuido. El *Department of Education and Science* (DES) (Ministerio de Educación y Ciencia) justificaba la no representación de los grupos de interés especiales en que no se iba a formar un organismo constituyente. A pesar del número tan desproporcionado de niños que se identificaron como educativamente subnormales o inadaptados, ninguno que no fuera blanco recurrió a la comisión; no hubo ningún abogado que pudiera haber hablado de la relevancia de una orientación basada en los derechos legales; ni hubo persona disminuida alguna.
> (1982, pág. 155.)

KIRP pensaba que en el Reino Unido predominaba una creencia en el criterio benéfico de los profesionales, más que un movimiento hacia una orientación basada en los derechos, similar a la que funcionaba en el contexto de Estados Unidos. En un estudio realizado en Escocia para investigar el impacto de la ley de 1980 (corregida) (RIDDELL, THOMSON y DYER, 1990), concluíamos que los profesionales, al tiempo que apoyaban la retórica de la participación de los padres, se afanaban por mantener el control de las decisiones sobre ubicación en función de la aptitud. Decidimos que existían pruebas que apoyaban la tesis de KIRP, pero también que se necesitaba una visión más crítica de la aproximación basada en los derechos. Mientras KIRP sostenía que en Estados Unidos esta orientación había conseguido más fondos para los niños con necesidades educativas especiales, olvidaba sus aspectos negativos: que tendía a crear un clima de litigio, a favorecer a los padres que sabían expresarse y emplear el sistema en beneficio propio, y minaba los esfuerzos que realizaban las autoridades regionales para distribuir los fondos de una forma equitativa.

La legislación posterior a WARNOCK (DES, 1981; SED*, 1980, corregida) conserva esta ambivalencia entre los planteamientos construccionistas socia-

---

* SED: *Scottish Education Department. (N. del T.)*

les y esencialistas, y entre las orientaciones basadas en los derechos y las profesionales. Así, se han abolido las categorías oficiales de impedimentos, para sustituirlas por una nueva categoría de niños con necesidades educativas especiales para quienes se juzgan necesarios determinados procedimientos burocráticos. En cuanto a los padres, se asegura su participación en determinadas fases de la evaluación y del historial escolar, pero se les niegan los derechos de apelación básicos. Así pues, en cierta medida el Informe Warnock y la legislación que le acompañó adoptaron una visión construccionista social de las necesidades especiales, pero los discursos opuestos sobrevivieron, y en ellos se reflejaba una idea esencialista de las necesidades educativas especiales y la soberanía del juicio profesional sobre los derechos de los padres y los niños.

El Informe del HMI* de 1978 y las directrices sobre el apoyo al aprendizaje

El Informe del HMI de Escocia sobre la atención de los niños con dificultades de aprendizaje (SED, 1978) se acercó más a un planteamiento construccionista social que el Informe Warnock. El primero afirmaba explícitamente que las dificultades de lectura y de escritura de los niños eran probablemente el resultado de unos *curricula* y unos métodos docentes inadecuados, más que de los problemas particulares del niño. Colocar a los niños en clases de recuperación separadas para practicar las destrezas básicas se consideraba contraproducente, porque les privaba del estímulo que ofrecía el *curriculum* general y el grupo de compañeros iguales. El trabajo del profesor de aula y del especialista consistía en asegurar que esos niños consiguieran acceder al *curriculum* mediante el uso de materiales y orientaciones pedagógicas diferenciadas. Las directrices (SCOSDE**, 1990) destacaban el papel oficial del profesorado de apoyo al aprendizaje (dejó de emplearse el término profesor de repaso) como asesores y profesores colaboradores. Se aludía a las clases individuales, aunque se les daba escasa importancia. Sin embargo, a pesar de la aceptación oficial de la idea de que la causa de las dificultades de aprendizaje se encontraba en el entorno más que en el niño, y de que había que abordar la solución mediante la modificación del entorno de aprendizaje, existían pruebas de que tanto los profesores generales como los de apoyo encontraban difícil incorporar estas ideas a su trabajo (ALLAN, BROWN y MUNN, 1991).

Ningún documento equivalente al informe del HMI de Escocia se produjo jamás al sur de la Border***, y es interesante analizar la aceptación aparente del pensamiento construccionista social en las escuelas de Escocia respecto

---

* HMI: *Her Majesty's Inspectorate.* Inspección educativa del Reino Unido. *(N. del T.)*
** SCOSDE: *Scottish Committee for Staff Development in Education. (N. del T.)*
*** Región escocesa que limita con Inglaterra. *(N. del T.)*

© Ediciones Morata, S. L.

a la atención de los niños con dificultades de aprendizaje en los centros generales. Tal vez una posible razón sea el gran compromiso que se demuestra en Escocia con la educación comprensiva (McPherson y Willms, 1987), acompañado de un deseo de ofrecer las mismas oportunidades de aprendizaje a todos los niños, con independencia de la evaluación que se haga de sus habilidades. En comparación con el consenso relativo sobre la filosofía educativa que había en Escocia, al sur de la Border continuó existiendo una considerable ambivalencia acerca de la educación comprensiva en general (Reynolds y Sullivan, 1987) y sobre la mejor forma de abordar las dificultades de aprendizaje de los niños en las escuelas generales. Sin embargo, es evidente que, a pesar de que tal vez existiera un consenso en Escocia en el ámbito nacional y en el regional respecto a los valores, como se indica en Allan y cols. la incertidumbre no desapareció de las aulas.

Discursos oficiales de las necesidades educativas especiales en el contexto político actual

A pesar de la diversidad de mensajes del Informe Warnock y del informe del HMI de Escocia acerca de los niños con dificultades de aprendizaje, se puede considerar que estos documentos representan un hito en el alejamiento de las ideas esencialistas sobre las necesidades educativas especiales. Por consiguiente, es de gran importancia analizar cómo les va a estas ideas en el contexto de la política del actual gobierno, que se caracteriza por la tensión entre las diferentes versiones del pensamiento conservador. Una corriente política pretende imponer un mayor control desde el centro, mientras que otra está informada por el propósito de permitir que sea el mercado el que conforme los servicios públicos. Hartley describe la tensión entre estos imperativos de este modo:

> Parece que el discurso de la política educativa refleja a la vez lo moderno y lo postmoderno, y aparentemente los concilia. La retórica que legitima la propiedad, la elección y la diversidad coincide con la cultura consumista de un postmodernismo emergente. Pero la especificación concreta tanto de los objetivos como del sistema de financiación de la educación reviste todos los signos de la edad de la modernidad.
>
> (1994, pág. 242.)

Sin embargo, en términos generales, ya estén informadas por los criterios de elección (por ej. el derecho de los padres a elegir escuela, la delegación de los recursos económicos a los centros) o por los de control (la publicación de resultados según una serie de indicadores de rendimiento, el programa 5-14), las iniciativas políticas del gobierno actual han supuesto un retorno a la idea de que las necesidades educativas especiales tienen su origen en las carencias del niño. A continuación analizamos brevemente algunos aspectos de estas políticas.

© Ediciones Morata, S. L.

Necesidades educativas especiales en el *curriculum* 5-14

Tanto el Informe Warnock como el Informe de la HMI de Escocia de 1978 desvelaron la existencia de una mayor aceptación de las ideas construccionistas sociales sobre las necesidades educativas especiales. El programa 5-14, introducido a principios de la década de 1990, señalaba unos objetivos de logros normativos y sostenía que los resultados de todos los niños deberían figurar en este esquema. Algunos propugnan que la inclusión (aunque sea de nombre) de los niños con necesidades educativas especiales en el programa 5-14 representa un gran avance en lo que se refiere a establecer su derecho a un *curriculum* común. Otros sostienen que limita la libertad de los profesores para responder de forma creativa a las necesidades de estos niños, y se centra en lo que no saben hacer más que en sus logros (véase WEDDON, 1994, para un examen más detallado del tema). Documentos políticos recientes (SCCC*, 1994) han tratado de explicar cómo se puede adaptar el programa 5-14 a los niños con necesidades educativas especiales. Sin embargo, más que avanzar hacia un planteamiento construccionista social, han tendido a apoyar una visión diversa sobre los orígenes de las necesidades educativas especiales, y han identificado los factores sociales, ambientales y personales del niño como sus posibles causas. A los factores personales del niño se les dedica mucha más atención que en el informe anterior del HMI de Escocia, y reaparece el término "dislexia", que anteriormente estaba prohibido en los documentos oficiales. Además, se ha adoptado un sistema de categorización, con apartados dedicados a los niños con discapacidades físicas, insuficiencia visual, insuficiencia auditiva, dificultades de aprendizaje leves, dificultades de aprendizaje complejas, y dificultades sociales, emocionales y de conducta. Sobre la base de los documentos más recientes del HMI de Escocia y del SCCC, no se puede decir que exista un rechazo de una visión construccionista social y un retorno a las ideas esencialistas sobre las necesidades educativas especiales y sobre las dificultades de aprendizaje. No obstante, hay signos que indican un cambio en esta dirección.

Delegación de la gestión económica en los centros

La gestión local de la escuela fue una de las medidas que introdujo la Ley de Reforma Educativa, y el estudio realizado por LUNT y EVANS (1994) nos aporta unas primeras reflexiones sobre los efectos de tal medida. Existen indicios de que, debido a las presiones económicas, en vez de invertir en la provisión de apoyo al aprendizaje para cualquier niño con alguna dificultad de este tipo, las autoridades sólo parecían estar dispuestas a una financiación preferente para los niños concretos que dispusieran de una Declaración de

---

* SCCC: *Scottish Consultative Council on the Curriculum. (N. del T.)*

Necesidad, con lo que se ensanchaba la brecha entre quienes tenían asignados recursos adicionales y quienes carecían de ellos. De este modo se daña gravemente la idea de WARNOCK de la permeabilidad de la categoría de necesidades educativas especiales, y la única solución de que disponen las escuelas es presionar para conseguir cada vez mayores grados de declaraciones de niños con necesidades. Este alejamiento del apoyo generalizado y hacia una provisión individual se justifica con un discurso de esencialismo, en el que se promueve la idea de que los niños con necesidades educativas especiales son fundamentalmente diferentes del resto. Además, la reducción de los anteriores niveles de apoyo en las escuelas normales puede empujar a los padres a optar por un puesto en una escuela de educación especial, donde es más probable que se salvaguarden los recursos adicionales.

En Escocia, aunque la transferencia de la gestión de los centros no se completará hasta 1996 (1997, para los centros de educación especial) había signos de que sus escuelas iban a sufrir algunas de las presiones que sintieron las autoridades del sur de la Border. Antes incluso de que los planes se pusieran en marcha en su totalidad, había pruebas de un incremento de los índices de historiales de alumnos en las escuelas normales (ALLAN, BROWN y RIDDELL, 1994). Aunque la financiación de los niños con necesidades educativas especiales iba a seguir centralizada, muchos de los planes que se publicaron eran vagos sobre cómo se iban a atender las necesidades de los niños con dificultades de aprendizaje (pero que no tenían un historial). Parecía que la transferencia de la gestión a las escuelas en Escocia iba a acentuar, más que debilitar, la barrera entre niños con necesidades educativas especiales y niños sin ellas.

Provisión del apoyo al aprendizaje en el contexto de las "tablas de clasificación"

En los centros de secundaria de Escocia existen algunas pruebas de que la presión que genera la responsabilidad de los fondos pone en entredicho el modelo de provisión del apoyo al aprendizaje que promovían el Informe del HMI de 1978 y las directrices de SCOSDE. Sally BROWN, Jill DUFFIELD y yo misma (BROWN, RIDDELL y DUFFIELD, 1994) hemos estado realizando un estudio exhaustivo de cuatro centros de secundaria con el objetivo de identificar aspectos de su cultura que tengan una relevancia particular para los alumnos que obtienen malos resultados. Debido a la presión por mejorar los resultados académicos, en todas las escuelas se observaba un abandono de la enseñanza en grupos de alumnos con capacidades diferentes en los cursos S1 y S2*, en aras de un "seguimiento rápido" de los alumnos con mejores resultados. El apoyo al aprendizaje, con el que antes se contaba en todos los grupos de S1 y S2 en determinadas áreas, se limitaba a los grupos inferiores, con lo que se reintroducía la idea de que únicamente determinados tipos de alumnos experimentan la difi-

---

* S1, S2, S3, S4: Cada uno de los cursos de educación secundaria. *(N. del R.).*

cultad del aprendizaje. En los dos centros que contaban con más alumnos de condición social y económica más elevada, la presión de los padres de los niños identificados como disléxicos había dado lugar a un interés renovado por las clases individuales en lugar de la enseñanza cooperativa y la asesoría.

El cuestionamiento del principio de apoyo al aprendizaje para todos ha sido avivado por el HMI en un comentario crítico reciente sobre los intentos de las escuelas de llevar a cabo las recomendaciones del Informe de 1978 al que nos referíamos antes. En los centros de secundaria, por ejemplo, el HMI observó (SOED, 1993) que el apoyo individual para los alumnos de S1 a S4 "no era más que razonable en más de un tercio de los casos" (5.2, pág. 14). El mensaje parecía ser que el modelo de apoyo al aprendizaje basado sobre todo en la asesoría y la enseñanza cooperativa no había tenido éxito, y que se necesitaba una mayor concentración en las clases individuales. En términos generales, dentro de la provisión de apoyo al aprendizaje, es evidente un movimiento oscilatorio de retorno a un modelo basado en las carencias del niño más que en uno basado en las carencias del *curriculum* o del profesor, producto, en parte al menos, de la ansiedad que las escuelas sienten por su rendimiento en las tablas de clasificiación y justificado por un discurso esencialista más que construccionista social.

Responsabilidad de la escuela y ubicación en centros y aulas normales de los niños con dificultades sociales, emocionales y de conducta

Por último, existen algunas pruebas de que las definiciones de conducta "normal" y "desviada" se están reelaborando en las aulas normales como respuesta a las presiones administrativas que sufre la escuela y la responsabilidad de los profesores. Una serie de autores (Fairley y Paterson, de próxima publicación; Ball, 1990) han hablado del uso cada vez mayor de los estudios sobre la efectividad y la mejora de la escuela como medio de supervisión y control del profesor. Tanto al norte como al sur de la Border, se produce un incremento de los índices de exclusión de alumnos con dificultades sociales, emocionales y de conducta (SEBD*). Armstrong y Galloway (1994) han apuntado que ello está vinculado a un dominio creciente de la cultura de la gestión. En esta cultura, se emplean indicadores de rendimiento fácilmente medibles, incluido el examen externo de resultados, costes y absentismo escolar, para valorar el rendimiento del profesor y de la escuela. En relación con estos indicadores de rendimiento, lo más probable es que alumnos con SEBD produzcan un efecto negativo en la imagen de la escuela, pues previsiblemente van a exigir tiempo al profesor y obtendrán malos resultados en los exámenes. Por estas razones, es probable que la integración de estos alumnos en las escuelas normales se considere una desventaja. Sin embar-

---

* SEBD: *Social, Emotional and Behavioural Difficulties. (N. del T.)*

go, Armstrong y Galloway señalan que los profesores sienten la necesidad de justificar la exclusión de este tipo de alumnos, y lo pueden hacer si los redefinen como alumnos con problemas (lo que implica una carencia en el alumno) más que problemáticos (lo que implica una carencia en el profesor o en el *curriculum*). Al mismo tiempo, los profesores reconceptualizan su trabajo como enseñanza a los niños "normales", más que a aquellos con dificultades, que requieren clases "especializadas". Cuando guardianes como los psicólogos hayan aceptado esta definición de la situación, el camino estará expedito para excluir al niño.

Así pues, escuelas y profesores empiezan a utilizar las ideas esencialistas sobre las dificultades de los niños como una estrategia para afrontar el problema y justificar la exclusión de los niños que consideran difíciles de educar. La cuestión que se plantea entonces es cómo se puede resistir este proceso. Parece que deben existir razones de peso para que las escuelas comprensivas empleen planes de desarrollo, sobre los que tengan control, para establecer programas que no se limiten a reflejar las prioridades del gobierno, sino también inquietudes más generales sobre la igualdad social. No hay duda de que los padres deben desempeñar un papel activo en la definición de esos valores, que deben reflejar la idea de que las escuelas que llevan a la práctica unos planteamientos de atención a sus alumnos proveerán a todos de un mejor ambiente de aprendizaje.

El poder de los padres y las necesidades educativas especiales

Como veíamos antes, el gobierno ha considerado que la elección de los padres es un medio de asegurar la competencia y la responsabilidad dentro del sistema educativo. Las implicaciones que esta política tiene para los niños con necesidades educativas especiales no son aún evidentes y es posible que los padres empleen su fuerza para oponerse colectivamente a las prácticas que reproducen las desventajas. Sin embargo, los primeros indicios no apuntan a que sea esto lo que vaya a ocurrir. Un trabajo sobre política y provisión para niños con dificultades de aprendizaje específicas en Escocia (Riddell, Brown y Duffield, 1994) señalaba que, en este caso particular, los padres y las organizaciones de voluntarios querían promover la idea de que esos niños representaban un grupo diferenciado, cuyas dificultades eran inherentes y cuyas necesidades eran bastante diferentes de las que componían la variedad normal de dificultades cognitivas. A pesar de la oposición de la mayoría de los psicólogos educativos, que solían aceptar la idea de Warnock de un continuo de dificultades, había pruebas de un cierto éxito en el cambio hacia un paradigma basado en una visión esencialista. El término "dislexia", como opuesto a dificultades de aprendizaje específicas, había reaparecido en los documentos oficiales del gobierno, y se fomentaba con toda la fuerza una gran iniciativa nacional de otorgar mayor importancia al tema de la dislexia en la formación inicial del profesorado. Hubo también algunos casos bien aireados en los que los padres, que exigían que se ubicara a sus hijos en una escuela de educación especial independiente que atendía a niños disléxicos, plantearon con éxito un desafío a las ideas de las autoridades educativas de que las necesidades del niño se podían satisfacer en la escuela normal con un apoyo al aprendizaje adicional [véase *TESS (Times Educational Supplement Scotland)* de 14 de enero de 1994, que informa del caso de la familia Kinsman contra la Región de Tayside].

Lejos de asumir la responsabilidad de un "nuevo movimiento social", las organizaciones benéficas que representaban a los niños disléxicos se apoyaban en ideas de las dificultades de aprendizaje como carencias individuales no transmitidas por las condiciones ambientales. Desde luego no se comprometían en una crítica radical de los valores sociales. Sin embargo, esto no significa en modo alguno decir que *todos* los padres adoptaran esa postura. Por ejemplo, en Inglaterra ha habido recientemente una serie de casos de padres que se han enfrentado a la decisión de las autoridades locales de escolarizar a su hijo en una escuela de educación especial y no en una normal. (por ej. *The Observer* de 14 de Noviembre de 1993 informaba del caso de Emma Gibbs, una niña de 16 años con síndrome de Down, cuyos padres fueron denunciados por el County Council de Suffolk por negarse a enviarla a un centro de educación especial. *The Guardian* [12 de Septiembre de 1994] informaba que el County Council de Lancaster se negaba a admitir a Nicky Crane, un niño con lesión cerebral, en un centro de secundaria normal. Sus padres decidieron que su hijo se quedara en casa hasta que la LEA aceptó sus deseos sobre la escolarización de su hijo, después de que se produjeran manifestaciones públicas en favor de la familia.) En estos casos es evidente que los padres desafiaban lo que las autoridades educativas entendían como una educación apropiada, pero se suscitaban también cuestiones más generales sobre lo que se interpreta como "normal" y sobre el papel que desempeñan las escuelas especiales en el mantenimiento de las ideologías de diferencia esencial.

Merece la pena destacar el contraste entre los casos más destacados al norte y al sur de la Border, pero debemos recordar que los modelos generales de provisión de Inglaterra, Gales y Escocia son similares, con una proporción de alumnos que se escolarizan en centros de educación especial más o menos idéntica. Sin embargo, se puede dar el caso de que, en general, los padres exijan una elección individual con más determinación en Inglaterra que en Escocia y eso pueda llevar a algunos a insistir en que se escolarice a sus hijos en centros normales en contra del consejo de los profesionales.

Es probable que la idea que los padres tienen sobre la escolarización adecuada de sus hijos e, implícitamente, su forma de entender las necesidades educativas especiales, vaya a tener cada vez mayor incidencia en la conformación del discurso oficial. Un estudio realizado en Escocia (ALLAN, BROWN y RIDDELL, 1994) trata de comprender la naturaleza de la política de las autoridades educativas respecto a la escolarización de los niños con necesidades educativas especiales, y cómo esa política se pone en práctica en un clima dominado por intereses administrativos y de mercado. El informe incluye un

© Ediciones Morata, S. L.

análisis de los documentos políticos oficiales y de las tendencias que se siguen en este tipo de escolarización en todo el ámbito nacional, entrevistas con responsables políticos locales y estudios de casos de 32 niños de escuelas normales y de educación especial. La mayor parte de las declaraciones políticas de las autoridades educativas se expresaban en un sentido más bien impreciso de escolarizar a los niños en "el ambiente menos restrictivo" y los responsables políticos locales creían que para cumplir los deseos de los padres, que podían ser muy diversos, era necesario mantener tanto la provisión de escuelas normales como de educación especial. Aunque es probable que los profesionales ejerzan todavía una influencia considerable en las decisiones de los padres, el debilitamiento del poder de la autoridad educativa significa que sería difícil que una autoridad llevara a cabo una política de integración total sin el apoyo de un grupo de presión de padres unido. Hoy en Escocia parece que los grupos de presión más fuertes promueven los intereses de los niños individuales o de los niños con un tipo concreto de dificultad, más que buscar soluciones colectivas. La política actual puede permitir que la acción colectiva promueva las ideas de construccionismo social o materialistas sobre las necesidades educativas especiales, pero existen dificultades para forjar esas alianzas entre los padres que bien pueden enfrentarse a una diversidad de presiones sociales y cuyos recursos y energía pueden reducirse seriamente. La preferencia general de los padres por la escuela normal o la especial en el contexto de su mayor (aunque todavía limitado) poder de elección no está aún clara, y tal vez muchos se encuentren en la difícil posición de intentar insistir en que se trate a su hijo como "normal" y socialmente integrado, mientras exigen al mismo tiempo recursos especiales y, quizá, una escolarización en centros especiales.

Conclusión

Empezábamos considerando los planteamientos que se podían emplear para conceptualizar la discapacidad y las necesidades educativas especiales a la luz de la predicción de un desplazamiento desde una idea esencialista a otra creacionista social (o materialista), pasando por el construccionismo social. Afirmábamos que, además de considerar la posición teórica que pudiera ser más útil para los discapacitados, era importante examinar cómo determinadas políticas favorecían unos discursos más que otros. Mientras el Informe Warnock y el de 1978 parecían significar un alejamiento del discurso esencialista, los documentos políticos más recientes, avivados por los intentos de incrementar el control centralizado y al mismo tiempo promover estrategias basadas en el mercado, indicaban un retorno al modelo basado en las carencias del niño y un mantenimiento de la separación entre niños "normales" y niños con necesidades educativas especiales. Los padres podrían utilizar la importancia que se otorga a la fuerza del consumidor para criticar las explicaciones recibidas sobre las necesidades educativas especiales y establecer un sistema colectivo, más que individual, de desafiar la desventaja,

© Ediciones Morata, S. L.

pero de momento en general no parece que ocurra así (aunque las cosas pueden cambiar, naturalmente).

La cuestión sigue siendo qué tipo de teoría es más probable que sea útil para que los niños discapacitados y sus padres puedan enfrentarse a la opresión, y desde luego si hay que abandonar por completo la metanarración. En mi opinión, se necesita un enfoque ecléctico, y aceptar los préstamos de una variedad de teorías que previsiblemente puedan ser útiles para comprender y desafiar la opresión, al tiempo que reconozco la improbabilidad de que alguna teoría sea adecuada en todas las circunstancias. Como decía TOMLINSON (1985), tal vez la cuestión más importante que se debe abordar es quién se beneficia del predominio de unos discursos determinados. Para comprender la relación entre clase, *status* social y discapacidad se requiere un trabajo más empírico, y aceptar el argumento de JENKINS de que, aunque existen estrechos vínculos entre clase social y discapacidad, la clase social por sí sola no basta para comprender la opresión de los discapacitados. Es probable que las explicaciones al estilo de FOUCAULT demuestren su utilidad para entender las luchas por el poder locales, pero probablemente sirvan menos para comprender las limitaciones estructurales de la acción. Las ideas postmodernistas son útiles para deconstruir los discursos oficiales y destacar la complejidad de las experiencias y las explicaciones individuales, pero no resulta fácil ver cómo se puede emplear la deconstrucción en la lucha por el cambio político.

Sin embargo, el eclecticismo teórico tiene sus peligros, ya que se puede eludir la cuestión de si algunas teorías son mutuamente excluyentes. Creo que es importante identificar una teoría que tenga el mayor potencial explicativo, para después examinar sus limitaciones y decidir en qué punto se precisan explicaciones adicionales para poder dar razón de un estado de cosas existente. En el campo de la discapacidad, por ejemplo, las teorías que se apoyan en la economía pueden explicar, en cierta medida, la posición de los discapacitados, pero para clarificar en qué sentido su posición difiere de la de otros sujetos que sufren una marginación económica, se necesitan explicaciones de otro nivel, que partan de la idea del *status* social tanto de los discapacitados como de quienes no lo son. Por tanto, mi postura, quizá pasada de moda, es que las metanarraciones siguen siendo importantes, pero no cabe esperar que lo expliquen todo, y que se deben elaborar otros esquemas teóricos cuando es evidente que el potencial explicativo de una teoría determinada se ha agotado.

Tal vez sea una lástima que el actual aumento del interés por teorizar sobre la discapacidad y sobre las necesidades educativas especiales se produzca en un momento en que existe un mayor rechazo de la teoría y un recelo hacia la metanarración en las ciencias sociales. Esto plantea la cuestión de por qué debemos teorizar y quién debe hacerlo. Como afirmaba al principio de este trabajo, la teorización se justifica tanto desde el punto de vista de comprender por qué las cosas son como son, como del de establecer un programa de futuro para el cambio social. En el contexto del movimiento de la discapacidad y en el del movimiento feminista, se requiere una conciencia

© Ediciones Morata, S. L.

mayor de la diversidad de la experiencia. Para los discapacitados, esto supondrá centrarse más en cómo se diferencia la experiencia en relación con el sexo, la "raza", la clase social y la naturaleza de la insuficiencia. Sin embargo, al tiempo que nos centramos en la diversidad, existe la necesidad acuciante de identificar todo lo que es común, ya que el reconocimiento de experiencias compartidas formará previsiblemente la base de la acción política. Es probable que este reconocimiento de lo común constituya los cimientos en los que se asienta la teoría, y del mismo modo que las circunstancias varían y cambian, hay que volver a evaluar la teoría. Esta actitud crítica evitará la reificación de la teoría y asegurará que esas explicaciones sean flexibles y tengan sentido para aquellos cuyas vidas pretenden comprender. Para evitar la elaboración de teorías que no sean más que rígidos monolitos, es importante que los propios discapacitados asuman un papel dirigente en este campo y, como dice OLIVER (1992), que siga existiendo una necesidad urgente de democratizar las relaciones en la investigación. Por fin vemos que algunos estudios incluyen a personas con dificultades de aprendizaje como participantes activos (WHITTAKER, GARDNER y KERSHAW, 1990). Los estudiosos no discapacitados que trabajan en estos temas deberían tener en cuenta la necesidad de ser humildes, de escuchar con atención lo que tengan que decir los discapacitados sobre su trabajo, y ser precavidos con las conclusiones de su investigación que lleven el distintivo de la respetabilidad académica pero que quizá tengan implicaciones negativas para las personas discapacitadas.

Por último, aunque es posible que una visión esencialista de las necesidades educativas especiales vaya cobrando auge de nuevo en el discurso oficial, esto no significa que se deba renunciar a todos los esfuerzos por formular teorías y programas de cambio alternativos. En efecto, como bien se han dado cuenta los nuevos movimientos sociales, una razón poderosa para teorizar es la de desafiar la hegemonía social. En el desarrollo de dicursos alternativos sobre las necesidades educativas especiales existen posibilidades de alianzas entre profesores, alumnos y padres. Ninguno de estos grupos se encuentra hoy en una posición particularmente fuerte (a pesar de la retórica del poder del consumidor) y es posible que decidan buscar su salvación individual. Sin embargo, existe la posibilidad de avanzar en la comprensión de cómo las condiciones históricas y económicas interactúan con las circunstancias individuales para crear la opresión, y emplear este conocimiento en la lucha por el cambio social. Por tanto, se puede subvertir la importancia que el gobierno otorga al individualismo y a la cesión de poder al consumidor, y en el futuro, cuando haya una idea más crítica sobre la preponderancia del criterio de mercado en la provisión de los servicios públicos, pueda funcionar como un antídoto útil contra el paternalismo controlador que acosaba a las anteriores ideas del estado de bienestar.

© Ediciones Morata, S. L.

Bibliografía

ABBERLEY, P. (1992): "The concept of oppression and the development of a social theory of disability" en BOOTH, T., SWANN, W., MASTERTON, M. y POTTS, P. (Eds.) *Policies for Diversity in Education.* Londres, Routledge.

ACKER, S. (1994): *Gendered Education: Sociological Reflections on Women, Teaching and Feminism.* Milton Keynes, Open University Press. (Trad. cast.: *Género y educación: reflexiones sociológicas sobre mujeres, enseñanza y feminismo.* Madrid, Narcea, 1995.)

ALLAN, J., BROWN, S. y RIDDELL, S. (1994): *Special Educational Needs Provision in Mainstream and Special Schools: Interim Report on the Scottish Office Education Department.* Stirling, University of Stirling.

ARMSTRONG, D. y GALLOWAY, D. (1994): "Special educational needs and problem behaviour: making policy in the classroom" en RIDDELL, S. y BROWN, S. (Eds.) *Special Needs Policy in the 1990s: Warnock in the Market Place.* Londres, Routledge.

ARNOT, M. y WEILER, K. (Eds.) (1993): *Feminism and Social Justice in Education: International Perspectives.* Londres, Falmer Press.

BALL, S. J.: "Management as moral technology: a Luddite analysis" en BALL, S. J. (Ed.) *Foucault and Education: Disciplines and Knowledge.* Londres, Routledge.

BARNES, C. (1991): *Disabled People in Britain and Discrimination Legislation.* Londres, Hurst & Co. en asociación con British Council of Organisations of Disabled People.

BARRETT, M. y PHILLIPS, A. (Eds.) (1992): *Destabilizing Theory: Contemporary Feminist Debates.* Oxford, Polity Press.

— y PHILLIPS, A. (1992): "Introduction" en BARRETT, M. y PHILLIPS, A. (Eds.) (1992) *Destabilizing Theory: Contemporary Feminist Debates.* Oxford, Polity Press.

BARTON, L. y TOMLINSON, S. (1984): "The politics of integration in England" en L. BARTON y S. TOMLINSON (Eds.) *Special Education and Social Interests.* Beckenham, Croom Helm.

BOOTH, T. y BOOTH, W. (1994): *Parenting Under Pressure: Mothers and Fathers with Learning Difficulties.* Buckingham, Open University Press.

BOWE, R. y BALL, S. J. (1992): *Reforming Education and Changing Schools: Case Studies in Policy Sociology.* Londres, Routledge.

CORBETT, J. (1993): "Post-modernism and the 'special needs' metaphors", *Oxford Review of Education,* 19, 4, págs. 547-553.

DEPARTMENT OF EDUCATION AND SCIENCE (1978): *Special Ecucational Needs (The Warnock Report).* Londres, HMSO.

FAIRLEY, J. y PATERSON, L. (en prensa): "Scottish education and the new managerialism", *Scottish Educational Review.*

FULCHER, G. (1989): *Disabling Policies? A Comparative Approach to Education Policy and Disability.* Lewes, The Falmer Press.

GOFFMAN, E. (1961): *Asylums: Essays on the Social Situation of Mental Patients and Other Inmates.* Nueva York, Anchor Books. (Trad. cast.: *Internados: ensayos sobre la situación social de los enfermos mentales.* Buenos Aires, Amorrortu, 1970.)

— (1963): *Stigma: Notes on the Management of Spoiled Identity.* Englewood Cliffs. NJ, Prentice-Hall. (Trad. cast.: *Estigma: la identidad deteriorada.* Buenos Aires, Amorrortu, 1992.)

HARTLEY, D. (1994): "Mixed messages in educational policy: sign of the times?", *British Journal of Educational Studies,* XXXXII, 3, págs. 230-244.

© Ediciones Morata, S. L.

HEWARD, C. y LLOYD-SMITH, M. (1990): "Assessing the impact of legislation on special education policy - an historical analysis", *Journal of Education Policy* 5 (1), páginas 21-36.
JENKINS, R. (1989): "Dimensions of adulthood in Britain: long-term unemployment and mental handicap" en P. SPENCER (Ed.) *Anthropology and the Riddle of the Sphinx: youth, maturation and ageing.* Londres, Routledge.
— (1991): "Disability and social stratification", *British Journal of Sociology,* 42, 4, páginas 557-576.
KELLMER-PRINGLE, M. y cols. (1966): *11,000 Seven Year Olds.* Londres, National Children's Bureau.
KIRP, D. L. (1982): "Professionalisation as a policy choice: British special education in comparative perspective", *World Politics,* 34 (2), págs. 137-174.
LATHER, P. (1991): *Getting Smart: Feminist Research and Pedagogy With/in the Postmodern.* Nueva York, Routledge.
LUNT, I y EVANS, J. (1994): "Dilemmas in special educational needs: Some effects of Local Management of Schools' en RIDDELL, S. y BROWN, S. (Eds.) *Special Needs Policy in the 1990s: Warnock in the Market Place.* Londres, Routledge.
MACLURE, M. (1994): "Language and discourse: the embrace of uncertainty", *British Journal of Sociology of Education,* 15, 2, págs. 283-301.
MCPHERSON, A. y WILLMS, J. D. (1987): "Equalisation and improvement: some effects of comprehensive reorganisation in Scotland", *Sociology,* 21, págs. 509-539.
OLIVER, M. (1988): "The social and political context of educational policy: the case of special needs", en L. BARTON (Ed.) *The Politics of Special Educational Needs.* Londres, The Falmer Press.
— (1990): *The Politics of Disablement.* Londres, Macmillan.
— (1992): "Changing the social relations of research production?", *Disability, Handicap & Society,* 7, 2, págs. 101-114.
REYNOLDS, D. y SULLIVAN, M. (1987): *The Comprehensive Experiment.* Londres, Falmer.
RIDDELL, S., DYER, S. y THOMSON, G. O. B. (1990): "Parents, professionals and social welfare models: the implementation of the Education (Scotland) Act 1981", *European Journal of Special Needs Education,* 5, 2, págs. 96-110.
— (1993): "The politics of disability: post-school experience", *British Educational Research Journal of Sociology of Education,* 14, 4, págs. 445-455.
—, BROWN, S. y DUFFIELD, J. (1994): "Parental power and special educational needs: the case of specific learning difficulties", *British Educational Research Journal,* páginas 327-345.
——— (1994): "The social and institutional context of effectiveness: Four case studies of Scottish schools". Ponencia presentada en la British Educational Research Association Conference, University of Oxford, 8-11 septiembre 1994.
RUTTER, M. COX, A., TUPLING, C., BERGER, M. y YULE, W. (1975): "Attainment and adjustment in two geographical areas: the prevalence of psychiatric disorder", *British Journal of Psychiatry,* 126.
SCOSDE (Scottish Committee for Staff Development in Education) (1990): *Award Bearing Courses Within the Three Tier Structure: Guidelines for Diplomas in Special Educational Needs.* Edimburgo, SCOSDE.
SCCC (Scottish Consultative Council on the Curriculum) (1993): *Suport for Learning: Special Educational Needs Within the 5-14 Curriculum.* Dundee, SCCC.
SCOTTISH OFFICE EDUCATION DEPARTMENT (1993): *Standards and Quality in Scottish Schools A Report by HM Inspectors of Schools.* Edimburgo, HMSO.
SED (Scottish Education Department) (1978): *The Education of Pupils with Learning*

Difficulties in Primary and Secondary Schools in Scotland A Progress Report by HM Inspectors of Schools. Edimburgo, HMSO.

Soder, M. (1989): "Disability as a social construct: the labelling approach revisited", *European Journal of Special Needs Education,* 4, 2, págs. 117-129.

Thomson, G. O. B. (1983): "Legislation and provision for the mentally handicapped child in Scotland", *Oxford Review of Education,* 9, 3, págs. 233-240.

Tomlinson, S. (1982): *A Sociology of Special Education.* Londres, Routledge.

— (1985): "The expansion of special education", *Oxford Review of Education,* 11, 2, páginas 157-165.

Touraine, A. (1981): *The Voice and the Eye: An Analysis of Social Movements.* Londres, Macmillan. (Trad. cast.: *Movimientos sociales hoy.* Barcelona, Hacer, 1990.)

Weedon, C. (1994): "Learning difficulties and mathematics" en Riddell, S. y Brown, S. (Eds.) *Special Educational Needs Policy for the 1990sa: Warnock in the Market Place.* Londres, Routledge.

Whittaker, A., Gardner, S. y Kershaw, J. (1990): *Service Evaluation by People with Learning Difficulties.* Londres, The Kings Fund Centre.

Yates, L. 81993): "Feminism and Australian State Policy: Some Questions for the 1990s' en Arnot, M. y Weiler, K. (Eds.) (1993) *Feminism and Social Justice in Education: International Perspectives.* Londres, Falmer Press.

CAPÍTULO VI

Las cláusulas de condicionalidad: la acomodación "razonable" del lenguaje

Por Roger SLEE

Un reto fundamental al que se enfrenta el desarrollo de las sociologías de la discapacidad se refiere a las teorías que se acogen y a la forma de responder ante ellas. La elasticidad política del lenguaje es algo básico. En el desarrollo y la generalización de la política de integración en educación se aplican pátinas lingüísticas tanto para apoyar como para esconder programas en competencia. Un paradigma puede ser adecuado para describir objetivos y prácticas bastante contradictorios. Investigadores como BALL (1987; 1988; 1990a), BOWE, BALL y GOLD (1992), BASH y COULBY (1989) y POWER (1992) identifican este proceso en el uso de un discurso de "elección" y de "gestión local" que tiene como fin incrementar el control centralizado sobre el *curriculum,* la enseñanza y la organización de las escuelas tras la Ley de Reforma de la Educación en Gran Bretaña.

Una táctica similar se refleja en el lenguaje diferente aunque no reconstruido que emplean quienes han tenido la responsabilidad de los servicios de la educación especial hasta la fecha. Con anterioridad se promovió un modelo médico de la discapacidad para marcar y marginar a los "alumnos especiales". Hoy se emplean vocabularios diferentes, que apoyan los derechos y la igualdad, para describir los cambios superficiales introducidos en las prácticas tradicionales que, cuando se aplican, conservan la impotencia para los alumnos discapacitados, para sus familias y sus defensores, y los privilegios para aquellos profesionales que trabajan "en su mejor interés". El intento de fusionar dos discursos de la discapacidad antitéticos es un error teórico.

En respuesta a este retroceso conceptual, este capítulo se ocupa tanto de la producción como de la utilización de las sociologías de la discapacidad. La primera parte de este estudio trata del desarrollo de las teorías sociales de la discapacidad. La segunda, se centra en las implicaciones de las teorías de la discapacidad para la práctica educativa.

La teoría social: redefinición y alcance

Considerando cómo las "omisiones lingüísticas" han obligado a las mujeres a ocupar los "rincones oscuros" del espacio administrativo de responsabilidad de la burocracia en Australia, Eleanor RAMSAY reconoce el carácter fundamental de la forma y la construcción del lenguaje en el proceso de la opresión.

> ... la ausencia de términos que describan de forma precisa y adecuada la experiencia que las mujeres tenemos de determinados aspectos de nuestra opresión... contribuye a la construcción de la opresión de las mujeres, perpetúa los procesos clave que son parte integral de esta opresión, y a la vez impide cualquier protesta en contra de este proceso, incluso en lo que se refiere a su análisis y descripción.
> (RAMSAY, 1993, pág. 44.)

La adaptación léxica no ha seguido el mismo ritmo que los cambios fundamentales que se han producido en la teoría y en la conducta sociales.

> Gran parte de los estudios feministas de las dos últimas décadas se han centrado en la elaboración de una terminología no sexista y en la eliminación de expresiones sexistas y misóginas... Como respuesta a ello, los responsables educativos y laborales de Australia y de otros países anglófonos, sobre todo en el sector público, han emprendido acciones tales como la confección de guías de lenguaje no sexista, en un esfuerzo por disminuir el uso de los estereotipos y los prejuicios sexistas en el lenguaje oral y escrito... Estas acciones y sus resultados se han caracterizado por producir una capa lingüística aceptable, pero se les ha criticado por detenerse en esta superficie y no desvelar y poner en entredicho la subestructura sexista que anida debajo de ella.
> (RAMSAY, 1993, pág. 44.)

El trabajo exige intervenir en el texto para reconstruir el significado, "para forzar nuevos significados", en oposicion a las interpretaciones patriarcales de los relatos de las mujeres, que describen el mundo experimentado desde diversos lugares o posiciones. El estudio del lenguaje que hace RAMSAY, de su experiencia y de su opresión personales tiene su paralelo en la elaboración de las teorías sociales de la discapacidad.

RAMSAY rechaza la forma y el significado opresores del lenguaje patriarcal y sus intentos de encontrar un espacio en el mundo que construye en el que albergar a las mujeres. Existe también la preocupación de que en la elaboración de un lenguaje y una teoría feministas se evite la diversidad y se opte por las explicaciones de teoría única que ofrecen una visión intelectual coherente y definitiva de las complejas relaciones sociales. Cuando se traza el desarro-

© Ediciones Morata, S. L.

llo de las teorías sociológicas de la discapacidad surgen temas similares. Se muestra un recelo razonable cuando personas no discapacitadas producen vocabularios y modelos teóricos para explicar la incapacidad. Además, los "pasos fronterizos" (GIROUX, 1992) son opuestos cuando se consideran los relatos de la discapacidad. Las explicaciones estructurales y postestructurales del mundo deben ponerse de acuerdo para ofrecer un espacio para las muchas voces de la discapacidad. De esta forma es posible delimitar la "estructura profunda" de la incapacidad, al mismo tiempo que se analiza el más pequeño detalle de sus experiencias vividas.

Implícitamente, si proseguimos con el trabajo de RAMSAY, las personas no discapacitadas deben pensar de nuevo la postura que toman en el desarrollo de las teorías de la discapacidad. El conocimiento externo de los "expertos" es potencialmente ofensivo, teórica y políticamente. Esta realidad constituye el punto central del trabajo de Len BARTON (véase el Capítulo Primero) sobre la necesidad de un diálogo entre discapacitados y no discapacitados en el establecimiento de alianzas. A esto se le añaden la diversidad y la particularidad de las "insuficiencias" y discapacidades que deberían resonar a través de nuevas teorías y lenguajes de la discapacidad.

En respuesta a la ausencia de "buena sociología" en la teorización sobre la discapacidad, ABBERLEY (1987) critica la construcción de significado en la bifurcación ampliamente usada de la insuficiencia como "tragedia personal" y "discapacidad" como respuestas sociales.

> La última postura, al menos en sus mejores formas, presenta la incapacidad totalmente como el producto de los significados sociales; en otras palabras, reducible a "actitudes". Esto implica que el cambio de actitudes podría hacer desaparecer la discapacidad. Sin embargo, las pretensiones de que la insuficiencia tiene un origen social están orientadas a explicar el origen social de lo que son fenómenos materiales y biológicos, y no se debe entender que diluyen estos elementos materiales en actitudes e ideas, sino que apuntan a los elementos sociales inextricables y esenciales de lo que constituye una base material para los fenómenos ideológicos. Así pues, estas ideas no niegan la importancia del germen, los genes y el trauma, sino que señalan que sus efectos sólo se manifiestan en un contexto social e histórico real, cuya naturaleza está determinada por una compleja interacción de factores materiales y no materiales.
>
> (ABBERLEY, 1987, pág. 12.)

Para ABBERLEY, la teorización de la discapacidad requiere un análisis estructural detallado de las condiciones materiales de producción y de la especificidad histórica de la insuficiencia, en oposición a la patología individual descontextualizada. Esta orientación teórica deja en libertad su capacidad para alejar su atención del individuo y dirigirla a las condiciones del mundo en que habita.

Michael OLIVER (1989, 1990) prosigue con esta consideración de la discapacidad mediante un análisis de la economía política capitalista occidental. Cuando se elimina la especificidad histórica y el contexto social por medio de la individualización de la insuficiencia, se invita a la utilización del modelo médico y se reduce la discapacidad a la condición de problemas personales que necesitan la intervención "especializada" y la gestión de casos. La representación lingüística de la discapacidad según estos esquemas ha producido un efecto hegemónico tanto en las personas discapacitadas como en las que no lo son. Así lo reconoce Morris cuando menciona las reflexiones de Patricia Hill-Collins sobre los obstáculos erigidos por una estructura social masculina de blancos y por las relaciones con el pensamiento feminista Negro, códigos de expresión y de asunción de poder:

> Los grupos que tienen un poder dispar presentan la consiguiente desigual capacidad de dar a conocer sus puntos de vista a sí mismos y a los demás.
> (Citado en Morris, 1992, pág. 158.)

Los beneficiarios de las propuestas opresoras de la teoría de la tragedia personal han sido las comunidades de médicos, para-médicos, psicólogos, asistentes sociales y de política social, además de algunas secciones académicas (Abberley, 1987, 1989; Oliver, 1990). Localizar el problema en los individuos y exigir heroísmo para vencer la insuficiencia (la disfuncionalidad, en términos terapéuticos) para acercarse más a la "normalidad" difumina la responsabilidad colectiva que las estructuras y las relaciones sociales existentes, cimentadas en las definiciones capitalistas de trabajo productivo, tienen sobre la opresión y la desventaja.

Teorizar la discapacidad exige algo más que elaboraciones de la teoría funcionalista —nos invita a renunciar al orden "dado" y a cuestionar el imperativo normalizador del gobierno (Rose, 1989). Rose detalla la expansión de las ciencias humanas "psi" como un proyecto de dirección (1989, páginas 5-8). Las sociedades industriales y postindustriales complejas exigen unos mecanismos más elaborados y dominantes de supervisión y control de la diferencia y de la disensión. La dirección exige unas técnicas de regulación complejas. Los médicos y los psicólogos han realizado por igual el trabajo de ofrecer las referencias y el aparato para calibrar la diferencia y situar a quienes se quedan fuera de la construcción social de la mormalidad (Cohen, 1985; Edwards, 1988; Rose, 1989; de Swann, 1990; Petersen, 1994).

La alabanza que Jenny Morris hace de la llamada lanzada por la teoría feminista para que la sociología masculina cree "... el espacio para un sujeto ausente, y una experiencia ausente..." (Smith, 1987), y llegar más allá que los hombres en el uso de la objetividad como desciptora de su subjetividad (cita de Adrienne Rich en Morris, 1992, pág. 159), queda atenuada cuando reconoce los silencios de las explicaciones feministas:

> La discapacidad y la ancianidad son aspectos de la identidad con la que se entrelaza el sexo, pero son identidades que las feministas prácticamente han ignorado.
> (Morris, 1992, pág. 161.)

© Ediciones Morata, S. L.

La forma de ocuparse de estos silencios no consiste en añadir la discapacidad y la ancianidad a la lista de grupos excluidos para someterlos a la consideración de las teorías existentes. También se pone en entredicho la forma de tratar la opresión dentro del cálculo de ecuaciones compuestas, por ejemplo la "doble opresión" (Morris, 1992). Al tiempo que exige dialogar con las voces "nuevas" para ofrecer como políticas explicaciones personales nuevas (Morris, 1992; Corbett, 1994), Morris apoya a otros investigadores discapacitados (Finkelstein, 1980; Oliver, 1992; Barnes, 1992) que dirigen las preguntas a la naturaleza, la dirección y los resultados de los estudios sobre la discapacidad que sean emancipadores más que alienantes.

En una reciente visita a nuestra universidad, Gaby Weiner describía los "feminismos" como una teoría en ciernes; "nunca se termina debido a los mandatos políticos, críticos y de la praxis" (Weiner, 1993). Los grandes relatos, dado que se dirigen a todos, silencian lo particular y por tanto no representan bien a muchos en cuyo nombre dicen hablar y a quienes dicen dirigirse. Hablar en general sobre la experiencia de los minusválidos es tan engañoso como hablar de las mujeres como descriptor universal. Pero en este punto hay que recomendar la cautela, no sea que nos veamos atrapados por la inercia del pluralismo liberal (¿postmoderno?). Respetando la opinión de Morris (1992), Barton reconoce la necesidad de aconsejar a los investigadores no discapacitados en su papel de aliados en lo que es esencialmente una lucha política (1994).

Ahí está el punto central de este estudio: ¿cómo desplazamos las explicaciones de la discapacidad sociológicas y críticas desde la periferia al centro de los diversos y dispares espacios de decisión política? Tal vez la pregunta esté mejor formulada en el sentido de considerar las estrategias de cambio que pongan en formación a la política más que emplearla para dirigir el cambio. Se introducen las cuestiones de público y de alcance, además de los problemas de estrategia y de la política de las relaciones de la investigación (Troyna, 1994a, 1994b). Reconozco que la política se hace en todos los niveles (Fulcher, 1989) y que constituye una metáfora de una variedad de textos y de acciones en las que se interpretan las contiendas sobre la definición y las opciones, y me interesa incluir las explicaciones sociológicas de la discapacidad en más espacios de decisión política, para alcanzar niveles más altos de lucha en las decisiones políticas sobre la discapacidad. Esto apela al proyecto político de la teoría, a la pugna contra los paradigmas dominantes que resuenan en las disposiciones y en los procedimientos actuales del gobierno.

Se pretende que este examen heurístico e incompleto de la teoría sirva de telón de fondo para algunos temas contra los que estoy luchando, y que se encuentran en la educación pero siguen vinculados inevitablemente a la forma en que construimos nuestras teorías de la discapacidad. Fulcher (1989) nos inicia en la relación entre los dicursos sobre la discapacidad y la política educativa tal como se desarrolla en diferentes espacios.

Lo que sigue es un intento de situar la política en teorías alternativas, y de este modo determinar los orígenes de las luchas y de las contradicciones que emergen. La educación nos sirve de contexto político general, con una atención especial a la gestión de la política de integración. La integración significa el traslado de los alumnos discapacitados desde los espacios educativos segregados a las aulas normales. Apresada en la visión burocrática de la política educativa, la integración ha sido construida como un problema técnico de adecuar los recursos a los alumnos en función de su grado de insuficiencia. Quizá se trate de la última de las campañas de educación compensatoria. El discurso médico y el psicológico son los que predominan en ella. Los profesionales de la educación especial establecen un programa que adquiere el carácter típico de un programa compensatorio para un grupo de niños "especial". En consecuencia, a pesar de la retórica, la integración raramente representa una provisión educativa integradora. El cambio auténtico que va más allá del traslado de un espacio a otro y de los hábitos de educación especial tradicionales se ve debilitado porque los adminstradores educativos, los profesores, los proveedores de educación especial y los formadores del profesorado no saben evitar los discursos de la discapacidad acríticos.

Gestión educativa, invalidez e integración

Después de varios años de lucha contra los departamentos de educación de Victoria, Queensland y Nueva Gales del Sur, para desarrollar programas de integración educativos, me siento como una circunstancia adicional posterior a los hechos, cómplice de la exclusión. Bien puedo atribuir esta connivencia aparente tanto al que esencialmente es un "fuero normalizador" de la educación pública (BALL, 1990b; MEADMORE, 1993) como a mi propia ingenuidad.

El lenguaje de la integración representa un pobre desafío discursivo a las autoridades educativas del Estado que gestionan la política de la diferencia, mediante luchas políticas en todos los niveles de la administración y la provisión educativas (FULCHER, 1989). BRANSON y MILLER amplían este punto.

> "Incapacidad", "impedimento", "política" —se acoplan como piezas de un rompecabezas o, para ser más exactos, confluyen unos en los otros, se alimentan entre sí, se refuerzan entre sí, son ingredientes esenciales de un modo de pensamiento directamente occidental, directamente capitalista. Los "discapacitados", un grupo marginado cuyo fracaso en cumplir los criterios culturalmente específicos, históricamente específicos de la "normalidad" física o de conducta, demuestran "impedimentos", discapacidades de afrontar "eficazmente", como individuos, la vida en la sociedad capitalista occidental, y sus "impedimentos" exigen, a los ojos de aquellos para quienes son un "otro", una "política", un planteamiento objetivo, formulado con claridad, burocráticamente alcanzable, coherente para abordar/solucionar sus "impedimentos". La política requiere un "programa" para transformar los principios en prácticas mediante una "administración" efectiva. La "segregación" fue/es esa política. La "integración" es otra versión de lo mismo, otro hermano de la tríada —incapacidad, impedimento, política— unos programas de reproducción política diseñados desde el punto de vista de la administración eficaz.
> (BRANSON y MILLER, 1989, pág. 144.)

© Ediciones Morata, S. L.

Tanto para los profesores como para los administradores educativos, la discapacidad augura tiranía en las aulas, perturba la tranquilidad de la organización, amplía las dimensiones de una oferta curricular académica pobre y supone una variedad de metodologías docentes y discentes. El "alumno discapacitado" presenta un cuerpo algo menos que dócil (Foucault, 1979, página 138) para cumplir el esquema disciplinario y la cultura de la escuela. El invento del "alumno con necesidades especiales" como identidad escolástica calibrada meticulosamente (Ball, 1990b, pág. 4) sirve de esquema para la gestión del problema del alumno discapacitado. Como apuntan Branson y Miller (1989), esto se puede conseguir mediante una política de segregación o mediante la integración. Pese a las pretensiones retóricas de una aproximación nueva y socialmente justa, la integración no es sino una disposición nueva de una vieja realidad (Slee, 1993). Explicaciones más personales dan testimonio de ello (Rice, 1993; Lyons, 1993; Walsh, 1993).

Mary Rice (1993), al describir su experiencia de la "integración" como madre, aporta nuevas ideas sobre la burocratización de la integración en las escuelas públicas de Victoria, que demuestran que en ella resuenan y se amplifican las prácticas educativas excluyentes tradicionales. La idea de educación especial se intensifica cuando la integración queda atrapada en las luchas por los recursos (Fulcher, 1987). La gran cantidad de profesionales dedicados a identificar, evaluar y apoyar a aquellos a los que se les permite entrar en la "escolarización normal" experimenta un incremento exponencial (Tomlinson, 1982, 1993). La política de integración aporta en gran medida la tecnología administrativa y de supervisión para regular el flujo de alumnos "difíciles" hacia las aulas de tipo general.

Además, la política de integración se ha convertido en aliada del estancamiento educativo en un momento en que las escuelas luchan contra corriente. El mejor ejemplo de ello está en la observación de cómo se ha desarrollado la gestión de las conductas negativas en las escuelas. Explicar y responder al aumento de la resistencia de los alumnos se puede hacer desde diversas posiciones teóricas (Furlong, 1985, 1992; Slee, 1995).

Podemos afirmar que las escuelas siempre se han dedicado a producir fracasos. Históricamente, no se ha considerado que esto significara un problema para las escuelas. El mercado laboral de jóvenes no cualificados y los centros de educación especial eran una válvula de seguridad para eliminar la posible resistencia y reducir los perjuicios circunstanciales al *statu quo*. La aplicación de la etiqueta "fracaso" a los alumnos individuales desproblematizaba y despolitizaba la cuestión de los "derechos de paso" en la escolarización (Barton, 1987). La desaparición del mercado de trabajo joven (Polk, 1988; Polk y Tait, 1990; Freeland, 1992), junto con el uso de la educación como instrumento de "política de juventud" y de reforma microeconómica (White, 1990; Marginson, 1993), significa que las escuelas tienen que convivir con sus fracasos. Carentes de otra opción, los jóvenes soportan el dolor del fracaso y de la escuela (Furlong, 1992). No hay otro lugar adonde ir más que la calle. La escuela, para un número de jóvenes cada vez mayor, no asegura pasar con éxito al mundo del trabajo de los adultos, ni a la enseñanza o formación superiores.

© Ediciones Morata, S. L.

La práctica desaparición del mercado de trabajo no cualificado ofrece un amplio espacio para una industria de la educación especial en expansión. Así se puede ver en el mayor desembolso que se hace para las necesidades educativas especiales, en el incremento de puestos profesionales (TOMLINSON, 1993) para atender su "necesidad", y en la redefinición de los jóvenes en las aulas (SLEE, 1993).

Los administradores educativos se sienten poco atraídos por una interpretación sociológica de los problemas. Las implicaciones que este tipo de interpretación tiene para los cambios fundamentales en la pedagogía, el *curriculum* y la organización escolar la hacen demasiado difícil de abordar. Los profesores, que luchan por mantener el orden en las aulas, añoran los programas que ofrecen una rápida solución a los problemas de conducta, al estilo de *Reality Therapy*, de GLASSER (1965; 1986), *Assertive Discipline*, de CANTER (1976), *Teacher Effectiveness Training*, de GORDON (1974) o *Decisive Discipline*, de ROGERS (1989).

Son mucho más atractivas las teorías psicológicas de patologías individuales de los niños con disfunciones emocionales o de conducta que requieren una intervención terapéutica. Con este fin, Australia ha sido devastada por una proliferación epidémica de *Attention Deficit Disorder/Attention Deficit Hyperactivity Disorder* (ADD/ADHD) (Afección de Carencia de Atención, también llamado Desorden de Hiperactividad y Carencia de Atención) (*American Psychiatric Association,* 1987; BARKLEY, 1990; SERFONTEIN, 1990; EPSTEIN y cols., 1991). Para llevar a cabo el diagnóstico, se cotejan los síntomas de la conducta del niño con un inventario de conductas asignadas al ADD o al ADHD. El síndrome se origina según parece en "... un desequilibrio o una deficiencia de uno o más neurotransmisores del cerebro" (BOWLEY y WALTER, 1992). La disparidad geográfica en el predominio de esa afección refleja una considerable imprecisión en el diagnóstico.

ADD/ADHD es en sí mismo un síndrome de una impresionante comodidad administrativa. La permanencia cada vez más prolongada de los jóvenes en la escuela debido a la ausencia de opciones postescolares ha generado un creciente conflicto en los centros docentes, que se traduce en unos índices crecientes de expulsiones y de exclusiones (SLEE, 1995). Contemplar las conductas estudiantiles problemáticas como una patología supone una tecnología de control más compleja y sistemática que los rituales de castigo y exclusión. Este recurso diagnóstico es semejante a lo que MUETZELFELDT y BATES (1992), siguiendo a HABERMAS (1976) y a OFFE (1984), llaman un desplazamiento de la crisis.

El complejo contexto social del comportamiento problemático en la escuela se reduce a una etiología que se puede gestionar mediante la aplicación de una etiqueta descriptiva/de diagnóstico, intervención con sustancias químicas, el retraimiento o intervenciones en la conducta. La especificidad histórica o política no incide en la insuficiencia. Además, al profesor, a la cultura y la organización escolar y al *curriculum* se les aparta de la diagnosis. Todos esos grupos no tan dóciles de alumnos problemáticos o ADD/ADHD son el objeti-

© Ediciones Morata, S. L.

vo de una cantidad cada vez mayor de proyectos de integración. La "incapacidad" o el síndrome, por decirlo según el discurso médico, evita también el lenguaje normativo del "alumno inadaptado".

El ADD/ADHD resulta especialmente seductor para los padres. El tratamiento patológico de la conducta del alumno transforma la relación entre el hijo y el padre y entre éste y la escuela. Si antes debían dar explicaciones de su "mal" hijo a los responsables de la escuela, ahora tienen un hijo con necesidades especiales. A esto se le añade la promesa de tratamiento y/o de curación. El metilfenidato ("Ritalin"), un estimulante del sistema nervioso central que actúa sobre la corteza cerebral, se suele administrar para reducir la hiperactividad (BARKLEY, 1990). GOVONI y HAYES (1988, págs. 778-779) han descrito una serie de efectos negativos del "Ritalin", como inhibición del crecimiento, anorexia, náuseas, visión borrosa, depresión, somnolencia, mareos y complicaciones cardiovasculares, lo cual nos debe alertar de la necesidad de acertar con el diagnóstico, a la vista de tales riesgos. Una mínima previsión debería ser la eliminación de los factores discapacitadores de la escuela, antes de embarcarse en semejantes tratamientos.

De hecho, la integración ofrece una intrincada infraestructura para la gestión de la normalidad. Vuelvo otra vez a la consideración de "omisión lingüística" de RAMSAY (1993). La hegemonía de la integración como variación del tema de la educación especial está sostenida por una fina y engañosa pátina lingüística de derechos y de integración, pregonada (quizá deberíamos decir tarareada) en los foros públicos y textuales. Sin embargo, como bien observó Gillian FULCHER (1989) hace algún tiempo, en la dirección de la integración domina el auge de un discurso corporativo según el cual la gestión política de la discapacidad es un problema.

En Queensland se continuó con la integración por el mandato de justicia social que el Ministerio de Educación debía cumplir. Se designó un educador especial para que gestionara la elaboración de un nuevo sistema de abordar la discapacidad en la educación. No es extraño que esto se tradujera en unos pequeños ajustes y en una nueva denominación de viejas prácticas excluyentes, por ejemplo un minucioso programa en seis niveles para determinar la asignación de recursos (la integración se plantea casi siempre como un problema de recursos). Lo que sorprende es que los responsables políticos de los proyectos que abordan el sexo, la raza y la etnia o los menos favorecidos en el campo escolar no pasaran a aplicar su imaginación sociológica al proceso de teorización sobre la discapacidad que desarrollaba el Ministerio. También ellos han seguido políticamente los consejos de quienes entienden sobre las personas discapacitadas: los profesores de los Centros de Investigación sobre Educación Especial y Rehabilitación, los educadores especiales del ramo, y los psicólogos de la educación. A los discapacitados, a sus padres y a quienes los defienden se les relega siempre al *status* de miembros de grupos de presión. Volvemos a nuestras preguntas iniciales sobre quién escribe la teoría de la discapacidad (véase BARTON, Capítulo Primero de este libro; MORRIS, 1992; BARNES, 1992) y sobre de quién es el lenguaje que empleamos para tal fin (RAMSAY, 1993; MORRIS, 1992).

Prevalecen las cláusulas de condicionalidad: "entornos menos restrictivos"; "lugares más apropiados"; "acomodación razonable"; "lo que mejor sirva al interés del niño". El uso que la Ley sobre la Discriminación de la Discapacidad de 1992 (N.º 135 de 1992) de Australia (Commonwealth) hace de las cláusulas de condicionalidad constituye una conspiración. Las exenciones de la Ley son importantes. El Departamento de Inmigración para la Commonwealth es uno de estos casos. Implícitamente se considera que las personas con discapacidades siguen significando un coste para el público (HASTINGS, 1993). Las escuelas pueden discriminar por razones de incapacidad cuando la integración de un niño pueda causar un "apuro injustificable" a la institución" (Ley sobre la Discriminación de la Discapacidad, N.º 135, 1992, 22.4, pág. 17).

Las salvedades de las cláusulas de condicionalidad dejan un amplio margen para las interpretaciones profesionales que silencian a la persona discapacitada. Según se informa, el director de una escuela del sur de Nueva Gales del Sur se negó a admitir a un niño que utilizaba silla de ruedas. ¡Su argumento era que pondría en peligro la seguridad de los alumnos "normales" que, en caso de tener que evacuar el centro, se vieran atrapados en los pasillos detrás de ese alumno con su silla de ruedas!

En una visita a Australia, Bonnie TUCKER (Catedrática de Derecho de la Universidad del Estado de Arizona) hizo una comparación incisiva entre la legislación australiana y la estadounidense (TUCKER, 1994). La diferencia fundamental en la efectividad de ambas legislaciones —Ley sobre Discriminación de la Discapacidad (Australia) y la Ley sobre Ciudadanos Americanos con Discapacidades (Estados Unidos)— tiene relación con sus orígenes. La ley americana evolucionó a partir de un litigio ganado con esfuerzo que plantearon personas discapacitadas y sus abogados. Además de una mayor cultura de litigio, esto ha significado que los grupos y las organizaciones de discapacitados hayan adquirido una mayor conciencia de las leyes y de su potencial. Lo cual contrasta con el caso de Australia, donde la ley fue el fruto de un proceso gubernamental organizado, y se aplicó sin más. Esto ha significado que la aplicación y el conocimiento de la ley han sido limitados. Parece que el análisis sobre la discapacidad debe ser planteado en los foros más amplios posibles, para comprometer al sistema de gobierno en la eliminación de los discursos anticuados y opresores, como requisito previo para comprender y practicar el espíritu y la letra de la ley.

Los profesores y los administradores educativos siguen empleando la lógica de la exclusión para difuminar las dimensiones éticas de la integración. Como miembro de la Comisión Asesora de la Región de la Costa Norte, del Departamento de Necesidades Educativas Especiales de Nueva Gales del Sur, me veo constantemente enfrentado al pretexto "del tiempo que el profesor debe dedicar a los otros 29 niños". El cálculo del tiempo del profesor se aplica solamente a los casos de minusvalidez manifiesta. A los "niños normales" que exigen más de su treintava parte raramente se les reprende con esta visión distorsionada de la justicia. ¿Quién es el otro? Evidentemente, no lo son los 29 (BECKER, 1963). La opinión de RAWLS (1972) de que la justicia no consiste en tratar igual a los diferentes resulta saludable.

La paradoja constante a la que se enfrenta este Equipo Asesor es que en las propuestas de los padres y de los alumnos nos vemos empujados en dos sentidos. Los padres cuyos hijos han sido segregados en espacios de educación especial, o a los que se les ha aplicado la etiqueta de un determinado diagnóstico, exigen la integración en la escuela normal y la eliminación de las etiquetas estigmatizadoras. Los padres y los defensores del "aprender como discapacitado" muestran la misma vehemencia en su demanda de que se asigne la correspondiente etiqueta a sus hijos y que se reconozca que este grupo de niños cada vez mayor son discapacitados y requieren un trato especial. ¿Cómo respondemos a esto?

¿Cambiar las conclusiones? ¿Cambiar el discurso?

Aquí se aplica el problema multidimensional de la teoría. Los educadores siguen aceptando de forma acrítica la discapacidad como una patología humana deficiente descontextualizada. Y constituyen un público importante para el proceso de cambio. Algunos padres continuarán pidiendo etiquetas mientras el pensamiento de los educadores esté constreñido por las construcciones categóricas de diferencia y discapacidad.

La política de hacer que los padres y los discapacitados se dirijan al Equipo Asesor a exponer sus dramas es un problema. Los padres establecen los esquemas de referencia y montan los dramas para extraer cuanto puedan del orden existente o para demostrar con la integración que constituyen un trastorno mínimo. Se reduce a los padres y a sus hijos al *status* de mendigos que piden compensaciones a una autoridad benevolente. En este contexto no se concebirán lenguajes nuevos que estén de acuerdo con la reconstrucción de una cultura escolar integradora.

BARTON (1994) invita a reflexionar sobre la base en que se asienta la relación entre investigadores y militantes discapacitados y no discapacitados, una cuestión de gran importancia en este proceso. ¿Cuál de sus teorías es la que cuenta? Un grupo de padres de Queensland central, impacientes con las escuelas y con la burocracia, decidieron ayudarles en el proyecto de integración escolar. Organizaron un sistema de desarrollo profesional para los educadores de sus hijos que se basaba en encuentros para el diálogo entre padres, profesores y administradores.

La cuestión indiscutible surgió a partir de la idea de que su interés estaba en hacer la escuela mejor para todos los niños. Para decirlo brevemente, las escuelas tampoco son maravillosas para los niños "normales". ¿Hablamos de revisiones funcionalistas, o luchamos por el desarrollo de teorías de transformación social? Dadas las pruebas de que son muchos los que se benefician de la opresión a la que la educación escolar somete a los niños discapacitados, el trabajo que se debe realizar se aleja del teatro de la distensión gestio-

© Ediciones Morata, S. L.

nada mediante las acomodaciones de la política. La integración puede ser de hecho un compromiso demasiado grande. Promover las identidades alternativas legítimas es más que una "acomodación razonable". Si algo hemos aprendido de las luchas de las mujeres educadoras es la necesidad de nuevas teorías generadas mediante lenguajes nuevos y relaciones sociales nuevas establecidas por las personas discapacitadas, y no en su nombre.

Si hay que elaborar un programa para el cambio, uno de sus objetivos esenciales deberá ser conseguir de las escuelas y de sus comunidades una consideración más precisa de la discapacidad. Es necesario que pongamos en entredicho con urgencia las ideas tradicionales según las cuales la educación especial consiste en una provisión educativa de acuerdo con unas categorías. Grupos de expertos nuevos —los discapacitados, quienes les cuidan y sus defensores— deben buscar y brindar planteamientos alternativos. En las escuelas subsiste una sólida textura de ignorancia y de mitología sobre la discapacidad que sólo se podrá disipar con el diálogo. Las teorías sociales de la discapacidad (SWAIN, FINKELSTEIN, FRENCH y OLIVER, 1993) servirán de referencia para dirigir la reconstrucción de las escuelas comprometidas en la integración e insatisfechas con su versión de beneficiencia.

No hay duda de que la contienda y la lucha acompañarán este empeño. Podemos predecir la oposición de los responsables de la industria de la educación especial y de la gestión de la integración. Los padres que temen algún tipo de amenaza a la seguridad de sus hijos también se mostrarán bastante turbados. La importancia de establecer "redes de integración" para apoyar a los padres, a los alumnos y a los profesores receptivos es una exigencia táctica (UDITSKY, 1993).

Hay que promover el *status* de los estudios sobre la discapacidad en los centros de enseñanza superior y de formación del profesorado, y situarlos en el centro del análisis de las teorías que informan a quienes van a trabajar en las escuelas en el futuro (AINSCOW, 1993). Lo habitual hoy en Australia es ofrecer a todos los estudiantes de ciencias de la educación unidades básicas sobre educación especial para instruirles en la integración. Las becas importantes para la investigación sobre la educación integradora se siguen otorgando a los centros de investigación sobre educación especial tradicionales, que continúan alimentándose en el modelo médico de la discapacidad al tiempo que exhalan un lenguaje de integración. Esto representa el carácter irreconciliable de los dos discursos, y perpetúa la ausencia de conocimientos sobre la discapacidad en las escuelas y sobre la que éstas provocan.

La provisión de personal para los departamentos de educación debería ceñirse a criterios de igualdad en la contratación de educadores e investigadores discapacitados para ocupar puestos clave en el desarrollo de políticas en los diferentes ámbitos de decisión sobre política educativa. A los aborígenes australianos se les encarga la planificación de la educación de todos los alumnos Koori; personas cuyo origen no es de habla inglesa desarrollan y ponen en práctica programas de educación multicultural; las mujeres dirigen la reconstrucción de la escuela para mejorar los resultados educativos de las niñas, después de haber articulado primero respuestas al patriarcado. Para la educación

© Ediciones Morata, S. L.

de las mujeres, la decisión política se insertaba en una teoría de la educación coherente con los discursos feministas. Esperamos la reconstrucción de la escuela de acuerdo con un discurso de los derechos de la discapacidad.

Bibliografía

ABBERLEY, P. (1987): "The concept of oppression and the development of a social theory of disability", *Disability, Handicap & Society, 2,* 1, págs. 5-19.
AINSCOW, M. (1993): "Teacher education as a strategy for developing inclusive schools' en SLEE, R. (Ed.) *Is There A desk With My Name On It? The Politics of Integration.* Londres, Falmer Press.
AMERICAN PSYCHIATRIC ASSOCIATION (1987): *Diagnostic and Statistical Manual of Mental Disorders,* 3.ª edición. Washington D. C., APA.
BALL, S. J. (1987): *The Micro-politics of the School.* Londres, Methuen. (Trad. cast.: *La micropolítica de la escuela. Hacia una teoría de la organización escolar.* Barcelona, Paidós-M.E.C., 1989.)
— (1988): "Comprehensive schooling, effectiveness and control: an analysis of educational discourses" en SLEE, R. (Ed.) *Discipline and Schools: A Curriculum Perspective.* Melbourne, Macmillan.
— (1990a): *Politics and Policy Making in Education: Explorations in Policy Sociology.* Londres, Routledge.
— (Ed.) (1990b): *Foucault and Education: Discipline and Knwledge.* Londres, Routledge. (Trad. cast.: *Foucault y la educación. Disciplinas y saber.* Madrid, Morata, 1994, 2.ª ed.)
BARKLEY, R. A. (1990): *Attention Deficit Hyperactivity Disorder: A Handbook for Diagnosis and Treatment.* Nueva York, Guildford Press.
BARNES, C. (1992): "Qualitative research: valuable or irrelevant?", *Disability, Handicap & Society, 7,* 2, págs. 115-124.
BARTON, L. (1987): *The Politics of Special Educational Needs.* Lewes, The Falmer Press.
— (1994): "Disability, difference and the politics of definition". Discurso magistral inaugural en la University of Sheffield, *Australian Disability Review,* septiembre N.º 3.
BASH, L. y COULBY, D. (1989): *The Education Reform Act: Competition and Control.* Londres, Cassell Educational.
BECKER, H. (1963): *The Outsiders.* Nueva York, The Free Press. (Trad. cast.: *Los extraños.* Barcelona, Ediciones Buenos Aires, 1983.)
BOWE, R. y BALL, S. J. con GOLD, A. (1992): *Reforming Education and Changing Schools: Case Studies in Policy Sociology.* Londres, Routledge.
BOWLEY, B. A. y WALTER, E. (1992): "Attention deficit disorders and the role of the elementary school counsellor", *Elementary School Guidance and Counselling,* Vol. 27, páginas 39-46.
BRANSON, J. y MILLER, D. (1989): "Beyond integration policy - the deconstruction of disability" en L. BARTON (Ed.) *Integration: Myth or Reality.* Lewes, The Falmer Press.
CANTER, L. y CANTER, M. (1976): *Assertive Discipline: A Take Charge Approach For Today's Educator.* Seals, California, Canter and Associates.
COHEN, S. (1985): *Visions of Social Control.* Cambridge, Polity Press. (Trad. cast.: *Visiones de control social.* Barcelona, PPU, 1988.)
CORBETT, J. (1994): "A proud label: exploring the relationship between disability politics and gay pride", *Disability & Society, 9,* 3, págs. 343-357.

DE SWANN, A. (1990): *The Management of Normality: Critical Essays in Health and Wealfare*. Londres, Routledge.
EDWARDS, A. (1988): *Regulation and Repression*. Sydney, Allen and Unwin.
EPSTEIN, M. A., SHAYWITZ, S. E., SHAYWITZ, B. A. y WOOLSTON, J. L. (1991): "The boundaries of attention deficit disorder", *Journal of Learning Disabilities, 24,* págs. 78-86.
FINKELSTEIN, V. (1980): *Attitudes and Disabled People: Issues for Discussion*. Nueva York, World Rehabilitation Fund.
FOUCAULT, M. (1979): *Discipline and Punish: The Birth of the Prison*. Harmondsworth, Penguin Books. (Trad. cast.: *Vigilar y castigar. Nacimiento de la prisión*. Madrid, Siglo XXI, 1986, 5.ª ed.)
FREELAND, J. (1992): "Education and training for the school to work transition" en T. SEDDON y C. DEER (Eds.) *A Curriculum for the Senior Secondary Years*. Hawthorn, Australian Council for Educational Research [ACER].
FULCHER, G. (1987): "Bureaucracy takes round seven: round eight to commonsense?", *The Age*. Melbourne, abril 14.
— (1989): *Disabling Policies? A comparative approach to education policy and disability*. Lewes, The Falmer Press.
FURLONG, V. J. (1985): *The Deviant Pupil*. Milton Keynes, The Open University Press.
— (1992): "Disaffected pupils: reconstructing the sociological perspective", *British Journal of Sociology of Education, 12,* 3, págs. 293-307.
GIROUX, H. A. (1992): *Border Crossings*. Nueva York, Routledge. (Trad. cast.: *Cruzando límites. Trabajadores culturales y políticas educativas*. Barcelona, Paidós, 1997.)
GLASSER, W. (1965): *Reality Therapy*. Nueva York, Harper and Row. (Trad. cast.: *La "Reality Therapy": un nuevo camino para la psiquiatría*. Madrid, Narcea, 1979, 2.ª ed.)
— (1986): *Control Theory In The Classroom*. Nueva York, Harper and Row.
GORDON, T. (1974): *Teacher Effectiveness Training*. Nueva York, Peter H: Wyden.
GOVONI, L. E. y HAYES, J. E. (1988): *Drugs and Nursing Implications*. Englewood Cliffs, Prentice-Hall.
HABERMAS, J. (1976): *Legitimation Crisis*. Londres, Heinemann. (Trad. cast.: *Problemas de legitimación en el capitalismo tardío*. Buenos Aires, Amorrortu, 1975.)
HASTINGS, E. (1993): "Interviewed by Roger Slee", *Australian Disability Review, 1,* páginas 4-13.
MARGINSON, S. (1993): *Education and Public Policy in Australia*. Cambridge, Cambridge University Prees.
MEADMORE, D. (1993): "Divide and rule: a study of two dividing practices in Queensland schools" en R. SLEE (Ed.) *Is There A Desk With My Name On It? The Politics of Integration*. Londres, The Falmer Press.
MORRIS, J. (1992): "Personal and political: a feminist perspective on researching physical disability", *Disability, Handicap & Society, 7,* 2, págs. 157-166.
MUETZELFELDT, M. y BATES, R. (1992): "Conflict, contradiction and crisis" en MUETZELFELDT, M. (Ed.) *Society, State and Politics in Australia*. Leichhardt, Pluto Press.
OFFE, C. (1984): *Contradictions of the Welfare State*. Londres, Hutchinson. (Trad. cast.: *Contradicciones en el Estado del Bienestar*. Madrid, Alianza, 1990.)
OLIVER, M. (1989): "Disability and dependency: a creation of industrial societies" en L. BARTON (Ed.) *Disability and Dependency*. Lewes, The Falmer Press.
— (1990): *The Politics of Disablement*. Basingstoke, Macmillan.
— (1992): "Changing the social relations of research production?", *Disability, Handicap & Society, 7,* 2, págs. 101-114.
PETERSEN, A. R. (1994): *In A Critical Condition: Health and Power Relations in Australia*. Sydney, Allen & Unwin.

© Ediciones Morata, S. L.

POLK, K. (1988): "Education, youth unemployment and student resistance" en R. SLEE (Ed.) *Discipline and Schools: A Curriculum Perspective*. Melbourne, Macmillan.
— y TAIT, D. (1990): "Changing youth labour markets and youth lifestyles", *Youth Studies, 9,* 1, págs. 17-23.
POWER, S. (1992): "Researching the impact of education policy: difficulties and discontinuities", *Journal of Education Policy,* Vol. 7, N.º 5, págs. 493-500.
RAMSAY, E. (1993): "Linguistic omissions marginalising women managers" en D. BAKER y M. FOGARTY (Eds.) *A Gendered Culture: Educational Management in the Nineties*. Melbourne, Victoria University of Technology.
RAWLS, J. (1972): *A Theory of Justice*. Oxford, Oxford University Press. (Trad. cast.: *Teoría de la justicia*. Madrid, Fondo de Cultura Económica, 1997, 2.ª ed.)
RICE, M. (1993): "Integration: another form of specialism" en R. SLEE (Ed.) *Is There A Desk With My Name On It? The Politics of Integration*. Londres, The Falmer Press.
ROGERS, W. (1989): *Decisive Discipline: Every Move You Make, Every Step You Take* (Conjunto de vídeo y libro de ejercicios). Geelong, Institute of Educational Administration.
ROSE, N. (1989): *Governing the Soul: The Shaping of the Private Self*. Londres, Routledge.
SERFONTEIN, G. (1990): *The Hidden Handicap*. Sydney, Simon & Schuster Australia.
SLEE, R. (1993): "The politics of integration - new sites for old practices?", *Disability, Handicap & Society, 8,* 4, págs. 351-360.
— (1995): *Changing Theories and Practices of School Discipline*. Londres, The Falmer Press.
SMITH, D. E. (1988): *The Everyday World as Problematic: a feminist sociology*. Boston, Northeastern University Press.
SWAIN, J., FINKELSTEIN, V., FRENCH, S. y OLIVER, M. (Eds.) (1993): *Disabling Barriers - Enabling Environments*. Londres, Sage Publications.
TOMLINSON, S. (1982): *A Sociology of Special Education*. Londres, Routledge & Kegan Paul.
— (1993): "Conflicts and dilemmas for professionals in special education" en *Social Justice, Equity and Dilemmas of Disability in Education,* Actas de la Conferencia International Working Conference; 1992, Brisbane.
TROYNA, B. (1994): "Blind faith? 'empowerment' and educational research". Ponencia presentada en la *International Sociology of Education Conference,* Sheffield University.
— (1994): "Critical social research and education policy", *British Journal of Educational Studies, XXXXII,* 1, págs. 70-84.
TUCKER, B. P. (1994): "Overview of the Disability Discrimination Act [Australia] and comparison with the Americans with Disabilities Act [United States]", *Australian Disability Review,* septiembre, N.º 3.
UDITSKY, B. (1993): "From integration to inclusion: the Canadian experience" en SLEE, R. (Ed.) *Is There A Desk With My Name On It? The Politics of Integration*. Londres, The Falmer Press.
WALSH, B. (1993): "How disabling any handicap is depends on the attitudes and actions of others: a student's perspective" en SLEE, R. (Ed.) *Is There A Desk With My Name On It? The Politics of Integration*. Londres, The Falmer Press.
WEINER, G. (1993): "Feminisms and education in the United Kingdom", presentación de seminario al Center for Policy and Leadership Studies, Queensland University of Technology, Kelvin Grove.
WHITE, R. (1990): *No Space Of Their Own: Young People and Social Control in Australia*. Melbourne, Cambridge University Press.

© Ediciones Morata, S. L.

CAPÍTULO VII

Reflexiones acerca de la investigación sobre la discapacidad y la enseñanza superior

Por Alan Hurst[1]

Este trabajo pretende examinar algunos temas asociados con la dedicación a la investigación sobre la presencia de las personas discapacitadas en la enseñanza superior británica. Creo que ésta constituye un espacio social importante pero olvidado en el que los discapacitados siguen enfrentándose a la opresión. Como sociólogo pienso que tiene un valor especial para llevar a cabo el trabajo sociológico que define Len Barton, donde es posible "establecer las conexiones entre las condiciones estructurales y la realidad vivida de las personas..." (Barton, 1995, pág. 1).

Analizaré en qué medida la investigación puede asentarse en las teorías sociales de la discapacidad existentes, y a la vez contribuir a su avance. Empiezo con una breve afirmación personal en la que identifico la situación en la que me encuentro y el tipo de cuestiones a las que me enfrento. A esto le sigue un esbozo de la política y de la provisión para las personas discapacitadas en la enseñanza superior. Una vez sentadas estas bases, se pueden indicar algunos problemas que se plantean a quienes se dedican a la investigación, y también señalar cómo se pueden vincular a las teorías las políticas y las prácticas de todos los ámbitos intitucionales y nacionales. El trabajo concluye con unas reflexiones acerca de acciones para el futuro.

Una historia personal

Creo que debo incluir algunos detalles de mi historia personal y de mi situación actual, pues comparto con Barton los que considero que son los objetivos y los problemas de mi investigación:

---

[1] Quiero dar las gracias a Sharon Clancy, Martin Pagel y Judith Russell, del Proyecto HEFC(E) de la Universidad de Sheffield Hallam, en quienes se inspiran estas reflexiones personales.

© Ediciones Morata, S. L.

¿Qué derecho tengo de emprender este trabajo?
¿Qué responsabilidades derivan de los privilegios de que gozo como resultado de mi posición social?
¿Cómo puedo emplear mi conocimiento y mis capacidades para desafiar las formas de opresión que experimentan las personas discapacitadas?
¿Con lo que escribo y con lo que digo reproduzco un sistema de dominación o desafío al sistema?
¿He sido respetuoso con las personas discapacitadas con quienes he trabajado?

(BARTON, 1994, pág. 10.)

A diferencia de otros colaboradores de este libro, yo no tengo ninguna discapacidad. Tengo un defecto de visión y llevo gafas correctoras desde que tenía tres años. También sé que el defecto se agrava con la edad. Tomo medicinas de forma regular y frecuente para controlar los ataques de migraña. Aunque de niño fui objeto de burlas ("cuatro ojos", etc.) y aunque he asumido que algunas personas piensan que la migraña se puede equiparar a un dolor de cabeza agudo, no puedo afirmar que haya experimentado la hostilidad, el prejuicio y la opresión de los demás.

En mi vida profesional, después de obtener la licenciatura en historia y sociología, fui profesor de enseñanza secundaria normal durante un tiempo antes de dedicarme a la enseñanza superior. Fui adquiriendo experiencia y asumiendo mayores responsabilidades, hasta la de profesor encargado de las admisiones de alumnos universitarios para un programa de licenciatura de estudios combinados; entonces me di cuenta del escaso número de solicitudes de personas que especificaban que sufrían alguna incapacidad. Más adelante pude analizar este hecho con más detalle (HURST, 1990; HURST, 1993). Entretanto había empezado a participar en el desarrollo real de atención a los alumnos discapacitados en mi propia institución y me había convertido en miembro del *National Bureau for Handicapped Students* (Departamento Nacional para Alumnos con Minusvalías). Este organismo había nacido como resultado de un encuentro de educadores, otros profesionales y algunos alumnos en noviembre de 1974. La idea de ese encuentro había surgido en una conferencia celebrada el año anterior, en la que se planteó que muchos jóvenes perfectamente cualificados no podían aprovechar las oportunidades de la enseñanza superior porque no se disponía de las instalaciones ni de los servicios de apoyo que requerían. Desde aquellos primeros días el organismo ha crecido, pero su objetivo básico sigue siendo el mismo: crear oportunidades en la enseñanza postobligatoria para todos los alumnos, con independencia de las insuficiencias o de las dificultades de aprendizaje que puedan tener. En 1988 la organización benéfica cambió su nombre por el de *Skill: National Bureau for Students with Disabilities* (Departamento Nacional para Alumnos con Discapacidades), para reflejar un cambio de actitud y de lenguaje. Ha pasado el tiempo y he seguido mi trabajo con alumnos discapacitados en mi propia institución y he asumido responsabilidades en *Skill*. En este momento estoy convocando el Grupo de Trabajo de Enseñanza Superior y actúo de Vicepresidente primero de la organización. Esto significa que tengo una responsabilidad importante en una organización benéfica nacional además de las que derivan de mis cargos en la universidad. Soy también miembro del grupo constituido por el Consejo para la Financiación de la Enseñanza Superior (Inglaterra), siguiendo su creación por la Ley de Enseñanza de Grado Medio y Superior de 1992, y cumpliendo con las orientaciones del Ministro en el sentido de centrar la atención en la situación de los alumnos discapacitados. (Más adelante se amplía la información sobre este grupo.) Mi función en el grupo se pretende que sea la de asesorar sobre po-lítica y provisión para alumnos de enseñanza superior discapacitados. Ser miembro de este grupo me ofrece la posibilidad de influir en la política a nivel nacional.

Este breve resumen de mis circunstancias personales ayuda a entender algunas de las cuestiones y de los dilemas a los que me enfrento como sociólogo interesado en investigar este sector de la provisión educativa, y como persona dispuesta a asegurar que los discapacitados dispongan de las mismas oportunidades y de los mismos derechos que cualquier otra persona.

Volviendo a esas cuestiones que planteaba Len BARTON y como respuesta a ellas, quiero señalar que:

a) Como persona no discapacitada me he ido percatando progresivamente de los temas que comporta mi "derecho" a emprender el trabajo que realizo.
b) Como miembro importante de una organización benéfica nacional y de un grupo potencialmente influyente de orientación política me enfrento a dilemas acerca de mis responsabilidades.
c) Como continuación de lo anterior, me preocupa que lo que hago conduzca al fin de la opresión y al desarrollo de la capacitación tanto en la enseñanza superior como en la sociedad.
d) Mis funciones me han dado más oportunidades de hablar en público y de escribir sobre temas de discapacidad en la enseñanza superior; cuando lo hago, confío en que evito reproducir el *statu quo*.
e) Espero que realice mi trabajo con alumnos y compañeros discapacitados de una forma que éstos consideren apropiada y aceptable.

Una vez aclarada mi posición, mi deber ahora es el de esbozar el contexto educativo nacional de mi trabajo.

La enseñanza superior y los discapacitados

La investigación sociológica sobre estudiantes con discapacidades y con dificultades de aprendizaje ha olvidado el sector de la enseñanza superior. Se podría decir que los temas que se suscitan en este nivel de enseñanza se ignoran en los comentarios de los colegas. Así, SLEE, después de advertir de la necesidad de ser precavidos al hablar desde un punto de vista general sobre la experiencia de la discapacidad, sigue analizando los temas de la integración en la "educación", cuando parece que su preocupación se limita a la

© Ediciones Morata, S. L.

escolarización obligatoria (SLEE, 1995). De hecho, por lo que se refiere a los estudios sobre la educación integradora, la situación de la enseñanza superior en Gran Bretaña es la ausencia de la noción básica de segregación y de provisión diferenciada. En su lugar, el debate sobre la "integración" se refiere más a las dificultades físicas que impone el entorno, a las dificultades técnicas relativas al acceso al *curriculum,* y a las dificultades extracurriculares sobre condiciones de alojamiento y vida social.

En comparación con algunos países, sobre todo con Estados Unidos, se sabe poco sobre la situación de las personas discapacitadas en la enseñanza superior en el Reino Unido. Hay que señalar que he decidido emplear la palabra "personas" porque deseo llamar la atención sobre el hecho de que no sólo me interesan los alumnos discapacitados, sino también los profesores discapacitados. Este abandono se puede observar en dos aspectos: la investigación y la política.

En cuanto a la investigación realizada en Gran Bretaña, hasta hace poco se disponía de escasa información sobre los discapacitados en la enseñanza superior, y la que existe se refiere casi por completo a estudiantes. Probablemente la investigación cuantitativa más importante fue la que patrocinó el *National Innovations Centre* (NIC) (Centro Nacional para las Innovaciones) y que se publicó en 1974 (NIC, 1974). Se enviaron cuestionarios a 150 instituciones, pero solamente respondieron 53. El bajo número de respuestas tal vez sea indicativo de la despreocupación que existía en la época. Sin embargo, basados en las respuestas de 242 individuos, se presentan los resultados bajo diez encabezamientos: perfil del alumno (edad, sexo, enseñanza, discapacidad), acceso a la enseñanza superior, vida académica, libros y bibliotecas, exámenes, desplazamiento, alojamiento, salud y bienestar, vida social, y trabajos. En todas las secciones se presenta la información en forma tabular con sus correspondientes análisis y comentarios. En 1987 se publicó otro estudio de parecido carácter estadístico, aunque éste se ocupaba sólo de la provisión del sector público (esto es, los politécnicos) y no analizaba las universidades. Lo que no aparecía en estudios de este tipo era una indicación de las experiencias vividas de los alumnos discapacitados. Esto es lo que traté de incorporar en mis trabajos con algunos grupos reducidos de alumnos con insuficiencia motora (HURST, 1993). También intenté fijar las experiencias de los estudiantes en el contexto de la política tanto institucional como nacional. Sin embargo, la investigación era inadecuada por varias razones. Solamente se fijaba en las circunstancias que afectaban a los alumnos con un tipo de insuficiencia y atendía principalmente al proceso de admisión. No se analizaba si los alumnos ciegos y los sordos compartían experiencias similares ni cuál era la experiencia global de la vida del universitario. En cierta medida, la investigación también se vio superada por disposiciones políticas importantes de ámbito nacional relativas a la financiación.

Al igual que otros sectores del servicio de educación, la enseñanza superior ha experimentado cambios considerables desde la llegada al poder de una serie de administraciones conservadoras. Recientemente se ha resumido la naturaleza de esos cambios: "Al mismo tiempo la enseñanza superior

© Ediciones Morata, S. L.

está cambiando: desde el proveedor hasta el mercado... otros estudiantes... expansión... otro aprendizaje... flexibilidad... los colaboradores... ".
(NIACE*, 1994, pág. 1.)

Dentro de estos cambios se ha prestado cierta atención a la situación de los estudiantes discapacitados. Desde la perspectiva del alumno individual, la situación económica ha mejorado desde 1990. En ese año el gobierno inauguró un sistema de préstamos especiales para los estudiantes, por el que éstos se obligan a devolverlos cuando inician su actividad laboral. Como resultado de las presiones de muchos distritos preocupados porque el sistema pudiera causar dificultades económicas adicionales a los alumnos discapacitados, el gobierno modificó las becas que existen para discapacitados. (Para más detalles acerca de los efectos de esas presiones, véase HURST, 1993.) Los estudiantes discapacitados que reúnen las condiciones para obtener una beca de manutención de sus autoridades educativas locales pueden solicitar otras tres asignaciones adicionales para cubrir los costes derivados directamente de la discapacidad, los de cualquier equipamiento especial y los de ayuda, no médica, para el estudio. La cantidad de dinero disponible cada año se ha incrementado de acuerdo con la inflación. No hay duda de que las asignaciones adicionales han sido valiosas. Sin embargo, existen problemas que no se han abordado aún —por ejemplo, la exclusión de los estudiantes a tiempo parcial y la diversidad de procedimientos adoptados por las autoridades educativas locales (véase PATTON, 1990).

Aunque se han beneficiado muchos estudiantes, no se abordaron los problemas a los que se enfrentaban las propias instituciones. De hecho gran parte de los trabajos publicados en el cambio de década acerca de ampliar el acceso y de mejorar los índices de participación de determinados grupos menos favorecidos olvidaron a los discapacitados (HURST, 1992). A pesar de que algunas universidades, politécnicos y escuelas univesitarias estaban desarrollando políticas y sistemas de provisión, la mayoría no hacían nada. Cuando se les planteaba tal situación, las respuestas más frecuentes aludían a los costes para explicar su inmovilismo. Ciertamente no existían incentivos para emplear dinero en adaptar las instalaciones o para contratar personal apropiado, ya que las instituciones no recibían asignaciones adicionales para tales propósitos. Además, las actividades de la reducida minoría que avanzaba en ese sentido tal vez no actuaban de incentivo, porque parecía que ya había alguien que se encargaba de esos asuntos. El principal cambio llegó con la Ley de Enseñanza de Grado Medio y Superior de 1992, que introdujo un sistema de control y de financiación unificado para todo el sector. También entonces se aumentó la presión al gobierno, y el ministro de educación, en las orientaciones que dio a los consejos de financiación nacionales recién creados, insitía en que prestaran atención particular a cubrir las necesidades de los discapacitados.

---

* NIACE: *National Institute for Adult and Continuing Education. (N. del T.)*

© Ediciones Morata, S. L.

La respuesta del *English Funding Council* (Consejo de Financiación Inglés) fue crear un *Advisory Group on Widening Participation* (Grupo Asesor para la Ampliación de la Participación). Desde la primera reunión quedó claro que existía una preocupación por apoyar las mejoras en favor de los alumnos discapacitados. Se anunció que para el año académico 1993-1994 se reservarían tres millones de libras adicionales como una Iniciativa Especial. Se invitó a las instituciones a que trataran de conseguir financiación para apoyar sus propios proyectos, y los fondos eran asignados por el Grupo Asesor de acuerdo con unos criterios que se publicaron en la circular que proponía que se hicieran las solicitudes. Se hicieron unas cien solicitudes, y de haberse atendido todas, el coste total hubiera sido de 8,2 millones de libras. El Grupo Asesor intentó que las adjudicaciones se hicieran a aquellos proyectos que partieran de una buena práctica y experiencia y que pudieran servir de ejemplo para el sector. Se quería evitar que el dinero subvencionara proyectos que se basaran en una experiencia muy limitada. También se especificó claramente que los fondos debían servir de motor de arranque y que las instituciones deberían considerar cómo se podían integrar los proyectos en sus hábitos de trabajo. En total, se suvencionaron 38 proyectos que abordaban políticas y sistemas de provisión para trabajar con alumnos con diversas discapacidades. Se está evaluando la Iniciativa y ya se ha publicado un informe provisional sobre el primer año (HEFCE*, 1995). Incluso antes de finalizar el primer año, el Consejo de Financiación anunció que había asignado un segundo paquete de tres millones de libras para 1994-1995, y que en ese momento se habían subvencionado 49 proyectos. (Hay que advertir aquí que los Consejos de Financiación para Escocia y Gales han trabajado para promover el desarrollo de políticas y de sistemas de provisión, pero su forma de actuar ha sido diferente a la de Inglaterra.)

Lo que queda de este artículo se aborda teniendo presente este trasfondo. Sin embargo, debo reiterar que desearía incluir a los profesores discapacitados en mi estudio, además de los estudiantes. A estas alturas ya debería ser evidente que los primeros forman sin duda un grupo "invisible" en cualquier trabajo que se haya emprendido hasta la fecha. Creo que puede haber varias causas importantes de ello. Gran parte del personal docente que trabaja en la enseñanza postobligatoria son profesores especialistas, algunos de los cuales tienen experiencia de profesor de primaria o secundaria. Para conseguir una plaza en un curso de formación inicial del profesorado, debe considerarse que los solicitantes están en buenas condiciones sanitarias. Ahí es donde surgen los problemas. Algunas personas discapacitadas se han sometido a exámenes médicos, a cuya finalización el médico ha indicado que "están en condiciones" para la enseñanza; de otros se ha dicho que "no están en condiciones" a causa de su discapacidad. Es un motivo de preocupación importante y un área de discriminación de la que se ocupa la *Royal Association for Disability and Rehabilitation* (RADAR) (Real Asociación para la Disca-

---

* HEFCE: *Higher Education Funding Council for England. (N. del T.)*

© Ediciones Morata, S. L.

pacidad y la Rehabilitación). En concreto se intenta cambiar el cuestionario ofensivo e indiscreto que deben contestar los discapacitados. Debido a estas trabas, es posible que haya menos profesores especialistas discapacitados en la enseñanza superior —de ahí su "invisibilidad".

Otra causa concurrente se refiere a los títulos. Para ser profesor de enseñanza superior, normalmente se pide que se disponga de unos títulos acreditados y haber sido universitario. La enseñanza superior tiene importancia en la expedición de los títulos y de las acreditaciones que se necesitan para futuros trabajos. ABBERLEY ha llamado la atención sobre la ausencia de oportunidades de trabajo para los discapacitados (ABBERLEY, 1995). Quizá se trate de un reflejo de los prejuicios, pero pudiera también estar relacionada con la ausencia de oportunidades para los discapacitados de conseguir los títulos necesarios. Como ya he señalado, si las personas discapacitadas son un grupo con escasa representación entre la población de estudiantes de enseñanza superior, lo mismo ocurre tanto en el mercado de trabajo en general, como entre los docentes de las universidades.

No disponemos de datos sobre el número de profesores discapacitados que trabajan en la enseñanza superior, ni sobre trabajadores con discapacidades en general de nuestras universidades. Las universidades pueden mostrar actitudes semejantes a las que se encuentran casi siempre entre los empresarios. A principios de 1995 el gobierno presentó un proyecto de ley para eliminar la discriminación de las personas discapacitadas. El libro blanco que lo acompañaba afirma que se debe someter a revisión la enseñanza superior en Inglaterra, aunque la implicación es que se considerará desde el punto de vista de los estudiantes más que del de los empresarios (HMSO*, 1995).

Tal vez una solución más constructiva, tanto para el posible profesorado como para los estudiantes, sea introducir un proceso más activo de concienciación sobre la discapacidad en las instituciones. Sin embargo, cuando se emprenda ese proceso hay que abordar varios temas importantes. En primer lugar, están las cuestiones de a quiénes se debe implicar, como receptores y como proveedores. Existen razones para pensar que todas las personas de una institución, desde la más importante a la menos, y cualesquiera que sean sus responsabilidades laborales, deben participar en los programas de concienciación sobre la discapacidad. En cierta medida, la dificultad estriba en la magnitud de la empresa. Asimismo, aquellos que lo han intentado aducen con razón que quienes parecen estar más necesitados son los que raramente prestan atención. Asumir el compromiso supone una selección de grupos concretos —por ejemplo, el equipo de curso que es responsable de una materia en la que se hayan matriculado discapacitados, o los que trabajan en la residencia para estudiantes con discapacidades. Al plantear quién debe organizar los programas de concienciación sobre la discapacidad, los que han introducido estos programas en sus instituciones han mostrado un fuerte

---

* *Her Majesty's Stationery Office.* Editorial del estado, fundada en 1786. Solamente publica material que avalan el parlamento, los ministerios u otros organismos oficiales. *(N. del T.)*

© Ediciones Morata, S. L.

compromiso con las organizaciones y los grupos de colocación de discapacitados. Un punto que se debe considerar aquí es en qué medida quienes imparten los cursos disponen de la experiencia y de la formación para tal cometido.

Otra serie de temas son los relacionados con el ritmo que se debe seguir para despertar la conciencia sobre la discapacidad. Una posibilidad es iniciarlo en el primer contacto con la persona discapacitada y, otra, posponerlo para el momento en que quienes deban estar concienzados se enfrenten ya a cuestiones importantes. Cada una tiene sus ventajas y sus inconvenientes, pero hay un aspecto en el que existe acuerdo unánime: despertar la conciencia significa mucho más que organizar actos concretos. Debe ser una actividad continuada con un programa claramente definido. Una forma de conseguirlo es asegurarle un lugar en el momento de la admisión de los nuevos alumnos. Los departamentos de personal y de promoción del profesorado pueden asumir la responsabilidad de sus empleados, y los sindicatos de estudiantes deberían participar más en el proceso de concienciación de sus miembros. Además del planteamiento formal, existen otras muchas oportunidades para llamar la atención sobre los temas de la discapacidad, por ejemplo los proyectos de investigación de profesores y de alumnos, y los procedimientos diseñados por las instituciones para asegurar buenos niveles en la propuesta, planificación y cambio de cursos.

Un tercer grupo de cuestiones son las que se refieren al contenido y a los métodos de los programas de concienciación sobre la discapacidad. Cada vez se dispone de más material comercial, que se puede mejorar si se cambia y se adapta a las circunstancias particulares de la institución. Existía un sistema basado en ejercicios de simulación, pero provocó cierta polémica (véase FRENCH, 1992). También merece atención el tema de si lo que se ofrece tiene que ver con la "educación" de los participantes o si constituye una "formación".

Algunos aspectos de la investigación sobre la discapacidad en la enseñanza superior

A la vista de mis observaciones anteriores, espero que se comprenda que en lo sucesivo me ocupe de la investigación sobre alumnos discapacitados. Para empezar, debo tratar de definir al alumno "discapacitado" y dar alguna indicación acerca de quiénes se incluirían en el ámbito de la investigación.

En primer lugar debemos aclarar que no se dispone de cifras que ofrezcan información estadística precisa sobre el número de alumnos discapacitados que cursan estudios superiores. La situación va a cambiar, porque la *Higher Education Statistics Agency* (HESA) (Agencia de Estadísticas sobre Enseñanza Superior) incluirá en su trabajo habitual la recogida de información sobre la discapacidad. En ausencia de datos ofrecidos por las instituciones y publicados por las autoridades centrales, es posible obtener una imagen general con la información que se facilita a las organizaciones res-

© Ediciones Morata, S. L.

ponsables de coordinar la mayor parte de las solicitudes de plaza en los centros de enseñanza superior, en el momento de hacer la solicitud. [Antes de que con la Ley de Enseñanza de Grado Medio y Superior de 1992 se unificara este nivel del sistema educativo, había dos organizaciones implicadas: El Consejo Universitario Central para las Admisiones y el Sistema Central de Admisiones para los Politécnicos; a partir de 1992 ha asumido estas competencias un único organismo: el *Universities and Colleges Admissions Service* (UCAS) (Servicio de Admisiones para Universidades y Escuelas Universitarias).] Antes de 1992, se pedía a todos los solicitantes que indicaran si padecían alguna discapacidad, para lo cual bastaba con señalarlo con una cruz en una casilla para tal efecto. No se les pedía más información. [Véase COOPER (1990) para un análisis basado en la elección de asignaturas y en las tasas de admisión.] El sistema planteaba un dilema a muchos que pensaban que si informaban de su discapacidad se rechazaría su socilitud. Debido a las presiones de *Skill* y de otras organizaciones, se cambió el sistema, de modo que en el modelo estándar de UCAS actual se pide a todos los solicitantes que completen un apartado especial en el que se pueden indicar una serie de discapacidades. En las instrucciones para rellenar el impreso, se insiste en que con esa información se pretende contribuir a que las instituciones dispongan los recursos necesarios antes del inicio del curso. Sobre la base de las respuestas a los tipos de discapacidad, podemos hoy hacernos una idea más precisa del número de solicitantes discapacitados y de sus insuficiencias. (Obsérvese que nos centramos en las solicitudes más que en la matrícula real en la enseñanza superior.) Las categorías de insuficiencia ofrecen una definición "oficial" de la discapacidad en el contexto de los estudios superiores. Abarcan las siguientes: dificultad de aprendizaje específica (por ej. dislexia), insuficiencia visual o ceguera, insuficiencia auditiva o sordera, dificultades motoras y necesidad de silla de ruedas, alumnos que necesitan asistencia personal, problemas de salud mental, discapacidades inadvertidas, y discapacidades múltiples.

De las anteriores, el mayor número de estudiantes dicen que tienen algún tipo de dificultad de aprendizaje, normalmente dislexia. Que la dislexia es una preocupación importante para los centros de enseñanza superior lo confirma el predominio de solicitudes de proyecto que se presentan al Grupo Asesor sobre Ampliación de la Participación de HEFCE. El informe de Iniciativa Especial de 1993-1994 (HEFCE, 1995) aporta más datos y mayor información sobre proyectos específicos. Después de presentar trabajos escritos que se juzgan insatisfactorios en algún sentido, algunos alumnos sospechan por primera vez que padecen dislexia. Para confirmarlo oficialmente deben ser evaluados por un psicólogo especialista en educación. Esto plantea la cuestión de cómo se paga esa evaluación. Si se confirma la dislexia, los estudiantes pueden solicitar una ayuda económica adicional por medio de las *Disabled Students Awards* (DSA) (Becas para Estudiantes Discapacitados), para cubrir los gastos de equipamiento y las recomendaciones del psicólogo. Sin embargo, a medida que se ha conocido la posibilidad de conseguir más recursos económicos, sobre todo para comprar ordenadores personales, y a medi-

© Ediciones Morata, S. L.

da que se puede utilizar el tipo de dificultad de aprendizaje para enmascarar una escasa capacidad de estudio, parece que cada vez son más los estudiantes que quieren ser evaluados. Las consecuencias de esto han sido una sobrecarga para el personal que trabaja en el apoyo de los estudiantes discapacitados en las instituciones, y un escepticismo creciente por parte de los responsables de las becas de la autoridad educativa local a la vista del gran aumento de solicitudes de DSA. Además de estos temas de identificación y evaluación, hay otros relacionados con el aspecto académico de la enseñanza superior que se deben abordar. Por ejemplo, algunos centros ofrecen un apoyo especial del profesor, que no se refiere específicamente a la asignatura y que pretende ayudar a los alumnos a vencer sus dificultades de aprendizaje. El hecho de considerar cuánto apoyo de este tipo hay que ofrecer y en qué debe consistir plantea algunas cuestiones relativas a la originalidad y la propiedad de los trabajos escritos que se presentan para ser calificados. No hay duda de que un efecto importante de las Iniciativas Especiales de HEFCE ha sido estimular el debate sobre las dificultades de aprendizaje específicas.

Una vez hemos delimitado quiénes se pueden considerar estudiantes discapacitados, puedo acometer otra serie de temas. Muchos de ellos parten de la idea de que cualquier investigación debe permitir que los indivduos hablen por sí mismos. Esto no ha sido fácil en mi experiencia de trabajo con alumnos discapacitados. En primer lugar, muchos de ellos consideran que ser estudiante es la experiencia más importante. Es algo muy parecido a los temas que destacaba BARTON cuando señalaba la situación de las mujeres discapacitadas y de los discapacitados negros. Parafraseando sus observaciones, los estudiantes discapacitados transmiten sus experiencias en el contexto de ser estudiante universitario y "éstas acrecientan las opresiones que conlleva" (BARTON, 1995, pág. 7). Así pues, para muchos estudiantes discapacitados, el mayor interés está en temas generales que afectan a todos los estudiantes —el coste de la vida, cumplir los plazos de los trabajos, tener una buena vida social. Para muchos universitarios a tiempo completo ser estudiante constituye una experiencia breve y pasajera; durante el primer curso siguen un proceso de resocialización, en el segundo, disfrutan de su nueva vida, y en el tercero y siguientes se centran en los exámenes, la graduación y en conseguir un empleo. Tal vez las percepciones negativas de los alumnos en general también "arañan" a los estudiantes discapacitados. En consecuencia, muchos de éstos cuyas ideas y experiencias podrían contribuir de forma importante en una investigación prefieren no involucrarse. Desean restar importancia a sus discapacidades. Para decirlo con otras palabras, e indicando un tema afín, quizá se les pueda considerar "estudiantes con discapacidades", más que "estudiantes discapacitados". Resulta interesante que éste fuera un punto del que me ocupaba en la introducción a mis investigaciones (HURST, 1993), y que se ha suscitado de nuevo en Australia en relación con el desarrollo de políticas (*National Board of Education, Employment and Training*, 1994). Una última cuestión que deseo señalar es que dentro del grupo de alumnos discapacitados existen diferencias importantes. Así, los estudiantes

© Ediciones Morata, S. L.

sordos en algunos casos quieren desarrollar una comunidad propia basada en su cultura y su lenguaje (véanse más adelante los comentarios sobre el proyecto de la Universidad de Sheffield Hallam). Esto difiere bastante de los planteamientos de otros grupos que desean una mayor participación e integración en la vida estudiantil. Como decía antes, el mayor grupo de alumnos de enseñanza superior es el que componen los alumnos con dificultades de aprendizaje específicas, más que el de aquellos de quienes se podría decir que padecen discapacidades. Lo que planteo aquí es que cualquier investigación debería tratar de identificar tanto los intereses principales de todos los alumnos discapacitados, como los específicos de un grupo determinado.

Una vez vencidas algunas de las dificultades de incorporar a los alumnos discapacitados en la investigación, el siguiente paso es considerar los métodos. Me inclino por los puntos de vista cualitativos, con lo que se plantean cuestiones sobre la recogida de datos mediante entrevistas, observaciones y fuentes documentales. Ya he dicho que no padezco ninguna discapacidad, y por tanto cuando me entrevisto con estudiantes discapacitados no puedo pretender ser lo que Goffman llamaba uno de "los nuestros". Esto podría crear barreras y obstáculos. Al informar sobre los resultados, también soy consciente de la necesidad de permitir que los estudiantes hablen por sí mismos (Booth, Capítulo XII de este libro). Prefiero tratar de incorporar a mi trabajo los tres postulados identificados por Alfred Schutz. David Hargreaves utilizó a Schutz en su investigación sobre las conductas desviadas en las escuelas (Hargreaves, 1975). En el resumen que hace de su sistema de trabajo, Hargreaves dice:

> Existen dos problemas fundamentales para el profesional de las ciencias sociales: descubrir los constructos de primer orden de los miembros que son relevantes para el problema científico, y traducirlos a los constructos de segundo orden que componen la teoría científica. En relación con lo segundo, Schutz (1953) ofrece tres postulados que especifican los requisitos que deben cumplir los conceptos científicos.
>
> (Hargreaves, 1975, pág. 27-30.)

El primer postulado, el de la coherencia lógica, se refiere a la lógica y a cómo la base de conocimiento que emplea el investigador difiere de la base de conocimiento de sus sujetos. Se trata, en breve, de la diferencia entre conocimiento científico y conocimiento de sentido común. Una forma de dilucidarlo es mediante una transcripción literal de los puntos de vista de los sujetos, en este caso los estudiantes discapacitados, junto con cualquier análisis o debate que en ellos se originen. En la realidad tal vez esto no sea posible en los casos en que un investigador haya acumulado transcripciones de muchas entrevistas. El segundo postulado, el de la interpretación subjetiva, destaca la importancia de que el investigador reconozca el punto de vista del individuo cuando se trate de analizar las acciones sociales. Lo que importa es el sentido que la situación tiene para el sujeto, no para el investigador. El tercer postulado, el de la adecuación, se refiere a la medida en que el análisis y

© Ediciones Morata, S. L.

la interpretación que el investigador hace de las acciones se comprenden y se corresponden con las opiniones de quienes son investigados. Intentar esto significa que, antes de realizar cualquier informe, se haya dado la oportunidad de dar su opinión sobre lo que se propone a quienes hayan participado como sujetos de la investigación. Por tanto, los alumnos discapacitados deberían confirmar o corregir la explicación de la situación que se propone. También esto podría ser imposible por muchas razones, la menor de las cuales no sería el tiempo.

En este punto empezamos a examinar la relación entre la metodología y la teoría. Como hemos observado en otro lugar, la investigación sobre la discapacidad ha destacado por su aproximación ateórica, aunque SHAKESPEARE ha señalado el desarrollo de las teorías sociales de la discapacidad a partir de 1980 (SHAKESPEARE, 1994). Esta falta de articulación con la teoría es evidente en la investigación sobre la discapacidad en la enseñanza superior. En estos estudios hay una carencia que sin duda amenaza gravemente los puntos de vista de los estudiantes discapacitados. Tal vez se deba a la ausencia de unas teorías disponibles y de fácil uso, por un lado, o, por el otro, a una incapacidad de emplear la "imaginación sociológica" de C. WRIGHT MILLS. No obstante, hay indicios de que se está progresando. Y también hay que abordar la conexión de la teoría con la práctica.

Conexión entre teoría, política y práctica: un estudio de casos

Ya me he referido a los proyectos financiados por la Iniciativa Especial de HEFCE. Una de las propuestas de 1993-1994 que tuvieron éxito fue la de la Universidad de Sheffield Hallam, cuyo objetivo era realizar una evaluación sistemática de lo que la Universidad disponía para ayudar a los estudiantes discapacitados y cómo se podría mejorar la provisión mediante un esquema nuevo. El proyecto impulsó la participación activa de personas discapacitadas, sobre todo estudiantes, pero también de un grupo reducido de profesores con minusvalías. Se asentó sobre dos principios clave. En primer lugar, se hacía una declaración inequívoca sobre el modelo social de la discapacidad y de la opresión social que de él deriva. Aunque otros muchos proyectos y otras instituciones suscriben y mantienen esta opinión, el equipo de Sheffield Hallam ponía en ella un gran interés. En segundo lugar, el equipo del proyecto tenía muchas ganas de reconocer la cultura de la discapacidad. En este sentido, se reconocía la importancia de la experiencia de la discapacidad, la autodefinición, la autodeterminación y la autodefensa. Sobre esta base, el equipo trató de desarrollar un sistema basado en una teoría social de la discapacidad. Eligió como punto de partida los principios de la vida independiente identificados por los discapacitados y los aplicó al contexto de la enseñanza superior. La definición de "independencia" pretende delimitar en qué medida los estudiantes o las personas discapacitadas controlan sus propias vidas y son capaces de organizarlas de la forma que desean. También es importante la idea de "elección" —ser capaz de decidir por uno mismo. También en este caso son muchas las universidades que lo reconocen, aunque muchas veces se trata más de un reconocimiento implícito que explícito.

El primero de los siete principios se refiere a la información y al acceso a ella. Así, los alumnos ciegos deberían disponer de materiales en el formato que desearan. Para algunos será en braille; para otros, cintas pregrabadas. A los estudiantes con otros tipos de insuficiencia visual se les debe facilitar materiales impresos con letra grande. El acceso a la información es un tema que afecta también a los alumnos sordos. Por ejemplo, hay que emplear el Lenguaje de Signos Británico para hacer disponible la información. Sea cual sea la incapacidad, en este caso el objetivo es el de conseguir el "entorno de información" total. Es fácil suponer que de lo que se trata es del acceso al *curriculum* formal. Sin embargo, los estudiantes discapacitados tienen derecho a la información sobre toda la experiencia de estudiante y en el formato que quieran. Por tanto, en la fase inicial de la admisión, habría que elaborar un folleto informativo en diferentes formatos. Si una universidad produce un vídeo para atraer a los estudiantes, el texto deberá asegurar que los ciegos no van a perder información importante contenida en las imágenes. Del mismo modo, el vídeo deberá tener subtítulos o una explicación con signos en algún lado de la imagen. Una vez iniciado el curso, no sólo existe información "académica, sino toda una serie de noticias sobre actos y acontecimientos en la vida social de la universidad. ¿Cómo se enterarán los alumnos ciegos de la visita de un político destacado si se anuncia en folletos que se dejan sobre las mesas del bar? ¿Cómo sabrán los sordos que se ha tenido que cambiar la hora del acto en el último minuto, si la información solamente se facilita de forma oral en los locales de la asociación de estudiantes? No son problemas graves. Su solución no requiere una tecnología cara. Se pueden eliminar si la comunidad se conciencia de los derechos de los estudiantes discapacitados y toma medidas para asegurar que no se les nieguen. Este tema se relaciona estrechamente con los de la concienciación de los que hablábamos antes.

El segundo principio se refiere al apoyo de los compañeros. Las experiencias de otros alumnos discapacitados significarán un considerable beneficio si se pueden compartir con los demás. En este punto debo referirme a algo que he mencionado antes: algunos (¿bastantes?) alumnos discapacitados no quieren que se les identifique con su minusvalía y optan por no involucrarse en asegurar que su universidad no les niegue de verdad sus derechos. El proyecto de Sheffield Hallam hizo grandes esfuerzos para conseguir la participación de los alumnos discapacitados. Concretamente, se diseñó un programa introductorio para tratar de impulsar esa participación desde el mismo momento en que los alumnos entraban en la Universidad. A raíz de esto, el equipo del proyecto publicó un informe breve en el que se ofrecían las opiniones de quienes habían participado (Sheffield Hallam University, 1994). Un objetivo es que la pronta participación conduzca a otra mayor en el Forum de Alumnos Discapacitados que ya existe. Un aspecto interesante de esto —y que de nuevo se relaciona con una observación que hacíamos

© Ediciones Morata, S. L.

antes— es que los estudiantes sordos han formado su propio "grupo escindido". Uno de los peligros de hechos como éste es la fragmentación de la experiencia.

El tercer principio de la vida independiente se refiere a la vivienda. Al igual que en la mayoría de las universidades, hay una escasez de alojamientos accesibles y asequibles. Muchas universidades se han provisto de alojamientos adaptados, sobre todo en las residencias. Sin embargo el precio de vivir allí es elevado y algunos estudiantes no pueden pagar el alquiler. Para algunos tal vez sea la única posibilidad, aunque, si pudieran, escogerían vivir con otros amigos en pisos o en casas alquiladas. Una alternativa podría ser ir a una universidad cercana al propio domicilio y seguir viviendo con los padres, pero esto tal vez supusiera renunciar a la oportunidad de irse de casa que seduce a muchos. El equipo de Sheffield Hallam reconoce el derecho a vivir donde el individuo elija. Para ello sugieren que las universidades podrían tratar de influir más en sus relaciones con las autoridades locales y en las inmobiliarias para asegurar que se disponga de alojamientos adecuados de diverso tipo en la zona.

Sobre el cuarto principio, el de las ayudas técnicas, el grupo de Sheffield Hallam afirma el derecho de los minusváldios al equipamiento que necesiten. En este punto nos podemos referir de nuevo a las asignaciones económicas adicionales que se introdujeron en 1990 y sobre los defectos del sistema. Algunos alumnos no reúnen las condiciones para este tipo de ayuda, sea porque son alumnos a tiempo parcial, sea porque la aplicación de los criterios sobre los ingresos familiares les haya excluido. En segundo lugar, para algunos alumnos el dinero de que disponen es insuficiente. Por ejemplo, si un estudiante sordo utiliza un comunicador en las clases, el coste por hora es aproximadamente de 15 libras. Suponiendo que el comunicador funciona 10 horas a la semana, para el alumno significa un gasto de 150 libras a la semana, o 1.500 al trimestre. La dotación para la asistencia personal no médica es actualmente de 4.750 libras, y por tanto durante el período de un año académico es posible que un estudiante sordo emplee casi toda la asignación sólo en esa ayuda. Es verdad que algunas universidades facilitan el acceso al equipamiento de otra forma. Por ejemplo, algunas tienen becas que permiten que los alumnos compren los artículos necesarios, mientras que otras disponen de unas reservas de artículos que prestan a sus alumnos mientras dura el curso. Un punto importante que señalaba el equipo de Sheffield Hallam es la disponibilidad de asesoramiento independiente e informado sobre el equipamiento adecuado para las necesidades del individuo. Aunque se reconoce que esto es conveniente, desde el punto de vista de una primera definición de "independencia", el alumno discapacitado es libre de ignorar cualquier consejo. Es posible que no sea obligatoria la compra de unos artículos determinados aunque, por ejemplo, si los equipos de tecnología de la información se han escogido porque son compatibles con el sistema de una universidad, sin hacer caso de los consejos, podría crear problemas. Sin embargo, la clave para el equipamiento está en su capacidad de ayudar a un alumno discapacitado a conseguir la máxima independencia.

© Ediciones Morata, S. L.

Además de equipamiento, algunos estudiantes discapacitados necesitan asistentes personales. Tratar de satisfacer las necesidades de estos alumnos ha embarcado a muchas universidades en una diversidad de programas. Algunas escogen los Voluntarios al Servicio de la Comunidad, mientras que otras han designado su propio personal para este trabajo específico. Para el equipo de Sheffield Hallam, la única solución que respeta los principios de la vida independiente es aquella con la que el estudiante discapacitado tenga el control directo de quienes proporcionan la asistencia. Los asistentes personales se convierten en empleados del individuo y su función es hacer aquellas cosas para las que no se dispone de otro medio.

El sexto principio se refiere al entorno. Para conseguir la independencia, los alumnos discapacitados tienen el derecho de poder acceder a todas las instalaciones. En muchas universidades esto es posible gracias a un programa gradual de cambios y de adaptaciones que han atendido las necesidades de esos alumnos. Sin embargo, existen muchos problemas. Así, aunque se puede acceder a los edificios, no siempre se puede hacer por el camino más directo, más conveniente o más utilizado. Del mismo modo, en la enseñanza superior, los aspectos geográficos y arquitectónicos suponen otras barreras. Numerosos edificios que ocupan las universidades más antiguas están protegidos, por lo que muchos planes de mejora de los accesos se contemplan con bastante reserva. Las universidades más nuevas suelen estar situadas en campus y no en el centro de las ciudades, por lo que es importante la distribución del campus. Muchos de los antiguos politécnicos se ubican en diversas dependencias, lo cual también crea dificultades.

El último principio de la vida independiente que utilizó el equipo del Proyecto de Sheffield Hallam se refiere al transporte. Señalan que los estudiantes discapacitados tienen derecho a un transporte público accesible y asequible. Esto cobra importancia cuando se consideran tanto el transporte interno entre las diversas dependencias como los desplazamientos a la ciudad, en los casos en que la universidad esté en un campus. Existen bastantes pruebas sobre la carencia de acceso a los transportes públicos en Gran Bretaña. En 1993, *London Transport* hizo una gran propaganda porque habían "abierto" el Metro a más personas discapacitadas, y en especial a los que emplean sillas de ruedas. La realidad es que de las 270 estaciones, solamente unas 40 son completamente accesibles, y de éstas muy pocas están en la zona del centro de la ciudad. En la red ferroviaria principal, *British Rail* aborda con lentitud la mejora del acceso a su servicio para los usuarios minusválidos. En los autobuses, se presta más atención al acceso para los pasajeros ciegos o con insuficiencia visual, aunque sólo en contados casos se puede acceder al autobús con silla de ruedas. (Esta situación cambiará si la ley consagra las propuestas del Libro Blanco del gobierno de 1995.) En Estados Unidos, la Universidad de Illinois se ha ganado la fama por su política y recursos para los discapacitados. Aunque se debe reconocer la importancia de la legislación sobre los derechos civiles, las mejoras en el sistema de transporte del distrito también se deben a la presencia de un gran número de estudiantes discapacitados en la zona de Champagne-Urbana. Todos los autobuses disponen

© Ediciones Morata, S. L.

de acceso para pasajeros con sillas de ruedas, que pueden viajar cuando quieran y a donde quieran. En Inglaterra, el transporte público completamente accesible está en mantillas, aunque es interesante señalar que los profesores discapacitados que trabajan en la Universidad de Sheffield Hallam trabajan en el diseño y desarrollo del nuevo sistema de transporte rápido de Sheffield.

En mi opinión, el valor principal del enfoque que Sheffield Hallam ha dado a su proyecto es que, mediante la idea de independencia, ofrece la posibilidad de emplear una aproximación de orientación teórica a quienes investigan los temas de la discapacidad en lo que afectan a la participación en la enseñanza superior. Se posibilita la consideración de aspectos de la política general y de la provisión, y también de las partes componentes específicas (por ej. los procedimientos de admisión, la política de alojamiento) mediante un esquema basado en un modelo social de la discapacidad. La misma importancia tiene el hecho de que el esquema que se ofrece tenga sus orígenes en las propias personas discapacitadas.

Otras reflexiones

Las dos iniciativas recientes patrocinadas por el *Higher Education Funding Council* (Consejo para la Financiación de la Enseñanza Superior de Inglaterra) y los correspondientes de Escocia (véase SHEFC, 1994) y de Gales han contribuido mucho a proyectar la discapacidad en los programas institucionales. Será interesante ver hasta qué punto se mantiene activo el empuje que han dado los Consejos para la Financiación, sobre todo hasta el año 1995, en que acaba la segunda iniciativa especial. Lo que no está claro en este primer momento es si los proyectos han aumentado realmente el número de alumnos discapacitados en la enseñanza superior, o si han servido para mejorar la calidad existente de las experiencias del grupo de esos alumnos. En el futuro, la *Higher Education Statistic Agency* (Agencia de Estadísticas sobre Enseñanza Superior) recogerá datos sobre la primera cuestión, mientras que la segunda debería ser motivo de interés para los diversos cuerpos de garantía y control de la calidad que se han creado junto a los Consejos para la Financiación.

Cualquiera que sea el resultado, el tema de la financiación seguirá vigente. Hoy parece que existen diversas formas de asegurar que las instituciones no crean que se autocastigan económicamente si deciden invertir dinero en desarrollar políticas y en suministrar recursos para los discapacitados. Una de estas formas es crear una asignación de mejora para los alumnos con incapacidad, de manera que, vayan a donde vayan a estudiar, lleven consigo un tipo de prima de financiación. Aunque esto tiene el atractivo de que no afecta a la capacidad de decisión del estudiante, parece que no existen garantías de que los fondos se vayan a emplear en beneficio del alumno discapacitado. En un caso extremo, una institución sin escrúpulos podría decidir reclutar deliberadamente estudiantes discapacitados para conseguir los fondos que éstos

© Ediciones Morata, S. L.

traerían consigo. Uno de los proyectos de Iniciativa Especial financiado en 1994-1995 está investigando de hecho las becas a base de asignaciones de los alumnos discapacitados.

Otro sistema es el que funciona actualmente en Australia. De forma resumida, se hace que las instituciones elaboren planes de igualdad en los que se indique cómo van a mejorar el acceso y el apoyo. Una vez se ha asumido el plan, a la institución se le reembolsa el dinero que ha empleado en ese trabajo. Un problema de este sistema es que puede obligar a las instituciones a gastar sus propios recursos de forma onerosa antes de obtener la financiación retroactiva.

En un documento político reciente de Australia se indicaba un sistema que sería inaceptable, especialmente desde el punto de vista de lo que antes decíamos sobre la naturaleza de la "independencia". En las "Orientaciones para los Servicios de la Discapacidad en la Enseñanza Superior" se dice:

> No sería posible, ni física ni económicamente, que cada una de las instituciones de enseñanza superior de Australia ofreciera toda la variedad de servicios especiales y de instalaciones que se consideran necesarios o deseables en este informe. Debido a esto, es razonable que las instituciones consideren un grado de especialización, de manera que se puedan concentrar el esfuerzo, el personal, el equipamiento y la experiencia en conseguir el resultado máximo. Esta especialización se podría coordinar dentro de una localidad...
> (National Board of Employment, Education and Training, 1994, pág. x.)

Este sistema de "centros de excelencia" no es nuevo. El atractivo que tiene se puede observar en varios distritos. Se podría aducir en su favor la efectividad y la eficiencia de los gastos, y tal vez a algunos estudiantes discapacitados les guste porque saben de antemano que una institución ha tenido experiencia anterior de trabajar con alumnos con la misma insuficiencia. Lo que este sistema no permite es dar a los discapacitados las mismas oportunidades y opciones que a los demás. Por esta razón, hay que oponerse a este tipo de propuestas. La política de *Skill*: Departamento Nacional para Alumnos con Discapacidades es la de oponerse a estas propuestas, y en mi puesto actual de Vicepresidente primero de la organización no me plantea ningún dilema, ya que mis ideas personales y profesionales y las de los miembros de la entidad que represento coinciden. Sin embargo, esto nos lleva a examinar otro tema relevante de este trabajo —la función de las organizaciones benéficas.

Skill es una pequeña organización benéfica nacional. Se fundó en 1974 y desde entonces, cuando sus actividades se centraban sobre todo en la enseñanza superior, ha ido abarcando todos los aspectos de la educación y la formación en los niveles de post-secundaria. La organización está constituida por un Consejo de Gobierno, cuyos miembros representan a los diferentes grupos de interés y que decide la política de la organización; un reducido Comité Ejecutivo elegido que es el responsable de asegurar que las decisiones del Consejo de Gobierno se lleven a cabo, y una pequeña sección de empleados en exclusiva que ponen en práctica las políticas. Hay ciertos aspectos de *Skill* y de las funciones que desempeño en ella que requieren una explicación más detallada.

Para empezar, soy consciente de los debates y de las preocupaciones que existen sobre las organizaciones "de" y organizaciones "para" personas discapacitadas. Actualmente, *Skill* está más cerca de las segundas, aunque una descripción más apropiada sería la de una organización "de y para" discapacitados. En 1995, cuatro de los nueve miembros del Comité Ejecutivo declararon alguna incapacidad. No se puede negar que los miembros de *Skill* hacen esfuerzos considerables para impulsar la participación de los discapacitados, en especial de los estudiantes. El problema es que lo haga con un éxito relativo. Algunas dificultades se derivan de los aspectos de la vida del estudiante que señalábamos anteriormente. Otras cuestiones pueden estar relacionadas con el coste de asistir a reuniones regulares en Londres y a los inconvenientes que supone usar el transporte público. Es posible también que aunque la organización parece estar dominada por profesionales no discapacitados como yo, los estudiantes discapacitados no se sienten motivados a colaborar de forma más estrecha. Reconozco (y muchos de mis colegas de *Skill* también) que éste es un tema de la máxima importancia.

Un segundo punto está relacionado con el anterior. En el Capítulo VIII, Robert DRAKE se muestra muy crítico con las organizaciones benéficas, especialmente porque no cuentan con representantes discapacitados, por su estrechez de miras y porque contribuyen al *statu quo* y a la perpetuación del modelo médico de la discapacidad. Quisiera discrepar de él, en lo que se refiere a *Skill*. Ya he reconocido que el grado de participación de las personas discapacitadas (especialmente de estudiantes) es un tema importante. Sin embargo, desde el punto de vista de sus intereses, *Skill* trabaja con personas que muestran una variedad de discapacidades y de dificultades de aprendizaje, y por consiguiente no se corresponde con el modelo de las organizaciones benéficas en el que DRAKE basa su crítica. La principal preocupación de *Skill* es suprimir las barreras a la participación de todos los discapacitados en la enseñanza post-secundaria. En este trabajo, su voluntad es la de adoptar un modelo social de la discapacidad que reconozca los derechos de los individuos.

Nuestra organización se ha visto en algunas situaciones interesantes. Como todas las organizaciones benéficas, sus ingresos dependen mucho de las donaciones y de las subvenciones. Hace unos años, se hizo una campaña breve a través de la BBC. Cuando se empezó a filmar, las ideas del guión ideado por los productores de la televisión hacían hincapié en el aspecto de "triunfo sobre la tragedia" de la participación de los estudiantes discapacitados en las enseñanza superior. Esto condujo a una serie de negociaciones sobre cómo se deberían presentar las imágenes de los discapacitados en la película. Quienes trabajaban en *Skill* exigían que fueran imágenes de independencia. Al final prevaleció esta idea, aunque el equipo de la televisión creía que proyectar una imagen que agradara a los discapacitados no serviría al mismo tiempo para que la gente se sintiera motivada a hacer donaciones. Creo que este ejemplo demuestra que la intención de *Skill* es cambiar el sistema, más que al individuo.

© Ediciones Morata, S. L.

Un tercer punto se refiere a la posibilidad que *Skill* tiene de influir en la política sobre la enseñanza superior. En los últimos tiempos, la batalla constante de los vinculados a *Skill* ha contribuido a cambiar el modelo de solicitud estándar y a mejorar la situación económica de muchos estudiantes discapacitados. Siguiendo las directrices del Ministro de Educación y después de la creación del Grupo Asesor sobre Ampliación de la Participación de HEFCE, *Skill* fue invitada a unirse al grupo para dar sus consejos y opiniones sobre los discapacitados que cursan estudios superiores. Después de algunos debates, se me propuso como representante en el Grupo Asesor. Esto me ha llevado a algunas reflexiones críticas y a considerar mis responsabilidades. En particular, me preocupa mi papel de instigador potencial del cambio. Desde mi posición en un segundo plano, conozco la obra de militantes discapacitados como Paul ABBERLEY y Mike OLIVER, que critican las barreras estructurales y que, como personas discapacitadas, tienen una experiencia de la opresión de la que yo carezco. Para apaciguarlos, tal vez mi contribución a los trabajos del Grupo HEFCE debería ser más radical. Debería abogar por una "enseñanza superior" nueva. Por otro lado, tengo conciencia de los imperativos del *statu quo* y de que los cambios se pueden provocar también mediante un proceso gradual que podríamos definir como liberal, más que como radical. De ahí que me haya congratulado por las dos Iniciativas Especiales, por el dinero adicional que han aportado y por la mayor atención que han despertado hacia la discapacidad a su paso. Las demandas de las propias instituciones demuestran la insuficiencia de los seis millones de libras. Por otra parte, si los proyectos que se han financiado han supuesto más oportunidades y han asegurado la existencia de más alumnos discapacitados en nuestras universidades, habremos dado un paso muy importante.

Conclusiones

El tema de la discapacidad en la enseñanza superior es un campo importante, sobre todo desde el punto de vista de su potencial para el cambio. Cuando los discapacitados acceden a los estudios superiores tienen la oportunidad de aumentar sus conocimientos, de desarrollar sus habilidades sociales, de obtener una buena cualificación y de constituirse en objeto de debate y de análisis. Es una experiencia importante en el proceso de capacitación. Con la graduación, es de esperar que ingresen en el mundo laboral y contribuyan de forma importante en el movimiento de la discapacidad. Este proceso está más avanzado que nunca en el Reino Unido. Lo que lo haría más eficaz, y por tanto lo que mejor contribuiría a las campañas por los derechos de los discapacitados, sería que los estudiantes discapacitados y el reducido número de profesores discapacitados trabajaran juntos. Una alianza entre estudiantes y profesores discapacitados haría mucho por reeducarnos y despertar nuestras conciencias. Al hacerlo, en palabras de Marx, pasarían de una "clase en sí misma" a una "clase para sí misma", y se constituirían en una valiosa fuerza en la campaña por la capacitación no sólo de ellos mismos sino de todas las personas discapacitadas.

© Ediciones Morata, S. L.

Bibliografía

ABBERLEY, P. (1995): "Work, utopia and impairment". Capítulo IV de este volumen.
BARTON, L. (1994): "Disability, difference and the politics of definition", *Australian Disability Review*, 3-94, págs. 8-22.
— (1995): "Sociology and disability: some emerging issues". Capítulo Primero de este volumen.
COOPER, D. (1990): "University entrance for students with disabilities". Trabajo inédito. Londres, Skill.
DRAKE, R. (1995): "The exercise of power in the voluntary sector". Capítulo VIII de este volumen.
FRENCH, S. (1992): "Simulation exercices in disability awareness training: a critique", *Disability, Handicap & Society*, Vol. 7, N.º 3, págs. 257-266.
HARGREAVES, D. y cols. (1975): *Deviance in Classrooms*. Londres, Routledge & Kegan Paul.
HIGHER EDUCATION FUNDING COUNCIL FOR ENGLAND (HEFCE) (1995): *Access to Higher Education: Students with Special Needs - An HEFCE Report on the 1993-94 Special Initiative to Encourage Widening Participation for Students with Special Needs*. Bristol, HEFCE.
HMSO (1995): *Ending Discrimination Against Disabled People*. Londres, HMSO.
HURST, A. (1990): "Obstacles to overcome: higher education and disabled students" en J. CORBETT (Ed.) *Uneasy Transitions: Disaffection in Post-Compulsory Education*. Basingstoke, Falmer Press.
— (1992): "Widening participation in higher education and people with disabilities", *Personnel Review*, Vol. 21, N.º 6, págs. 19-36.
— (1993): *Steps Towards Graduation: Access to Higher Education for People with Disabilities*. Aldershot, Avebury.
NATIONAL BOARD OF EDUCATION, EMPLOYMENT AND TRAINING (1994): *Guidelines for Disability Services in Higher Education*. Camberra, Australian Government Publishing Services.
NATIONAL INNOVATIONS CENTRE (NIC) (1974): *Disabled Students in Higher Education*. Londres, NIC.
NATIONAL INSTITUTE FOR ADULT AND CONTINUING EDUCATION (1994): *An Adult Higher Education: A Vision*. Leicester, NIACE.
PATTON, B. (1990): "A survey of the Disabled Students Allowances", *Educare*, N.º 36 (marzo 1990, págs. 3-7).
ROYAL ASSOCIATION FOR DISABILITY AND REHABILITATION (RADAR) (1993): *So You Want to be a Teacher?* Londres, RADAR.
SCOTTISH HIGHER EDUCATION FUNDING COUNCIL (SHEFC) (1994): *Access to Success for Students with Disabilities in Higher Education in Scotland*. Edimburgo, SHEFC.
SHAKESPEARE, T. (1994): "Cultural reproduction of disabled people: dustbins for disavowal", *Disability & Society*, Vol. 9, N.º 3, págs. 283-301.
SHEFFIELD HALLAM UNIVERSITY (1994): *Follow the Yellow Brick Road*. Sheffield, Sheffield Hallam University.
SLEE, R. (1995): "Clauses of conditionality: the "reasonable" accommodation of language". Capítulo VI de este volumen.

© Ediciones Morata, S. L.

TERCERA PARTE

Discapacidad, organizaciones benéficas, normalización y representación

La forma de definir la discapacidad es de importancia capital. Depende de varios factores, entre ellos nuestra experiencia anterior de interactuar con personas discapacitadas, y el efecto de las imágenes que se transmiten a través de diversos medios de comunicación.

Muchas de estas imágenes son negativas, se basan a menudo en supuestos médicos y en ideas sobre la normalidad no revisadas. Esto fomenta una cultura que crea dependencia y en la que elaborar definiciones y tomar decisiones profesionales y oficiales en nombre de los discapacitados forma parte de los valores aceptados.

En su capítulo, DRAKE hace una crítica del papel de las organizaciones de voluntarios. Se comparan estas organizaciones que actúan *para* los discapacitados con las *de* discapacitados. Las primeras, que en su mayor parte son organizaciones benéficas, han tendido a reforzar una idea pasiva y trágica de la discapacidad que se centra en las insuficiencias individuales. Las representaciones fotográficas son un medio poderoso para legitimar este tipo de imágenes. Estas entidades han contribuido también a confirmar la importancia de las ideas de segregación y la necesidad de la buena voluntad de los demás que se manifiesta con las donaciones. DRAKE sostiene que el apoyo a las organizaciones *de* discapacitados es fundamental para poder cuestionar y cambiar la discriminación y los estereotipos negativos.

El capítulo de FULCHER aborda el tema de la transformación de las vidas de los discapacitados. Se considera que ésta depende de factores culturales y económicos. El proyecto básico suscita las cuestiones de cómo pensamos sobre la política, la práctica y su relación con la labor de transformación. FULCHER dice que las políticas y las ideas del gobierno suelen alejarnos del reconocimiento de las complejidades de la vida cultural y política. Se hace una crítica de la "normalización", sobre todo por su fracaso en acometer seriamente las limitaciones que los discapacitados experimentan en sus vidas. Se identifican tres proyectos concretos y se presentan tres formas de

© Ediciones Morata, S. L.

interpretarlos. Se trata de la política de la diferencia, el desarrollo de una contracultura que representa las formas del arte de los discapacitados, y una aproximación al movimiento de la discapacidad como un movimiento social nuevo. En conclusión, dice FULCHER, reducir la opresión de las personas discapacitadas requiere la aplicación de sensibilidades materialistas. Esta forma más flexible y dinámica del análisis sociológico tiene en cuenta las posibilidades del cambio.

El capítulo de SHAKESPEARE examina las cuestiones de identidad e imagen, experiencia sexual, incluido el abuso, y de la posible alianza entre discapacitados y enfermos de SIDA/VIH. Mediante el uso de las fuentes existentes y de los datos de algunas personas entrevistadas, SHAKESPEARE analiza algunos aspectos clave de la política sexual con la intención de desarrollar un modelo social de la sexualidad y las diferencias de sexo. Sostiene que en las experiencias de las personas discapacitadas y en sus luchas por una identidad propia y colectiva positivas, las cuestiones fundamentales son las de poder y de prejuicio, no las de la insuficiencia y la diferencia física.

En el último capítulo, PETERS aporta algunas reflexiones sobre una empresa sociológica a la vez personal y política. Se representa la sociología como disciplina y a la sociedad en su conjunto como elementos que contribuyen a las ideas negativas y distorsionadas sobre la discapacidad. Se examinan las ideologías que están emergiendo —el postmodernismo, el feminismo y la pedagogía crítica— desde el punto de vista de su potencial para crear un dicurso nuevo sobre la identidad de la discapacidad. Este discurso adquiere la forma de una pedagogía de la liberación que potencia a los discapacitados de manera que les permite convertirse en abogados políticos. Se amplía esta actividad cuando las personas discapacitadas pueden sentirse orgullosas de esta identidad propia y pueden analizarla públicamente.

© Ediciones Morata, S. L.

CAPÍTULO VIII

Una crítica del papel de las organizaciones benéficas tradicionales

Por Robert F. Drake

Poder, normas y normalidad

Este capítulo evalúa los desafíos que tanto el modelo social de la discapacidad como el Movimiento de la Discapacidad que está emergiendo plantean a las organizaciones benéficas tradicionales. Entre estos desafíos está un debate fundamental sobre la definición de términos como "normal" y "discapacitado", un estudio de cómo se debe entender la discapacidad, y discusiones sobre qué tipo de acciones constituyen respuestas apropiadas o inapropiadas a la discapacidad.

Normas y ejercicio del poder

Los grupos sociales poderosos intentan imponer sus propios valores, expectativas y creencias a toda la sociedad. Sus intereses se codifican en normas que esos grupos aspiran a que alcancen una aceptación más general y, en última instancia, universal. En consecuencia, el concepto de "normalidad", lejos de describir un estado de cosas natural o predeterminado, representa un reconocimiento de los valores que han terminado por imponerse en una comunidad concreta en un momento dado. Por tanto, la formación de la "normalidad" es el resultado —y la representación— de un ejercicio de poder (Gaventa, 1980; Lukes, 1974; Crenson, 1971). Las normas sociales dominantes influyen en la forma en que actuamos con los individuos y con los grupos. Se recompensa la conformidad; en cambio, a quienes no consiguen cumplir las expectativas de la sociedad se les adscribe la calidad de desviados (Becker, 1963) y se les castiga, normalmente con sanciones que se aplican mediante un proceso que Goffman (1964) llamó estigmatización. Para Dahrendorf, la creación de las normas sociales y la medición de los individuos de acuerdo con ellas representan un acto de evaluación. Dice que las

© Ediciones Morata, S. L.

mismas actividades se pueden interpretar y juzgar de forma bastante diferente en las distintas sociedades. En consecuencia:

> La sanción de la conformidad y de la desviación en este sentido significa que los grupos dominantes de la sociedad han puesto su poder al servicio del mantenimiento de las normas. En un último análisis, las normas establecidas no son sino las normas dominantes.
> (DAHRENDORF, 1969, pág. 111.)

Es evidente que estas ideas no son nuevas en absoluto. GRAMSCI (1971 [1948-1951]) formuló el concepto de la hegemonía, por la que los valores de un grupo de elite se convierten en dominantes dentro de una sociedad, y mediante la construcción y la imposición de una norma de conducta unitaria para todos, una elite mantiene sus propios intereses al tiempo que subordina los de los demás. Del mismo modo, LUKES (1974, pág. 24) describió cómo puede funcionar este mecanismo. La formulación de normas constituye, *ipso facto,* un ejercicio de poder. Y ello se debe a que las normas sociales enmarcan el contexto en el que las personas dirigen sus vidas. LUKES sostiene que las fuerzas sociales dominantes imponen unos parámetros que pueden impedir, en cualquier grado, que las personas "tengan quejas, porque conforman sus percepciones, sus conocimientos y sus preferencias de modo que acepten su papel en el orden de cosas existente". LUKES mantiene que esta aceptación se produce porque no son capaces de ver ni de imaginar una alternativa a su papel, o porque lo consideran natural y que no se puede cambiar, o porque lo valoran como ordenado por la divinidad y beneficioso.

CORBETT (1991) sostiene que el concepto de "normalidad" dentro de la cultura británica actual contiene una paradoja, por cuanto engendra miedo y desconfianza hacia la diferencia, pero al mismo tiempo favorece la individualidad como un bien deseable. Por consiguiente, el objetivo de la individualidad se consigue mediante esfuerzos por sobresalir en actividades culturalmente valoradas como el deporte, más que arriesgándose al ridículo y el oprobio que puede suponer la participación en actividades socialmente extrañas. Para CORBETT, ponerse al lado de lo probado y experimentado equivale al rechazo de lo arriesgado y lo experimental. La reacción hacia los ciudadanos que no se adecuan a la "normalidad" es tratar de cambiarlos por medio de un tratamiento punitivo, la rehabilitación y la mejora. Así, por ejemplo, en un mundo que valora la habilidad física, el que utiliza una silla de ruedas empieza con una desventaja inmediata. Dado que son pocos los discapacitados que ocupan posiciones de poder, les es difícil cambiar las normas con las que se les compara con las personas no discapacitadas y se les diferencia de ellas. Si no pueden dar la vuelta a las normas dominantes, las personas discapacitadas pueden responder a las limitaciones que les impone una "normalidad" producida culturalmente y sancionada socialmente bien con la aquiescencia a un papel subordinado, bien con el rechazo absoluto de las normas imperantes, arriesgándose así a las sanciones que se derivan de su comportamiento "patológico" (BARNES, 1990).

© Ediciones Morata, S. L.

El modelo médico de la discapacidad

Así pues, es evidente que las ideas de la hegemonía se pueden aplicar a la forma de explicar la discapacidad. En las sociedades occidentales avanzadas, la idea de discapacidad predominante es la que está informada abrumadoramente por la medicina. Desde el punto de vista médico, las personas son discapacitadas como consecuencia de sus insuficiencias fisiológicas o cognitivas individuales. A esto se responde tratando de curar o de rehabilitar a las personas discapacitadas. Estos procesos pretenden devolverles a la condición "normal" de ser capacitados. FINKELSTEIN defiende que con estas ideas, que rigen todas las interacciones de quienes ayudan y quienes reciben la ayuda, se convierte a los discapacitados en personas dependientes:

> La existencia de personas que ayudan y de personas que son ayudadas encaja en estos supuestos de relación normativos. "Si no hubieran perdido algo, no necesitarían ayuda", se argumenta, "y dado que cuando ayudamos lo hacemos como representantes de la sociedad, es la sociedad la que establece las normas para la solución de los problemas".
>
> (FINKELSTEIN, 1980, pág. 17.)

Para BARTON (1986) la profesión médica es una de las principales fuerzas que intervienen en la configuración de las ideas sobre la minusvalidez de muchas personas no discapacitadas, y sostiene que su influencia particular se ha sentido tanto en una sociedad que necesita controlar a un sector desviado suyo, como en la creación y la provisión de una forma determinada de gestión y de legitimación institucionales. OLIVER (1990) y BARNES (1990) hacen una exposición más detallada de la historia y la naturaleza del modelo médico. El tema principal en el análisis actual es que una proporción muy considerable de organizaciones de voluntarios cuyas ideas giran en torno al bienestar social tradicional suscriben la explicación médica de la discapacidad (véase, por ejemplo, DRAKE, 1994, pág. 465).

El modelo social de la discapacidad

En los últimos años, sociólogos discapacitados (OLIVER, 1990; ABBERLEY, 1987; FINKELSTEIN, 1981a; DE JONG, 1979) y otras personas discapacitadas (CAMPBELL, 1992; HUNT, 1981) han cuestionado la explicación médica y han desarrollado un discurso alternativo que elabora un modelo social de la discapacidad. Desde esta perspectiva, las personas son discapacitadas no debido a sus insuficiencias físicas o mentales, sino por la configuración de una sociedad diseñada por y para personas no discapacitadas (SWAIN y cols., 1993). En este sentido, BRISENDEN dice que a él y a otras personas con insuficiencias:

> ... nos incapacitan edificios que no están diseñados para admitirnos, y esto conduce a su vez a toda una serie de otras discapacidades respecto a la educación,

a nuestras oportunidades de conseguir un empleo, a nuestra vida social, etc. Sin embargo, se suelen rechazar estos argumentos, precisamente porque aceptarlos supone reconocer hasta qué punto no somos meramente desafortunados, sino que sufrimos la opresión directa de un entorno social hostil.

(BRISENDEN, 1986, pág. 176.)

Así pues, para el modelo social el centro de interés no es el individuo discapacitado, sino las circunstancias opresoras del entorno social, político y económico en el que viven los discapacitados.

Las organizaciones benéficas tradicionales

Las organizaciones benéficas tradicionales participan en una amplia variedad de actividades sociales, entre ellas la educación, la religión, el deporte, el teatro, las aficiones y el entretenimiento. A nosotros nos interesan aquellas entidades que se centran en algún aspecto del bienestar social. Casi de forma invariable, estas organizaciones tradicionales enuncian sus identidades y sus intereses de acuerdo con las clasificaciones médicas de las enfermedades específicas. Normalmente se las considera empresas altruistas que se han fundado para cuidar de las personas discapacitadas. Su lugar en la sociedad es innegable, y sus raíces profundizan en la historia social de Gran Bretaña.

Con la Revolución Industrial y el advenimiento de las máquinas diseñadas para ser manejadas por personas sin insuficiencias, los discapacitados fueron excluidos progresivamente de los lugares de trabajo. Ello les convirtió en dependientes de los demás para sobrevivir (FINKELSTEIN, 1981b). Al principio, la Iglesia y los asilos eran dos entidades benefactoras importantes. Las entidades benéficas organizadas se convirtieron en la tercera. Desde la época victoriana en adelante, las sociedades filantrópicas desempeñaron una función importante en las vidas de los discapacitados. Primero, las organizaciones benéficas daban limosnas y proveían de refugio a los pobres dignos de ayuda y a los lisiados (DITCH, 1991). Pero a medida que se extendía el estado de bienestar, los discapacitados consiguieron acceder a los subsidios económicos del sistema de seguridad social. El papel de los organismos benéficos fue cambiando poco a poco y pasaron de dar limosna a desarrollar unos servicios que incluían una serie de proyectos como centros de día, talleres refugio y hogares residenciales: sitios separados del mundo social cotidiano del trabajo y el ocio (BARNES, 1990; HANDY, 1988; BRENTON, 1985).

A lo largo del siglo XX, las organizaciones benéficas tradicionales se han ido haciendo cada vez más poderosas. La imagen de un voluntariado informal, tosco y dispuesto, de buen corazón oculta una realidad concomitante de unas organizaciones constituidas formalmente que emplean a miles de profesionales asalariados a los que BRANDON caracteriza como:

> funcionarios voluntarios de la sociedad [que] pronto pierden el contacto, por ejemplo, con la vida de las decadentes casas de alquiler subvencionadas por el ayuntamiento y de los centros de salud mental. A medida que se hacen más podero-

sos se alejan más de esa realidad. La vida tiene otro aspecto vista desde el interior de un BMW.

(BRANDON, 1988, pág. 27.)

El sector del voluntariado en Gran Bretaña disfruta de unos ingresos que se cuentan por miles de millones de libras al año. Los ingresos totales de las 500 organizaciones principales en 1992 superaron los 3.000 millones de libras (Charities Aid Foundation, 1993). Algunas entidades tienen unas reservas sustanciales. Por ejemplo, en octubre de 1994, la organización Perros Lazarillos para Ciegos disponía de un activo de unos 160 millones de libras (*Independent on Sunday,* 16 de octubre de 1994, pág. 1). Aunque las entidades se definen como de voluntarios, se emplea este término para indicar no que actúan con mano de obra gratis (aunque es verdad que muchas emplean a voluntarios) sino que son a) no gubernamentales, b) sin ánimo de lucro y c) que sus objetivos son los de la beneficencia tal como la define la ley. Casi siempre están dirigidas por personas no discapacitadas (DRAKE, 1994) y se han ido dedicando progresivamente al tipo de provisión general que en otro tiempo era el dominio exclusivo de los servicios sociales oficiales (DARVILL, 1985; LE GRAND y ROBINSON, 1984; PAYNE, 1984; LEAT, SMOLKA y UNELL, 1981).

Las muchas organizaciones benéficas tradicionales que suscriben el modelo médico de la discapacidad especifican sus objetivos en relación a una de las condiciones definidas médicamente o a una familia de ellas. Ejemplos de este tipo de grupos son la Sociedad para la Esclerosis Múltiple, Asociación para la Esquizofrenia, la Sociedad contra la Enfermedad de Alzheimer y la Asociación contra Enfermedades Neuromotoras. Dado que las organizaciones tradicionales consideran que la discapacidad es el resultado de las insuficiencias individuales, la consecuencia es que para ellas el cambio (la rehabilitación, la adaptación o la cura) también se debe localizar en el individuo.

La aceptación general de este análisis, que también concibe que la discapacidad es problemática, legitima la intervención en forma de actividad de mejora, paliativa o de consuelo. Por ejemplo, estas organizaciones han reconocido que muchos discapacitados no pueden utilizar el transporte público. Las entidades benéficas tradicionales explican esta imposibilidad refiriéndose a las limitaciones tangibles de los discapacitados: es evidente que quienes emplean sillas de ruedas no pueden subir las escaleras hasta las plataformas elevadas y estrechas de los autobuses y de los autocares. La respuesta de muchos grupos tradicionales ha sido tratar de compensar a cierto sector particular de la población por su exclusión de los sistemas de transporte ordinarios. Y así lo hacen destinando dinero para suministrar minibuses especialmente adaptados cuyo uso está restringido sobre todo a los grupos de discapacitados designados, y a los que se ha catalogado como necesitados y merecedores de ayuda. Estos organismos se sienten orgullosos de ver cómo se anuncia su actividad benéfica en el exterior de los vehículos que suministran. Mediante este acto de identificación, estas organizaciones establecen una distinción entre quienes usan su transporte filantrópico y los otros miembros de la sociedad que no lo usan. El fulcro de la diferenciación es la presencia o la ausencia

© Ediciones Morata, S. L.

de un estado físico o de una insuficiencia determinados. El valor de la diferenciación reside en la prefencia del público por el automóvil privado, el autobús y el tren, más que por el minibús benéfico, una elección basada no solamente en las *formas*, sino en el *status social* de esos medios de transporte. En consecuencia, el interés de los grupos dirigidos por minusválidos ha sido diferente: han preferido trabajar por rediseñar los vehículos del servicio público.

La filosofía y las prácticas de muchas organizaciones benéficas tradicionales les hizo merecedoras de las críticas de los discapacitados. Unas críticas que se pueden agrupar en cinco categorías principales:

1. el espíritu y el foco de la acción del voluntariado;
2. hegemonía, gobierno y control de los recursos;
3. estructuras y prácticas dentro de los grupos de voluntarios;
4. la imagen que emplean las organizaciones benéficas; y por último,
5. la esterilidad política del sector del voluntariado.

El espíritu y el centro de atención de las organizaciones benéficas tradicionales

He dicho que las organizaciones benéficas tradicionales se basan en las ideas dominantes sobre la relación de ayudante/ayudado entre los no discapacitados y los discapacitados (FINKELSTEIN, 1981b), en las que los ayudantes ocupan invariablemente posiciones de poder y de autoridad en las organizaciones, y los ayudados se encuentran en unas circunstancias de subordinación a aquéllos. PAGEL (1988) daba cuenta de iniciativas por las que los discapacitados empezaron a reunirse para cuestionar el "derecho" de esas organizaciones y de los profesionales a controlar sus condiciones de vida cotidianas. Esta confrontación ha dejado al desnudo el poder que estos grupos tienen sobre los clientes discapacitados.

La aceptación del modelo médico lleva a las organizaciones médicas a adscribir "necesidades" a los discapacitados. Estas "necesidades" describen y miden la diferencia entre una persona discapacitada y la "normalidad". Esta visión de la realidad lleva implícito el supuesto de que las insuficiencias de los discapacitados les impiden satisfacer sus (adscritas) necesidades por sus propios medios. Si los discapacitados se niegan a reconocer que estas necesidades realmente existen, se puede considerar que tal reticencia es una parte integral de su "condición", causada bien por la falta de reflexión, bien por no saber aceptar su situación, e incluso se puede interpretar como una conducta patológica intencionada —un acto de militancia o una abierta desobediencia (ANSPACH, 1979). Desde esta perspectiva, se sigue naturalmente que las organizaciones de voluntarios se arroguen el derecho de gobernar la acción del voluntariado; de determinar sus objetivos y de configurar sus actividades. BLOOR (1986) ha dicho que, principalmente a través de la orquestación social, los discapacitados se ven reducidos a papeles caracterizados sustancialmente por la pasividad y la impotencia.

El sentido de propiedad sobre la acción del voluntariado que tienen las personas no discapacitadas se observa claramente en aquellas situaciones en que las organizaciones benéficas tradicionales han querido definir términos como "capacitación" o "participación del consumidor". Dado que las definiciones se han construido dentro del esquema dominante (médico) de pensamiento, esas organizaciones han empleado "capacitación" para referirse a la superación o al alivio de las discapacidades individuales en la vida cotidiana de los discapacitados. Es evidente que, cuando se habla de capacitación en este sentido, no significa ni supone transferir el poder de manos de los no discapacitados a los discapacitados dentro de las estructuras de ostentación de la autoridad que rigen en las propias organizaciones de voluntarios. De la misma manera, la mayoría de las veces se habla de "participación" como una invitación a las personas discapacitadas para que contribuyan en el proyecto de una organización, más que como el ofrecimiento a que participen en su gobierno (DRAKE, 1992a; CROFT y BERESFORD, 1990; PEARSON, 1990).

Hegemonía, gobierno y control de los recursos

Una segunda crítica que formulan los discapacitados se refiere a que las organizaciones tradicionales han usurpado las funciones o "los espacios sociales" que aquéllos requieren para su propia emancipación. La mayor parte de las organizaciones benéficas más grandes, ricas y conocidas estan dirigidas por personas no discapacitadas que controlan lo que se debe incluir y lo que se debe excluir en los propósitos, los objetivos y el trabajo de sus empresas. Cuando los departamentos del gobierno desean consultar a los discapacitados, esas organizaciones más importantes serán el conducto para esa representación. Del mismo modo, las organizaciones promueven en las personas la idea de que conviene dar limosna para la provisión y ayuda de los discapacitados, y a medida que vastas cantidades se acumulan en estas entidades mayores, son ellas las que deciden cómo se debe emplear el dinero. La crítica que SUTHERLAND (1981) hace de este estado de cosas es dura e inflexible. Sostiene que las organizaciones benéficas tradicionales mantienen unas estructuras organizativas sobre las que los usuarios no tienen control. Como consecuencia, grandes cantidades de dinero que deberían emplearse en su beneficio se gastan de una forma que muy poco sirve para satisfacer sus necesidades reales. Según SUTHERLAND, las organizaciones benéficas están desviando recursos que los propios discapacitados podrían administrar, y para agravar las cosas, aunque los discapacitados son el tipo de personas que lógicamente se debe escoger para dirigir las organizaciones que se supone que representan sus intereses, se les priva de este trabajo, que en cambio se entrega a los no discapacitados. SUTHERLAND resume su opinión de estas circunstancias con la siguiente pregunta: "¿Qué es esto si no explotación?"

Los discapacitados critican también la relación íntima que hay entre el sector del voluntariado y el Estado; en efecto, muchas organizaciones benéficas dependen en gran medida del gobierno central para disponer de fuentes de financiación seguras. Con la llegada de la cultura del contrato, las subvenciones han sido desplazadas progresivamente por acuerdos contractuales, de modo que las organizaciones han procurado hacerse cada vez más profesionales para solicitar con éxito los contratos de prestación de servicios (ANDERSON, 1990; FIELDING y GUTCH, 1989; GUTCH, 1989; KUNZ, JONES y SPENCER, 1989). El dinero que el gobierno destina a las organizaciones benéficas depende de la disponibilidad de estas organizaciones para emprender actividades como las de proyectos de trabajo y desarrollo para la comunidad (véase por ejemplo, Welsh Office, 1991). Los recursos para suministrar los servicios para las personas con insuficiencias están siempre disponibles, lo cual no ocurre cuando se trata de fondos para grupos que están a favor del cambio político y social (GUNN, 1989; DINGLE, 1987).

Además, como parte de los ingresos totales y de la facturación de la beneficiencia, la cantidad de fondos del gobierno para el sector del voluntariado es muy importante (Charities Aid Foundation, 1993; MABBOTT, 1992). BROADY (1989) calculó que en Gales las asociaciones de organizaciones de voluntarios nacionales y de condado reciben alrededor del 90 por ciento de sus fondos directamente del Departamento para Gales. Perder la subvención del gobierno representa un grave problema para una organización benéfica, porque puede acarrear la pérdida de puestos de trabajo, de prestigio y, en última instancia, del apoyo público. Por esto, incluso cuando las organizaciones quieren de verdad cambiar su orientación, se pueden ver atadas a sus funciones especialistas, segregadoras y de provisión de servicios. OLIVER concluye que la posición de las organizaciones benéficas tradicionales constituye una especie de usurpación: del dinero, de los recursos y, en fin, de la voz:

> La presencia e influencia continua de estas organizaciones tradicionales es hoy perjudicial tanto por las imágenes que promueven, como por los escasos recursos que consumen. Ha llegado la hora de que dejen paso. Los discapacitados y otros grupos oprimidos minoritarios se están potenciando, y este proceso podría ser mucho más efectivo si la mano muerta de cien años de caridad no les aplastara.
>
> (OLIVER, 1988, pág. 10.)

El sector del voluntariado tradicional está bien establecido. En consecuencia, las organizaciones de los propios discapacitados se enfrentan a diversos problemas en sus esfuerzos por desarrollarse y expandirse. En primer lugar, les puede ser difícil atraer fondos porque muchos proveedores de subvenciones ya han reservado sus presupuestos para la ayuda a las organizaciones de voluntarios más grandes y conocidas. En segundo lugar, las organizaciones de discapacitados pueden rechazar, por razones ideológicas, revestirse del caparazón de organizaciones benéficas. Y al hacerlo, sufren una serie de consecuencias perjudiciales. Por ejemplo, no se benefician de ninguna de las ventajas fiscales de que disfrutan las organizaciones benéficas, y al rechazar la denominación de "necesitadas" se les hace más difícil conseguir dinero del público en general para cubrir los gastos que suponen la organización y sus actividades —ya que si no hay "necesidades" ¿por qué tiene que dar la gente? En tercer lugar, siguiendo el argumento anterior, las organizaciones benéficas recaudan dinero porque apoyan las "buenas causas" y los "casos que lo merecen", mientras que los grupos de discapacitados no se dedican a recoger dinero apelando a la piedad de la gente. Es probable que las acciones de los grupos de discapacitados más radicales provoquen más el disgusto y el recelo que la aprobación general de la comunidad.

Estructuras y prácticas

Las pruebas empíricas (DRAKE, 1994; OLIVER, 1990) indican que los discapacitados están sustancialmente ausentes de los puestos de poder en las organizaciones de voluntarios. En pocas de estas organizaciones ocupan la mayoría de los puestos en las juntas de administración; un porcentaje muy bajo de personal asalariado son discapacitados, y muy pocos de éstos representan a sus organizaciones en los organismos de planificación públicos o son sus contactos para la prensa y los medios de comunicación en general. Al mismo tiempo, la pequeña cantidad de grupos que dirigen discapacitados suelen salir mal parados del trasiego por conseguir las subvenciones de las autoridades oficiales y del gobierno. Las estructuras de las entidades benéficas y las prácticas que siguen se adecuan a las normas sociales predominantes de las que hablábamos antes en este mismo capítulo. Además, BERESFORD y HARDING han constatado cierta resistencia al deseo de los discapacitados de integrarse en las estructuras de la toma de decisiones de las organizaciones tradicionales:

> ... fue el director ejecutivo de una organización benéfica quien dijo "si ve a nuestros residentes impedidos (*sic*) como usuarios mi respuesta debe ser distinta, sería muy poco realista implicar a la mayoría de nuestros residentes retrasados graves (*sic*) en la gestión o el desarrollo de los servicios".
> (BERESFORD y HARDING, 1990, pág. 7.)

Donde los discapacitados están ausentes de los puestos de autoridad en las entidades benéficas, aunque puedan tener una influencia informal, las estructuras y los objetivos de las organizaciones se determinarán en última instancia por el poder jerárquico que ejercen los miembros no discapacitados de las juntas de administración y los profesionales asalariados. Es una cuestión importante porque, como ha señalado GRIFFITHS (1990, pág. 40), muchas organizaciones de voluntarios funcionan según los que él llama "prinicipios del modelo de servicio clásico". Es decir, prestan servicios a los consumidores, más que integrarlos en la gestión de los programas y los proyectos. GOULDNER va aún más lejos cuando reconoce que:

> No es ningún secreto... que el personal de las organizaciones acaba por reconocer que sus programas son valiosos *por derecho propio*, y tratan de sobrevivir

© Ediciones Morata, S. L.

con independencia de la efectividad que demuestren en la solución de los problemas de la comunidad.

(GOULDNER, 1969, pág. 134.)

STANTON (1970) dijo que esta supervivencia únicamente requiere que una organización benéfica pueda cumplir las exigencias de la entidad que financiará, como algo distinto de los intereses de sus clientes. Los propios deseos de los discapacitados, cuando se han publicado, a menudo difieren sustancialmente de los intereses del sector de la caridad tradicional. (Véanse, por ejemplo, las preocupaciones de los discapacitados que se destacan en cualquier ejemplar de la revista *Coalition* que produce la Coalición de Discapacitados del Gran Manchester.) Algunas entidades tradicionales están empezando a aceptar que deberían promocionar a las personas discapacitadas a los puestos más altos de sus organizaciones. Por ejemplo, en enero de 1995, el Real Instituto Nacional para Sordos nombró por primera vez director a una persona sorda. Aunque hay que felicitarse por este tipo de acciones, no pueden por ellas mismas incidir en un cambio fundamental del tipo al que nos referimos en este capítulo.

La imagen

Para recaudar fondos, algunas organizaciones benéficas tradicionales encargan campañas publicitarias y de propaganda en las que los discapacitados aparecen como personas indefensas, dependientes y dignas de lástima. HEVEY (1992), MORRIS (1991) y DODDINGTON, JONES y MILLER (1994) sostienen que este tipo de imágenes producen un efecto nocivo en la forma en que se percibe a las personas discapacitadas. Los grupos de discapacitados se han opuesto con fuerza a estas representaciones. Por ejemplo, la Coalición de Discapacitados del Gran Manchester contaba que el director de una organización benéfica había declarado abiertamente que no le interesaba presentar imágenes positivas, y que mientras el dinero fluyera, el fin justificaba los medios. La organización había llevado a cabo una campaña en vallas publicitarias de todo el país particularmente negativa, y provocó que la Coalición afirmara que ya era "hora de que el movimiento de Personas Discapacitadas organizara una campaña de carteles en los que se reflejaran estas organizaciones benéficas parásitas tal como son" (*Greater Manchester Coalition of Disabled People,* 1990, pág. 21).

Con la llegada de este tipo de anuncios en la televisión y en la radio comercial, la cuestión de la imagen se hace más delicada aún. El concepto de beneficiencia tiene una carga emocional. Lleva consigo la aprobación social. Voluntarios que recaudan fondos, filántropos que donan grandes cantidades de dinero discretamente y personas que realizan gratis una ingente cantidad de trabajo para la comunidad gozan de una gran estima pública y algunas veces reciben condecoraciones como la MBE*. Ayudar a "los menos

---

* MBE: *Member of the British Empire. (N. del T.)*

afortunados" es una actividad valorada, profundamente enraizada en la cultura británica. Las entidades benéficas tradicionales saben aprovechar los valores que sustentan el concepto de beneficiencia cuando hacen sus llamamientos por los medios audiovisuales. En las imágenes que se emplean en esas campañas subyacen una serie de supuestos. Primero, las organizaciones benéficas creen que es aceptable hacer publicidad de las condiciones médicas que la mayoría de sus directivos, miembros de las juntas, directores y personal posiblemente no tengan. Segundo, sostienen que estas insuficiencias son indeseables, representan una desgracia personal, son el origen de unas necesidades especiales y obligan moralmente al público en general a que ayude. Tercero, estas organizaciones presumen que las personas que tienen esas insuficiencias quieren y merecen el apoyo público. Cuarto, piensan que pueden provocar algún cambio material en el estado ("la adversidad") de la población discapacitada a la que se dirigen. Quinto, presumen que este cambio es deseable en general, y en particular, deseado por los discapacitados. Sexto, las organizaciones benéficas suponen que son las entidades mejor situadas para determinar cómo se deben emplear las donaciones públicas.

Con este trasfondo, a los discapacitados les cuesta promover imágenes y mensajes muy diferentes que digan, por ejemplo, que son ciudadanos en todo su sentido cuyos derechos se les niegan; que el entorno urbano que han construido las personas no discapacitadas excluye a muchos discapacitados de los lugares públicos y de la vida social. Los discapacitados exigen la oportunidad de conseguir recursos mediante el trabajo, más que recibir el obsequio de las donaciones públicas. A muchos les indigna que se les retrate como objetos dignos de lástima; una imagen que perjudica su dignidad y su prestigio social. OLIVER (1990) profundiza aún más cuando dice que algunas organizaciones benéficas utilizan las insuficiencias de los discapacitados como "artículo de venta" o "producto" de su negocio: la discapacidad está creada socialmente.

Es evidente que no se trata aquí de los actos personales de altruismo, del impulso caritativo ni de la simpatía que un ser humano siente por otro. Los discapacitados actúan de forma tan caritativa y generosa como los no discapacitados, y lo correcto es que la comunidad valore a aquellos de sus miembros que, sin esperar recompensa alguna, ayudan a otros que están necesitados. Pero el uso del término "benéfico" para describir un tipo de organización determinado ha supuesto el traspaso de estos valores humanos a aquellas entidades cuyo empeño cuenta casi de forma unánime con el apoyo de las personas que no tienen ninguna insuficiencia, pero cuyos objetivos no *necesariamente* coinciden con los deseos de los discapacitados a quienes identifican como clientes. Un aspecto especialmente polémico del debate durante los últimos años ha sido el papel de las organizaciones benéficas tradicionales en la arena política.

© Ediciones Morata, S. L.

La esterilidad política

El cambio social se basa en el cambio político. Este solo hecho constriñe a muchas organizaciones benéficas tradicionales que quisieran centrarse en el cambio social. Normas como las Leyes sobre las Organizaciones Benéficas de 1993, 1992 y 1960, y la jurisprudencia relevante desde 1933 (resumida en SHERIDAN y KEETON, 1983, págs. 42-47) han excluido a esas organizaciones de cualquier actividad política de partido, y han impuesto restricciones severas a la posibilidad de que estos grupos realicen actividades políticas incluso del tipo no partidista. *The Charity Commission* (La Comisión para la Beneficiencia) (1994) ha dejado claro que una institución cuyos propósitos declarados incluyan la consecución de un objetivo político no puede ser una organización benéfica. La Comisión se apoya en los antecedentes legales que emanan de los Tribunales, según los cuales el propósito de ayudar los intereses de un partido político o procurar cambios en la ley o en la política del gobierno, u oponerse a ellos, no constituye un objetivo propio de la beneficiencia.

Aquí está el quid de la cuestión. Poner en entredicho el modelo médico de la discapacidad significa desafiar las normas, los valores y las expectativas sociales dominantes. Por consiguiente, se considera a menudo que ese tipo de acciones son políticas, y mediante el aparato judicial, la Comisión para la Beneficiencia y las leyes pertinentes, los gobiernos sucesivos han precintado efectivamente este campo de actividad. Para seguir ostentando el *status* de benéficas, las organizaciones deben mantenerse políticamente inertes. Ese *status* es importante para ellas porque constituye el acceso a las donaciones públicas y a los fondos gubernamentales. Al mismo tiempo, la catalogación de benéfica también establece la *bona fides* de la organización en la opinión pública.

Aun en el caso de que fueran legales los grupos de interés en torno a partidos políticos y la actividad política en general, y que el hecho de perseguir fines políticos no incidiera en la consecución de recursos, muchas organizaciones benéficas tal vez seguirían evitando comprometerse en ello, porque tienen una idea no política de la discapacidad. Los planteamientos que se concentran en cambiar las circunstancias personales de los individuos suelen ofrecer poco campo al compromiso de la política nacional.

Contrariamente a la postura de las organizaciones de ayuda tradicionales, los grupos de discapacitados (como el Consejo Británico de Organizaciones de Personas Discapacitadas) creen que la discapacidad es un tema político y como tal se debe abordar, algunas veces incluso hasta el punto de la desobediencia civil y la acción directa (CROW, 1990). Siendo así, en este punto se produce un desajuste entre el alcance de la acción benéfica y las aspiraciones de los discapacitados. La conclusión de BARTON es que:

> Una lección fundamental es la importancia de unir lo *personal* con lo *político*, de forma que lo se ha considerado principalmente desde el punto de vista *individual*, se pueda contemplar como un conflicto social y por tanto como un tema polí-

© Ediciones Morata, S. L.

tico... La labor es inmensa; se trata de pasar de la impotencia y la opresión a la realización propia y colectiva.

(BARTON, 1986, pág. 286.)

El movimiento de la discapacidad

Las diferencias paradigmáticas encarnadas en los modelos médico y social de la discapacidad han llevado a los discapacitados a cuestionar de múltiples maneras la legitimidad y la utilidad de las organizaciones benéficas que pretenden ayudarles, y a preguntarse dónde está la frontera entre el altruismo y la opresión. En los últimos años, cada vez han sido más las personas discapacitadas que han rechazado rotundamente a esas organizaciones tradicionales y han inaugurado las suyas propias. La Coalición de Personas Discapacitadas de Derbyshire sostiene que su poder surgió de la fuerza colectiva de sus miembros y de su justa exigencia de una participación y una igualdad plenas. La clave del éxito fue el compromiso de sus propios miembros en sus propios asuntos:

> Pronto serán cosas del pasado las palmaditas al discapacitado, que se le observe, que se le mire por encima del hombro, que se le sermonee con actitud paternalista. [En nuestra organización] sólo pueden votar los discapacitados porque están hartos de que personas no discapacitadas decidan POR ellos.
> (*Derbyshire Coalition of Disabled People,* 1989, pág. 4.)

El *British Council of Organisation of Disabled People* (BCODP) (Consejo Británico de Organizaciones de Personas Discapacitadas) cuenta hoy entre sus miembros con más de cien grupos. Estos grupos no se dedican a suministrar unos servicios especializados y segregados, sino a promover el cambio político con el fin de conseguir el acceso a áreas de la vida social que hasta hoy les han estado vedadas. Para decirlo con una frase famosa que ha sido adaptada sutilmente por el Movimiento de los Derechos de la Discapacidad, su pretensión es ir con audacia a donde todos los demás han ido antes.

Estos nuevos grupos de ayuda (*de,* más bien que *para*) discapacitados suscriben el modelo social de la discapacidad y por tanto definen ésta como un producto tanto de la política actual como del diseño y el mantenimiento de las instituciones, normas, valores y creencias sociales predominantes. Por consiguiente, el cambio se debe situar en la sociedad y no en el individuo. Para que los discapacitados adquieran el *status* de ciudadano que los otros ya disfrutan, se necesita una legislación contra la discriminación, que consagre y proteja sus derechos (BARNES, 1991). La Carta de Derechos Civiles (Personas Discapacitadas) de Roger BERRY (HMSO, 1994) constituye el ejemplo más reciente de un intento comprensivo de erradicar las tendencias discapacitadoras de las prácticas políticas, sociales y económicas contemporáneas.

© Ediciones Morata, S. L.

La respuesta de las organizaciones benéficas tradicionales

Es aún pronto para hacer un balance definitivo de cómo responden las organizaciones benéficas a las presiones que reciben, pero indicamos una serie de reacciones. Algunas entidades o no han sabido reconocer o han pretendido ignorar los cambios que se están produciendo a su alrededor, y o bien no piensan en la idea que tienen de la discapacidad, o bien no ven ninguna razón para dejar de centrarse en el individuo con insuficiencias. Por ejemplo, con la resignación que proporciona lo que Hevey (1993) llama el planteamiento de la tragedia personal, la Sociedad de Esclerosis Múltiple dice de sí misma que ofrece "una esperanza en el infierno". Algunos partidarios de las organizaciones benéficas tradicionales tienen una actitud hostil militante en contra de las posturas del movimiento de la discapacidad, cuyos objetivos desechan por poco meditados, no representativos o simplemente desatinados. Entre estos antagonistas más visibles están los diputados conservadores James Clappison, Edward Leigh, Richard Spring, Michael Stern y Lady Olga Maitland, cuyas enmiendas contribuyeron a derrotar la Carta de Derechos Civiles (Personas Discapacitadas). (Después se supo que el borrador de algunas enmiendas era obra del Consejo Parlamentario, que siguió las instrucciones del ministerio que dirigía Nicholas Scott, el entonces ministro para personas discapacitadas. Para una copia completa del debate parlamentario, véase Hansard [Great Britain, House of Commons, 6 de mayo de 1994: cols. 960-1.017].)

Una respuesta menos negativa pero también limitada es la de las organizaciones benéficas que aspiran a subsumir o incorporar "la participación del consumidor" simplemente como una pieza más de su proyecto de trabajo, o un nuevo tipo de defensa. Se ofrece a los usuarios mayor implicación y autoridad en determinados "compartimientos" del trabajo de la entidad alejados de las estructuras principales de la toma de decisiones (Drake y Owens, 1992). Con este tipo de reacción, las organizaciones pueden evitar cambios fundamentales en el equilibrio de poder existente.

Otros grupos, cuando formulan sus intenciones, aceptan que no pueden afirmar razonablemente que representan a los discapacitados ni que hablan en su nombre, así que basan su legitimidad acentuando las necesidades de los padres o de los cuidadores, o insistiendo en la prioridad de investigar las causas de la insuficiencia, o promoviendo actividades encaminadas a distribuir consejo e información. En mis propios estudios (Drake, 1992b) algunas personas entrevistadas de diferentes áreas del sector de la beneficiencia indicaron este tipo de objetivos. Una, de una organización cuyo nombre e historia hacían referencia al servicio de las personas mayores discapacitadas, cuando se le pidió que nombrara al consumidor de los servicios de su grupo, dijo que "en los estatutos se dice bien claro que son otros grupos, otras entidades, organizaciones basadas en la comunidad y el voluntariado". Otro entrevistado, perteneciente a un grupo dedicado a personas con discapacidades físicas ostensibles, veía "a las delegaciones como consumidores en

© Ediciones Morata, S. L.

realidad". El problema para los discapacitados persiste, y es que estas entidades siguen fijas en la mente de la comunidad como las organizaciones benéficas principales que se preocupan de toda la variedad de condiciones médicas específicas. Disfrutan de una atención considerable de los medios de comunicación y de la mejor parte de las ayudas públicas. En consecuencia, los grupos propios de discapacitados siguen eclipsados y con una dotación insuficiente.

El pluralismo de la sociedad del bienestar y la preeminencia del mercado en la política social contemporánea han brindado otra posibilidad a las organizaciones benéficas tradicionales, concretamente que se puedan transformar en proveedoras generales profesionales mediante contrato con el Estado. A pesar de que la retórica de este sector de la beneficiencia diga que se mantiene la independencia, muchas entidades dieron la bienvenida a esas oportunidades casi desde el prinicipìo (PAYNE, 1984; *National Council for Voluntary Organisations,* 1980; *Northern Ireland Council for Voluntary Action,* 1987).

Unos pocos grupos, como MIND, han reconocido que muchas de las críticas formuladas por los discapacitados son válidas y, por consiguiente, tratan de promover a sus usuarios a los puestos clave de la gestión y la planificación. Otros, como la Sociedad de Espásticos, han reconocido el impacto y la inconveniencia de las imágenes discapacitadoras y han cambiado de nombre (la Sociedad de Espásticos se llama ahora *Scope*). Estos grupos han empezado a promover mensajes positivos acerca de los discapacitados, pero su centro de atención sigue siendo personal, no social, y todavía no está claro si los cambios son profundos y están bien enraizados, o sencillamente son de estilo y superficiales. La potenciación de los discapacitados exige que quienes ostentan el poder hoy renuncien a él, y esto es lo que les resulta más difícil a las organizaciones benéficas tradicionales. Incluso aquellas que tienen una orientación positiva encuentran más fácil apoyar amplias campañas sobre los derechos civiles de los discapacitados que conseguir un cambio interno.

Conclusiones

Temas sociológicos

Hasta hace poco, el interés sociológico se ha limitado a entender la discapacidad como un subapartado particular dentro del estudio de la desviación. El análisis que está en el centro de este artículo indica que la sociología debe abordar la discapacidad desde otras perspectivas. Hasta hoy, los discapacitados han sido tratados sólo como algo más que objetos de investigación, y los investigadores sociales se han sentido satisfechos de dirigir sus indagaciones dentro de este esquema de estudio ofrecido por el modelo médico de la discapacidad [véase, como ejemplo, MILLER y GWYNNE (1972) y la crítica de HUNT (1982)]. El objetivo de este tipo de investigación ha sido principalmente identificar "los problemas del discapacitado" y proponer intervenciones a escala individual diseñadas para mejorar o paliar estos problemas.

Sin embargo, los sociólogos que trabajan con el modelo social de la discapacidad vuelven la mirada hacia las instituciones y las profesiones cuya influencia y cuyas actividades inciden en las vidas de las personas discapacitadas. Desde este punto de partida, la discapacidad surge de la negación de la ciudadanía, una negación de creación social, y se hace evidente la necesidad de que la investigación se realice en el ámbito social y político, más que en el individual. Por consiguiente, la sociología debe dar un nuevo enfoque a la construcción social de la "normalidad" y otorgar el mismo peso a las contrahegemonías que aportan los discapacitados como respuesta al modelo médico. Del mismo modo, los estudios tradicionales sobre las organizaciones benéficas se han concentrado hasta hoy en los temas de política social (BRENTON, 1985) y en las estructuras organizativas (HANDY, 1988; HOUGHTON y ALLEN, 1990), más que en el papel desempeñado por estas entidades en la configuración y la imposición de las normas sociales dominantes. Lo que se necesita es agudizar la investigación sociológica de la beneficencia como institución social. A primera vista, existe una estrecha relación entre el altruismo organizado y la creación de dependencia.

Pero más allá de un cambio de perspectiva de la investigación sociológica, OLIVER (1992) exige cambios en el gobierno de la propia investigación. Dentro de las relaciones sociales del modo tradicional de investigar, gran parte del poder de que dispone el investigador es tanto para definir el problema objeto de la indagación, como para interpretar los resultados consiguientes. En este tipo de relaciones, a los discapacitados —como sujetos— les es difícil contrarrestar (o incluso saber) el programa predefinido que supervisa la investigación. Los autores que están de acuerdo con OLIVER (por ejemplo, BARTON, 1994 y BARNES, 1991) plantean una metodología alternativa y emancipadora en la que los propios discapacitados tienen el verdadero control en todas las fases del proceso, con el resultado de que adquieren un medio de capacitación más que sentir que se agrava su subordinación.

¿Qué futuro tienen las organizaciones benéficas tradicionales?

A la luz de la crítica planteada en este artículo, y de otras críticas más amplias formuladas por discapacitados en general, es necesario preguntar si queda algún papel legítimo para estas organizaciones benéficas, que se justifique aún en la idea de "insuficiencia individual" de la discapacidad. La aceptación del modelo social debe suponer cambios fundamentales en sus centros de atención, objetivos, estructuras, *status* y prácticas. En un paradigma de este tipo, las organizaciones benéficas deberían trabajar por alterar en todos sus sentidos la fábrica y la estructura de la vida social: deberían hacerse *políticas*.

© Ediciones Morata, S. L.

Aquellas que no están dispuestas a cambiar ya son anacrónicas, por diversas razones. Primero, la idea de la caridad benefactora es anatema para los discapacitados, que rechazan aquellas organizaciones que la promueven. Segundo, el predominio del modelo médico afronta los desafíos cada vez mayores del modelo social de la discapacidad. Dado que el modelo médico informa el espíritu de las organizaciones tradicionales, lo más probable es que sigan dedicadas a proyectos y programas de acción destinados a procurar el cambio individual, más que el social. Tercero, la posición apolítica del sector del voluntariado tradicional le enfrenta con las preocupaciones de los propios discapacitados acerca de la ciudadanía y la participación. Cuarto, las personas discapacitadas están excluidas sustancialmente de los puestos de poder y autoridad dentro de las organizaciones benéficas, que, por consiguiente, pueden carecer por completo del carácter de representantes de quienes dicen servir (DRAKE, 1994). Si estas circunstancias permanecen inalterables, esas organizaciones seguirán perdiendo el apoyo de los discapacitados, que, por otro lado, están encontrando su propia voz y fundando sus propios grupos.

El impulso que se originó en el apoyo de la malograda Carta de Derechos Civiles (Personas Discapacitadas) fue indicativo de la posibilidad (e incluso de la probabilidad) de futuros cambios en las normas y las explicaciones dominantes que hoy definen la discapacidad. Existen perspectivas muy reales de que antes de que acabe este siglo los discapacitados consigan los derechos civiles que les garantizarán la igualdad de oportunidades para el trabajo, una participación plena en la educación general y funciones verdaderas en todas las áreas de la vida pública. Como resultado, la configuración del paisaje social debe cambiar necesariamente para extender el derecho de la ciudadanía a todos, con independencia de sus insuficiencias. En estas circunstancias, aquellas entidades que sigan rigiéndose por el modelo médico (sea como organizaciones benéficas tradicionales, sea como subcontratantes del Estado) ofrecerán una visión de la discapacidad y una forma de abordar los servicios de provisión que nadie va a necesitar, nadie valorará y muy pocos comprarán. Queda por ver hasta cuándo los principales proveedores de fondos y el público en general seguirán apoyando a estas organizaciones.

Este análisis se ramifica en muchos sentidos, y se puede aplicar igualmente a los servicios sociales del sector oficial. Si se pagara a los discapacitados para que gestionaran los ingresos y los recursos, y si se adaptara convenientemente el entorno físico y social de forma que se eliminaran los obstáculos que hoy niegan la ciudadanía a los discapacitados, ¿qué tipo de obligaciones quedarían como responsabilidad de los servicios oficiales o de voluntarios? Esta cuestión escapa del alcance de este estudio, pero estos interrogantes se deberán abordar en el futuro. Sea lo que sea lo que ocurra a corto plazo, la ascendencia de un modelo social de la discapacidad significa para los discapacitados la última posibilidad de que la edad del paternalismo, de la filantropía organizada y de la caridad institucional lleguen a su fin.

© Ediciones Morata, S. L.

Bibliografía

ABBERLEY, P. (1987): "The concept of oppression and the development of a social theory of disability", *Disability, Handicap & Society,* 2(1), págs. 5-19.
ANDERSON, B. (1990): *Contracts and the Contract Culture.* Londres, Age Concern.
ANSPACH, R. (1979): "From stigma to identity politics", *Social Science and Medicine,* 134, págs. 765-773.
BARNES, C. (1990): *Cabbage Syndrome: The Social Construction of Dependence.* Basingstoke, Falmer.
— (1991): *Disabled People in Britain and Discrimination: A Case for Anti-Discrimination Legislation.* Belper, British Council of Organisations of Disabled People.
BARTON, L. (1994): "Disability, difference and the politics of definition", *Australian Disability Review,* 3, págs. 8-22.
— (1986): "The politics of special educational needs", *Disability, Handicap & Society,* 1(3), págs. 273-290.
BECKER, H. (1963): *Outsiders.* Nueva York, The Free Press. (Trad. cast.: *Los extraños.* Barcelona. Ediciones Buenos Aires, 1983.)
BERESFORD, P. y HARDING, T. (1990): "Involving service users", *NCVO News,* octubre, páginas 7-8.
BLOOR, M. (1986): "Social control in the therapeutic community: re-examination of a critical case", *Sociology of Health and Illness,* 8, págs. 305-324.
BRANDON, D. (1988): "Snouts among the troughs?", *Social Work Today,* 10 noviembre, página 27.
BRENDON, M. (1985): *The Voluntary Sector in British Social Services.* Londres, Longman.
BRISENDEN, S. (1986): "Independent living and the medical model of disability", *Disability, Handicap & Society,* 1(2), págs. 173-178.
BROADY, M. (1989): "The changing state of the voluntary sector in Wales", *Network Wales,* 66, págs. 4-6.
CAMPBELL, J. (1992): *Rights Not Fights,* discurso de inauguración de la Launch of the South Glamorgan Coalition of Disabled People, Atlantic Wharf, Cardiff, 21 marzo.
CHARITIES AID FOUNDATION (1993): *Charity Trends.* Tonbridge, Charities Aid Foundation.
CHARITY COMMISSION (1994): *Political Activities and Campaigning by Charities.* Londres, Charity Commission.
CORBETT, J. (1991): "So, who wants to be normal?", *Disability, Handicap & Society,* 6(3), págs. 259-260.
CRENSON, M. (1971): *The Un-Politics of Air Pollution.* Baltimore, Johan Hopkins Press.
CROFT, S. y BERESFORD, P. (1990): *From Paternalism to Participation.* Londres, Open Services Project.
CROW, L. (1990): *Direct Action and Disabled People: Future Directions.* Manchester, Greater Manchester Coalition of Disabled People.
DAHRENDORF, R. (1969): "On the origin of social inequality", en W. T. BLACKSTONE (Ed.) *The Concept of Equality.* Minneapolis, Burgess, págs. 96-114.
DARVILL, G. (1985): "Provision for profit - where does that leave volunteers?", *Involve,* 46, pág. 2.
DE JONG, G. (1979): *The Movement for Independent Living, Origins, Ideology and Implications for Disability Research.* Michigan, University Centre for International, Rehabilitation.
DERBYSHIRE COALITION OF DISABLED PEOPLE (1989): *Heard About?* Chesterfield, Derbyshire Coalition of Disabled People.
DINGLE, A. (1987): "Of their own free will?", *Network Wales,* octubre, págs. 12-14.

DITCH, J. (1991): "The undeserving poor: unemployed people then and now", en M. LONEY, R. BOCOCK, J. CLARKE, A. COCHRANE, P. GRAHAM y M. WILSON (Eds.) *The State or the Market.* Londres, Sage.
DODDINGTON, K., JONES, R. y MILLER, B. (1994): "Are attitudes to people with learning disabilities negatively influenced by charity advertising?: an experimental analysis", *Disability & Society,* 9(2), págs. 207-222.
DRAKE, R. F. (1994): "The exclusion of disabled people from positions of power in British voluntary organisations", *Disability & Society,* 9(4), págs. 463-482.
— (1992a): "Consumer participation; the voluntary sector and the concept of power", *Disability, Handicap & Society,* 7(3), págs. 301-312.
— (1992b): *"A Little Brief Authority?" A Sociological Analysis of Consumer Participation in Voluntary Agencies in Wales,* University of Cardiff, tesis doctoral.
— y OWENS, D. J. (1992). "Consumer involvement and the voluntary sector in Wales: breakthrough or bandwagon?", *Critical Social Policy,* 33, págs. 76-86.
FIELDING, N. y GUTCH, R. (1989). *Contracting In or Out?: The Legal Context.* Londres, National Council of Voluntary Organisations.
FINKELSTEIN, V. (1980): *Attitudes and Disabled People: Issues for Discussion.* Londres, Royal Association for Disability and Rehabilitation (RADAR).
— (1981a): "To deny or not to deny disability" en A. BRECHIN, P. LIDDIARD y J. SWAIN (Eds.) *Handicap in a Social World.* Londres, Hodder & Stoughton, págs. 34-36.
— (1981b): "Disability and the helper/helped relationship. An historical view" en A. BRECHIN, P. LIDDIARD y J. SWAIN (Eds.), *Handicap in a Social World.* Londres, Hodder & Stoughton, págs. 58-64.
GAVENTA, J. (1980): *Power and Powerlessness: Rebelion and Quiescence in an Appalachian Valley.* Oxford, Clarendon.
GOFFMAN, E. (1964): *Stigma: Notes on the Management of Spoiled Identity.* New Jersey, Prentice-Hall. (Trad. cast.: *Estigma: la identidad deteriorada.* Buenos Aires, Amorrortu, 1992.)
GOULDNER, A. (1969): "The secrets of organizations" en R. KRAMER y H. SPECHT (Eds.) *Readings in Community Organization Practice.* Nueva Jersey, Prentice-Hall, páginas 132-142.
GRAMSCI, A. (1971 [1948-1951]): *Selections from the Prison Notebooks.* Londres, Lawrence & Wishart. (Trad. cast.: *Cartas desde la cárcel.* Madrid, Cuadernos para el Diálogo, 1975.)
GREAT BRITAIN, HOUSE OF COMMONS (1994): *Parliamentary Debates (Hansard),* Vol. 242, N.º 98, viernes, 6 mayo, Londres, HMSO.
GREATER MANCHESTER COALITION OF DISABLED PEOPLE (1990): "National campaign fund", *Annual Report 1989-1990,* págs. 12-13. Manchester, Greater Manchester Coalition of Disabled People.
GRIFFITHS, H. (1990): "Community resource development: a strategy for the 1990s', *Policy Studies,* 11(3), págs. 30-41.
GUNN, L. (1989): "Planning for change", trabajo para *Planning for Change,* Social Work Services Group Conference, Edimburgo.
GUTCH, R. (1989): *The Contract Culture: The Challenge for Voluntary Organisations.* Londres, National Council of Voluntary Organisations.
HANDY, C. (1988): *Understanding Voluntary Organisations.* Londres, Penguin.
HEVEY, D. (1993): "The tragedy principle: strategies for change in the representation of disabled people" en J. SWAIN, V. FINKELSTEIN, S. FRENCH y M. OLIVER (Eds.) *Disabling Barriers, Enabling Environments.* Londres, Sage, págs. 116-121.
— (1992): *The Creatures Time Forgot: Photography and Disability Imagery.* Londres, Routledge.

© Ediciones Morata, S. L.

HMSO (1994): *Civil Rights (Disabled Persons), Bill [Bill 91]*. Londres, HMSO.
HOUGHTON, P. y ALLEN, G. (1990): *The Fifth Estate*. Birmingham, European Society of Associations Executive.
HUNT, P. (1981): "Settling accounts with the parasite people: a critique of 'A Life Apart' by Miller and Gwynne", *Disabililty Challenge* 1:38, mayo.
KUNZ, C., JONES, R. y SPENCER, K. (1989): *Bidding for Change?* Birmingham, The Birmingham Settlement.
LEAT, D., SMOLKA, G. y UNELL, J. (1981): *Voluntary and Statutory Collaboration: Rhetoric or Reality*. Londres, Bedford Square Press.
LE GRAND, J. y ROBINSON, R. (Eds.) (1984): *Privatisation and the Welfare State*. Londres, Allen & Unwin.
LUKES, S. (1974): *Power: A Radical View*. Londres, Macmillan. (Trad. cast.: *El poder. Un enfoque radical*. Madrid, Siglo XXI, 1985.)
MABBOTT, J. (1992): *Local Authority Funding for Voluntary Organisations*. Londres, National Council of Voluntary Organisations.
MILLER, E. J. y GWYNNE, G. V. (1972): *A Life Apart*. Londres, Tavistock.
MORRIS, J. (1991): *Pride Against Prejudice: Transforming Attitudes to Disability*. Londres, The Womens Press.
NICVA (1987): *Reaching for the End of the Rainbow*. Belfast, Northern Ireland Council for Voluntary Action.
NCVO (1980): *Beyond the Welfare State?* Londres, National Council for Voluntary Organisations.
OLIVER, M. (1990): *The Politics of Disablement*. Londres, Macmillan.
— (1988): "No Place for the Voluntaries", *Social Work Today,* 24 noviembre, pág. 10.
PAGEL, N. (1988): *On Our Own Behalf*. Manchester, Greater Manchester Coalition of Disabled People.
PAYNE, J. (1984): *Making Partnerships Work: A Case Study of the Implementation of a Joint Funding Pilot Partnership Policy,* (Documento de trabajo n.º 34). Bristol, School of Advanced Urban Studies.
PEARSON, N. (1990): *Putting People First: Consumer Consultation and Community Care*. Cardiff, Welsh Consumer Council.
SHERIDAN, L. y KEETON, G. (1983): *The Modern Law of Charities*. Cardiff, University College Cardiff Press.
STANTON, E. (1970): *Clients Come Last*. California, Sage.
SUTHERLAND, A. (1981): *Disabled We Stand*. Londres, Souvenir Press.
SWAIN, J., FINKELSTEIN, V., FRENCH, S. y OLIVER, M. (Eds.) (1993): *Disabling Barriers, Enabling Environments*. Londres, Sage.
WELSH OFFICE (1991): *Welsh Office Funding of the Voluntary Sector: A Strategic Statement*. Cardiff, Welsh Office.

© Ediciones Morata, S. L.

CAPÍTULO IX

Entre la normalización y la Utopía

Por Gillian FULCHER

Este capítulo tiene un tono realista: una postura un tanto pasada de moda en esta época que se supone postmoderna. Ello significa que su idea de las posibilidades de transformación es algo menos que Utópica. Trata de lo posible, más que de lo ideal, y de cuáles son las posibilidades que un análisis complejo pudiera ofrecer como reales. Su realismo no significa que sea ateórico o apolítico. Ni equivale al naturalismo. El realismo se diferencia por su método y por su intención (WILLIAMS, 1980), y ahí es donde situamos sus posibilidades políticas.

El capítulo sigue el orden siguiente. Analizo el proyecto de normalización, y luego describo brevemente tres pequeños proyectos realizados con personas discapacitadas. Después considero tres interpretaciones de un proyecto que va más allá de la normalización, analizando los proyectos mediante las tres interpretaciones con el fin de examinar su contribución a un proyecto más amplio, así como sus limitaciones y posibilidades. Las cuestiones subyacentes son: ¿estos proyectos pequeños, así analizados, cambian el marco en el que deberíamos reflexionar sobre las ideas de política, práctica, ejecución, etc.? Y de ahí: ¿cuál es su aportación a una teoría social de la discapacidad? ¿Qué relevancia tienen para el proyecto de moderar la opresión de las personas discapacitadas?

El proyecto de normalización

El proyecto de normalización se inició en la década de 1960, en lo que llamamos los servicios sociales, en Escandinavia, fruto de las preocupaciones por la vida de las personas con dificultades de aprendizaje (que entonces se llamaba retraso mental). NIRJE (1985) hace una breve historia. WOLFENSBERGER (1983), que trabaja en la Universidad de Siracusa en Estados Unidos, presenta otra, y defiende que el término se cambie por el de "valorización de la función social", mientras que OLIVER (1994) hace una interpretación diferente. Como quiera que se llame, el principio básico del proyecto es "la creación, ayuda y defensa de unas funciones sociales valoradas para las personas que corren el riesgo de la devaluación social" (WOLFENSBERGER, 1983, pág. 234). El modelo escandinavo, y más aún el estadounidense (BROWN, 1994, pág. 123) se asentaban en la afirmación de los derechos de los discapacitados. La idea de normalización ha ejercido una gran influencia en los países occidentales modernos en toda una serie de servicios, pero durante la última década cada vez se ha cuestionado más el alcance de la capacidad de este tipo de servicios de asegurar estos derechos en aspectos fundamentales de la experiencia de las personas discapacitadas. BROWN (1994) observa cierto progreso, pero el análisis de la regulación de la conducta sexual de las personas con dificultades de aprendizaje "da la vuelta a la idea de un modelo de normalización homogéneo y consensuado y atestigua el poder que un grupo de interés tiene para definir los valores en cualquier momento de la historia" (BROWN, 1994, pág. 135).

Aunque el proyecto de normalización parecía ser radical, tenía unos supuestos funcionalistas y unas ideas e intereses interaccionistas (CHAPPELL, 1993; OLIVER, 1994). Ese proyecto dejó intactas prácticas fundamentales como la del control profesional de los servicios (OLIVER, 1994). De modo que, a pesar de su radicalismo aparente, el proyecto de normalización se podía insertar en los principios y las prácticas políticas.

Se pretende que la normalización es una teoría —ciertamente es una idea que informa a la práctica—, una teoría de la que lo primero que describe CHAPPELL son sus limitaciones, ya que no "constituye una teoría de la *discapacidad* que tenga en cuenta las limitaciones materiales que existen en la vida de las personas con dificultades de aprendizaje"; en segundo lugar, una teoría "dominada por el empirismo y las prioridades de los profesionales"; tercero, funcionalista "en sus supuestos sobre la relación entre los profesionales y los discapacitados"; y cuarto, "idealista tanto porque adopta unas ideas interaccionistas respecto a la desviación, el etiquetado y el estigma, como por su interés por las actitudes y los valores" (CHAPPELL, 1992, pág. 39). No podemos sino estar de acuerdo en estos puntos. Pero CHAPPELL también apunta que "la normalización no consigue situar la experiencia de las personas con dificultades de aprendizaje en un marco político" (CHAPPELL, 1992, pág. 40). En contra de esta idea, diré que los supuestos funcionalistas sobre lo social (lo que solíamos llamar "lo social"), al igual que todas las otras teorías sociales, tienen unas implicaciones políticas: el problema es que las estrategias políticas que derivan de un marco funcionalista son opresoras para todos menos para la clase dominante. Pero el punto clave del análisis de CHAPPELL que aquí nos interesa es que la normalización como teoría social no ha sabido tener en cuenta las limitaciones materiales que existen en la vida de las personas discapacitadas. ¿A qué teoría social podemos recurrir? MILNER (1993, págs. 6 y sgs.) distingue entre el materialismo riguroso (utilitarismo), sus versiones más suaves (marxismo, en su crítica de la economía política, donde la cultura es algo secundario), y el materialismo cultural.

© Ediciones Morata, S. L.

OLIVER (1994) hace una crítica materialista del principio de la normalización, que sitúa en una visión marxista de la economía política, con lo que la distingue de otras interpretaciones de ésta. Lo que se entienda por economía política es fundamental (OLIVER, 1994, pág. 5). Él cita una definición generalmente aceptada de economía política:

> El estudio de las interrelaciones de la política, la economía y la sociedad, o más específicamente, las influencias recíprocas entre gobierno... la economía, las clases sociales, el Estado y los grupos reconocidos. El problema fundamental de la idea de economía política es cómo interactúan la política y la economía en una relación causal recíproca que afecta a la distribución de los bienes sociales.
> (ESTES y cols., 1982, citado en OLIVER, 1994, pág. 5.)

Señala que esta definición "se puede incorporar a una visión pluralista de la sociedad como un consenso que surge de los intereses de varios grupos y fuerzas sociales" (OLIVER, 1994, pág. 3). De modo que no todas las interpretaciones de la experiencia de los discapacitados contribuyen a un proyecto de moderación de la opresión. OLIVER cita como ejemplo la explicación de ALBRECHT de la discapacidad, y observa que resulta difícil disentir de la descripción que hace ALBRECHT de cómo se produce la discapacidad en la sociedad capitalista de Estados Unidos, pero que:

> el problema de esta versión pluralista de la economía política es que deja sin examinar la propia estructura capitalista de Estados Unidos, como tampoco analiza el papel fundamental que desempeña la economía capitalista en la conformación de la experiencia de los grupos y de los individuos.
> (OLIVER, 1994, pág. 6.)

Y sigue,

> Exactamente la misma crítica se puede hacer a la teoría de la normalización. Según esta teoría, la devaluación es un proceso cognitivo universal y las condiciones económicas y sociales sólo son relevantes para quien se convierte en devaluado.
> (OLIVER, 1994, pág. 6.)

Así pues, OLIVER sostiene tanto que "las estructuras sociales desigualitarias no se pueden explicar sólo haciendo referencia a las funciones sociales valoradas y devaluadas", como que "la normalización tampoco puede servir nunca para transformar la vida de las personas" (OLIVER, 1994, pág. 13). Aunque NIRJE (1985, págs. 66-67) incluye las condiciones económicas normales como una de las "ocho facetas descriptivas" de que se compone el principio de la normalización, esta inclusión descriptiva (¿una lista de deseos?) no transforma la base funcionalista en la que se asienta el proyecto de normalización. Un problema clave de la teoría de la normalización es que:

> ofrece a los discapacitados la oportunidad de que se les asignen funciones sociales valoradas en una sociedad desigual que valora unas funciones más que otras.

© Ediciones Morata, S. L.

La teoría social materialista ofrece a los discapacitados la oportunidad de transformar su propia vida y, con ella, transformar la sociedad en la que viven en otra en la que se valoren todas las funciones por igual.

(OLIVER, 1994, pág. 28.)

¿Más allá de la normalización?

El proyecto de transformar la vida de las personas discapacitadas plantea varias cuestiones, entre las que se incluye el tema teórico y político de cómo se debe producir esta transformación. En este capítulo analizamos la cuestión de si la transformación se puede producir con la ayuda de ideas que mantienen una sensibilidad materialista, pero que no consideran que las prácticas culturales tengan menor importancia que la "economía".

¿Qué entendemos por "transformación"? El término aparece en varias interpretaciones de la vida social (FOUCAULT, 1991, págs. 53-59; OLIVER, 1994, página 22; ROMAN, 1993a; 1993b), y normalmente no se define. Pero cada uno de sus usos contiene un significado que se debe hallar en una interpretación más amplia de la vida social en la que aparece. Así, FOUCAULT se refiere a menudo a la idea de transformación (1991, págs. 55-59, 70-71), no la define pero resalta su interés por alejarse de los conceptos de cambio social, ya que éstos implican un cambio en el tipo o la forma.

La obra de FOUCAULT representa un intento de traspasar las ideas dualistas en las que los significados se definen, en parte, por sus opuestos: suerte/planificación, cambio/*statu quo,* normal/anormal, *Gemeinschaft/Gessellschaft.* La razón está en que las interpretaciones dualistas de lo social construyen cuestiones y análisis equívocos. Así que la idea de cambio social, como otros dualismos, solamente se conoce por su opuesto: el no *statu quo* (como si éste fuera estático). Para intentar evitar estas categorías, es útil entender que la vida social está constituida por una selección compleja de prácticas sociales, cada una de las cuales contiene muchas prácticas: lingüísticas y discursivas (con las que me refiero tanto a las prácticas lingüísticas como a otras prácticas fisiológicas), incluidos los fenómenos que acontecen de forma más evidente fuera de nosotros (como ocurre en buena parte con el lenguaje), tales como la tecnología y lo que llamamos el mundo natural. En este contexto, la idea de transformación es una metáfora útil: implica una alteración en las hebras que se entretejen para constituir unas prácticas sociales complejas, donde las alteraciones en lo que se transmite pueden afectar a lo que ocurre o conformar los resultados.

Una cuestión importante que subyace en este análisis es: ¿qué nos pueden decir estos pequeños proyectos sobre la política y la teoría de su trabajo de transformación? Además de ésta, me inquietan otras dos cuestiones. La primera se refiere a la interpretación de la política sobre discapacitados del gobierno, y a su orientación, y más en concreto qué pensamos del gobierno y del tipo de ideas que nos ofrece para reflexionar sobre cómo se nos gobierna. Las ideas principales que ofrece son los temas de política, práctica, ejecu-

© Ediciones Morata, S. L.

ción, objetivos y, actualmente, eficacia y eficiencia. ¿Son ideas útiles para evaluar las diferencias que existen en la vida de los discapacitados y que se dice que son consecuencia de las "iniciativas" políticas? En otro sitio he dicho que no. También voy a dejar de lado las ideas de progreso (una idea de la Ilustración), y las de éxito y fracaso político (ideas de la sociedad de logros), porque son ideas extrañas aunque populares.

La segunda es mi deseo de abandonar la crítica (tarea relativamente fácil para quien guste de escribir) para adoptar una postura que algunos, como la feminista Leslie ROMAN (1993), llaman fundamentalmente realismo transformador: esta visión de la necesidad *política* del realismo se inspira en la obra de Raymond WILLIAMS, como la expresó en su ensayo *A Defence of Realism:* "cualquier análisis, por académico y teórico que sea, afronta la prueba más dura de la práctica... (cuando) hay que experimentarlo sobre el terreno" (citado en ROMAN, 1993, pág. 18). Además, "lo que está en juego (es) la lucha contra las afirmaciones y las representaciones de 'lo real' del conocimiento" (ROMAN, 1993a, pág. 22). Llevar nuestra crítica a lo que es "sobre el terreno" podría denominarse una propuesta práctica: pero toda práctica se teoriza —se reflexiona— de una forma u otra. Nos encontramos de nuevo con los dualismos del lenguaje y de su lógica: ¿práctica *o* teoría? No están separadas. Por esta razón los conceptos y los análisis no dualistas son en teoría políticamente importantes. Vayamos ahora a los proyectos.

Un proyecto artístico

En este proyecto, unos 200 discapacitados graves acuden todas las semanas para pintar sus obras individuales; son alrededor de doce personas todas las mañanas y todas las tardes. Para ser aceptado como artista en este proyecto la persona debe demostrar interés y capacidad para la pintura o el dibujo.

La mayoría de los artistas no hablan. Trabajan junto con unos pocos artistas de mucha experiencia cuya labor consiste en proveer tres tipos de espacio: el espacio físico (caballete o mesa, pinturas o lápices de colores, etc.), el espacio psicológico (un ambiente sosegado) y el "espacio de la imaginación" en el que los artistas son libres para crear. La intervención de los artistas profesionales es mínima: hablan muy poco, sólo para animar o insinuar (¿qué tal este color? ¿Crees que ya has terminado?).

Cómo se comunican los profesionales y los pintores es un misterio: un tema que suscita mucho interés y admiración entre los primeros. Normalmente, entre el artista y el lienzo también se establece una comunicación intensa: se diría que el artista explora el sentido de sí mismo como individuo y como productor (he creado algo ajeno a mí mismo.) Los cuadros de uno de los artistas se exponen en ciudades de Europa, y habla de vender su obra. El proyecto incluye exposiciones regulares en su galería y en otros lugares. Cómo se exponen y se reciben los cuadros es motivo de cierta preocupación para quienes trabajan en el proyecto.

© Ediciones Morata, S. L.

Seis de los 200 artistas reciben dinero del Gobierno Federal con cargo al Programa de Protección al Empleo: se fomenta el éxito comercial y la independencia económica. El proyecto recibe el dinero del gobierno como un programa comunitario que se define —en términos *políticos*— de provisión de servicios en las áreas de educación permanente, ocio, formación pre-profesional y desarrollo personal y social. Nos habremos dado cuenta de las dimensiones más bien limitadas de este marco político.

Una empresa con ordenadores y niños diagnosticados como autistas

En este pequeño proyecto están involucrados ordenadores, niños con diagnóstico de autistas y un antropólogo social, Roger COLDWELL, que lleva viente años trabajando ininterrumpidamente en el proyecto. Por un lado, su interés está en la competencia individual: en la capacidad de esos niños de comunicarse con sus padres, su profesor y sus cuidadores, mediante ordenadores y programas de gráficos. Este interés por la competencia individual se encuadra, en un nivel, en lo que podríamos llamar normalización, aunque no con la precisión suficiente para algunos de los críticos de GOLDWELL que se oponen a este trabajo porque no está a la altura de la "socialización" (normal) (COLDWELL, 1993b, pág. 1). Sin embargo, como señala COLDWELL (1993a, página 1), los símbolos han sido fundamentales en los medios de comunicación humanos, y entre los sistemas simbólicos están los ideogramas chinos y los jeroglíficos del antiguo Egipcio.

COLDWELL (1993a, pág. 3) pregunta también si "nuestros sistemas simbólicos... son una limitación importante para que las personas autistas se comuniquen con eficacia", y sugiere que "tal vez estamos subestimando las posibilidades de algunos niños autistas... parece que tienen unas virtudes de las que no somos conscientes" (COLDWELL, 1991a, pág. 88). Además, "al exponerles a un sistema gráfico, de hecho adquirieron (seis niños) una destreza en su uso que otras personas negaban que fueran a adquirir" (COLDWELL, comunicación personal):

> Los niños autistas no solían (tal vez no supieran) usar ninguno de nuestros símbolos, fueran éstos alfabéticos, numéricos o gráficos. Intenté conseguir que utilizaran un juego de *Compix* prefabricado, dibujos de gatos, perros, etc., pero tampoco; no los sabían usar. Cuando dibujaron sus propias versiones, sin embargo, no tuvieron problema alguno. Incluso sabían interpretar el significado de sus respectivos símbolos.
>
> (COLDWELL, comunicación personal.)

Además, en una ocasión en que alteró el dibujo de uno de los niños, otro lo corrigió para devolverle su forma original. Esto indica que:

> (hay) una... relación espacial característica entre sus símbolos, y un orden distinto en ellos. Mediante programas informáticos de quinta generación, estamos estu-

© Ediciones Morata, S. L.

diando la posibilidad de que un ordenador interprete y responda a las relaciones y a los significados atribuidos a sus símbolos. Esto implica la posibilidad de que puedan establecer un diálogo con un ordenador y, con la red de microordenadores, la posibilidad de comunicarse entre ellos y, supuesta nuestra disposición, la posibilidad de comunicarse con nosotros.

(COLDWELL, 1993a, pág. 5.)

COLDWELL (1991b, pág. 12) indica que estos niños son un "grupo subcultural legítimo, capaces de desarrollar su propio sistema complejo de comunicación" y se pregunta (1993a, pág. 3) si "(pueden) también desarrollar su propio lenguaje" (COLDWELL, 1993a, pág. 3).

En términos generales, este proyecto va bastante más allá de la normalización y de la competencia individual en la comunicación. En este sentido, discrepa de un estrecho profesionalismo que está favorecido por una política gubernamental nacional que tanto en la política de la enseñanza superior (COLDWELL trabaja en una universidad) como en la política de la discapacidad, promueve un profesionalismo administrativo y jerárquico. El proyecto plantea cuestiones sobre un lenguaje que tal vez posean los niños autistas, sobre cómo se diferencian del lenguaje dominante, y sobre cómo se comunican entre ellos, así como las posibilidades subculturales que pueden surgir de este trabajo.

Personas con pérdida de visión: un proyecto con trabajadores de la misma condición

Este proyecto se inició formalmente [1] a finales de 1990, en una organización grande y tradicional para personas con diferentes tipos y grados de pérdida de visión, donde la política nacional gubernamental creaba las condiciones para prácticas cuyos objetivos fueran, entre otros, que los discapacitados obtuvieran "resultados para el consumidor". Estas ideas se pueden emplear tanto para oprimir como para moderar esa opresión (FULCHER, 1992). El objetivo del proyecto, formulado por un asistente social y un investigador, consistía en estudiar las posibilidades de que personas con pérdida de visión crearan su propio servicio en una Clínica para Insuficiencia de Visión, en la que se consiguiera que esas personas no fueran ni clientes, ni pacientes, ni voluntarios, ni consejeros de otras personas en sus mismas circunstancias, ni ayudantes del personal profesional, ni consumidores.

El espacio para este estudio se ganó mediante el uso tanto de la idea de resultados del consumidor de la política del Gobierno Federal, como de la idea (positivista) de que la investigación (inicialmente se trataba de un proceso de investigación) era "técnica" [2] y necesitaba "espacio". Fue la primera batalla que se ganó y el Comité de Gobierno creado para supervisar el proyecto se disolvió.

---

[1] Antes no era más que una idea del asistente social.
[2] En ningún caso es únicamente técnica. También es política.

© Ediciones Morata, S. L.

Ocho personas con pérdida de visión, un asistente social e investigador se reunieron semanalmente durante doce semanas. A este estudio los empleados solamente aportaron (en la medida en que podían ser conscientes/reflexivos sobre ellos mismos) un rechazo a la idea de conformidad (que la literatura estadounidense sobre Voluntarios de la Misma Condición favorecía) y un deseo de escuchar la voluntad de esas personas. El grupo nombró a un secretario (el investigador) para que registrara los puntos analizados, resueltos y no resueltos: no se trataba de actas, ni el informe resumen era un manual de formación. El lenguaje era el de los compañeros de trabajo, los temas que se trataban, los de las diferencias estructurales y la experiencia personal.

Unas semanas más tarde, en enero de 1991, se encontraron unas dependencias y los trabajadores congéneres empezaron a trabajar, poniéndose al servicio de otras personas que padecían pérdida de visión y que eran clientes nuevos de la clínica. Al cabo de unos seis meses, los trabajadores y los dos empleados podían informar que en general el personal agradecía el "servicio", que se utilizaba y que un optometrista había dicho que "estas personas congéneres han transformado nuestro trabajo. Ahora podemos seguir con el trabajo técnico porque los clientes nuevos de la clínica ya han hablado con alguien que vive con pérdida de visión".

Desde que aparecieron los trabajadores congéneres, la organización ha reducido el personal, el investigador se ha ido, el asistente social se ha jubilado y el trabajo que aquéllos realizan ha ganado en calidad. Han sustituido a dos empleados asalariados en el centro de ayuda técnica, y como en el caso del trabajo con compañeros, ahora ofrecen un servicio de "información" para quienes desean saber qué se les puede ofrecer cuando se hacen "clientes" o "consumidores" de la Clínica. Asimismo, han surgido varios grupos de autoayuda en diversos departamentos de la organización, que dispone de oficinas y dependencias en todo el estado de Victoria de Australia, un área más extensa que Inglaterra, con unos cinco millones de habitantes. Estos grupos de autoayuda organizan reuniones con una Universidad de la Tercera Edad a la que también asisten discapacitados. El número de trabajadores congéneres ha aumentado (el servicio en la clínica original tiene cubierto a todo su personal y hay suplentes) y, además del trabajo diario de prestar el servicio de la Clínica a los clientes nuevos, ahora trabajan también en cuatro Centros de Día. Un efecto colateral es que los Miembros Ciegos (los que tienen reconocida esta condición) de la Junta de la organización son más activos de lo que lo fueron sus homólogos o ellos mismos en 1990.

Estos resultados no se han producido sin discusiones. Cuando se jubiló el asistente social, un administrador elaboró un "programa de formación" para los trabajadores congéneres, que colaboraron pero decidieron que no lo necesitaban. Un administrador se preguntaba si los trabajadores tenían demasiado poder. El lenguaje o el discurso de trabajo e igualdad —y sus prácticas asociadas— está en contienda continua con un discurso de profesionalismo en el que aquél se presenta como represión: para cuestionar el poder de los discapacitados.

© Ediciones Morata, S. L.

Resumen

Estos son los hechos de los proyectos pequeños. Incluso con este breve apunte, es evidente que suscitan una serie de temas comunes. Los temas de la importancia de los sistemas de comunicación para discapacitados que no sean los que se centran en la competencia oral y escrita individual; la lucha por los sistemas de comunicación (véase también FULCHER, 1992a), contra los medios dominantes, sea por su forma (habla y escritura) o por su contenido (como en el caso de los trabajadores congéneres que luchan contra el tipo de papeles que se derivan de un lenguaje determinado sobre la discapacidad y que, normalmente, a los gestores les encantaría que representaran); cómo se representa a los discapacitados, y cómo se representa la discapacidad; el tema del lenguaje de los discapacitados, un tema mucho más amplio que el de los sistemas de comunicación. Por ejemplo, ¿qué lenguaje permite a los discapacitados más graves y, digamos, a los artistas comunicarse bien? ¿Cuál es la naturaleza del código de símbolos que algunos niños diagnosticados como autistas parecen tener?

Dados todos estos temas comunes a los proyectos pequeños ¿contribuyen éstos a un proyecto más amplio que trasciende de la normalización? Pero primero hay que preguntar cómo podría ser un proyecto de este tipo.

Sensibilidades materialistas y el proyecto que trasciende a la normalización

En este apartado analizaré tres interpretaciones de cómo moderar la opresión (o marginación, que constituye el interés de la primera interpretación) de los discapacitados. Todas tienen una sensibilidad materialista, aunque no presuponen una distinicón clara entre las limitaciones materialistas y otras. Las dos primeras explicaciones son atractivas, pero mi opinión es que la tercera interpretación apunta a las complejidades, los límites y las posibilidades de un proyecto de ese tipo.

La acción culturalmente productiva como materialista: proclamar que la diferencia es legítima

Esta interpretación es la de dos profesores universitarios australianos, Roger TROWBRIDGE y Kate DRISCOLL, que sitúan la exclusión (la marginación, para emplear su término) de los discapacitados tanto en las relaciones económicas de una economía global, como en la cultura de tendencia general. Según esta opinión, una cuestión clave para transformar, o al menos disminuir, esta marginación es la de vencer los estereotipos tanto sobre lo que se considera una actividad económicamente productiva, como sobre la identidad y la capacidad de los discapacitados. En este sentido, su estrategia, o su práctica discursiva, gira en torno a una idea concreta: en su enseñanza, en

© Ediciones Morata, S. L.

su obra escrita y en su militancia, TROWBRIDGE y DRISCOLL toman de MELUCCI y de BOYCE la idea de *acción culturalmente productiva*, un concepto que utilizan para cambiar el pensamiento tanto del gobierno como de los animadores (MELUCCI, 1988; BOYCE y cols.; citado en DRISCOLL y TROWBRIDGE, no publicado, pág. 2). Con este fin, han intentado también que los animadores trabajen al margen de una política de animación que se centra en el disfrute individual y en unas formas de integración individualistas (un día en el zoo, o un partido de fútbol). Su trabajo pretende abandonar el tipo de prácticas individualistas con los discapacitados, para adoptar un tipo de prácticas culturales tales como la pintura colectiva por discapacitados graves (en FULCHER 1992 se habla de estas actividades con más detalle). Con este tipo de proyectos tratan de cuestionar la idea de que la productividad sólo se encuentra en la "esfera" económica.

Como parte de una práctica crítica en contra del individualismo, TROWBRIDGE y DRISCOLL han embarcado a animadores en proyectos en los que los sistemas de comunicación trascienden el interés por la competencia individual en el habla, la escritura y la pintura, y cuyos productos —por ejemplo cuadros, o teatro, etc.— afirman la legitimidad de los discapacitados como diferentes. Aunque no se ha realizado una "evaluación" exhaustiva de los proyectos pequeños en que han trabajado TROWBRIDGE y DRISCOLL, de las primeras investigaciones y análisis se desprende que los discapacitados graves han ganado mucho con ellos, y que este trabajo ha planteado preguntas a otras personas, como los animadores, los gestores de organizaciones y los políticos, acerca de las capacidades y de las identidades de este tipo de discapacitados (FULCHER, 1992a).

Así pues, la suya es una política de la diferencia. Aunque la política de la diferencia, y su lógica de la exclusión, es fundamental en el aparato educativo de los países occidentales modernos (BARTON y TOMLINSON, 1981; FULCHER, 1989) y, más en general, en la política global[3], el trabajo de TROWBRIDGE y DRISCOLL forma parte de un cuerpo bibliográfico y militante emergente sobre los discapacitados que presenta la idea de la diferencia como un factor de una serie de avances relacionales (OLIVER, 1992; BRANSON y MILLER, 1989; BARTON, 1994) que tienden a moderar la opresión.

La representación de la discapacidad y la materialidad de la cultura

En Gran Bretaña, Simon HEVEY (1993) escribe sobre la representación de la discapacidad y la opresión de las personas discapacitadas. Sostiene que la idea de pensar en representar a los discapacitados con imágenes positivas, y no negativas, no es un avance ni cultural ni político. Por el contrario, HEVEY

---

[3] Aunque ésta puede variar en las distintas localidades. En este sentido BOUMA (1995) sostiene que el surgimiento del pluralismo religioso en Australia se produce en unas condiciones y con unos factores propios, en comparación con otras sociedades modernas occidentales.

(1993, pág. 429) defiende "la actividad política dentro y sobre la batalla de la discapacidad" donde "el sentido de uno mismo se relaciona con la relación del artista con el movimiento". Esto implica diversas disputas, pues sostiene que únicamente el movimiento artístico de la discapacidad ha aprovechado la oportunidad presentada por "el cambio reciente en las relaciones económicas y sociales, consecuencia de la nueva revolución electrónica y cibernética" (HEVEY, 1993, pág. 426).

Para HEVEY (1993) la opresión de los discapacitados deriva de las relaciones de producción económicas, de la opresión cultural de las personas discapacitadas asociada a la idea de "cuerpo defectuoso" de la cultura occidental[4], y de la ansiedad de los no discapacitados sobre su propia posición en el mercado de trabajo. En esta forma de entender los procesos culturales y psicológicos, el cuerpo defectuoso encarna las ansiedades de los no discapacitados, y la idea de la discapacidad es un holograma que éstos construyen y en quienes produce efectos catárticos. Así pues, al igual que otros (ABBERLEY, 1987; FULCHER, 1989; SHAKESPEARE, 1994), HEVEY establece una distinción entre insuficiencia y minusvalía, y también defiende la necesidad de cambios en la representación como recurso fundamental para disminuir la opresión de los discapacitados. Por consiguiente pregunta:

> sencillamente qué es lo que se representa en la representación general de la discapacidad. ¿Qué es lo que une prácticamente todo el discurso, desde el teatro de los griegos a los malos de James Bond, a las campañas de las organizaciones benéficas, a todos los Cuervos de Ricardo III[*], etc.? *En una palabra, que la discapacidad significa insuficiencia, y la insuficiencia significa un defecto social.* Por tanto, podemos decir que la norma básica de la representación opresora de la discapacidad es que se basa en la no utilidad social de una insuficiencia o de una persona con una insuficiencia.
>
> (HEVEY, 1993, pág. 424.)

Así pues, el cuerpo defectuoso ocupa una posición culturalmente estratégica por cuanto encarna el principio de la tragedia en la cultura del mundo occidental.

Por tanto, el *principio de la tragedia* sitúa en el cuerpo un defecto relacionado con el deshonor social más grave posible. Cuando la insuficiencia entra en escena, el personaje está condenado a la muerte social... Sea en la televisión, el teatro, el cine, las bellas artes o las campañas benéficas, el principio de la tragedia emplea la insuficiencia como metáfora y como símbolo de una persona socialmente inaceptable, y es este principio de la tragedia el que encorseta la representación actual e histórica de la discapacidad. Es a esta idea de la insuficiencia como defecto social a la que nos referimos cuando hablamos de representación "negativa" y con la que debemos acabar. Será empresa difí-

---

[4] Lo cual no significa sostener la división entre cultura elevada y cultura de segunda.
[*] La aparición de los cuervos en la obra de Shakespeare es augurio de malas noticias. *(N. del T.)*

© Ediciones Morata, S. L.

cil, porque estas interpretaciones se han convertido en "naturales" dentro de la representación.

(HEVEY, 1993, págs. 425-426.)

Así pues, si seguimos la interpretación psicológica de HEVEY, tal vez descubramos que los intentos de sustituir las imágenes negativas de los discapacitados por imágenes positivas no hacen sino ocultar el principio de la tragedia, y no liberan de su condición a las personas discapacitadas.

En contraposición al principio de la tragedia, el carácter individualista de la cultura occidental elevada hace del heroísmo un tema fundamental (la música de Beethoven, las Sagas, los cuentos populares, etc.). El planteamiento que HEVEY hace de la reducción de la opresión de los discapacitados supone, por tanto, desarrollar una contracultura que se oponga a la tragedia y al heroísmo de la cultura occidental, en parte haciendo que el foco se aleje del cuerpo "defectuoso". Los discapacitados necesitan controlar el significado de las prácticas artísticas controlando cómo se sitúan estas prácticas: por ejemplo, el contexto en el que se exponen unos cuadros. El autor lo llama una poética política. Pero ¿podemos controlar estos significados? Dos personas podemos mirar el "mismo" cuadro, pero tal vez interpretemos de forma muy diversa lo que el cuadro representa [5]. En suma:

> La labor cultural que deben desarrollar los artistas discapacitados y quienes trabajan en la cultura tiene tres aspectos. Primero, cómo "reafirmar" la insuficiencia lejos de la idea de defecto social. Segundo, cómo alejar del cuerpo la representación de la discapacidad para situarla en la interacción entre las personas con insuficiencias y las condiciones socialmente discapacitadoras, y tercero, cómo crear formas estéticas que se vea que se ocupan con éxito de estos cometidos (esto es, que los discapacitados las puedan interiorizar en su lucha).
>
> (HEVEY, 1993, pág. 426.)

HEVEY sostiene que son:

> *tanto* la organización de la producción económica *como* la proyección del deseo negativo (no discapacitado) los que mantienen a las personas discapacitadas dentro de una representación cultural opresora.
>
> (1993, pág. 426.)

Por consiguiente "es necesario también un cambio en las relaciones sociales y en las condiciones económicas del momento". El reciente cambio en las relaciones económicas asociadas a "la revolución electrónica cibernética" brinda oportunidades a los discapacitados. Ha surgido una nueva militancia (en Gran Bretaña), y parte de su labor, respecto a la representación, es "la *des-biologización* de la discapacidad", es decir, "desplazar el centro de atención *del cuerpo a la sociedad*" (pág. 427). Aunque en cierto grado son importantes la des-biologización de la discapacidad y la necesidad apremian-

---

[5] Sobre la política de la representación, véase SHAPIRO (1988).

te de su reconocimiento como un constructo que el gobierno emplea para establecer normas (Fulcher, 1989a), y como un objeto en el que los no discapacitados pueden proyectar su deseo negativo (Hevey, 1993), también plantean otros problemas.

El dualismo del cuerpo y la sociedad de Hevey es, desde una perspectiva foucaultiana, demasiado simple. Todos, no sólo los discapacitados, estamos gobernados por la fuerza y la producción de cuerpos dóciles. Esto ocurre tanto en el ámbito "económico" como en el "cultural", y más en general, lo social participa en la regulación del cuerpo y, en parte, está constituido por ella. A Foucault (1977, pág. 151 y sgs.), por ejemplo, le interesaba "cómo los usos del poder están vinculados directamente al cuerpo". No se trata simplemente de que existen gestos, modos de hablar, de ingestión y de excreción que, como normas, son histórica y culturalmente variables: parece que están implantados socialmente en los mecanismos del cuerpo, y que trascienden del nivel de conciencia (Freund, 1988). En este sentido, y en otros, la sociedad está en el cuerpo (véase también Freund, 1988, págs. 544-545; Hewitt, 1993).

Hevey también sostiene que:

> El movimiento de la cultura de la discapacidad constituye el primer indicio de una cultura de la discapacidad post-trágica. Para decirlo claramente, el movimiento de la discapacidad es la expresión de que a) insuficiencia y discapacidad han dejado de equipararse, y b) ya no se centran *exclusivamente* en el cuerpo. Sólo en el movimiento de la cultura de la discapacidad se aborda el vacío cultural que hoy existe debido a ese cambio.

De este modo la obra de Hevey sobre la cultura de la discapacidad forma parte, en un sentido más amplio, de una tradición que afirma que la cultura no tiene menos importancia que algún otro fenómeno de mayor entidad, sino que tiene una realidad material y unas posibilidades trasnformadoras. Esto significa decir, como mínimo, que la práctica de la cultura dentro de una poética política (ella misma una idea y una práctica complejas —que no se deben identificar necesariamente como característica de los productos artísticos de los discapacitados) plantea temas de conciencia, conocimiento y procesos constituyentes y, por consiguiente, de movilización política.

En este punto existen coincidencias con el feminismo, ya que parte de la estrategia feminista ha sido despertar la conciencia de la opresión, y los métodos que Hevey propone, como el de situar un tema donde le corresponde, recuerda las estrategias adoptadas por algunos artistas aborígenes como parte de una compleja respuesta a la opresión. La composiciones fotográficas de Leah King-Smith sobreponen fotografías de aborígenes del siglo pasado a fotografías del paisaje de ese mismo siglo. En el arte colonial australiano, el paisaje se suele representar despoblado o poblado por blancos (a menudo con temas románticos de pérdida, aislamiento y heroísmo). Las composiciones de King-Smith representan precisamente el tema de la relación entre los aborígenes y la tierra. Además, las técnicas de esta artista, incluida la de difu-

© Ediciones Morata, S. L.

minar los contornos de las fotografías superpuestas, proyectan esa relación como se entiende que fue tradicionalmente: mística y espiritual (FULCHER, no publicado).

Tendencias normalizadoras y materialismo cultural

Estas dos interpretaciones de cómo disminuir la opresión (o marginación en el marco de TROWBRIDGE y DRISCOLL) de los discapacitados no se asientan en las nociones de normal/anormal. Sin embargo, como observa OLIVER (1994, pág. 12), el proyecto de normalización sí lo hace. ¿Qué relevancia tiene esta dualidad para nuestra forma de entender un proyecto que vaya más allá de la normalización?

Las ideas de normal y anormal son inciertas, no sólo moral o políticamente, sino epistemológicamente. A pesar de que los científicos de los siglos XVII y XVIII demolieron el dualismo tradicional (Noam CHOMSKY, *ABC Science Show*, 18 de febrero de 1995), nuestro lenguaje está saturado de conceptos de este tipo: un legado de las categorías cartesianas. Los inconvenientes de los análisis que se basan en dualismos han sido tema de discusión sociológica durante algún tiempo. Un análisis más complejo de la vida social según el cual ésta se encuentra constituida por una serie de prácticas interrelacionadas, cada una de ellas, por así decirlo, con sus elementos constituyentes (resulta difícil evitar el esencialismo en este punto, pero no es esto a lo que me refiero) puede resultar un análisis que supere las oposiciones de blanco o negro del pensamiento cartesiano.

Se puede considerar que la noción de normal y anormal es la base de las opiniones normalizadoras. FOUCAULT vincula muy bien la idea de estas opiniones con el funcionamiento del poder mediante la idea de las *tendencias normalizadoras*. Esta idea supera los opuestos no teorizados, o los dualismos, de la idea de normalización y de sus alternativas, como la liberación. FOUCAULT nos habla de la *tendencia siempre presente hacia prácticas que normalizan*. Esto no conduce a la idea de liberación, sino a la de las posibilidades de las prácticas políticas (JAMES, 1987, pág. 90) en los terrenos concretos: y esto insinúa también la idea de que puede haber *cambios en la política* pero *las luchas permanecen* (FULCHER, 1993).

El concepto de tendencia apunta a la flexibilidad, las incertidumbres y las posibilidades, más que a absolutos o a dicotomías claras (las cosas están claras y son de *éste* o de *aquel* modo) que presumen que podemos distinguir entre lo normal y lo anormal sobre el terreno. Si nos alejamos del pensamiento en blanco y negro, podemos apuntar, en algunos casos, que las tendencias dominantes tal vez lleven a la clase dominante o a la mayoría a pronunciarse de esta manera: éste es un ejemplo de *este* acontecimiento categórico (dualista). Si renunciamos a la pretendida realidad de la dicotomía entre normal y anormal, sin dejar de reconocer su importancia normativa, podemos observar que todos estamos sujetos a las tendencias normalizadoras siempre presentes: como hombres o como mujeres, con insuficiencias o

© Ediciones Morata, S. L.

sin ellas, de una determinada clase, ocupación, edad, nacionalidad, etc. Pero a la clase dominante le resulta más fácil librarse de ellas que a las demás (CORBETT, 1991).

Las tendencias normalizadoras dominantes en el mundo occidental moderno incluyen la idea de que el trabajo remunerado es el valor moral principal (FULCHER, 1989b): gana, compite como independiente, excluyendo al individuo, y otórgale el máximo valor. Una funcionaria (quizá la financiación del proyecto era obra suya) inauguró en la National Gallery de Londres una exposición de cuadros realizados por personas discapacitadas mentalmente, y ensalzó estas tendencias normalizadoras siempre presentes. Así, se refirió no a la naturaleza o el contenido del arte sino a "una creencia en el derecho individual a competir..."; a que "los cuadros reflejan la percepción individual del pintor..."; a que "uno de los artistas que compite como profesional lo hace con otros 350".

Si rechazamos las ideas de normalización y las que van más allá de ésta y, en su lugar, observamos la vida política y cultural a través de las ideas de las tendencias normalizadoras siempre presentes, podemos vislumbrar libertades limitadas, temporales y contingentes. Merece la pena luchar por ellas. Quizá no se persiga su consecución en las proclamas de los partidos políticos, ni en las declaraciones políticas, sino en los análisis de las instituciones culturales y políticas del mundo occidental. Se puede sostener que esta interpretación foucaultiana según la cual la normalidad está constituida por tendencias normalizadoras siempre presentes, tiene sensibilidades materialistas. BENNETT (citado en MILNER, 1993, pág. 10), por ejemplo, recientemente ha intentado demostrar la actitud materialista en la obra de FOUCAULT.

En este punto, podemos combinar las ideas de FOUCAULT con el proyecto de Raymond WILLIAMS, ya que éste (1980, pág. 87) trata de establecer la materialidad de la cultura (MILNER, 1993, pág. 8), diciendo que "cualesquiera que sean los intereses que la práctica cultural pueda servir, es innegable que sus medios de producción son materiales". De este modo, WILLIAMS acuñó el término *materialismo cultural* para indicar una teoría social según la cual las prácticas culturales no tienen menor importancia que las "económicas". El materialismo cultural:

> es una teoría de la cultura como un proceso productivo (social y material), y de las prácticas específicas, de las "artes", como usos sociales de los medios de producción materiales (desde el lenguaje como "conciencia práctica" material hasta los sistemas mecánicos y electrónicos de comunicación).
> (WILLIAMS, 1980, pág. 243, citado en MILNER, 1993, pág. 9)

En su pretensión de esbozar las posibilidades transformadoras que alberga esta visión de la vida política y cultural, MILNER (1993, pág. 59) observa que WILLIAMS buscaba

> esos elementos particulares de la cultura más general que anticipan de forma más activa mutaciones en la propia cultura general;... (aquellos que) son específicamente contrahegemónicos.
> (MILNER, 1993, pág. 59.)

Así pues, WILLIAMS (1977, pág. 122) distingue entre *elementos arcaicos, residuales* y *propiamente emergentes*. Los elementos residuales se pueden incorporar a la cultura dominante o quedarse en una relación de oposición o alternativa a esta cultura: los últimos tienen posibilidades transformadoras. Los elementos propiamente emergentes deben distinguirse de los simplemente novedosos. Los primeros son aquellos "significados y valores, prácticas, relaciones y tipos de relación genuinamente nuevos, que son sustancialmente alternativos u opuestos a la cultura dominante" (WILLIAMS, 1977, pág. 123), y es en este contexto en el que WILLIAMS consideraba que las prácticas artísticas eran especialmente interesantes. Pero los elementos emergentes también pueden afianzar la cultura dominante [6].

¿Cuáles son las posibilidades políticas del proyecto de materialismo cultural de WILLIAMS? Éste vinculaba estas ideas de elementos culturales propiamente emergentes a la idea de "estructura del sentimiento" (1977; 1981), una idea que en sus últimas obras (1989), con los nuevos movimientos sociales, se hacía incierta. MILNER (1989, pág. 115) afirma que las posibilidades políticas "parecen mucho más acordes con las de una política emancipadora que con las de una política de opresión o explotación". Pero también observa que los "laborismos y los nacionalismos radicales" como los de WILLIAMS

> cualquiera que sea su intención emancipadora original, expresan una estructura del sentimiento que, por ahora, demuestra ser más residual que emergente, en un mundo cada vez más internacionalizado, postindustrial e individualizado, en resumen, cada vez más "postmoderno".
>
> (MILNER, 1993, pág. 115.)

Sin embargo, como observa MILNER (1993, pág. 57), merece la pena recordar las primeras palabras de WILLIAMS sobre los órdenes sociales dominantes (1977, pág. 121), "en la realidad, nunca ningún modo, y por consiguiente ningún orden social, y por consiguiente ninguna cultura dominante incluye ni agota toda la práctica humana, la energía humana ni la intención humana"; así como merece la pena recordar las palabras de MILNER acerca de las posibilidades políticas de los nuevos movimientos sociales:

> En mi opinión, es precisamente con la fuerza del refrendo de WILLIAMS de los nuevos movimientos sociales, y con la de su valoración deliberadamente matizada del movimiento obrero, como consigue recuperar el momento positivo, y no el negativo y *declassé* en boga, de la izquierda postmoderna: "La lucha real se ha ampliado tanto", escribía WILLIAMS en *Towards 2000,* "los temas decisivos han cambiado tan radicalmente, que sólo un nuevo tipo de movimiento socialista, totalmente contemporáneo en sus ideas y métodos, que aúne una amplia variedad de necesidades e intereses en una nueva definición del interés general, tiene algún futuro real" (ibid., pág. 174). Me parece algo tan cierto como que lo vamos a conseguir.
>
> (1993, pág. 118.)

---

[6] Véase ROMAN (1993b) sobre el racismo defensivo emergente.

© Ediciones Morata, S. L.

Según esta interpretación cultural materialista que parte tanto de Foucault como de Williams, ¿qué debemos preguntar a esos tres proyectos pequeños que describíamos antes?

Preguntas para los proyectos pequeños

Cuatro preguntas nos vienen en seguida a la mente:

1. ¿Cuáles son las tendencias normalizadoras siempre presentes de estos proyectos?
2. ¿En qué medida colaboran con el orden social dominante y en contra de un proyecto de moderación de la opresión de los discapacitados?
3. ¿Existen, en estas empresas, el tipo de elementos propiamente emergentes que describe Raymond Williams?
4. ¿Se deduce del análisis que interpretamos la política del gobierno con ideas que no sean las que éste tiene sobre política y puesta en práctica, éxito y fracaso?

Son preguntas que se interrelacionan.

En el proyecto artístico, las tendencias normalizadoras siempre presentes incluyen el éxito comercial que se requiere de quienes participan en el Programa de Apoyo al Empleo, la idea de artista de éxito comercial, y las prácticas dominantes que envuelven esta idea y la tendencia excluyente de considerar este arte como de los Otros. En el proyecto con ordenadores, las tendencias son también sutiles: por ejemplo, la insistencia en la competencia personal, el rechazo de este trabajo por otros profesionales, los supuestos de que el autismo es una categoría de diagnóstico clara que supone una incapacidad para comunicarse. En el proyecto de trabajadores de la misma condición, en estas tendencias se incluyen la de sacar el mayor beneficio de la fuerza de trabajo (reducir costes: se aceptan personas que trabajen gratis; hágase voluntario; la idea de beneficiencia); las que emanan de la utilización de un determinado tipo de profesionalismo (por ejemplo, aquél en el que el control está en manos de algunos gestores: "No me van a decir quienes son como yo lo que tienen que hacer"); y los temas culturales dominantes de tragedia y heroísmo como los describe Hevey (insuficiencia y, por consiguiente, fatalidad). Son estas tendencias (ya soy mayor, he perdido casi toda la visión, y por tanto no sirvo para nada) contra las que los propios trabajadores congéneres, al menos inicialmente, deben luchar más a menudo. Y al hacerlo, luchan contra estas ideas en quienes les rodean.

La segunda pregunta se refiere a las luchas, los dilemas y las contradicciones que caracterizan a estos proyectos. En el proyecto artístico, los artistas y su director luchan contra las tendencias normalizadoras siempre presentes que se encuentran fuera del lugar donde trabajan; no sólo las que derivan de la mercantilización de la obra del artista, que tal vez aprueben en parte (y aquí hay un dilema), sino también contra aquellas tendencias norma-

© Ediciones Morata, S. L.

lizadoras siempre presentes que fomentan la idea de que las obras quizá sean "primitivas" o, en el mejor de los casos, la obra de "los Otros". Luchan por no exponer su arte en galerías en las que prevalezcan esas tendencias o las de la condescendencia caritativa. Estos trabajadores se encuentran en la contradicción de animar a los discapacitados graves a abordar su obra artística en un contexto que a la vez conlleva el dilema que plantea la política gubernamental (y sus subvenciones): que premia el arte que se paga, o el intento de entrar en la categoría de artista que se paga, y que estas prácticas siguen excluyendo a aquellos artistas discapacitados graves que, tal vez por razones ajenas a su trabajo, nunca lo conseguirán. Éstas son las contradicciones de un "programa" que trata de integrar a discapacitados y de otorgarles unos mismos derechos.

En el proyecto con ordenadores, el psicólogo lucha contra la polémica que suscita este trabajo, y contra la incredulidad que provoca en muchos ámbitos. Las circunstancias en que los trabajadores congéneres desarrollan su trabajo suponen contradicciones a muchos niveles: la cultura corporativista, profesionalizada, administrativa y jerárquica se opone a una empresa propiamente solidaria y equitativa con quienes se consideran más necesitados de "ayuda"; esto provoca enfrentamientos continuos. Además, los trabajadores congéneres no cobran pero, de momento, no entran en la categoría de "voluntarios"; sin embargo esta práctica contradice la política y la doctrina del trabajo remunerado, que es un elemento cultural dominante no sólo en ese proyecto, sino fuera de él. Algunos de estos trabajadores sienten (sentían) una contradicción, al menos al principio, cuando se enfrentan a estas cuestiones —soy mayor, he perdido (parte de) la visión, etc. De igual modo, como se manifestó en el proceso de "investigación" (los debates semanales previos al inicio del servicio), algunos trabajadores futuros pugnaban contra otros aspectos de esa subjetividad contradictoria. Eran los que derivaban del sexo (la mayoría eran mujeres), el deseo de hacer oír su voz y dar a conocer sus experiencias, y años (porque la mayor parte de esas personas tenían 50 años o más) de ideas contradictorias, desde una época en que la voz de los discapacitados, y la de las mujeres, apenas se dejaba oír, porque no se escuchaba. Casualmente, luchaban contra la posibilidad de perder su voz no en un discurso médico, sino en otro discurso profesional, el de los términos sociológicos (nunca se dijo que los temas estructurales fueran necesarios, pero fueron los trabajadores congéneres quienes llegaron a ellos). De modo que midieron cuidadosamente el significado de las palabras y volvieron a ellos [7]. Además, el grado de control que los trabajadores congéneres mantienen sobre sus prácticas inmediatas constituye una lucha incesante en su lugar de trabajo, aunque la clave para los discapacitados está en el grado de control que consigan sobre todos los servicios (OLIVER, 1988; 1989; 1994).

---

[7] Pensándolo bien, el proceso compartía aspectos de la descripción que Leslie ROMAN (1993a; 1993b) hace de su realismo pedagógico fundamentalmente transformador.

Además, la contribución de estas empresas a un orden social que no excluya a los discapacitados es, en cierto modo, limitada. En primer lugar, en la medida en que son proyectos no relacionados, su efecto es limitado. Por otro lado, la institución, la organización para personas con pérdida de visión, permanece y el control que los discapacitados ejercen sobre sus servicios es limitado, cuestionado, pero va en aumento. No se puede asegurar un resultado concreto. A pesar de que no existe una conexión política entre ellas, estas empresas, como movimiento más que como sitios individuales dirigidos en parte por las "iniciativas" políticas del gobierno, se pueden considerar importantes. GORZ (1973) sostiene que la transformación es una labor cultural y una cuestión de pequeñas reformas. Entiende que el "trabajo de investigación y formulación ideológica, aparte de sus aspectos políticos, (es)... una empresa *cultural"* (GORZ, 1973, pág. 170). Además, "la reforma anticapitalista, que es sinónimo de revolución... debe llevarse a cabo con la creación de un bloque anticapitalista, mediante la lucha colectiva por las reformas que pongan en marcha el proceso revolucionario" (GORZ, 1973, pág. 52).

Nuestra respuesta a la segunda y a la tercera preguntas depende, en parte, de que identifiquemos los elementos culturales presentes en los lugares donde se llevan a cabo los proyectos. ¿Son arcaicos, residuales o propiamente emergentes, o los contienen todos? En cada uno de esos lugares, hay prácticas con elementos culturales que mitigan las tendencias normalizadoras siempre presentes. En el proyecto artístico, hay unos sistemas de comunicación sutiles, importantes y muy poco articulados entre los trabajadores artistas y los artistas profesionales, entre el artista y su cuadro, y entre estos cuadros y las personas que los contemplan. Mi interpretación es que en este entorno existen elementos culturales muy poco expresados pero potencialmente muy nuevos. Del mismo modo, en el proyecto con ordenadores, ha aparecido la posibilidad de una subcultura de niños que han sido diagnosticados como autistas. Al mismo tiempo, ¿es posible que la aparición de esa cultura acarree posibilidades de exclusión para otros sectores de la población? Ahora existe la posibilidad de que diversos lenguajes informáticos se conviertan en importantes sistemas de comunicación, al tiempo que excluyen a quienes no les resulte familiar comunicarse de esta forma, o carezcan de la tecnología para ello, en espacios inmensos o reducidos. Por consiguiente, pueden existir elementos culturales propiamente emergentes en esos proyectos, aunque los elementos que surjan mayoritariamente sean los defensivos. En el sitio donde los trabajadores congéneres realizan su trabajo sin cobrar, como si lo hicieran en contra de las tendencias normalizadoras siempre presentes de la beneficencia (ese sutil trasfondo permanece) y la utilización de un determinado tipo de profesionalismo, también están presentes las "nuevas voces" y prácticas de esos trabajadores, que han aumentado en la organización durante los tres años desde que se inició el proyecto. En la medida en que las prácticas discursivas ("voz" y práctica) de los trabajadores congéneres sean diferentes del tipo de proyectos de asesoramiento entre personas de la misma condición de los que informa la literatura estadounidense, y cuyo interés principal es la conformidad, estas prácticas pueden constituir elementos culturales propiamente nuevos.

© Ediciones Morata, S. L.

Este análisis de estas empresas y de estos entornos donde desarrollan su trabajo ofrece una interpretación dinámica de la vida cultural y política que evita los análisis equívocos que surgen de esos dualismos propios de los análisis estáticos. Creo que, en parte, la posibilidad de nuevos órdenes sociales reside en interpretar la lucha entre las tendencias normalizadoras siempre presentes dominantes y los elementos culturales propiamente emergentes.

Respecto a la cuarta pregunta, las ideas de contradicción, dilema y lucha no forman parte del discurso del gobierno ni del de sus analistas políticos, ni son temas que caractericen particularmente el discurso sobre la política social. El gobierno de Australia, y más en general, el del mundo occidental, se produce en muchos aspectos por mediación de palabras como "consenso" y "participación". Las cuidadas ideas que el gobierno nos ofrece para comprender cómo se nos gobierna son inadecuadas: nos distraen de una interpre-tación política más compleja. Las ideas de política, programa, ejecución, objetivos y resultados ofrecen una interpretación racional de una realidad profundamente política. La realidad es distinta: es la realidad de las luchas, las contradicciones y los dilemas. Así pues, esta interpretación de la vida cultural y política requiere un conjunto de ideas bastante diferentes de las que ofrece el gobierno. Decir esto equivale a apoyar los argumentos anteriores sobre la irrelevancia del proceso parlamentario para la reforma (Gorz, 1973, pág. 44; Hindess, 1981).

Estas pequeñas empresas demuestran la relevancia práctica, y por consiguiente teórica y política, de estos términos para comprender cómo, en este ejemplo de vida política, la opresión de los discapacitados se sigue produciendo, justo en el mismo corazón de un "programa" cuya finalidad se supone que es la de ayudar a los discapacitados. Muchas veces se acepta este tipo de programas sin estudiarlos críticamente. Por otro lado, podemos observar que en esos lugares en que se lucha, se consiguen algunas pequeñas libertades que casualmente se oponen a esa opresión.

Conclusión

¿Cómo contribuyen estas pequeñas libertades, y estos proyectos que no parecen tener ninguna relación, a disminuir de forma más general la opresión de las personas discapacitadas?

En parte, porque nos obligan a cuestionar nuestras interpretaciones —nuestro proceso teorizador, y por tanto nuestra política— de la vida sociocultural y cultural; en parte, por el cambio que se produce en la experiencia de los discapacitados en esos lugares; también, porque nos impulsan a reflexionar sobre las posibilidades de análisis realistas críticos similares en otros proyectos, y sobre las posibilidades transformadoras que hay no sólo en ellos sino, más en general, en un movimiento social de discapacitados.

Además, en las pequeñas empresas apuntan algunas de las tareas sociológicas de este proyecto. Entre ellas, primero un estudio más amplio de la naturaleza del lenguaje por medio del cual personas con discapacidad grave y otras, por ejemplo aquellos artistas discapacitados, se comunican bien. Segundo, reflexionar sobre la representación que transmiten los productos artísticos de los discapacitados, y sobre las posibilidades que sugiere el análisis de Hevey, así como las limitaciones de este análisis. Tercero, formular de nuevo nuestro examen de la política del gobierno. Las cuestiones sociológicas son diferentes de las del gobierno. Un análisis de este tipo ahuyenta las políticas reaccionarias, y se limita a exigir reformas políticas. Por último, un análisis sociológico que observe la fragmentación y la posible articulación de ese tipo de proyectos pequeños en una teoría más amplia sobre el gobierno y los movimientos en torno a él, también puede contribuir a reducir la opresión de las personas discapacitadas.

En esta teorización hemos apuntado las limitaciones y las posibilidades —las complejidades— de un proyecto que trasciende de la normalización, y la necesidad, como señala la feminista Leslie Roman (1993, pág. 23), de que las personas, cuando se realizan y desarrollan sus situaciones, evalúen continuamente las diferentes alternativas y los distintos rumbos que puede tomar la acción [8]. Además, las sensibilidades materialistas del análisis cultural que hemos presentado, según el cual el trabajo de transformación es tan cultural como "económico", revelan que las ideas que el gobierno ofrece para reflexionar sobre la política y sobre la vida política, incluida la idea de "política para" discapacitados, nos distraen de reconocer las complejidades de la vida cultural y política: en éstas se incluyen las tendencias normalizadoras siempre presentes, y una diversidad de elementos culturales que pueden favorecer o no nuevos órdenes sociales. Es en este sentido en el que un análisis con sensibilidades materialistas contribuye a una teoría social de la discapacidad tal como hoy está construida.

Bibliografía

Abberley, P. (1987): "The concept of oppression and the development of a social theory of disability", *Disability, Handicap & Society,* 2(1), págs. 5-20.
Barton, L. y Tomlinson, S. (Eds.) (1981): "Introduction: a sociological perspective" en Barton, L. y Tomlinson, S. (Eds.) *Special Education: Policy, Practices and Social Issues.* Londres, Harper and Row.
Bouma, G. (1995). "The emergence of religious pluralism in Australia: a multicultural society", *Sociological Analysis,* 56(2), 1995.
Branson, J. y Miller, D. (1989): "Beyond integration policy - the deconstruction of disability"en Barton, L. (Ed.) *Integration: Myth or Reality.* Londres, The Falmer Press.
Brown, H. (1994): "'An Ordinary Sexual Life?': a review of the normalisation principle as it applies to the sexual options of people with learning disabilities", *Disability & Society,* 9(2), págs. 123-144.

---

[8] Véase Roman (1993) sobre el teatro de Brecht y el proyecto inacabado de Williams de un realismo crítico socialmente transformador.

CHAPPELL, A. L. (1992): "Towards a sociological critique of the normalisation principle", *Disability, Handicap & Society,* 7(1), págs. 35-51.
COLDWELL, R. A. (1991a): "Computers in use by autistic children: some case studies", *Proceedings of the Ninth Australian Computers in Education Conference,* Bond University, Gold Coast, septiembre, págs. 94-100.
— (1991b): "Intellectually handicapped children: development of hieroglyphic symbols", *Australian Educational Computing,* septiembre, págs. 10-12.
— (1993a): "Development of symbolic systems on computers by autistic children", *Att Undervisa* (publicado en sueco), 2, págs. 23-26.
— (1993b): "Artificially intelligent communication for autistic children". Borrador de notas de investigación sobre metodología remitidas a *Att Undervisa* para ser traducidas al sueco, transcripción, 3 págs.
COLDWELL, R. (1994): Comunicación personal, junio 1.
CORBETT, J. (1991): "So, who wants to be normal?", *Disability, Handicap & Society,* 3, páginas 159-160.
DRISCOLL, K. y TROWBRIDGE, R. (inédito): "Disability and Aged care - emergent themes in social policy", Department of Leisure and Tourist, Royal Melbourne Institute of Technology, trabajo para la Australian Social Policy Conference, 1993, transcripción, 10 págs.
FINKELSTEIN, V. (1980): *Attitudes and Disabled People - Some Issues for Discussion.* Nueva York, World Rehabilitation Fund.
FOUCAULT, M. (1977): *Discipline and Punish: The Birth of the Prison.* Harmondsworth, Penguin Books. (Trad. cast.: *Vigilar y castigar. Nacimiento de la prisión.* Madrid, Siglo XXI, 1986, 5.ª ed.)
— (1991): "Politics and the study of discourse" en BURCHELL, G., GORDON, C. y MILLER, P. *The Foucault Effect: Studies in Governmentality.* Londres, Harvester Wheatsheaf.
FREUND, P. E. (1988): "Bringing society into the body", *Theory and Society,* 17, páginas 839-864.
FULCHER, G. (1989a): *Disabling Policies? A Comparative Approach to Education Policy and Disability.* Lewes, Falmer Press.
— (1989b): "Disability: a social construction" en LUPTON, G. M. y NAJMAN, J. M. (Eds.) *Sociology of Health and Illness: Australian Readings.* South Melbourne, Macmillan.
— (1992a): *Pick Up the Pieces! What do Recreation Workers Need to Know About Working with People with Severe Disabilities?* Informe preparado para el Department of Leisure and Recreation, Phillip Institute of Technology, Bundoora, Victoria, 121 págs.
— (1992b): "'Pigs' tails and peer workers: the view from Australia" en *Disability: The Necessity for a Socio-Political Perspective* (con Len BARTON y Keith BALLARD), publicado por The International Exchange of Experts and Information in Rehabilitation (IEEIR) en asociación con la University of New Hampshire, monografía # 51 en la serie WRF-IEEIR.
— (inédito): "Modern identity and severe disability: how might recreation workers encourage people with severe disabilities to live? Towards a framework." Documento preparado para el Department of Leisure and Tourism, Royal Melbourne Institute of Technology, Melbourne, Australia, transcripción, 91 págs. más de 17 págs. de ilustraciones, 18 diciembre 1993.
GORZ, A. (1973): *Socialism and Revolution,* Anchor Press edition (trad. por Norman DENNY).
HEVEY, D. (1993): "From self-love to the picket line: strategies for change in disability representation", *Disability, Handicap & Society,* 8(4), págs. 423-429.

© Ediciones Morata, S. L.

HEWITT, M. (1993): "Bio-politics and social policy: Foucault's account of welfare", *Theory, Culture & Society,* 2(1), págs. 67-84.
HINDESS, B. (1981): "Parliamentary democracy and socialist politics' en PRIOR, M. (Ed.) *The Popular and the Political: Essays on socialism in the 1980s.* Londres, Routledge and Kegan Paul, págs. 29-44.
— (1986): "Actors and social relations", en WARDELL, M. L. y TURNER, S. P. (Eds.) *Sociological Theory in Transition.* Boston, Mass., Allen and Unwin, págs. 113-126.
JAMES, P. (1987): "Theory without practice: the work of Anthony Giddens", *Arena,* 78, páginas 26-29.
MILNER, A. (1991): "Raymond Williams" en BEILHARZ, P. (Ed.) *Social Theory: A Guide to Central Thinkers.* St. Leonards, Allen and Unwin.
— (1993): *Cultural Materialism.* Carlton, Melbourne University Press.
MITCHELL, R. (1990): "A liberation model for disability services", *Australian Disability Review,* 3(90), págs. 31-36.
NIRJE, B. (1985): "The basis and logic of the normalization principle", *Australia and New Zealand Journal of Developmental Disabilitites,* 11(2), págs. 65-78.
O'CONNOR, A. (1989): *Raymond Williams: Writing, Culture, Politics.* Oxford, Basil Blackwell.
OLIVER, M. (1988): "Disability and dependency: a creation of industrial societies?" en BARTON, L. (Ed.) *Disability and Dependency.* Londres, The Falmer Press, págs. 6-22.
— (1989): "The social and political context of educational policy: the case of special needs" en BARTON, L. (Ed.) *The Politics of Special Educational Needs.* Londres, The Falmer Press, págs. 13-31.
— (1992): "Intellectual masturbation: a rejoinder to Soder and Booth", *European Journal of Special Needs Education,* 7(1), págs. 20-28.
— (1994): "Capitalism, disability and ideology: a materialist critique of the normalization principle", transcripción, 30 págs. Ponencia presentada en una conferencia internacional sobre normalización, en la Universidad de Ottawa, Canadá.
PANE, L. G. (1993): "A triple (dis)advantage: women with disabilities from non-english speaking backgrounds", *Australian Disability Review,* (3)93, págs. 57-65.
ROMAN, L. G. (1993a): "Raymond Williams's unfinished project: the articulation of a socially transformative critical realism", *Discourse,* 13(2), págs. 18-34.
— (1993b): "'On the Ground' with antiracist pedagogy and Raymond Williams's unfinished project to articulate a socially transformative critical realism" en DWORKIN, D. L. y ROMAN, L. G. (Eds.) *Views Beyond the Border Country: Raymond Williams and Cultural Politics.* Londres y Nueva York, Routledge.
SHAKESPEARE, T. (1994): "Cultural representation of disabled people: dustbins for disavowal?", *Disability & Society,* (9)3, págs. 283-299.
SHAPIRO, M. J. (1988): *The Politics of Representation: Writing Practices in Biography, Photography, and Policy Analysis.* Wisconsin, The University of Wisconsin Press.
THORNTON, P. (1993): "Communications technology - empowerment or disempowerment?", *Disability, Handicap & Society,* 8(4), págs. 339-349.
TROWBRIDGE, R. (inédito): "Culturally productive action: a response to personal and social marginality". Ponencia presentada en el Senate Standing Committee on Community Affairs Seminar: Employment of People with Disabilities, transcripción, 4 págs., 2 septiembre 1992.
— y DRISCOLL, K. (inédito): "High support needs and the politics of choice", artículo para My Day My Choice Conference, Melbourne, transcripción, 6 págs., 15 julio 1993.
WICKHAM, G. (inédito): "Justice, democracy and the demise of politics", transcripción, 26 págs.

© Ediciones Morata, S. L.

WILLIAMS, R. (1977): *Marxism and Literature.* Oxford, Oxford University Press. (Trad. cast.: *Marxismo y literatura.* Barcelona, Península, 1980.)
— (1980): "A defence of realism" en WILLIAMS, R., *What I Came to Say.* Londres, Hutchinson Radius.
— (1981): *Culture.* Glasgow, Collins.
— (1983): *Towards 2000.* Londres, Chatto & Windus. (Trad. cast.: *Hacia el año 2000.* Barcelona, Crítica, 1984.)
— (1989): *The Politics of Modernism: Against the New Conformists.* Londres, Verso.
WOLFENSBERGER, W. (1985): "Social role valorization: a proposed new term for the principle of normalization", *mental Retardation,* 21(6), págs. 254-259.

CAPÍTULO X

Poder y prejuicio: los temas de género, sexualidad y discapacidad

Por Tom SHAKESPEARE

Existe toda una industria que se mueve alrededor del tema de la sexualidad y la discapacidad, pero que está controlada por profesionales de los medios sanitarios, psicológicos y sexológicos. La voz y la experiencia de los discapacitados están ausentes en casi todos los casos. Al igual que en otros campos, a los discapacitados se les desplaza como sujetos, y se les fetichiza como objetos. Predomina un modelo de tragedia médica, que define a los discapacitados por la idea de déficit, y la sexualidad o no es un problema, porque no es un tema, o es un tema, porque se considera que constituye un problema.

Este capítulo recurre a tres fuentes. Primera, los planteamientos existentes sobre la vida sexual y afectiva de los discapacitados, que se caracterizan por el *voyeurismo* y la actitud patológica que destacaba antes. Segundo, la obra de autores predominantemente discapacitados, desde una perspectiva del movimiento social, que inicia la tarea de reconceptualizar la política sexual de la discapacidad. Tercero, la investigación que estamos realizando Kath GILLESPIE-SELLS, Dominic DAVIES y yo mismo, que examina, mediante entrevistas exhaustivas, las experiencias que los propios discapacitados tienen sobre el sexo y el amor.

Es justo decir que los temas de la sexualidad, las relaciones y la identidad personal se han ignorado en los estudios sobre la discapacidad, y este olvido es el que pretendemos rectificar. No se trata simplemente de que "lo personal es político", sino también de que a un aspecto clave de la experiencia de las personas discapacitadas no se le ha prestado casi ninguna atención. El sexo y el amor no han gozado de prioridad ni para los estudiosos universitarios ni para los militantes. Ann FINGER dice que el movimiento por los derechos de la discapacidad no ha situado los derechos sexuales a la cabeza de su programa:

> Muchas veces la sexualidad es la causa de nuestra opresión más grave; también a menudo es la causa de nuestro más profundo dolor. Nos resulta más fácil

© Ediciones Morata, S. L.

hablar —y formular estrategias para el cambio— sobre la discriminación en el trabajo, la educación y la vivienda, que hablar sobre nuestra exclusión de la sexualidad y la reproducción.

(FINGER, 1992, pág. 9.)

Este capítulo presenta un trabajo que está en marcha, y constituye un primer intento de delimitar algunos temas clave de la política sexual de la discapacidad y de rectificar las omisiones que se producen en las explicaciones sobre la experiencia de los discapacitados. No es la única versión, ni la última: mi intención aquí no es ofrecer una explicación comprensiva de la discapacidad y la sexualidad, sino destacar cómo algunas experiencias sexuales y afectivas pueden ser discapacitadoras para las personas con insuficiencias, y señalar las estrategias y las alianzas de trabajo que son prioritarias en este campo.

Imagen, identidad y discapacidad

Asexual, indeseable, incapaz para el amor

Jenny MORRIS cita la lista de Pam EVANS de prejuicios que los no discapacitados tienen sobre los discapacitados. En estas actitudes hay unas cuantas que se basan explícitamente en nuestra diferencia sexual:

> Que somos asexuales, o en el mejor de los casos, sexualmente incompetentes.
> Que no podemos ovular, menstruar, concebir ni dar a luz, tener orgasmos, erecciones, eyaculaciones ni fecundar.
> Que si no estamos casados o con una relación estable es porque nadie nos quiere, y no porque sea nuestra decisión personal permanecer solteros o vivir solos.
> Que si no tenemos un hijo, debe ser causa de profunda lástima, e igualmente nunca se puede deber a nuestra elección.
> Que cualquier persona no discapacitada que se case con nosotros lo tiene que haber hecho por uno de los siguientes motivos sospechosos, y nunca por amor: el deseo de esconder sus propias deficiencias en las evidentes de su compañero discapacitado; un deseo altruista y piadoso de sacrificar su vida en nuestro cuidado; algún tipo de neurosis, o sencillamente la típica caza de fortunas.
> Que si nuestro compañero también es discapacitado, nos hemos juntado precisamente por esta circunstancia, y no por cualquier otra cualidad que podamos poseer. Cuando escogemos "a los de nuestra clase" así, el mundo de los no discapacitados se siente aliviado, naturalmente hasta el momento en que decidimos tener hijos; entonces se nos considera irresponsables.

(MORRIS, 1991, pág. 20 y sgs.)

He dicho en otro lugar que el prejuicio y el estereotipo desempeñan un papel fundamental en las relaciones sociales que incapacitan (SHAKESPEARE, 1994a). En el terreno del sexo y el amor, el supuesto generalizado de que la discapacidad constituye una tragedia médica se hace dominante e inevitable.

En las sociedades occidentales modernas, se considera que una personalidad adulta completa es imposible sin el elemento de la sexualidad, que sustituye el papel que el trabajo remunerado representaba anteriormente: a los discapacitados se les infantiliza y se les niega el *status* de sujetos activos, en consecuencia se debilita su sexualidad. El proceso ocurre también al revés, en el sentido de que el supuesto de asexualidad es una factor que contribuye a menospreciar a los discapacitados. Existen similitudes evidentes con la situación de los niños y las personas mayores.

Beth, una profesional licenciada en Ciencias, nos decía:

> Estoy segura de que las otras personas lo primero que ven es la silla de ruedas, después a mí y después a la mujer, si es que ven algo. Un amigo íntimo daba por supuesto que el sexo era para mí algo del pasado. Creo que es una idea que comparte la mayoría de las personas. Es posible que no tenga razón de ser, pero influye en la imagen que tengo de mí misma.

Nuestros entrevistados dicen que los servicios profesionales no saben tomarse en serio su sexualidad, y que en el mismo movimiento de la discapacidad se trabaja poco sobre este tema. Muchos grupos sociales se enfrentan a supuestos opresores acerca de su sexualidad —por ejemplo, la imagen de la masculinidad predatoria de los negros, o la sexualidad promiscua de los homosexuales— pero en mi opinión estos estereotipos de los discapacitados están entre los prejuicios más nocivos y más enraizados. Así, del mismo modo que se evitan con fuerza las imágenes de amor entre personas del mismo sexo, dos discapacitados que aparecieran en público en actitud íntima merecerían la desaprobación social.

Los mismos discapacitados en muchas ocasiones hablaban de problemas de autoimagen, puesto que la educación que han recibido ha hecho que se consideren asexuales o carentes de atractivo. La confianza sexual se centra tanto en la belleza, la potencia y la independencia, que los hombres y las mujeres discapacitadas se sienten sin apoyos:

> Me resulta difícil cambiar el papel de una que debe aceptar el tipo de ayuda que necesito, por el de alguien que tiene confianza en las relaciones personales y que sabe todavía sentirse atractiva.
>
> (Una mujer profesional.)

Otros entrevistados se sentían deprimidos porque, como consecuencia de tener que usar la silla de ruedas, estaban gordos y anquilosados, y muchos se habían sentido feos en varios momentos de su vida. La estrechez de la idea de belleza física de la sociedad occidental es opresora para las personas con insuficiencias: muchos entrevistados hablaban de que se sentían alejados de la idea clásica de persona joven y sexualmente capacitada. Nancy MAIRS escribe sobre su condición física:

> Cuando intento mantenerme erguida, se me caen los hombros y la pelvis se adelanta, de manera que mi figura se convierte en un S de huesos. Debido al

© Ediciones Morata, S. L.

encogimiento, un hombro queda más elevado que el otro y llevo uno de los brazos doblado, delante, y los dedos torcidos hasta formar una garra. El brazo izquierdo y la pierna izquierda se han quedado como dos palillos, y siempre procuro tenerlos ocultos. Cuando pienso en la impresión que mi cuerpo debe de producir a las personas, especialmente a los hombres, a las que se me ha enseñado cómo me debo mostrar, me siento ridícula, incluso repugnante.

(MAIRS, 1992, pág. 63.)

Sin embargo, a pesar de todo conserva una imagen positiva de sí misma: al igual que muchas de las personas con quienes hablamos, acepta su apariencia y es capaz de sentirla de forma positiva la mayor parte del tiempo. Un hombre con insuficiencia neuromuscular nos decía en la entrevista que sus compañeros de la escuela respondían con prejuicios a su modo de andar —se burlaban de su espalda curvada y su pecho prominente, concretamente porque parecía que tuviera un busto de mujer.

Las representaciones culturales de los discapacitados, por ejemplo en el cine y la televisión, son una de las causas principales de la imagen negativa de la sexualidad de las personas discapacitadas. CUMBERBATCH y NEGRINE descubrieron que en las escenas que implicaban alguna relación sexual de las obras de teatro de la televisión aparecían personas no discapacitadas casi el doble de veces que lo hacían personas discapacitadas, y que era menos probable que éstas tuvieran posibilidad de alguna relación (CUMBERBATCH y NEGRINE, 1992, págs. 66, 79).

Los estereotipos de género

La identidad de género y la identidad de minusválido interactúan de forma distinta en los hombres y en las mujeres, Jenny MORRIS apunta que:

> La definición social de la masculinidad va unida inextricablemente a la celebración de la fuerza, de los cuerpos perfectos. Al mismo tiempo, ser masculino es no ser vulnerable. También va unida a una celebración de la juventud y a dar por supuestas las funciones del cuerpo.
>
> (MORRIS, 1991, pág. 93.)

La idea de que la masculinidad implica un rechazo hacia la falta de carácter, las emociones y la debilidad es muy común en la crítica cultural. Un tema habitual de las películas sobre minusválidos es el del hombre, a menudo un veterano de guerra, que acepta la pérdida de la masculinidad que le impone la insuficiencia —y normalmente este hecho se caracteriza o cristaliza en el contexto de la impotencia o la insuficiencia sexual. "Hombres", "Nacido el 4 de julio" y "Waterdance"* se centran en el hombre discapacitado y en sus pro-

---

* Esta película no se ha estrenado en España y el título no se ha traducido. Uno de sus directores, y guionista, Neal Jiménez, quedó parapléjico a causa de un accidente. *(N. del T.)*

blemas de adaptación. En este caso se trata de mensajes sobre el estereotipo de la heterosexualidad masculina, y el estereotipo de la dependencia de los discapacitados. Las imágenes predominantes de la masculinidad y de la discapacidad ofrecen papeles e identidades opuestas. El antropólogo y discapacitado Robert MURPHY conviene en la existencia de las siguientes suposiciones:

> La vida sexual de la mayoría de los varones paralíticos, sin embargo, sigue siendo un símbolo de una pasividad y dependencia más generales que impregna cada uno de los aspectos de su existencia y es la antítesis de los valores masculinos de dirección, actividad, iniciativa y control.
> (MURPHY, 1987, pág. 83.)

Sin embargo, la realidad en ocasiones es diferente para los discapacitados. Uno de los entrevistados, un trabajador con espina bífida, nos explicaba que su insuficiencia no le suponía ninguna traba para comportarse como un joven corriente:

> Solía mezclarme en muchas peleas fuera de la escuela, aunque nunca me peleaba con ningún discapacitado. Algunos me tomaban el pelo, y mis hermanos me habían enseñado cómo luchar desde muy pequeño. Mi condición favorecía que la gente me tomara el pelo, pero yo les respondía... ¡Les daba buenas palizas! Iba en silla de ruedas, pero no era ningún problema, de hecho era una ventaja. No podía hacer nada, así que se acercaban, y entonces es cuando les arreaba. Solía buscar las situaciones que provocaran a alguien para que me atacara, y luego les pegaba, y lo creía justificado... En la escuela tenía todos estos problemas, creían que mi padre me maltrataba porque aparecía con un ojo morado después de estar peleándome en la calle, y no podían aceptar que un discapacitado hubiera estado peleándose.

Los estereotipos sexistas de las mujeres refuerzan los prejuicios sobre la discapacidad: OLIVER dice que "existen fuertes vínculos entre la supuesta pasividad de las personas discapacitadas y la supuesta pasividad de las mujeres" (OLIVER, 1990, pág. 72). En ambos casos, la dependencia, la vulnerabilidad y la debilidad son las asociaciones dominantes en la cultura patriarcal. Por consiguiente, las mujeres discapacitadas se representan, como señala MORRIS, de una forma especialmente negativa y pasiva (MORRIS, 1991, página 97). En la obra de dos autoras estadounidenses se habla de la dicotomía que existe entre la visión ultranegativa y la visión ultrapiadosa de las mujeres discapacitadas:

> Lo habitual es que la cultura contemple a las mujeres discapacitadas desde dos extremos: por un lado, se considera que nuestras vidas son dignas de lástima, llenas de dolor, el resultado de una tragedia sin sentido; por otro lado, se nos ve como seres que inspiran sentimientos, elevadas casi a la santidad por quienes contemplan sobrecogidos nuestro sufrimiento.
> (SAXTON y HOWE, 1988, pág. 105.)

La idea dominante sobre las personas discapacitadas suele ser masculina. El discapacitado típico es el joven, varón y blanco que usa silla de ruedas. Muchas de las películas que tratan de la discapacidad hablan de hombres discapacitados. Para Morris la razón es el conflicto que está en la base del estereotipo de la masculinidad discapacitada, como opuesta al reforzamiento y a la feminidad clásica de las imágenes de las mujeres discapacitadas. Evidentemente, la realidad de la experiencia demográfica de la insuficiencia es que la mayoría de los discapacitados son personas mayores y mujeres. Pero las mujeres mayores discapacitadas son casi invisibles en la representación cultural, y figuran entre los miembros de nuestra sociedad peor valorados.

Beth resumía sus sentimientos sobre la imagen y la identidad con palabras que muchos discapacitados compartirían:

> No encajo en el estereotipo típico ni de género ni de discapacidad. Esto supone un dilema para mí y para otras personas.

Creo que este punto es fundamental y acentúa lo que comparten mujeres y hombres discapacitados: aunque es totalmente correcto destacar la importancia del género en la experiencia de la discapacidad, resulta peligroso sacar conclusiones simplistas.

Las diferencias entre géneros

Oliver sostiene que en las publicaciones recientes se ha olvidado la experiencia de las mujeres discapacitadas. Cita a Deegan y Brooks:

> A pesar de la atención que se presta a la discapacidad en general y a determinadas insuficiencias en particular, un sector de la población discapacitada ha recibido poco reconocimiento y ha sido objeto de pocos estudios: las mujeres. Al igual que otros movimientos de cambio social, el movimiento de la discapacidad a menudo ha dirigido su energía a las experiencias básicamente masculinas.
> (Deegan y Brooks, 1985, pág. 1.)

Oliver se hace eco de otro estudio cuando dice que las mujeres discapacitadas no pueden acceder a las funciones laborales tradicionalmente masculinas, pero además muchas veces se les niega el acceso a las funciones femeninas tradicionales, por ejemplo a la maternidad:

> A los hombres discapacitados se les obliga a luchar contra el estigma social de la discapacidad, y pueden aspirar a desempeñar funciones masculinas socialmente poderosas. En cambio, las mujeres discapacitadas no tienen esta opción. Se las considera inadecuadas para funciones económicamente productivas (que siempre se han pensado como propias de hombres) y para las de cría y reproducción, que se creen propias de las mujeres.
> (Fine y Asch, 1985, pág. 6.)

Creo que la situación es más compleja, en lo que se refiere a la diferencia entre géneros, y que no es verdad que los hombres lo tengan más fácil, por un lado, ni que la experiencia masculina haya recibido más atención, por el otro. En las sociedades occidentales, la masculinidad y la feminidad se encuentran en un proceso de transición que hace difícil generalizar sobre las estrategias de las mujeres y los hombres discapacitados individuales. Los límites del rechazo, la compensación, la aceptación social y las consecuencias, desde el punto de vista de la función y la identidad, no están perfectamente trazados. Respecto a la investigación y el estudio de estos temas, pienso que existe una cantidad considerable de obras sobre las mujeres discapacitadas, y en cambio apenas alguna sobre hombres discapacitados (véase Campling, 1981; Deegan y Brooks, 1985; Fine y Asch, 1985; Keith, 1994; Londsdale, 1990; Morris, 1989; Saxton y Howe, 1988). Los temas de la sexualidad, la imagen, la identidad de género y la relación entre uno y el otro han sido estudiados por mujeres, que trabajan principalmente en contextos feministas, mientras que los hombres se han concentrado en temas como los del empleo, la discriminación, la vivienda, las rentas y otros temas sociales materiales. En el índice de la monografía de Michael Oliver (1990) hay ocho referencias a las mujeres y nueve al sexismo, pero ninguna a los hombres.

Las críticas feministas de la teoría dominante, o de la teoría masculina, en otras áreas señalan que "las personas" se construyen falsamente a partir de un modelo, de ahí la necesidad de llenar los vacíos y de estudiar las experiencias de las mujeres. En el caso de los estudios sobre la discapacidad, no estoy seguro de que el modelo dominante haya sido un falso genérico, y no parece que se haya olvidado la experiencia de los hombres discapacitados. Jenny Morris aporta pruebas de que algunas publicaciones han presentado un falso genérico (Morris, 1993, pág. 90), pero en general creo que el efecto pricipal del dominio masculino de la investigación tradicional sobre la discapacidad ha sido dejar la cuestión del género completamente al margen. Parece casi como si los estudios sobre la discapacidad hubieran reproducido la división más amplia entre lo público y lo privado que tan familiar les resulta a quienes se ocupan del estudio del género. El resultado de esto es que la representación de la experiencia de los hombres discapacitados es insuficiente, algo que nuestros estudios actuales confían en rectificar. Hay que señalar también que los estudios sobre la experiencia de las mujeres y los hombres discapacitados negros y de minorías étnicas, y la de hombres y mujeres discapacitados homosexuales, son también escasos.

Las respuestas que daba Ed, un hombre discapacitado, en nuestra entrevista destacan la complejidad de la relación entre discapacidad, género y sexualidad: pensaba, como muchos otros, que su masculinidad era diferente como consecuencia de su insuficiencia:

> Una de las cosas interesantes, creo, es que, a excepción de los homosexuales, los varones no tienen ninguna complicación, mientras que uno, como hombre discapacitado, sufre una forma de opresión sexual. La imagen que tengo de mí mismo es sobre todo la de un discapacitado, no la de un heterosexual.

© Ediciones Morata, S. L.

El siguiente entrevistado creía que, hasta cierto punto, se podía identificar con la experiencia de los homosexuales varones, las mujeres o los negros, porque había sufrido la opresión. Estaba claro también que las mujeres veían su sexualidad de forma diferente, como ausente o como inofensiva:

> Me he dado cuenta de que algunas chicas salen conmigo porque quieren cuidarme, soy el niño que llevan en el cochecito, me llevan de paseo por todas partes, y no se hacen a la idea de que me puedo excitar. También hay mujeres que vienen a verte en el *pub* y se acercan y empiezan muy amables y se te sientan en la rodilla, se mueven y dicen "¡Oooh!", y uno piensa, para, no puedes hacer esto... Estoy seguro de que también ocurre al revés, la actitud de los hombres hacia las mujeres discapacitadas en situaciones similares, creen que no hace daño... Y en cualquier caso, siempre me parece que lo que pasa es que se supone que estás orgulloso de que le gustes a esa mujer, porque no son discapacitados, deberías sentirte honrado, y por esto a veces las personas no discapacitadas me revientan.

Aunque el hecho de ser discapacitado suponía un coste para su identidad heterosexual, también reportaba el beneficio de unas mejores relaciones con las mujeres:

> Siempre supe escuchar, y era como el hermano mayor para aquellas chicas que me gustaban. Cuando una chica me gustaba no se lo decía. Me veían como a un buen chico, con el que se reían y que siempre escuchaba. La mayoría de las mujeres me veían como a un hermano mayor, más que como a su novio, y desde luego inofensivo.

Otros discapacitados varones recordaban esta experiencia, mientras señalaban que las pruebas no confirmaban el supuesto de que los hombres discapacitados eran inofensivos porque no eran, o no podían ser, violentos ni groseros.

Discapacitados, sexo y amor

La experiencia práctica que los discapacitados tienen de las relaciones sexuales plantea toda una serie de temas. Aquí destacaremos algunos de los principales, aunque actualmente no hay ni espacio ni información disponible para realizar un análisis pormenorizado. Lamentablemente, no se puede hablar del tema parental, aunque otros autores han empezado a examinarlo (FINGER, 1991). Es fundamental no adoptar análisis esencialistas, en los que los problemas sexuales de las personas discapacitadas se consideran una consecuencia inevitable de su insuficiencia, o donde la atención se centra únicamente en la incapacidad física. Nuestro estudio indica que los problemas más importantes son los que derivan del prejuicio y la discriminación, y no del déficit individual. No analizaremos el efecto de la insuficiencia en la función sexual en este contexto, porque es tema de otros muchos estudios y también porque no es el factor causal presente en la experiencia del sexo y del amor de los discapacitados. Es decir, debemos sustituir el modelo médico de la dis-

© Ediciones Morata, S. L.

capacidad sexual dominante por un modelo social que sea sensible a lo que los hombres y las mujeres digan acerca de sus vidas, y que no se base en las ideas preconcebidas de los profesionales no discapacitados.

En el libro de Jenny MORRIS sobre las mujeres discapacitadas hay un capítulo dedicado a la sexualidad y las relaciones, pero tuvo el fallo de no incluir un estudio adecuado de los temas relativos a mujeres discapacitadas lesbianas (MORRIS, 1989). Otras monografías importantes sobre la discapacidad también se centran en la experiencia heterosexual mayoritaria. Es fundamental comprender que también hay discapacitados y discapacitadas homosexuales, y que los negros y las negras, heterosexuales o no, también pueden tener experiencias distintas de sus relaciones. Dentro del movimiento de la discapacidad existen unas minorías que cada vez exigen mayor reconocimiento de sus experiencias y atención a sus necesidades. Los estudios deberían ser sensibles a la diferencia, en el sentido más amplio, y evitar las generalizaciones y las lagunas. Por ejemplo, examinar qué experiencia tienen de la masculinidad los minusválidos homosexuales también es útil, porque resalta el estado contingente y dinámico de los papeles, actitudes y conductas de ambos sexos en general.

Un ejemplo de la relevancia de la sexualidad o del origen étnico son los servicios de apoyo y de cuidado. Dado que los discapacitados pueden necesitar ayuda personal, son más vulnerables a la homofobia o al racismo de los asistentes que entran en sus hogares. Puede resultar difícil encontrar ayuda para vivir un determinado tipo de vida que se haya escogido. En los casos en que los discapacitados necesitan que les ayuden para preparar los encuentros sexuales, el problema puede ser especialmente grave. También en estos casos los profesionales, consejeros y asesores se pueden mostrar insensibles y con prejuicios activos, de manera que a las personas les sea difícil recibir los servicios adecuados.

La organización de discapacitados y discapacitadas homosexuales, *Regard*, ha hecho campañas en favor del derecho de los discapacitados a ser reconocidos en la comunidad homosexual, y viceversa. En esas campañas se lucha por los temas de la vida independiente y para que se reconozca la homofobia que existe en comunidades locales, muchas veces pequeñas y parroquiales, de discapacitados y sordos. Del mismo modo, a la comunidad de *gays* y lesbianas les ha costado reconocer las trabas que pone a la participación de los discapacitados, especialmente por sus actitudes en torno al "cuerpo hermoso" y por la insistencia dominante en ser joven, sano y sexualmente atractivo.

El rechazo del sexo

Como decíamos antes, los estereotipos acerca de la discapacidad suelen centrarse en la asexualidad, en la carencia de posibilidades o potencia sexuales. A los discapacitados se les infantiliza, especialmente a aquellos a los que se considera "dependientes". Del mismo modo que se presume que los niños

© Ediciones Morata, S. L.

no tienen sexualidad, a los discapacitados se les niega la capacidad de sentimiento o expresión sexual. Cuando se considera su componente sexual se hace desde el punto de vista de la sexualidad desviada, por ejemplo, la manifestación sexual inadecuada o la masturbación. Los estereotipos despectivos sobre la ceguera, por ejemplo, son típicos de esa inclinación. La suposición de una anormalidad esencial también se refleja en los trabajos académicos tradicionales: por ejemplo, el sociólogo estadounidense LEMERT, que en cierta ocasión escribió: "Poco se conoce acerca de la vida sexual de la persona ciega sola" (LEMERT, 1951, pág. 134).

La otra cara de esto es que muchas veces los discapacitados no son bien recibidos en situaciones en que está previsto el sexo. Por ejemplo, en los clubs nocturnos y las sedes sociales se procurará atraer a gente joven, actual y guapa. Las escaleras, las puertas estrechas, las luces que se encienden y se apagan, el humo y el ruido pueden significar barreras a la participación de los discapacitados. Incluso cuando éstos creen que pueden acceder a las dependencias, se pueden encontrar con el prejuicio que produce el mismo efecto discapacitador: a los discapacitados se les ve como "no atractivos sexualmente" y muchas veces se les impide la entrada. Esta experiencia es la misma en los lugares de homosexuales y en los lugares comunes. Al menos dos o tres de nuestros entrevistados tuvieron la experiencia de la exclusión de esos lugares, bien con el pretexto de que su silla de ruedas suponía un peligro en caso de incendio, bien porque su insuficiencia hacía que los demás se alejaran. Kirsten HEARN ha escrito sobre las barreras que la comunidad *gay* y lesbiana pone a los discapacitados (HEARN, 1988, pág. 1991).

La política y la provisión de la discapacidad a menudo se olvidan de que la sexualidad es una de las necesidades humanas básicas. Se atienden, aunque sea de forma inadecuada, la vivienda, el transporte, la educación y otras necesidades, sin embargo en los primeros puntos del programa del bienestar no figuran los factores sociales y sexuales. En los centros de día y en los hogares residenciales a los discapacitados se les suele negar la intimidad, o la oportunidad de establecer relaciones amorosas o sexuales. Este fracaso en dar prioridad a temas que son muy importantes para la mayoría de los adultos, incluida la mayoría de los adultos discapacitados, refleja un fracaso en considerar la humanidad de los discapacitados en toda su extensión. Como ocurre con las personas mayores, no se considera que las personas discapacitadas tengan necesidades sexuales, y por tanto no se atiende su provisión. Ni a los discapacitados ni a los mayores se les reconoce completamente su condición sexual. La situación típica de ofrecer tres tipos de lavabos públicos, para señoras, para caballeros y para discapacitados, constituye una representación simbólica de la negación sexual a la que los discapacitados están sometidos.

Otro factor que mueve a las personas a no querer contemplar la subjetividad sexual de los discapacitados es el temor a que éstos se junten entre sí y engendren a otros discapacitados (HUMPHRIES y GORDON, 1992, pág. 100). En un siglo que ha sido testigo de repetidas políticas sobre la eugenesia y de la preocupación actual por la pureza racial, el espectro de más niños discapacitados provoca la alarma. Un entrevistado nos contó una anécdota relevante:

© Ediciones Morata, S. L.

Me contaron que había dos personas en un supermercado, y las dos iban en silla de ruedas, y se besaron —no sé por qué querrían besarse en un supermercado, pero lo hicieron—, y alguien se les acercó y les dijo: "¿No os parece que ya es bastante desgracia que haya dos como vosotros?"

Se trata de un prejuicio sobre la pureza racial o nacional, o se puede deber a razones económicas por la "creciente carga" que esta población "desviada" y "dependiente" supone para los servicios sociales y de salud. Es evidente que es un miedo subjetivo, irracional y que se puede relacionar con los temores al mestizaje. El Proyecto del Genoma Humano aumentará la presión sobre quienes lleven genes "defectuosos" para que no se reproduzcan o para que interrumpan embarazos afectados por esos genes. En este contexto, merece la pena señalar que en las sociedades occidentales la mayoría de las insuficiencias son producto de un accidente, una enfermedad o del proceso de envejecimiento, más que de genes defectuosos.

Dificultad para encontrar pareja

Los discapacitados pueden encontrarse con barreras en su vida social y de ocio que pueden constituir un obstáculo importante para el acceso a los entornos en donde las personas sin minusvalías establecen los contactos que conducen a encuentros sexuales o a relaciones amorosas. El transporte público, los *pubs* y los clubes inaccesibles y unos ingresos insuficientes pueden significar la imposibilidad de intervenir en las interacciones que se dan por supuestas en el caso de los no discapacitados. Allí donde no se evitan las barreras, hay personas que se sienten excluidas porque "se liga" con la mirada, y padecen insuficiencia visual. Otra posibilidad es que

> Aunque algunas lesbianas con diversas insuficiencias pero no ciegas son capaces de dirigir algunas de esas "miradas insinuantes", la probabilidad de que se muevan con arrogancia y suavidad por la pista de baile en sus sillas de ruedas o con sus muletas, sus bastones o sus aparatos ortopédicos, es más bien remota.
> (HEARN, 1988, pág. 50.)

La imposibilidad de acceder a un empleo remunerado significa la exclusión de los lugares de trabajo, un sitio en el que se inician muchas relaciones. Como destacábamos antes, no hay que subestimar el prejuicio. Los homosexuales, por ejemplo, tienen un gran interés por el cuerpo hermoso, el baile y las drogas blandas. Las personas a las que entrevistamos hablaban también de un creciente "fascismo del cuerpo" entre las lesbianas. Un "escenario" de este tipo no podría albergar ni acoger a los discapacitados. Muchas veces los clubes están en los sótanos o en edificios inaccesibles, y muchos homosexuales se conocen en las saunas o en los lugares de alterne públicos. Las lesbianas suelen conocerse cada vez más en las actividades deportivas o al aire libre, que pueden disuadir de participar a las personas discapacitadas.

© Ediciones Morata, S. L.

Una opción alternativa podrían ser los contactos mediante el teléfono o los anuncios en la prensa. Sin embargo, pueden resultar inaccesibles para personas que tengan insuficiencia visual o auditiva. Además, en este tipo de anuncios se suele emplear un lenguaje de color de rosa, que habla de gente atractiva, de una vida de lujo, gran atractivo sexual e incluso de buenos atributos físicos. Esta tendencia a exagerar las virtudes y a restar importancia a los defectos y las carencias muy humanas de quien se anuncia puede disuadir a los discapacitados, que tal vez consideren que sus insuficiencias les descalifican para poder participar en este tipo de relaciones. Otra circunstancia es que en los primeros momentos se debe saber gestionar la información con cuidado: Bill, un homosexual que había conocido a amantes a través de los anuncios, señalaba: "Tampoco puedo imaginar que mucha gente conteste a las cartas si uno es honrado al cien por cien y dice 'por cierto, me dan ataques'".

Estos problemas se reducen al mínimo en la sección de anuncios personales de las publicaciones relacionadas con la discapacidad, como *Disability Now*, en la que aparece una amplia variedad de personas discapacitadas que buscan gente con quien escribirse, amigos, amantes o compañeros. El estudio que estamos llevando a cabo analiza si los discapacitados recurren a estos medios de contacto social porque los sitios sociales y de ocio tradicionales les resultan inaccesibles, porque han sufrido el rechazo en los ambientes de personas no discapacitadas, o porque buscan específicamente compañeros discapacitados.

Un peligro de este tipo de anuncios, y de otros muchos contextos ideados para permitir que los discapacitados establezcan contactos sexuales, es que algunas personas no discapacitadas buscan como pareja a discapacitados por razones que sólo se pueden denominar de explotación, lo cual en ocasiones quizá no sea tan perverso, cuando se trata de una persona que busca a otros de quien cuidar, debido tal vez a un sentimiento personal de incompetencia. Un homosexual que participa en nuestro estudio actual se encontró con que entre quienes respondían a los anuncios personales que ponía en la prensa *gay* había hombres cuyo deseo era cuidarle. Más dudoso es el motivo que empuja a aquéllos, normalmente hombres, cuyo interés por los discapacitados tiene razones fetichistas. Hay muchos intereses de *voyeurismo* en la discapacidad:

> No hace mucho, una mujer me preguntó cómo eran las relaciones sexuales con un discapacitado. Yo le contesté que igual que con un no discapacitado, sólo que diez veces mejor. Se me ocurrió contestarle así, pensé ¡revienta! Porque existe esta idea de fenómeno de circo, es como... me pregunto cómo será hacerlo con un negro o lo que sea, es ese tipo de cosas. Eres como un fenómeno de circo, una novedad.
>
> (Un heterosexual.)

Por ejemplo, es posible que se busquen a personas a quienes se les ha amputado algún miembro para tener nuevas experiencias sexuales. Más adelante hablaré de que este tipo de encuentros en ocasiones pueden implicar relaciones insultantes. Evidentemente, implican diferencias de poder: hombres que explotan a mujeres, adultos que explotan a niños.

Se puede ver una fuerte semejanza entre estos temas y la popularidad del turismo sexual de los hombres de países occidentales que van a otros del sureste asiático en busca de mujeres y de niños que les proporcionen el placer sexual, o la costumbre de hombres occidentales que se casan con mujeres de países de Asia o del Pacífico porque se supone que las mujeres "sumisas" y "vulnerables" producen mayor satisfacción que las mujeres occidentales "liberadas".

Las personas que no nacen discapacitadas, sino que se convierten en tales a lo largo de su vida, pueden descubrir que esa insuficiencia se interpone en la red social y en las relaciones personales en las que se mueven. Las consecuencias psicosexuales de la insuficiencia son de las más traumáticas que se derivan de un accidente o de una enfermedad. Existen pruebas que indican que en circunstancias heterosexuales es más probable que los discapacitados mantengan las relaciones y, sin embargo, que las mujeres discapacitadas sean abandonadas por su antiguo compañero. Una de nuestras entrevistadas se sentía extremadamente desgraciada y celosa porque su compañero tenía otros amantes, porque "quería hacer el amor con una mujer que pudiera abrir las piernas como conviene". Se sentía atrapada, porque dependía de él, que era su principal cuidador:

> No puedo describir lo horrible que es a veces tener que permitir a un hombre que dice que te quiere, y verle con otra mujer, que me ponga en la cama, me dé la vuelta por la noche, me levante por la mañana o que haga cualquiera de las otras cosas que son esenciales.

Su marido decía que no la podía dejar porque "él cree que puede atender mis necesidades físicas mejor que nadie". Si ella no hubiera estado discapacitada, se hubiera ido y hubiera empezado de nuevo, pero en esas circunstancias no se sentía capaz de hacerlo, porque dependía físicamente de su compañero, pero también porque no "creía que nadie me quisiera como soy".

La experiencia de los abusos sexuales

A algunas personas les parecerá impensable que los discapacitados puedan enfrentarse a abusos sexuales, sin embargo es evidente que tanto niños como adultos los sufren en un grado desproporcionado. Se ha averiguado que existe una serie de factores de riesgo. Todo indica a una doble posibilidad de haber sobrevivido al abuso. Las personas sordas y con dificultades de aprendizaje están sujetas a la explotación de forma particular. El estudio de Helen WESTCOTT para la *National Society for the Prevention of Cruelty to Children* (NSPCC) (Asociación de protección a la infancia) examina gran parte de la literatura de que se dispone y avala estos descubrimientos (WESTCOTT, 1993).

© Ediciones Morata, S. L.

Lo más habitual es que los abusos a niños sean obra de personas conocidas. Entre quienes los sufren, muy pocos son chicos, y los abusos provienen tanto de hombres como de mujeres. Los abusos sexuales a menores se deben contemplar en un contexto más amplio, el de otras formas de abuso y también el del abuso que persiste o se origina en la edad adulta. En el caso de los discapacitados es posible que el abuso se convierta en algo normal. Por ejemplo, David THOMPSON ha estudiado los comportamientos de varones con dificultades de aprendizaje en ambientes rurales, y ha descubierto que, en este contexto adulto específico, las relaciones de abuso son predominantes (THOMPSON, 1994).

Queda por analizar en qué medida se revelan este tipo de hechos y la posibilidad de investigar en este campo. Es evidente que los casos más graves de abuso se manifiestan, y quiero fijarme en algunos de los factores que intervienen. Merry CROSS, una discapacitada activista en estos temas, ha escrito cosas conmovedoras al respecto.

> "¿De verdad esperas que nos creamos que alguien pueda desear tener relaciones sexuales con un niño hediondo de mierda como tú?" Si un abogado (de la defensa) puede hablar así a un niño discapacitado en el banquillo de testigos durante un juicio por abusos deshonestos, ¿hacia dónde nos podemos girar para no oírlo?
>
> "Probablemente forma parte de algún síndrome". Si un médico puede escribir esto en el informe sobre una chica discapacitada en cuyo cuerpo acaba de observar desgarros y magulladuras anales y vaginales, ¿adónde podemos ir a curar nuestras heridas?
>
> (CROSS, 1994, pág. 163.)

No pretendo insinuar que la discapacidad provoca abusos sexuales. Los discapacitados son como los demás. No tenemos necesidades especiales, tenemos las mismas. Los niños discapacitados no sufren abusos sexuales especiales, sufren el mismo tipo de abusos. Pero, debido al contexto social y a la oportunidad social, puede que cuantitativamente sufran más.

> A unos se les escoge porque no pueden hablar del horror. A otros porque no pueden escapar, y no hay a donde huir. A otros porque su vida depende de que no opongan resistencia. A otros porque no tienen a quien contárselo. A otros se les escoge porque nadie les ha enseñado ni siquiera las palabras. A otros porque la sociedad escoge creer que, después de todo, no tienen sexualidad realmente, de modo que no les puede hacer daño.
>
> (CROSS, 1994, pág. 165.)

En lo que queda de este apartado, hago hincapié en algunos de los temas que hacen a los discapacitados más vulnerables al abuso: son los temas de la comunicación, el internamiento, la dependencia, la inseguridad, la invasión, las ideas preconcebidas y la justificación.

En primer lugar está la vulnerabilidad que provoca no poder comunicar lo que ocurre o lo que ha ocurrido. Esto significa que tal vez no se pueda intervenir ni prevenir, y significa también que quienes abusan se inclinen más por este tipo de personas.

Cuando hablo de comunicación no me refiero únicamente a las insuficiencias de comunicación, sino también al hecho de que los discapacitados tienen menos probabilidades de que se les crea. Las ideas preconcebidas, de las que me ocuparé más adelante, pueden provocar rechazo e incredulidad en los cuidadores y los tutores. En el estudio de WESCOTT, una mujer ciega decía:

> No creo que las personas pudieran pensar que esto le iba a ocurrir a un niño discapacitado, y pienso que fue algo muy destacado que se investigaran los abusos que sufrió mi hermana, pero sencillamente a nadie se le ocurrió preguntarme a mí, y no tenía ninguna posibilidad de hablar, quiero decir que había veces que estaba en la habitación cuando hablaban y sencillamente no podía decir nada por miedo a que después me dieran una bofetada o qué sé yo.
> (WESCOTT, 1993, pág. 18.)

Otra mujer decía: Ella me escogió... probablemente porque yo no tenía a nadie más, seguramente sabía que no se lo iba a contar a nadie (WESCOTT, 1993, pág. 19).

Sin embargo, es evidente que estos temas de comunicación y credibilidad se agravan en determinadas situaciones. Son los casos en que existen barreras de comunicación específicas, y en los que los educadores o los cuidadores son incapaces de responder a las señales de angustia. Es posible que los discapacitados no compartan los mismos sistemas de comunicación con los adultos o los trabajadores no discapacitados, lo cual puede impedir que los hechos se revelen efectivamente, o puede que los discapacitados carezcan del vocabulario para describir sus experiencias. Así, todas las estadísticas apuntan a que dos grupos de discapacitados son especialmente proclives a sufrir el abuso, concretamente los sordos y los que tienen dificultades de aprendizaje. Los que no pueden hablar son uno de los objetivos más vulnerables de los delincuentes. Otro punto es el que se refiere a la posibilidad de revelar los hechos. Hay una serie de conductas no orales que se consideran indicativas de experiencias de abusos sexuales anteriores. Entre ellas, conductas —como una exhibición sexual inadecuada o la masturbación— que, en el caso de las personas con dificultades de aprendizaje, por ejemplo, los cuidadores y el personal consideran que son normales o típicas, y que no se cuestionan como síntoma de la existencia de abusos.

Los discapacitados tienen más posibilidades de vivir en situaciones de segregación, y de ser internados. No hay que darlo por sentado, evidentemente, sino que se debe entender en el contexto de la política del gobierno y de la política local, y de los medios que se ponen para integrar a los niños discapacitados. Varios autores han estudiado el internamiento, desde GOFFMAN en adelante, y estamos familiarizados con las consecuencias de estos contextos. Por ejemplo, la despersonalización; la carencia de autonomía y de capacidad de elección; la ausencia de comunicación con el mundo exterior.

© Ediciones Morata, S. L.

Este tipo de instituciones, sean internados, prisiones u hogares residenciales, son lugares donde se producen el acoso y la intimidación, más que en el mundo exterior. Hay más oportunidades para que existan víctimas, dados los regímenes de poder que suelen ser habituales, las jerarquías y los rangos que favorecen la vulnerabilidad de los más jóvenes, los que están en los niveles más bajos del escalafón y quienes tienen insuficiencias más graves. Es fundamental darse cuenta de que no estamos hablando solamente de abusos de los discapacitados por parte de educadores, cuidadores, personal de ayuda, etc., sino que estamos hablando también de abuso de los discapacitados por parte de otros como ellos.

Si repasamos los estudios realizados en Estados Unidos sobre los abusos de menores en internados, observamos que se trata de algo endémico y que apuntan a que

> por ejemplo, es posible que los cuidadores se sirvan de métodos inaceptables de control, que utilicen las medicinas de forma exagerada, o que alimenten a los niños en exceso; los programas pueden suponer un abuso de los niños cuando establecen una supervisión, un seguimiento y un control de calidad inadecuados; los sistemas pueden abusar cuando permiten que los niños "se dejen" cuidar, o cuando no consiguen controlar el número de cambios de internados que experimentan; la sociedad abusa de los niños que requieren cuidados cuando no consigue formular filosofías, políticas y procedimientos coherentes sobre los objetivos de ese cuidado.
>
> (HARDIKER, 1994, pág. 258.)

Esta experiencia de las personas discapacitadas se suma a las llamadas más generales a abandonar los internamientos, y en favor de hacer realidad una vida independiente y apoyada para los discapacitados de Gran Bretaña.

Los discapacitados pueden depender más de las demás personas para una serie de trabajos físicos o de actividades sociales. Es posible que sean más débiles y menos capaces de defenderse físicamente o de escapar. Se les puede medicar o drogar e incluso pueden estar inconscientes. Es posible que necesiten que se les bañe, se les vista, se les asee, y quizá tengan que coger taxis o disponer de una asistencia personal. Estos factores pueden incidir en la vulnerabilidad de los discapacitados. Pueden tener una diversidad de cuidadores, debido al internamiento, el acogimiento en familias, los cuidados parciales o de otro tipo, y no contar con un contexto familiar estable. En un estudio se descubrió que la renovación media del personal de las instituciones públicas de Estados Unidos era del 32,8, y del 54,2 en las instituciones privadas (citado en SOBSEY y DOE, 1991). Es posible que no dispongan de unos ingresos propios, o de que sean tan escasos que no supongan ninguna seguridad. Se ha demostrado que los niños discapacitados están más expuestos que los no discapacitados a sufrir los abusos sexuales de algún cuidador profesional (KELLY, 1992, pág. 164).

Es importante destacar la diferencia entre dependencia física y dependencia social. Depender de otros no supone necesariamente una dependencia real. El acceso a los servicios que se prestan como un derecho, o la

© Ediciones Morata, S. L.

independencia económica para poder contratar a los propios cuidadores pueden significar un alto grado de independencia social, a pesar de la poca independencia física. Sin embargo, en las circunstancias actuales, la carencia de independencia social y física puede hacer más vulnerables a los discapacitados y reducir la probabilidad de que denuncien el abuso, sobre todo cuando es obra de un cuidador o asistente. Muchos discapacitados que han padecido el abuso han guardado silencio por miedo a las consecuencias, lo cual es más grave para quienes están internados o dependen de otros.

Los discapacitados están acostumbrados a que se invada su intimidad y su espacio físico. Esto ocurre como consecuencia del internamiento, de la infantilización, de la dependencia física y de las intervenciones asistenciales inadecuadas, y como consecuencia de la revisión y el tratamiento médicos. Muchos hablan de cómo se les expone desnudos delante de estudiantes de medicina o de otros médicos, se les pincha, se les empuja y se les humilla. Una mujer que había padecido polio asociaba sus frecuentes estancias en el hospital cuando era niña a su vulnerabilidad ante los abusos sexuales:

> Las experiencias médicas que tuve me hicieron muy vulnerable al abuso, me parecía que era lo mismo que todo lo demás que me hacían, así que no sabía distinguir... no hay forma de poder negarse a lo que te hace un médico, porque vaya si lo hacen cuando eres niña, y no tienes elección... Lo que hacían los médicos, me levantaban el camisón, me tocaban y me apretaban aquí y allá sin pedirme permiso, sin hacer nada, y no importaba que estuviera delante de un montón de personas. No le dije que no a ningún medico, en realidad el camillero no me hacía nada diferente de lo que me habían hecho todos los médicos o enfermeras.
> (WESCOTT, 1993, pág. 17.)

Estas palabras demuestran que el proceso de la revisión médica tiene mucho de intromisión, y se piensa que a los discapacitados no les importa en absoluto. Talcott PARSONS (1951) indica que el hecho de estar enfermo permite que el médico haga preguntas personales y revisiones íntimas sin ninguna vergüenza ni cualquier otro tipo de problema. De hecho, las pruebas revelan que la relación con un médico es una relación de poder que tiene repercusiones opresoras. La frialdad y la formalidad, la ausencia de intimidad, la reducción del paciente a un objeto, la ausencia de comunicación y el *voyeurismo* son una forma de violación, y no un procedimiento legítimo. Esta realidad puede debilitar el sentido de propiedad y el del propio cuerpo de los discapacitados. Una mujer que sufría una insuficiencia progresiva nos decía:

> A medida que se agrava mi estado, mi cuerpo se va convirtiendo más en propiedad pública. Ya no está bajo mi control. Tengo que aceptar la ayuda íntima y muchas veces la privación de mi intimidad si quiero que se atiendan mis necesidades.

Theresia DEGENER pregunta: "Si a una niña no se le ha enseñado nunca a decir 'no' cuando los médicos, las enfermeras o incluso los padres le tocan, ¿cómo vamos a esperar que esa niña, o después esa mujer, se defienda del ataque sexual?" (DEGENER, 1992, pág. 154).

© Ediciones Morata, S. L.

Dada la ausencia de autonomía y la integridad corporal continuamente amenazada, los discapacitados suelen acostumbrarse a desconectar, a distanciarse de lo que le ocurre al resto del cuerpo. Las intervenciones médicas dolorosas o el tratamiento humillante dejan unas secuelas de distancia y de ausencia respecto al cuerpo. La terapia y la cirugía pueden producir unos sentimientos negativos respecto al propio cuerpo. No digo que esto favorezca el abuso, sino que éste forma parte de un continuo de invasión física y de interacciones opresoras, y que a los discapacitados se les ha educado para la pasividad y la cooperación. Se les ha convertido en objetos, y no se les ve como personas de pleno derecho.

Nuestra sociedad da por supuesto que las personas discapacitadas, en especial las que tienen un alto grado de dependencia física o que no se pueden comunicar, son algo menos que humanas. La política social ha demostrado una y otra vez que los internados y los centros de día parecen más almacenes que entornos acogedores. El libro de Colin BARNES sobre los servicios de atención de día lleva el título de *The Cabbage Syndrome* ("El síndrome de vegetal"), para destacar ese tipo de experiencia. Otra idea preconcebida, que alimenta las justificaciones de las que hablábamos antes, es que el abuso no hiere a los discapacitados, que es menos perjudicial, o que no importa. Esto puede aumentar la probabilidad de sufrir abusos sexuales e influir en cómo responden a él los profesionales.

> Una actitud paternalista y de infravaloración con los niños discapacitados es la que supone que nadie va a abusar de ellos o la de decir que, debido a sus insuficiencias primarias y secundarias, no sufren las consecuencias de cualquier abuso deshonesto que se produzca.
> (HARDIKER, 1994, pág. 262.)

Theresia DEGENER apunta que "las mujeres discapacitadas tienen más probabilidades de que sus relatos sobre abuso de menores y de violación se consideren producto de su imaginación" (DEGENER, 1992, pág. 153). También llama la atención sobre la suposición, que analizábamos antes, de que los discapacitados carecen de sexualidad y de que son incapaces de mantener relaciones sexuales o, si no, de que su vida sexual es ruda y propia de animales.

Muchas justificaciones se basan en estos supuestos. Por ejemplo, existe la idea de que es mejor cualquier tipo de contacto sexual que ninguno, y que los discapacitados no tienen oportunidad de actividad sexual en otro contexto. Quienes han cometido abusos han sabido justificar su forma de tratar a los discapacitados creyendo que les hacían un favor, y que nadie más querría tener contactos sexuales normales con ellos. Existe una justificación más general del abuso sexual a los discapacitados, que se basa en el miedo y el odio que la sociedad no discapacitada siente por las personas discapacitadas. Existe una tendencia a odiar a quienes parecen débiles; a subyugar a quienes suponen una amenaza; a meterse con el desvalido. Creo que quienes no tienen poder social o los inseguros se aprovechan de las personas que

© Ediciones Morata, S. L.

les parecen inferiores, y repiten su impotencia y sus penas en estas víctimas menores.

El abuso sexual de niños se debe contemplar en el contexto más amplio de las múltiples formas de abuso contra las personas discapacitadas. Este modo de ver las cosas es fundamental si queremos hacernos una imagen precisa de las experiencias de chicos y chicas, hombres y mujeres discapacitados. Un ejemplo es el que ofrece el caso del *Outsiders Club.* Se suponía que ésta era una organización benéfica dedicada a ayudar a que los discapacitados conocieran a otras personas con la finalidad de establecer relaciones, concretamente relaciones sexuales. La experiencia de las mujeres discapacitadas fue que este proceso, bajo el estandarte de la libertad sexual, era un pretexto para que hombres con intereses fetichistas en determinados tipos de insuficiencias tuvieran acceso a mujeres en circunstancias altamente humillantes. En muy contadas ocasiones sirvió para que mujeres y hombres discapacitados se conocieran, ni para otros posibles contactos (RAE, 1984).

Un aspecto fundamental que este ejemplo pone de relieve es el tema del poder. Aunque los servicios específicos y las intervenciones terapéuticas pueden ser esenciales para abordar el daño individual que producen los abusos a niños y adultos discapacitados, la clave para terminar con este mal escondido está en la capacitación de los discapacitados, en reconocerles como grupo minoritario con los mismos derechos, y en su plena integración en la sociedad.

Discapacidad y placer

Una explicación que se centre únicamente en los peligros innegables del abuso y en las experiencias de las dificultades corre el riesgo de presentar de nuevo la sexualidad como un problema para los discapacitados. Por tanto, es importante afirmar que, a pesar de los temas del poder y de la discriminación, nuestros estudios demuestran que la vida sexual positiva y completa es una realidad para un número cada vez mayor de discapacitados.

Por ejemplo, el desarrollo de una identidad positiva de la discapacidad, y la oportunidad de intercambio social que ofrece el pujante movimiento de la discapacidad han abierto muchas posibilidades. Muchas personas discapacitadas están acabando con su aislamiento mediante su militancia política o cultural, y con ello están estableciendo unas relaciones fuertes y felices. Eran bastantes los que hablaban de una inclinación inicial a evitar a otros discapacitados y a buscar compañeros que no lo sean. Sin embargo, esta tendencia se reducía en el caso de las personas que se habían "declarado" discapacitadas y habían desarrollado una identidad positiva. El hecho de que otros discapacitados comprendieran su experiencia de opresión social era un beneficio clave para quienes buscaban compañeros discapacitados.

Incluso se puede considerar que los entornos segregados tienen alguna ventaja, por cuanto permiten que los discapacitados se reúnan fuera de las limitaciones normales de la familia y el hogar. Así, algunos entrevistados

© Ediciones Morata, S. L.

habían estado en algún centro especial de educación post-secundaria, donde las relaciones sexuales eran una realidad no oficial pero aceptada. Resulta curioso que una institución que por otro lado limitaba las posibilidades de disfrutar de las oportunidades generales, ofreciera, a algunos, ventajas sexuales y amorosas.

Otros entrevistados hablaban de la ventaja que para su sexualidad suponía el hecho de su insuficiencia o carencia física. Por ejemplo, una mujer se refería a que la experiencia física de su esclerosis múltiple no le producía ninguna inhibición. Creía que tenía una vida sexual más variada e interesante, que estaba más predispuesta para iniciar el sexo y se sintió liberada cuando supo aceptar su diferencia física: su compañero también se sentía más libre, y menos presionado a "quedar bien". Del mismo modo, había personas que hacían una comparación con las ideas de sexo seguro, que restaban importancia a la penetración en beneficio de un contacto sexual más diverso y variado, incluidas las caricias, el masaje y otras zonas del cuerpo. Como no podían hacer el amor de manera sencilla ni en la posición clásica, se veían impulsados a experimentar y a disfrutar una vida sexual más interesante.

La idea de que la sexualidad de los discapacitados puede tener unas ventajas propias contradice los supuestos de la sexología y la obsesión por la erección, la eyaculación y el orgasmo que ha definido las respuestas a los "problemas" sexuales de esas personas. Tal vez indique también que para estas parejas de discapacitados heterosexuales y homosexuales, las relaciones sexuales son en potencia más equilibradas, más abiertas y de mayor igualdad que las de los personas no discapacitadas.

Discapacitados, enfermos de SIDA y con HIV

Avanzar en el terreno de la discapacidad y la sexualidad consiste en dar prioridad al tema, descubrir la realidad y poner de manifiesto los problemas de exclusión y de explotación a los que muchos discapacitados se enfrentan. Pero consiste también en hacer alianzas, y en reconocer que otros grupos afrontan barreras parecidas a las de los discapacitados.

Discapacitados *gays* y lesbianas, que han recibido un trato negativo de las comunidades de homosexuales, creen que la respuesta al SIDA es hipócrita. Por un lado, *gays* y lesbianas han reaccionado con eficacia ante la amenaza, y han desarrollado unas estrategias de educación y de sexo seguro y han recaudado dinero para las personas infectadas por el virus. Por otro, sus clubes y sus locales han continuado inaccesibles y han excluido a las personas afectadas por enfermedades sintomáticas de insuficiencias evidentes. Mientras tanto, se da prioridad al SIDA y al HIV, al tiempo que otras condiciones (incluidas enfermedades que afectan a lesbianas, como el cáncer de mama y de cuello del útero) se ignoran. HEARN ha destacado este problema:

> Es posible que aquellos que de verdad reconocen que el SIDA es la amenaza principal a la que se ha enfrentado la comunidad *gay* en muchos años no reco-

© Ediciones Morata, S. L.

nozcan la relevancia de las actitudes no discriminadoras en el frente de la discapacidad. Al igual que el SIDA, la discapacidad puede golpear cuando menos se espera. Un accidente de coche, una enfermedad repentina, una cuchillada o el HIV, todos pueden provocar la discapacidad.

(HEARN, 1991, pág. 37.)

La experiencia de la autora es que tanto la comunidad de discapacitados como la de *gays* y lesbianas han ignorado estas conexiones, lo cual es un problema:

> A menos que la comunidad nos acepte a todos, sin reparar en nuestra raza, sexo, clase, talla o edad, no ofrecerá un entorno seguro y acogedor a aquellos sectores de las comunidades cuya participación esté amenazada porque padecen el SIDA.

(HEARN, 1991, pág. 38.)

En este terreno confluyen de forma compleja la discapacidad y la sexualidad, y en él pueden cooperar los militantes de una y otra en beneficio mutuo.

En otro lugar he planteado que el SIDA y el HIV son temas de discapacidad: por ejemplo, porque están medicalizados; porque las personas que los padecen se enfrentan a las mismas prestaciones por invalidez inadecuadas que los discapacitados; porque afrontramos las mismas cuestiones sobre la vida independiente y el control de los servicios de cuidado apropiados (SHAKESPEARE, 1994b). Las personas que padecen SIDA o HIV sufren las mismas actitudes paternalistas, la misma carga de la provisión y la representación de la beneficiencia. Y lo que es más evidente, no tienen voz en los análisis sobre su condición ni en las decisiones sobre provisión y tratamiento. Todas estas experiencias resultan familiares desde la perspectiva del movimiento de la discapacidad.

En Estados Unidos las leyes sobre derechos civiles han beneficiado a las personas con SIDA/HIV, así como a los discapacitados: la reciente película *Philadelphia* culminaba en el uso del artículo 504 de la Ley de Rehabilitación para contrarrestar la discriminación que sufría el protagonista, enfermo de SIDA. En Gran Bretaña, las organizaciones de enfermos de SIDA se han unido al movimiento de la discapacidad para exigir más recursos y plenos derechos civiles. Esta alianza, que ha supuesto más personas, una nueva inmediatez, y muchos defensores cualificados, será muy beneficiosa para el movimiento de la discapacidad: John CAMPBELL, presidente de la auto-organizada Coalición de Personas que Viven con HIV y SIDA del Reino Unido, ha escrito: "Nuestros intereses y los intereses del movimiento más general de la discapacidad son similares en muchos sentidos; tenemos unas causas comunes y cada uno de los movimientos tiene mucho que aprender del otro" (CAMPBELL, 1995, pág. 5). Evidentemente, muchos enfermos de SIDA o con HIV no se identifican como discapacitados, porque mantienen el modelo médico de la discapacidad y no están familiarizados con los nuevos análisis. Se necesitan más campañas y más divulgación de los derechos de cada uno para que se compartan esas ideas y construir una alianza poderosa que pue-

© Ediciones Morata, S. L.

da provocar el cambio. Organizaciones como ACT-UP, REGARD y la Coalición del Reino Unido son la vanguardia de estos avances.

Paul RABINOW, un analista destacado de la obra de Michel FOUCAULT, hacía recientemente una reflexión teórica interesante sobre los avances que se producen en Estados Unidos y en Francia y que se corresponden con los de Gran Bretaña. El autor se refiere a la obra de Daniel DEFERT, un activista francés enfermo de SIDA (y casualmente compañero de FOUCAULT durante muchos años, que quedó inválido por esta enfermedad), que afirma:

> ... la pandemia ha sido el crisol para un nuevo tipo de reformador social —que encarna una nueva relación ética consigo mismo, con los demás y con las cosas. Lo que hoy llamamos PWAs*... han inventado un nuevo paciente, un paciente que exige una autonomía específica y un conjunto de poderes específico.
>
> (RABINOW, 1994, pág. 60.)

RABINOW profundiza en el estudio del Proyecto del Genoma Humano y de cómo la ciencia y las ciencias sociales se deben prestar atención mutua. Siguiendo a C. P. SNOW, apunta:

> ... no son ni los técnicos ni los humanistas solos quienes forjarán una nueva ética de la verdad, el sufrimiento y la solidaridad. La nueva ética surge de una Tercera Cultura, una cultura que SNOW no previó, que está forjada por todos los enfermos en situación de riesgo, que sienten una curiosidad apasionada por su salud, su felicidad y su libertad: nosotros.
>
> (RABINOW, 1994, pág. 63.)

RABINOW no acierta a observar que los discapacitados han estado forjando esta ética y esta subjetividad desde antes de que se hablara por primera vez de la epidemia del SIDA, y que la militancia en torno a la nueva genética, en torno al SIDA/HIV y en torno a las definiciones de la normalidad es fundamental en el movimiento de la minusvalidez.

Conclusión

Nuestros entrevistados tenían muy claro el camino que deben seguir:

> Los tiempos en que la sociedad debía buscar solución a la sexualidad y a la política de los discapacitados han pasado hace mucho... no somos un apéndice de la sociedad, sino una parte integral de ella, y se nos deben reconocer todos los privilegios sin ningún genero de dudas.
>
> (Un homosexual.)

> Me gustaría que quienes tienen poder tuvieran que afrontar sus prejuicios.
>
> (Una mujer heterosexual.)

---

* "People with AIDS", personas con SIDA. *(N. del T.)*

Ser homosexual es una preferencia natural, y ser epiléptico es un capricho desafortunado del destino. Ya es hora de que desaparezca el tabú que existe sobre ambos.

(Un homosexual.)

Muchos activistas discapacitados hablan hoy de orgullo, que es una idea familiar en el movimiento homosexual:

Tenemos, como discapacitados, nuestra propia historia, tenemos nuestra propia música, tenemos incluso nuestro propio deporte, tenemos una cultura totalmente diferente, una cultura de la que hay que estar orgullosos porque ha sido oprimida durante tanto tiempo, y contra esto luchamos de diversas maneras, y creo que deberíamos sentirnos orgullosos de ello.

(Un heterosexual.)

La intención de este trabajo ha sido poner de manifiesto los temas de poder en el contexto de la experiencia que los discapacitados tienen de su sexo y de su sexualidad. Defiendo que los factores discapacitadores que intervienen en la emoción y en la expresión sexual han sido olvidados en los estudios sobre la discapacidad, del mismo modo que las posturas progresistas y la subjetividad de los discapacitados han estado ausentes de los discuros dominantes de la sexología y de la medicina sobre los "problemas" sexuales de los discapacitados. Me parece evidente que es necesario un estudio urgente que analice las experiencias de la violencia y la explotación sexuales de las personas discapacitadas. Creo también que se deben analizar las experiencias concretas de los varones discapacitados, de los hombres y las mujeres homosexuales discapacitados, y del sexo y la sexualidad en el contexto de la raza y la etnia. Por último, la incorporación de la experiencia de los enfermos de SIDA y con HIV en los planteamientos de los estudios sobre la discapacidad se debería haber producido mucho antes, y este análisis reportará beneficios a los enfermos de SIDA/HIV y a los que tradicionalmente se han considerado discapacitados. Los trabajos en curso tratan de rectificar esas omisiones, y de teorizar la relación entre la discapacidad y la sexualidad de una manera más efectiva y más progresista que como hasta hoy se ha hecho. Es una obligación tanto para los estudios sobre la discapacidad como para el movimiento social de discapacitados, que empieza a abordar estos temas.

El planteamiento foucaultiano del poder, que se centra en la relación entre éste y el conocimiento y la inmanencia del poder en el discurso, destacará la naturaleza de las relaciones de poder desiguales en este contexto. Por ejemplo, debemos contrarrestar esos discursos dominantes sobre la sexualidad de los discapacitados en los que se acentúa la carencia y la limitación, y desarrollar nuevas explicaciones que se basen en la experiencia subjetiva de las personas discapacitadas. Debemos recordar que el poder es una característica de las relaciones entre todos los sujetos, y hay varias jerarquías en donde las personas ocupan múltiples posiciones. Cuando entra en escena la discapacidad, las relaciones tradicionales de sexo, edad, sexualidad y poder

© Ediciones Morata, S. L.

pueden hacerse más complejas y diversas. Debemos dejar que los discapacitados hablen por sí mismos, y debemos reconocer que lo que se necesita es el saber que otorga haber vivido esta experiencia, no los conocimientos técnicos de los profesionales.

Fue FOUCAULT quien mostró la ubicuidad del poder, incluso en la sexualidad, o especialmente en ella, pero también tuvo en cuenta la intervención de los sujetos sexuales discapacitados:

> Desde el momento en que existe una relación de poder, existe una posibilidad de resistencia. El poder nunca nos puede atrapar: siempre podemos moderar su fuerza...
> (FOUCAULT, 1988, pág. 123)

Bibliografía

BROWN, S., CONNORS, D. y STERN, H. (Eds.) (1985): *With the Power of Each Breath - A Disabled Woman's Anthology.* San Francisco, Cleis Press.
CAMPBELL, J. (1995): Disabled People International, en el boletín informativo de UK Coalition of People Living With HIV and AIDS, 7.ª edición.
CAMPLING, J. (Ed.) (1981): *Images of Ourselves - Women with Disabilities Talking.* Londres, Routledge and Kegan Paul.
CROSS, M. (1994): "Abuse", en L. KEITH (Ed.) *Mustn't Grumble.* Londres, Women's Press.
CUMBERBATCH, G. y NEGRINE, R. (1992): *Images of Disability on Television.* Londres, Routledge.
DEEGAN, M. y BROOKS, M. (Eds.) (1985): *Women and Disability: the Double Handicap.* New Brunswick, Transaction Books.
DEGENER, T. (1992): "The right to be different: implications for child protection", *Child Abuse Review,* Vol. 1, págs. 151-155.
FINE, M. y ASCH, A. (1985): "Disabled Women: sexism without the pedestal" en DEEGAN, M. y BROOKS, M. (Eds.) (1985) *Women and Disability: the Double Handicap.* New Brunswick, Transaction Books.
FINGER, Ann (1991): *Past Due: a Story of Disability, Pregnancy and Birth.* Londres, Women's Press.
— (1992): "Forbidden fruit", *New Internationalist,* 233, págs. 8-10.
FOUCAULT, M. (1988): "Power and sex" en L. D. KRITZMANN (Ed.) *Politics, Philosophy, Culture.* Londres, Routledge.
HARDIKKER, P. (1994): "Thinking and practising otherwise: disability and child abuse", *Disability & Society,* Vol. 9, N.º 2, págs. 257-263.
HEARN, K. (1988): "A woman's right to cruise", en C. McEWEN y S. O'SULLIVAN (Eds.) *Out The Other Side.* Londres, Virago.
— (1991): "Disabled Lesbians and Gays Are Here to Stay!" en T. KAUFMANN y P. LINCOLN (Eds.) *High Risk Lives.* Bridport, Prism Press.
HUMPHRIES, S. y GORDON, P. (1992): *Out of Sight: the Experience of Disability 1900-1950.* Plymouth, Northcote House.
KEITH, L. (1994): *Mustn't Grumble.* Londres, Women's Press.
KELLY, L. (1992): "The connections between disability and child abuse: a review of the research evidence", *Child Abuse Review,* Vol. 1, págs. 157-167.

© Ediciones Morata, S. L.

LEMERT, E. (1951): *Social Pathology.* Nueva York, McGraw Hill.
LONSDALE, S. (1990): *Women and Disability: the Experience of Physical Disability Among Women.* Basingstoke, Macmillan.
MAIRS, N. (1992): "On being a cripple" en L. MCDOWELL y R. PRINGLE (Eds.) *Defining Women.* Cambridge, Polity.
MORRIS, J. (1989): *Able Lives - Women's Experience of Paralysis.* Londres, Women's Press.
— (1991): *Pride Against Prejudice.* Londres, Women's Press.
— (1993): "Gender and disability" en J. SWAIN y cols., *Disabling Barriers, Enabling Environments.* Londres, Sage.
MURPHY, R. (1987): *The Body Silent.* Londres, Phoenix House.
OLIVER, M. (1990): *The Politics of Disablement.* Londres, Macmillan.
PARSONS, T. (1952): *The Social System.* Londres, Tavistock. (Trad. cast.: *El sistema social.* Madrid, Alianza, 1988, 3.ª ed.)
RABINOW, P. (1994): "The third culture", *History of the Human Sciences,* 7.2, págs. 53-64.
RAE, A. (1984): "Refusing to be outsiders", *Spare Rib* 145, págs. 18-20.
SAXTON, M. y HOWE, F. (Eds.) (1988): *With Wings, An Anthology of Literature By and About Women with Disabilities.* Londres, Virago.
SHAKESPEARE, T. (1994a): "Cultural representations of disabled people: dustbins for disavowal?", *Disability & Society* 9.3, págs. 283-300.
— (1994b): "Disabled by prejudice", *The Pink Paper,* abril 1, pág. 13.
SOBSEY, D. y DOE, T. (1991): "Patterns of Sexual Abuse and Assault", *Sexuality & Disability,* Vol. 9, N.º 3, págs. 243-259.
THOMPSON, David (1994): *Men with Learning Disabilities, Sex with Men in Public Toilets: taking responsibility,* ponencia para la conferencia BSA.
WESTCOTT, Helen (1993): *Abuse of Children and Adults with Disabilities.* Londres, NSPCC.

CAPÍTULO XI

La política de la identidad de la discapacidad

Por Susan Peters

Este trabajo marca un cambio radical en mis ideas de veinte años, cuando me convertí en discapacitada. Hasta hace poco, contemplaba la discapacidad a través del cristal de la injusticia social y de la opresión de la sociedad. Me comprometí con el movimiento en favor de los derechos de los discapacitados de Estados Unidos, que exigía la unidad y la fuerza que surgían de las identidades colectivas y recibían el impulso de las experiencias de opresión comunes. Sin embargo, en los años más recientes he notado que faltaba algo: el sentido de mí misma. Empecé a sentir la necesidad de re/definirme como individuo y de validar mi biografía personal de experiencias únicas vividas en múltiples comunidades, de las cuales sólo una constituía mi red de afiliaciones políticas de discapacitada. Inicié una búsqueda de la identidad propia que es más compleja y personalizada, y está más asentada en el sentido de la propia imagen física y psicológica, que en la identidad política que antes había consumido mis pensamientos y mis actividades.

Así pues, con este artículo inicio un viaje a través del tiempo y la política de la discapacidad que es a la vez personal y político. Al precio de mi identidad personal, pretendo reconciliar el sentido de "dualidad" que albergaba en mi anterior búsqueda de la identidad política de la discapacidad. Mi meta es desarrollar una pedagogía de la discapacidad que cumpla dos objetivos. *Primero,* unir el pensamiento y la acción, la razón y la emoción, el yo y el otro, enseñando a las personas a traspasar las fronteras de lo personal y lo político que habitan en ellas mismas y en las comunidades en las que ineractúan. Este acto de cruzar las fronteras pretende conseguir una unión dinámica de las identidades personal y política que se sustentan en los valores del amor propio. *Segundo,* una pedagogía de la discapacidad debe dar poder a los propios discapacitados para que se conviertan en defensores políticos mediante el desarrollo de una identidad propia positiva. En esta forma de pensar, la identidad personal positiva es una condición previa de la identidad política. Por último, quiero definir una conciencia de la discapacidad que abra un nuevo discurso sobre su identidad, condición previa de la identidad política y aplicable a las personas discapacitadas en su vida cotidiana.

Empezaré con un análisis y una crítica de las aportaciones de los sociólogos al estudio de la identidad de la discapacidad. También me acuerdo de la sociedad, de los símbolos culturales y de las actuaciones rituales que han dominado y han venido influyendo en gran parte de los puntos de vista sociológicos sobre la identidad de la discapacidad, desde mucho antes del nacimiento de la sociología como una disciplina académica *auténtica*. Después, analizo qué pueden aportar a la identidad de la discapacidad las nuevas teorías del postmodernismo, las teorías liberales y radicales feministas, y la pedagogía crítica. Mi opinión es que estas ideologías prometen transformar el campo de la sociología, tanto en el aspecto ideológico, como en el de la práctica y la metodología. En tercer lugar, presento una pedagogía de la liberación aplicada a la identidad de la discapacidad, que se basa en el individuo y parte de las ideas feministas, postmodernistas y de los teóricos críticos. Por último, examino algunos temas y las cuestiones que suscitan que podrían formar la base de esa pedagogía. Mi objetivo último es liberar a los jóvenes discapacitados mediante la propuesta de una pedagogía de la identidad de la discapacidad que les libre de la opresión: después de dolorosas experiencias he aprendido que una opresión puede ser autoimpuesta por unas actitudes de autolimitación, y también impuesta por la sociedad mediante las creencias culturales acerca de la discapacidad.

Símbolos culturales y actuaciones rituales

Empiezo con los símbolos y los rituales porque impregnan nuestras vidas, "forman la urdimbre sobre la que se teje el tapiz de la cultura", y porque incluso la sociología es una "forma ritual de la oración secular" (McLaren, 1993, página 38). Rituales y símbolos entretejen la historia, la biología, la vida privada y personal, social e institucional, y producen unos ritmos y unas metáforas de la discapacidad importantes. No sólo actúan en la psique individual, sino también en las interacciones sociológicas y, en útima instancia, en la visión del mundo.

Desde la época victoriana, la novela y el teatro occidentales han presentado imágenes veladas de personas con insuficiencias que reflejan y amplían las ideas sociales dominantes. Lo que predomina en estas imágenes sin lustre es la caracterización de los discapacitados como personas impotentes, inútiles, indeseables y dignas de lástima. Dependientes, carentes de la plenitud corporal y de las expresiones básicas de la personalidad. Las mujeres discapacitadas son sumisas, asexuales, amargadas y llenas de aversión hacia ellas mismas. En pocas palabras, todos los discapacitados, hombres y mujeres, son víctimas de las ideas sociales erróneas y de su propia incapacidad de rechazar y trascender del prejuicio de los demás. Incluso los logros de Christy Brown (Brown, 1954) dependían en último término de una madre benevolente. Más recientemente, la fascinación que los estadounidenses

© Ediciones Morata, S. L.

sienten por el SIDA (que fue reconocido como una incapacidad protegida por la ley en 1990) revela nuestra permanente afición por la degradación en la película *Philadelphia.* El protagonista, enfermo de SIDA, sufre la experiencia de la "muerte social" (que precede a su muerte física real) por culpa de los prejuicios dominantes en torno a la enfermedad y a sus causas.

Estos símbolos culturales están apoyados por la comunidad médica, con sus metáforas militares —luchar contra la discapacidad y la enfermedad (por ejemplo, la lucha contra el cáncer)— que fundamentalmente considera que quienes sufren discapacidades son el enemigo; el otro afligido y extraño que debe ser aplastado. Las curas adquieren la forma de "defensas" y de intervenciones "decididas". Incluso el movimiento en favor de los derechos de la mujer ha "luchado" por el derecho al aborto en los casos en que el feto suponga la "doble carga de la desgracia de un niño discapacitado" (Asch y Fine, 1988, pág. 300).

Las intervenciones decididas adquieren la forma de actuación ritual en la erradicación de la enfermedad/incapacidad, y no se limitan a la comunidad médica. Desde sus orígenes, la educación especial ha segregado, cobijado y negado oportunidades a los niños y jóvenes con discapacidades, aduciendo que la discapacidad y/o la conducta desviada no pertenecen a las aulas "normales". El movimiento en favor de los derechos de los discapacitados ha colaborado sin darse cuenta en estas actuaciones rituales en Estados Unidos y en otros países, por su dependencia de las leyes. Estas leyes destacan la identidad política de los discapacitados como una clase minoritaria de ciudadanos oprimidos, a expensas de su identidad personal como individuos de valor. Por ejemplo, la Ley Pública 94-142 (Ley de 1975, sobre la educación de todos los niños con impedimentos) fue alabada por los defensores de la discapacidad como solución que terminaría con la discriminación y la segregación de los niños con insuficiencias de las escuelas públicas de Estados Unidos. Al cabo de veinte años, el resultado ha sido un número cada vez mayor de alumnos catalogados como discapacitados y relegados a las aulas de educación especial, mediante el ritual autorizado por el gobierno de la *Individualized Education Planning Committee* (IEPC) (Comisión para la Planificación Educativa Individual). Estos rituales educativos, así como la idea de "minoría oprimida" que en ellos subyace, y que impulsó las leyes sobre los derechos educativos, redundan en la idea de que ser discapacitado es ser una víctima. En otras palabras, uno debe proclamar la condición de víctima para gozar del derecho a participar en el sistema social. Finalmente, en la sociedad en general, las actuaciones rituales al estilo de esos programas de televisión benéficos interminables para recaudar fondos para personas con insuficiencias (por ej. el programa benéfico de Jerry Lewis en favor de la distrofia muscular) favorecen aún más esa imagen de los discapacitados como víctimas que necesitan un cuidado especial; y por especial se entiende separado. Este *status* de víctimas dificulta el desarrollo de una identidad personal positiva que en última instancia es necesaria para vencer la opresión política contra la que se lucha.

Aunque los ejemplos anteriores ilustran las metáforas y los rituales que se producen en las relaciones entre sexos, en las instituciones y en las comuni-

© Ediciones Morata, S. L.

dades de Estados Unidos, este país no es el único que representa la discapacidad como algo no muy humano, ni en el aspecto político ni en el personal. En todas las culturas y a lo largo de la historia documentada, a las personas con insuficiencias se les ha asignado un *status* diferenciado —sea como chamanes ciegos con poderes espirituales, como mártires bajo la ley islámica, o como espectáculo y objeto de entretenimiento en las primeras representaciones itinerantes de Europa (por ej. el hombre elefante).

Durante el último siglo, en las diversas disciplinas académicas estos símbolos culturales y estas actuaciones rituales se han perfeccionado para convertirse en las teorías del "Otro" —con lo que se perpetúa y se refuerza la idea de que determinada clase de personas, por definición, no son humanas del todo. Aunque el uso del Otro como símbolo y metáfora se atribuye sobre todo a los antropólogos, los profesionales de la sociología también han recurrido al Otro como encarnación simbólica de la discapacidad en la sociedad. Desde los tiempos de la escuela de Sociología de Chicago, los sociólogos estadounidenses se han ocupado de lo desviado, empezando con el estudio de "chalados, fulanas y pervertidos"; por ej. *Street Corner Society,* de WHYTE (SCULL, 1988). En la obra de DURKHEIM se amplió la definición de desviado para incluir a los delincuentes. Después, en la década de 1960, los sociólogos dirigieron la atención hacia la atribución del *status* de desviados, con el acento que BECKER (1963) y GOFFMAN (1963) ponían en el proceso y el contexto de la desviación. Aunque la obra de GOFFMAN sirvió para incluir a los discapacitados como grupo desviado que merecía la pena estudiar, que se nos incluyera en la lista de los delincuentes, etc., no puede ser motivo de alegría. Al mismo tiempo, GOFFMAN hacía hincapié en la reacción de la persona estigmatizada ante la desviación, eliminando así la posibilidad de que los propios "desviados" fueran agentes positivos y poderosos de control social.

Las teorías del control social ampliaron la definición de desviación y el estudio de las circunstancias en que ésta se producía, sin embargo se olvidaron de los temas del poder y del conflicto, que se supone trascienden de la capacidad del Otro como minoría subordinada. Aunque BOWLES y GINTIS (1976) popularizaron la idea de conflicto, se centraron en el conflicto de clase, de forma que no se explicaba ni analizaba la actuación humana individual.

En las décadas de 1970 y 1980 empezó a producirse un cambio de las ideas de víctima u objeto para dar paso a la de sujeto, que, aunque seguía situado en las zonas de la interacción construidas socialmente, alumbró la crítica de que la sociología estaba "sobresocializada". La teoría del etiquetado, la teoría del control social, la sociología médica y el estudio de la desviación siguen aferrados a los paradigmas básicos inherentes a las descripciones de persona enferma de PARSONS (PARSONS, 1977) y al concepto de "establecimiento sanitario total" que aparece en *Asylums* de GOFFMAN (1961). El constructivismo social y el interaccionismo simbólico han aportado a la sociología ideas vívidas sobre el lugar del Otro en la sociedad. Sin embargo, la identidad fisiológica, la personalidad, y el potencial transformador de los individuos dentro de ese lugar no han sido objeto de estudio.

© Ediciones Morata, S. L.

Debemos preguntarnos: "¿Cómo hubiera terminado la sociología y su influencia sobre la discapacidad si la obra clásica de MEAD se hubiera titulado *Body, Self and Society* ('El cuerpo, el yo y la sociedad') en vez de *Mind, Self and Society* ('La mente, el yo y la sociedad')?" (MEAD, 1934). Como conductista social, MEAD entendía el yo como una estructura esencialmente social. Defendía que la idea del yo derivaba únicamente del contexto de las relaciones sociales. Sostenía además que "podemos distinguir muy claramente entre el yo y el cuerpo" y que "podemos perder partes del cuerpo sin que suponga una invasión seria del yo" (MEAD, 1934, pág. 136). Este desprecio del cuerpo como instrumento importante para la transformación de las relaciones sociales (y sus relaciones integrales con las ideas de autoidentidad) llevó los sociólogos a la desviación y al Otro como objeto pasivo, en vez de dirigirlos al autodesarrollo y a la acomodación de los sujetos activos. Cincuenta años después de MEAD, Pierre BOURDIEU (1977) desarrollaba en su obra el concepto de "habitus", que une lo que MEAD y otros habían separado. BOURDIEU nos apremia a que abandonemos todas aquellas teorías que reduzcan a las personas y sus relaciones sociales a una reproducción mecánica de los papeles sociales que el grupo les ha asignado. El "habitus" constituye un "sistema social de estructuras cognitivas y motivadoras", y estas estructuras funcionan dentro de "sistemas de disposiciones duraderas que se pueden trasponer" que "los individuos biológicos llevan con ellos en todo momento y en todo lugar" (BOURDIEU, 1977, pág. 82). El 'habitus' engloba las ideas de estructura, acción, libre elección y determinismo social, pero no se ha aplicado específicamente al pensamiento sobre la discapacidad y la desviación" (EPSTEIN, 1994). Así pues, el "habitus" promete rescatarnos del determinismo social de los sociólogos anteriores, pero hasta hoy parece como si nuestro destino manifiesto estuviera en manos del Otro [¡sic!].

Me he extendido en hablar de los símbolos y los rituales de la discapacidad, tanto los de la sociedad como los de las disciplinas académicas, no sólo para resaltar los prejuicios evidentes y el pensamiento limitado acerca de la incapacidad, sino también para ilustrar las consecuencias. Las personas con insuficiencias han asimilado en buena parte estas imágenes veladas que ofrecen la sociedad y la academia. Si aceptamos la idea de que somos el Otro, seguimos buscando la forma de conseguir que se nos acepte en la sociedad "general" —sobre todo mediante estrategias políticas y obligaciones legales— al mismo tiempo que negamos nuestras identidades personales y múltiples.

Sin embargo, en nuestra lucha por la identidad personal se observa el inicio de la creación de un nuevo lenguaje de metáforas para el término discapacitado —persona con reto físico, aprendiz alternativo— y de nuestra determinación a llamar a los Otros "personas con cuerpo temporalmente capacitado". Implícito en estas nuevas metáforas del lenguaje está el reconocimiento de que estar etiquetado es estar (de)valuado como persona y constituye un reto explícito, tanto para la comunidad de discapacitados como para la academia, a aceptar el yo.

© Ediciones Morata, S. L.

Hay unos pocos sociólogos afro-americanos que son excepciones notables a la crítica anterior, y que nos aportan maneras de pensar sobre la identidad de la discapacidad en comparación con los temas de la raza. Como sociólogo preocupado por estos temas raciales, W. E. B. DuBois condensó la tensión entre el yo y el Otro que resulta de la devaluación en *Strivings of the Negro People*. Dice:

> Es una sensación peculiar, este sentimiento de estar mirándote continuamente a través de los ojos de los demás. Uno tiene constantemente la idea de "dualidad", dos pensamientos, dos luchas irreconciliables; dos ideales enfrentados en *un cuerpo oscuro* (el subrayado es mío) cuya tenacidad sólo consigue evitarle partirse en dos.
>
> (DuBois, 1897, pág. 194.)

Para DuBois, la causa de esta tensión es la *violencia* de las ideas; la solución, una "composición de palabras perdurable".

Casi un siglo después de DuBois, Cornel WEST (1992) insiste en que una de las mejores formas de controlar a las personas es devaluarlas, y una manera efectiva de convencer a los afro-americanos de que sus cuerpos son feos y su inteligencia deficiente; y yo añadiría, de convencer a los discapacitados de que son asexuales, de que su discapacidad (percibida o real) constituye su esencia —la encarnación negativa de su personalidad.

Cuando pienso en mi vida, me deprime observar las muchas veces que se me ha puesto a prueba, han cuestionado mis capacidades y se ha considerado mi discapacidad esencialmente un obstáculo para el empleo y la productividad. Cuando me pidieron que participara en una comisión de mujeres que asesora sobre temas de sexo, me pregunté qué tenía que ofrecer, puesto que nunca había considerado la circunstancia de mi sexo. Fue en este momento de toma de conciencia de mi condición de mujer cuando empecé a sentir mi "dualidad", y reconocí que mi sentido del yo había sido partido en dos porque me había centrado en la política de la identidad de la discapacidad. Al intentar librarme de este dilema, los símbolos y los rituales de la sociedad y de las disciplinas académicas se han juntado para limitar mi pensamiento acerca de la discapacidad, para ignorar las posibilidades de transformación, y para atrofiar la búsqueda de nuevas teorías que integren nuevas formas de pensar y nuevas formas de actuar (o transformar) la discapacidad. Por esta razón, he centrado mi investigación en disciplinas ajenas a la sociología, confiando abrir nuevas perspectivas en la educación y en el movimiento feminista para construir una teoría y una pedagogía de la discapacidad que nos libere e informe la conciencia. Paso a considerar estas disciplinas alternativas y sus posibles aportaciones en el apartado siguiente.

© Ediciones Morata, S. L.

Posibles aportaciones de los postmodernistas, feministas y teóricos críticos al desarrollo de la teoría de la identidad de la discapacidad

Una vez analizados los símbolos y los rituales y sus consecuencias, me ocupo ahora de las posibilidades de transformación. Me parece que la transformación debe empezar con una búsqueda de teorías modernas que muestren su capacidad de crear una pedagogía de la liberación de la discapacidad "viva", que reivindique nuestra personalidad y rechace la idea del Otro. Mi propósito es corregir la socialización excesiva de la sociología, poniendo el acento en la identidad personal con el fin de enseñarnos nuevas formas de vivir nuestra vida. En esta labor nos enfrentamos a tres opciones básicas: la revuelta y la venganza, la acomodación al grupo social dominante, o el propio desarrollo. En cuanto a la primera, la revuelta y la venganza suelen agravar la alienación social; en las décadas de 1960 y 1970, grupos de discapacitados estadounidenses emplearon a menudo la táctica de la huelga o las sentadas para llamar la atención sobre la discriminación. Aunque estas acciones resultaban muy eficaces a corto plazo, y se tradujeron en disposiciones legales oficiales, estas conquistas fueron erosionadas con el tiempo por quienes encontraron la forma de burlar la ley para evitarse lo que les imponía. En cuanto a la segunda, la acomodación al grupo social dominante significa el rechazo de uno mismo, y en última instancia, negar nuestro propio valor y afirmar la mentalidad de víctima.

La tercera opción, el desarrollo propio, creo que es la que más promete. Mi propuesta es, esencialmente, que revisemos la discapacidad escuchando las voces y las experiencias de los Otros marginados —concretamente, en términos de Howard Becker, de las personas a quienes se les ha aplicado con éxito la etiqueta de discapacitados (Becker, 1963). La base de esta propuesta es la reivindicación de una sociología de las identidades múltiples para las personas discapacitadas, que ponga en entredicho nuestra objetivización y nuestra aceptación pasiva de nosotros mismos como Otros que se encuentran en las teorías sociales de la discapacidad, y de forma más destacada, en el constructivismo social. La voz y la experiencia de las personas con insuficiencias descubren, y por tanto hacen posible, nuestro propio desarrollo.

Para empezar, partiré de tres ideologías emergentes que parecen capaces de informar los estudios sociológicos de la discapacidad: el postmodernismo (principalmente la obra de Aronowitz y Giroux, 1991), las teorías feministas liberales y radicales, y la pedagogía crítica.

Postmodernismo

El postmodernismo ha levantado polémica en el campo de la educación porque rechaza su canon tradicional en favor de un canon "popular". Los educadores postmodernos aceptan la sabiduría que el canon tradicional contiene, pero insisten en que las personas y los grupos necesitan transformar el

© Ediciones Morata, S. L.

conocimiento de acuerdo con sus propias circunstancias sociológicas, históricas y culturales. Para el alumno, esta transformación significa un *curriculum* relevante para estas circunstancias, y una instrucción que contemple la "diferencia, la pluralidad y el lenguaje de lo cotidiano como algo fundamental para la producción y la legitimación del aprendizaje" (ARONOWITZ y GIROUX, 1991, página 187). Desde este punto de vista, la educación se entiende como una forma de política cultural que se centra en el alumno y en la que "la 'relevancia' no está catalogada como el rechazo de la tradición, sino que constituye un criterio para determinar la inclusión" (ARONOWITZ y GIROUX, 1991, pág. 15). La política cultural inherente al postmodernismo cuestiona las relaciones entre verdad, poder y conocimiento, porque interpreta la cultura como un campo de batalla, de poder y de conflicto, y no como un artefacto de constructos sociales.

El postmodernismo cuestiona también las fronteras culturales que se han construido mediante este proceso de política cultural en instituciones como la educación. Se interpretan las fronteras culturales como "mapas de normas y regulaciones construidos históricamente y organizados socialmente, que limitan y favorecen las identidades particulares, las capacidades individuales y las formas sociales" (ARONOWITZ y GIROUX, 1991, pág. 119). Cuando se aplican a los temas de la discapacidad, estas fronteras incluyen actitudes hacia la discapacidad que las personas discapacitadas desean deconstruir, así como estructuras institucionales como la educación especial que separan y excluyen de sus semejantes a las personas con insuficiencias.

Debido a las características antes señaladas, el postmodernismo es especialmente valioso para los estudiosos de la discapacidad por varias razones. Primera, porque favorece un nuevo conocimiento de la discapacidad que se basa en las opiniones de los propios discapacitados. Segunda, el postmodernismo reconoce de forma específica la necesidad del autoaprendizaje que se deriva de esas opiniones. De hecho, la comunicación entre personas discapacitadas mediante la escritura y la lectura sobre sus propias experiencias es fundamental para la formación del nuevo conocimiento que proponen los postmodernistas. De esta forma, las voces de los estudiantes discapacitados transforman, por ejemplo, los debilitadores rituales escolares, como las deliberaciones de la Comisión para la Planificación Educativa Individual (IEPC).

Para ilustrar este punto, en un estudio mío reciente sobre alumnos afroamericanos de un centro de secundaria a los que se les suponen deficiencias de aprendizaje, analizo lo que estos alumnos dicen y lo que escriben para deconstruir y transformar el concepto de discapacidad discente (PETERS, KLEIN y SHADWICK, en prensa). En este estudio se aportan ejemplos sólidos de alumnos con capacidad de recuperación que conscientemente redefinen la idea de insuficiencias de aprendizaje para sí mismos, mediante un análisis crítico de sus propios trabajos escritos y de sus conversaciones. El análisis que hago de las voces de estos estudiantes presenta la imagen de alumnos como pensadores avispados y como creadores de imágenes, que hacen malabarismos para enfrentarse a las consecuencias de ser etiquetados como

© Ediciones Morata, S. L.

discapacitados discentes. Básicamente, estos alumnos deben abordar el conocimiento como "el que cruza las fronteras" entre las aulas de la educación especial y la educación general. En concreto, han aprendido a manipular las normas y las regulaciones de la educación especial que denigran sus identidades personales y limitan sus capacidades individuales. Sienten que el conocimiento consciente de esta capacidad para manipular les da poder. Un estudiante que había sido catalogado como discapacitado para el aprendizaje explicaba este nuevo sentido de poder de la siguiente manera:

> Si descubriéramos aquello para lo que no están capacitados (los psicólogos profesionales) y así se les etiquetara, se sentirían realmente despreciados si fuéramos aireando sus flaquezas, y nadie quiere que se juegue con sus puntos débiles porque eres tú quien mejor puede hablar sobre tus defectos.
> (PETERS, KLEIN y SHADWICK, en prensa.)

Cruzar la frontera que media entre la educación especial y la general significa ponerse uno mismo en el lugar del Otro, "darle la vuelta a la tortilla", y en ese proceso, desarrollar nuevas formas de pensar sobre uno mismo y sobre los demás. Los textos de esos alumnos cambian el centro del poder en las relaciones de la escuela, al mismo tiempo que cambian nuestras ideas sobre la discapacidad. El acto de reivindicar el propio sentido de la identidad y el lugar propio en la formación social de la educación es una forma de política personal y cultural que en mi opinión debería ser un tema de estudio importante. Básicamente, el postmodernismo invalida los supuestos sobre la discapacidad anteriores, ofreciendo la contrarréplica de quien está implicado, que obliga a los teóricos de ideas tradicionales a justificar su anterior punto de vista que nunca han cuestionado.

Pedagogía crítica

Hay que procurar que los discapacitados sean capaces de emplear individualmente las ideas inherentes al postmodernismo. Esto es lo que pretende hacer la pedagogía crítica, animando a las personas discapacitadas de todas las edades a que sean críticas, a que empleen sus propias experiencias para informar lo que escriben, y a que despierten su conciencia de la discapacidad y de sus posibilidades para un desarrollo personal positivo. La pedagogía crítica se define como "el trabajo en favor de una explicación crítica del mundo y de la relación propia con este mundo". El éxito de la pedagogía crítica se mide por "la cantidad acumulada de conciencia política, social y personal que cada alumno obtiene de la clase, y no por el número de conversos" (DEEVER, 1990, página 71).

La pedagogía crítica restablece la importancia del alumno y reconoce su capacidad de producir nuevos conocimientos conjuntamente con los profesores y los estudiosos. (De hecho, la pedagogía crítica reconoce que los alumnos son profesores y estudiosos por derecho propio.) Supone revisar el conocimiento tal como lo representa la experiencia, empezando con un examen crítico de los valores inherentes a prácticas como la del etiquetado y a sus consecuencias. En la persona concreta, este autoexamen supone tanto la autocrítica como un compromiso con la transformación de los problemas actuales presentes en las prácticas sociales como la del etiquetado y la segregación de alumnos en aulas de educación "especial".

En cuanto a la academia (es decir, a la sociología tradicional), la postura que defiendo en mi obra anterior es que la lucha por la identidad propia debe incorporar un nuevo examen del discurso teórico —incluso del constructivismo social (PETERS, 1995). En primer lugar, porque este paradigma no ha sabido provocar el cambio de actitud y de ideas acerca de la discapacidad. En segundo lugar, porque está mediatizado por la cultura y se basa en el consenso. Por último, el discurso sociológico ha sido inventado en gran medida por los otros. Aquellos de nosotros, los discapacitados, que sabemos lo que significa ser discapacitado en el sentido más elemental de la palabra, por nuestra lucha diaria con la movilidad, las diferencias físicas y los retos intelectuales, debemos proponer una conciencia de la discapacidad que dé origen a un discurso creativo en la academia.

Una conciencia de la discapacidad debe desarrollarse mediante un análisis de las fronteras culturales, tales como la que media entre la educación especial y la general, por un lado y, por el otro, mediante las contradicciones que crean los paradigmas de discapacidad y desviación existentes. Para decirlo de forma sencilla, si enseñamos a los jóvenes discapacitados cómo traspasar las fronteras de forma individual, empezarán a desintegrarse los símbolos y las metáforas culturales que predominan en la sociedad actual. Su subjetividad es evidente, más que la supuesta objetividad que uno percibe si no tiene en cuenta la poderosa acción humana que comporta cruzar la frontera.

En concreto, esta síntesis no significa otra cosa que una lucha por la liberación. De esta lucha debe surgir una etnofilosofía de la discapacidad, que se debe manifestar en el campo de la investigación sobre ésta, y que tiene dos características: 1) una ruptura con la ideología del Otro inherente a la sociología tradicional, y 2) un renovado planteamiento de quién es discapacitado, cómo se describe, con qué objetivo se plantea esta descripción. Me parece que el carácter fundamental de la experiencia y las valiosas preocupaciones de la pedagogía crítica pueden ser especialmente útiles para enfrentarnos a estas características de la identidad de la discapacidad.

Una destacada feminista, Elizabeth ELLSWORTH, sostiene que la pedagogía crítica no consigue capacitar a las personas porque se equivoca cuando supone unas relaciones de poder iguales (entre alumnos y profesores) y porque sus principios se asientan en el ideal "Utópico" de que "todas las ideas se toleran y están sujetas a la valoración crítica racional según unos juicios fundamentales y unos principios morales" (ELLSWORTH, 1989, pág. 314). Estos principios morales, dice, reprimen la voz individual. En su opinión, las voces individuales se conceptualizan desde el punto de vista de las autodefiniciones que se oponen a las definiciones construidas por los otros. Sin embargo, insiste en que las voces feministas son posibles gracias a las interacciones entre las mujeres y entre las razas, las clases y otras diferencias que las dividen. Esta dualidad de propósitos —capacitar a los individuos y a los grupos— plantea el dilema entre cultivar la voz individual mediante la autodefinición, y el poder que se consigue con la unidad de voces y que se necesita para vencer las desigualdades y el sometimiento a nivel de clase o de grupo. Aunque la pedagogía crítica debe atender los temas de desequilibrios de autoridad que plantea ELLSWORTH, el hecho de centrarse en una praxis dinámica que conlleva desarrollo, cambio e interdependencia de pensamiento aporta las herramientas y la oportunidad para la capacitación tanto a escala individual como de grupo.

Históricamente, la obra de Paolo FREIRE (en particular *Pedagogy of Opressed*, 1970) es una precursora de la pedagogía crítica tal como la defienden hoy una serie de educadores. En su preocupación por liberar de su subordinación a los pequeños agricultores, mediante la alfabetización y la conciencia de uno mismo, FREIRE desarrolló la idea de *conscientizaçao* o concienciación. Este concepto implica un diálogo que se produce en una dialéctica constante entre la acción y la reflexión y que se dirige a transformar las estructuras de la opresión. El objetivo de la concienciación es desarrollar la conciencia de uno mismo como requisito previo a la liberación de una opresión que despersonaliza y, por consiguiente, deshumaniza a los oprimidos. La forma verbal de concienciación —concienciarse— es una palabra que emplean hoy a menudo los militantes del movimiento de la discapacidad. Ranga MUPINDU, un líder de este movimiento de Zimbabue, utiliza el término para referirse a los diputados a quienes hay que recordar que aprueben leyes para las personas con insuficiencias. Pero Ranga insiste en que no basta con aprobar leyes —los diputados deben "saber", con un alto grado de conciencia, por qué es necesaria esa ley. Así pues, si se atiende al contexto en que se emplea esta palabra, parece que la concienciación se refiere a:

> el proceso de tomar conciencia de los valores y las experiencias que más a menudo se reprimen o se ocultan, y de manifestarlos a uno mismo y a los demás. Tiene que ver con el acto de descubrir con valentía el dolor, haciendo que se exprese, reconociéndolo e integrándolo en el discurso público y privado. Es un proceso incómodo y exigente, que requiere a la vez pensamiento y acción.
> (LAWRENCE-LIGHTFOOT, 1994, pág. 70.)

Toda teoría, incluida la pedagogía crítica, es tan buena o tan mala como la forma en que se interpreta y se usa en la práctica. Parece que la pedagogía crítica como mínimo ofrece a los individuos la base para enfrentarse a los valores y a las experiencias, para concienciarnos, a nosotros y a los demás. Podemos emplear la pedagogía crítica para suscitar cuestiones sobre nosotros mismos y sobre los demás, y también para examinar los principios morales que subyacen a estas cuestiones. Por ejemplo, una de las cuestiones básicas que me he planteado repetidamente es: "¿cómo podemos tejer nuestras insuficiencias (si es que lo son) en el tejido de nuestras vidas, y no reducirlas a rasgos aislados o a deficiencias innatas?". Hay que contestar las preguntas que formulábamos antes "porque la búsqueda del 'otro' va unida inextricablemente al sentido de uno mismo... una forma limitada de entenderse a uno mismo sigue restringiendo el alcance y la posibilidad" en el estudio de la sociología (EPSTEIN, 1994, pág. 10). Un diálogo entre estudiosos y alumnos que se centre en esta cuestión tiene la posibilidad de despertar la conciencia y de liberarnos de conceptos y acciones pasadas que han deshumanizado y apaciguado a los discapacitados.

Otro tema relacionado con la voz y la conciencia de uno mismo es el hecho de que "no querer considerar cómo se trata el cuerpo desde el punto de vista de la cotidianidad limita nuestra capacidad de analizar los temas de identidad, personalidad, su construcción social y su potencial transformador" (EPSTEIN, 1994, pág. 24). La teoría feminista ha hecho una gran aportación a este tema, que puede servir de punto de partida para un discurso sobre las imágenes del cuerpo en su relación con la identidad de la discapacidad y la conciencia positiva de uno mismo.

Teoría feminista

En mi opinión, en la obra de las feministas liberales y radicales existen inmensas posibilidades para el estudio de las imágenes del yo y del cuerpo. Las feministas son especialmente críticas con la sociología, y afirman que esta disciplina es antagónica con el reconocimiento de que el sentimiento y la emoción forman parte de los intereses de la sociología (HUMM, 1992). Además, Dorothy SMITH sostiene que si la sociología no puede evitar centrarse en las interacciones construidas socialmente, el sociólogo no debe situarse al margen de las interacciones, sino que debe permanecer en ellas como conocedor y descubridor de las nuevas relaciones de un sistema social dinámico.

Para las feministas, conocerse a uno mismo significa la búsqueda del amor por uno mismo. Esta búsqueda les resulta difícil a las personas con insuficiencias manifiestas, porque no pueden amarse ni valorarse si aceptan las imágenes veladas que se reflejan en el espejo de la sociedad. A un nivel más profundo, Andrea DWORKIN insiste en que "toda lucha por la dignidad y la autodeterminación se fundamenta en la lucha por el control real del propio cuerpo, en especial el control sobre el acceso físico al propio cuerpo" (DWORKIN, 1981, págs. 84-85). Aunque DWORKIN se refiere específicamente a las mujeres, sus palabras tienen una especial relevancia para quienes son diferentes en lo que se refiere a la movilidad y cuya lucha por el control y el acceso a sus cuerpos es constante y con frecuencia supone vencer el dolor.

Los sociólogos, por el contrario, han tratado el cuerpo como un "texto" o un "operador social" (recordemos la obra anterior de GOFFMAN). Pero las feministas sostienen que es en las profundidades del cuerpo orgánico donde las interacciones sociales se alimentan (BERTHELOT, 1991). En mi propia vida, he luchado con un cuerpo que es insensible de cintura a los pies, que ha perdido la capacidad automática de controlar la eliminación biológica de los resi-

© Ediciones Morata, S. L.

duos, y que produce estímulos dolorosos. Y sin embargo, sigo manteniendo la capacidad de engendrar biológicamente nueva vida y de controlar las funciones y el dolor corporales mediante la alimentación, el ejercicio y la meditación. He aprendido a controlar mi cuerpo de esta forma mediante un proceso de experimentación personal combinado con las experiencias que otras personas han compartido conmigo. Este control de mi cuerpo me liberó para que pudiera interactuar con los demás física, emocional, social e intelectualmente. Aunque no puedo andar, nadar, montar, sentir emociones, enseñar; en resumen, participar activamente —con el control de mi cuerpo y con mi forma de percibirlo— en diversas interacciones sociales. Estas diversas interacciones sociales ofrecen la posibilidad de múltiples identidades y de participar en numerosas comunidades. De esta forma, mi búsqueda de mi propia identidad debe abarcar más que el hecho de participar en el movimiento en favor de los derechos de los discapacitados.

Un punto en el que insisten las feministas, y que resulta especialmente clarividente para la formación de este tipo de identidad de la discapacidad personalizada, es el eslogan que acuñó Carol Hanisch en la década de 1970: "lo personal es político". Creo que lo que las feministas quieren decir con estas palabras, como demuestra su forma de abordar la opresión que deriva de la condición sexual, es que la política pública se puede elaborar a partir de la experiencia privada. Sin embargo, mi opinión es que la experiencia privada debe ser compartida (como en el ejemplo de mi propia experimentación de mi cuerpo) para crear una política de la discapacidad coherente y radical. Esta interdependencia de las experiencias pública y privada tiene las características de una dialéctica: lo personal es político, pero lo político también debe ser personal. Sheila Rowbotham profundiza en esta idea, e incluyo esta larga cita porque creo que sus palabras van dirigidas directamente al tema de la política de la identidad de la discapacidad en lo que se refiere a la necesidad previa de la propia expresión:

> Para crear una alternativa, un grupo oprimido debe destrozar el mundo que le rodea y en el que se refleja y, al mismo tiempo, proyectar su propia imagen en la historia. Para descubrir su identidad propia como distinta de la del opresor debe hacerse visible a sí mismo. Todos los movimientos revolucionarios crean sus propias formas de ver. Pero es el resultado de un gran esfuerzo. Las personas que carecen de nombre, que no se conocen a sí mismas, que no tienen cultura, experimentan una especie de parálisis de la conciencia. El primer paso consiste en entrar en contacto y en aprender a confiar unos en los otros.
>
> (1973, pág. 94.)

Para hacer añicos las imágenes veladas de los discapacitados se requiere este mismo tipo de visibilidad a través de la conciencia de uno mismo de la que habla Rowbotham. Descubrir la propia identidad es la práctica de la conciencia en acción, y este descubrimiento es a lo que Paolo Freire y Ranga Mupindu se refieren cuando hablan de concienciación, que es el trabajo de la pedagogía crítica. Entrar en contacto y aprender a confiar unos en los otros como personas es, más que nada, el eje del canon popular postmodernista.

© Ediciones Morata, S. L.

A partir de estas teorías proponemos, a continuación, un proceso para el desarrollo de la identidad de la discapacidad.

Política de la identidad de la discapacidad en acción

Tomadas en su conjunto, las tres teorías emergentes que acabamos de describir crean un problema y un objetivo para los sociólogos que se ocupan de la discapacidad: cómo unir pensamiento y acción, razón y emoción, yo y el Otro. Además, para combatir la parálisis de la conciencia que en mi opinión existe actualmente en el estudio de la discapacidad, propongo cinco componentes esenciales para un nuevo discurso sobre ésta:

1. La existencia de un grupo de pensadores con insuficiencias que trabajen en un medio cultural intelectualmente estimulante, abiertos a nuevas posibilidades en las vidas de los discapacitados.
2. Un uso sustancial y crítico de los "reflectores" filosóficos externos tales como la idea de paso de fronteras, que eleve la discapacidad a un marco de pensamiento universal e intercultural, y que obligue a repensar al Otro.
3. Un inventario de valores selectivo y flexible referidos a la discapacidad —incluidas las actitudes, los símbolos y rituales— que puedan provocar el pensamiento en el sentido de construir una nueva filosofía sociopolítica de la discapacidad, basada en un examen crítico tanto del pasado como del futuro de las personas discapacitadas.
4. Un bagaje académico del sociólogo que se desvincule del bagaje cultural que acentúa los contrastes más importantes (por ej., el yo frente al Otro, el cuerpo frente a la mente, la desviación frente a la opresión).
5. Un examen de las principales tentaciones del sociólogo —centrar la atención en la interacción social sin un autoexamen del lugar o "habitus" de la persona dentro del sistema social.

Estas tareas se pueden iniciar atendiendo a cuatro temas relacionados. Los dos primeros —las imágenes espirituales (religiosas) y corporales (orgánicas)— se refieren a la identidad personal como actividad centrada en el yo. Los dos segundos —el pluralismo cultural y el activismo político— definen y amplían la identidad personal para abordar la política de la formación de la identidad. Ambos niveles de identidad son necesarios para que una pedagogía de la liberación de la discapacidad pueda progresar.

Búsqueda personal de la identidad

La identidad personal como actividad centrada en uno mismo tiene lugar en tres entornos principales: la iglesia, la escuela y la familia. La influencia judeocristiana es la principal fuerza religiosa en Estados Unidos. Sin embargo, todas las culturas practican alguna forma de religión, que GEERTZ define como: "un sistema de símbolos que actúa para establecer motivaciones y estados de ánimo poderosos, universales y duraderos" (GEERTZ, 1973, página 87). GEERTZ afirma además que las religiones revisten las ideas sobre la existencia de un aura factual que hace que estas motivaciones y estos estados de ánimo parezcan los únicos realistas.

Muchas personas discapacitadas se sienten atraídas por la religión porque constituye un sustituto trascendental de la gratificación corporal normal que desean. (Y aún más, se ha descrito la religión como una muleta o como un artilugio para enfrentarse a una situación.) Sin embargo, los rituales religiosos pueden resultar muy dañinos para la imagen del cuerpo y la personalidad de las personas con insuficiencias. Muy poco después del accidente que sufrí en 1974, me llevaron a un grupo de curanderos espirituales cuando mi cuerpo no respondía al tratamiento médico, en el sentido de que no sanaba de la afección en la médula espinal. Fui para satisfacer al amigo de mi madre y durante una hora estuve inmersa en oraciones e imposiciones de manos. Al final, me dijeron que la cura había fracasado porque tenía "mal corazón", lo cual interpreté como "mala actitud".

Mi amigo Rangariru tuvo una experiencia similar con curanderos tradicionales africanos después de que contrajera la poliomielitis en Zimbabue. De niño, llevaron a Ranga a la cima de una montaña donde se representaban los rituales tradicionales, y allí le dejaron solo durante la noche para que "quedara limpio". Durante su juventud, su madre insistía en que asistiera a la iglesia. Pero los sacerdotes solían utilizarle como ejemplo, empezaban a citar la Biblia y a decir: "Si estás enfermo, *andarás*". Al final, Ranga acabó por pensar: "No tiene sentido que vaya. No quiero ir para tener que sentirme avergonzado".

Otro ejemplo que ilustra el daño que se puede hacer en nombre de la religión. Como educadora para la salud (1974-1976), una de mis obligaciones era la de visitar en sus casas a antiguos enfermos con dolencias en la médula espinal, para evaluar su progreso. Un hombre joven había estado dos años en cama, esperando ser curado y totalmente confiado, hasta el día de su muerte, en que Dios haría el milagro de sanarle.

La religión puede desempeñar un papel fundamental en el desarrollo de identidades que puedan ofrecer una reserva de fuerzas y de recursos para la calidad de vida de los discapacitados. Sin embargo, como demuestran los ejemplos anteriores, son demasiadas las ocasiones en que constituye una carga y un obstáculo, acarreando ideas permanentes de culpa, pérdida de poder y de control; y perpetuando la idea de los discapacitados como víctimas, a la vez que se les asigna el papel de enfermos hasta que estén "curados". En la escuela se repiten similares rituales y papeles simbólicos, en su costumbre de etiquetar a los discapacitados y de asignarles a clases especiales, en las que deben ganarse el viaje de vuelta a la normalidad. Lo que estas clases hacen básicamente es llevar a los discapacitados a la esclavitud al tiempo que les prometen la salvación; pero para la inmensa mayoría de ellos, la salvación nunca llega.

En la familia, la formación de la identidad y concretamente la socialización del papel que desempeña el sexo ejercen una influencia poderosa en los jóvenes discapacitados de ambos géneros. Los padres suelen evitar que sus hijos e hijas discapacitados tengan ninguna actividad sexual, salgan con amigos o se casen. En muchos países sigue siendo legal la esterilización de las mujeres psíquicamente disminuidas (a las que no se les pide su consentimiento). Los padres muchas veces justifican estas prácticas con la excusa de proteger o resguardar del mundo "exterior" a sus jóvenes "vulnerables", y dicen que lo hacen "porque es lo que más les conviene".

La familia también puede influir de forma muy positiva en los hijos con insuficiencias. En mi caso, mi enfermedad hizo que mi familia se uniera mucho. Nos hicimos más expresivos unos con los otros en cuanto a nuestros sentimientos, y más capaces de expresar nuestros deseos y necesidades. Pasábamos más tiempo juntos. Teníamos un sentido más profundo de la fragilidad de la vida, y por consiguiente apreciábamos más la necesidad de pasar los buenos momentos juntos. Aprendí a ser paciente, y comprendía mejor los sacrificios que mis padres habían hecho por mí no sólo durante los primeros momentos de mi enfermedad, sino durante toda su vida. Como mis familiares me apoyaban, y demostraban que me querían, con palabras y con hechos, porque me atendían, me cuidaban y me escuchaban, pude desarrollar un sentido renovado de mí misma como persona valiosa y valorada, y pude seguir y llegar a muchas metas —incluida la de licenciarme en la Universidad de Stanford.

Al considerar estos temas relacionados de la imagen del cuerpo, la ontología de la religión y las relaciones familiares, los sociólogos y otras personas que se ocupan del estudio de la discapacidad deberían atender no sólo al papel y la función del ritual y del símbolo, sino al "vector epistemológico del cuerpo considerado como producto y productor, el lugar del dolor y del placer, la alienación y la reapropiación, la inscripción y el afecto" (BERTHELOT, 1991, página 401). Concretamente, una pedagogía de la discapacidad podría integrar estos vectores si se centra en la persona social, analiza cómo se interiorizan los estereotipos negativos de la sexualidad, y considera la idea de un continuo de impulsos sexuales y emotivos y la influencia del comportamiento observado y aprendido en el desarrollo sexual y personal (SMITH-ROSENBURG, 1983). Esta prioridad es una condición previa absoluta para la transformación sociopolítica de los discapacitados, ya que sin unos principios sólidos sobre quién es uno como individuo, la identidad política no es sino un disfraz para la galería inspirado en las imágenes veladas de los demás, y no un conjunto de valores interiorizado basado en el amor por uno mismo.

Búsqueda política de la identidad

Los otros dos temas —el pluralismo cultural y el activismo político— dependen de un sentido positivo del yo y amplían el campo de la identidad propia para incluir la consideración de lo personal como político. Espero que mis colegas tendrán más cosas que decir al respecto, sin embargo quiero plantear una cuestión: el movimiento de la discapacidad ha insistido muchas

© Ediciones Morata, S. L.

veces en la necesidad de la solidaridad para fomentar nuestros derechos humanos. Nuestra propia comunidad de la discapacidad, incluidos sus estudiosos, debe forjar unas nuevas relaciones entre la identidad y la diferencia. Como ejemplo concreto, la diversidad es un concepto que se emplea en exceso y que se ha hecho trivial, y junto con la presión por la solidadridad ha frustrado nuestro propio desarrollo. Además, el concepto de "minoría oprimida" apunta a los Otros, al tiempo que olvida nuestra propia debilidad conceptual. Por último, la idea de diferencia en su conjunto es problemática porque la diferencia se percibe siempre en relación con alguna norma implícita. Perpetúa la ilusión de que los individuos se miden por unos criterios universales de validez objetiva.

A pesar de los símbolos y los rituales dominantes que contienen ideas negativas sobre la discapacidad, algunas personas con insuficiencias deciden aceptar su diferencia como un indicador de identidad positivo. Sacan poder de estas diferencias y asumen el papel de quien cruza las fronteras. Muchas veces esta identidad se desarrolla a pesar de formidables barreras, como la ausencia de modelos familiares, la presencia de deficiencias que son productos culturales y la insistencia de la religión en las curaciones milagrosas. Para estos individuos poderosos, la estructura social influye, sin que por ello determine firmemente las creencias ni las conductas. ¿Cómo se produce esta transformación? ¿En qué circunstancias? En este sentido, la política de la identidad y de la comunidad que he descrito necesita un examen más preciso.

Conclusión

Después de un proceso de búsqueda de mi identidad personal largo y difícil, he llegado a la conclusión de que la percepción individual se entrelaza con la identidad colectiva, pero a la vez debe mantenerse independiente de ella para cambiarla. En este trabajo he defendido una nueva identidad de la discapacidad —una identidad que integre lo personal y lo político en una "composición de palabras perdurable". Una identidad depende de la otra. Sostengo también que estas identidades deben asentarse en los cimientos del amor por uno mismo y los modelos espirituales, en oposición a los modelos sociales que descansan sobre la base de la mentalidad de "víctima", la desviación y el Otro como objeto pasivo. Los discapacitados se han unido en grupos para la acción política en favor de sus derechos humanos y de supervivencia, y para desarrollar un espíritu exclusivo de la experiencia de la discapacidad. A medida que este espíritu se desarrolla, crea posibilidades para el autoexamen individual. En un primer momento, este examen parece que separa y aliena del grupo y de sus funciones sociales de preservación. Sin embargo, cuando el individuo construye la conciencia de sí mismo, se inicia la primera fase de un retorno a la cooperación en grupo, y por consiguiente lleva el potencial para recargar los valores del grupo. Esencialmente, una vez se asegura la supervivencia del grupo (mediante acciones como las de la

Ley sobre Ciudadanos Americanos con Discapacidades, por ejemplo), se dispone de los recursos necesarios para desarrollar la identidad individual. Cada vez que los individuos abandonan el grupo (y su identidad política), regresan y vuelven a reunir el grupo con un mayor grado de integración, de manera que existe una constante aspiración y espiración de estabilidad y novedad esencial para la renovación y la revitalización individual y del grupo. Los individuos, sin embargo, deben ser razonablemente independientes en su relación con el grupo, de forma que cuando se reúnan como grupo no sean mutuamente dependientes. Cuando esta dependencia mutua se agudiza, la mentalidad de víctima supedita a los discapacitados a ellos mismos y al grupo.

Este movimiento de ida y vuelta de las identidades personal y política también cambia las fronteras. Las fronteras culturales hacen cambiar los límites, se expanden, se hacen mayores para trazar después nuevas fronteras, con lo que se originan nuevos problemas y se requieren estrategias nuevas para afrontar los nuevos desafíos.

Estas ideas de identidades múltiples, de su interdependencia y de la dinámica de cruzar fronteras que conlleva la creación de identidades pueden servir de foco de los estudios sobre la minusvalidez. Este foco exige liberarse de la idea del Otro y de las teorías de la interacción social que niegan las identidades de uno mismo y del cuerpo. Los cinco componentes esenciales de un discurso nuevo sobre la discapacidad aportan las herramientas para los estudios sociológicos sobre ésta. Las teorías feministas y educativas del postmodernismo y de la pedagogía crítica sirven de marco para estos estudios. Las propias voces de los discapacitados aportan el sentir y el contenido y naturaleza de los estudios y señalan la dirección que deben tomar. El objetivo último es la liberación mediante la concienciación.

Sin embargo, en un último análisis, el acto de concienciación nos exige que pasemos del discurso y la indagación a la acción. El grupo de pensadores que propongo debe incluir a estudiantes al estilo de los pensadores afro-americanos avispados de mi estudio anterior. No debemos apoyar únicamente a los estudiosos, sino a la futura generación de estudiosos. El mensaje que transmiten estos discursos necesita una interacción dinámica entre la teoría y lo que ocurre en las escuelas y en los hogares, con la atención centrada en los valores y en el amor por uno mismo. En este sentido, el medio constituye el mensaje y las herramientas para la acción. Concretamente, en la construcción de los procesos para el cambio creativo, las metas y las estrategias para la acción deben ser el resultado final. Sin embargo, la crítica y la visión no son estáticas, sino que están en proceso de transformación permanente. A medida que nos damos cuenta de nuestras visiones, nuestros problemas se transforman. Esta transformación constituye la esencia de una pedagogía de la liberación necesaria para que sepamos enseñarnos nuevas formas de vida mediante procesos personales y políticos de formación de la identidad.

© Ediciones Morata, S. L.

Bibliografía

ARONOWITZ, S. y GIROUX, H. A. (1991): *Post-moderm Education: Politics, Culture, and Social Criticism.* Minneapolis, University of Minnesota Press.
ASCH, A. y FINE, M. (Eds.) (1988): *Women with Disabilities: Essays in Psychology, Culture and Politics.* Philadelphia, Temple University Press.
BECKER, H. S. (1963): *Outsiders: Studies in the Sociology of Deviance.* Nueva York, Free Press. (Trad. cast.: *Los extraños.* Barcelona, Ediciones Buenos Aires, 1983.)
BERTHELOT, J. M. (1991): "Sociological discourse and the body" en M. FEATHERSTONE, M. HEPWORTH y B. S. TURNER (Eds.) *The Body: Social Process and Cultural Theory.* Londres, Sage Publications, págs. 390-404.
BOURDIEU, P. (1977): *Outline of a Theory of Practice.* Cambridge, Cambridge University Press.
BOWLES, S. y GINTIS, H. (1976): *Schooling in Capitalist America.* Nueva York, Basic Books. (Trad. cast.: *La instrucción escolar en la América capitalista. La reforma educativa y las contradicciones de la vida económica.* México, Siglo XXI Editores, 1981.)
BROWN, C. (1954): *My Left Foot.* Londres, Octopus Publishing Group. (Trad. cast.: *Mi pie izquierdo.* Madrid, Rialp, 1991.)
DEEVER, B. (1990): "Critical pedagogy: the concretization of possibility", *Contemporary Education* 61(2), págs. 71-77.
DUBOIS, W. E. B. (1897): "Strivings of the Negro People", *Atlantic Monthly,* 80, páginas 194-198.
DWORKIN, A. (1981): *Pornography: Men Possessing Women.* Londres, The Women's Press.
ELLSWORTH, E. (1989): "Why doesn't this feel empowering? Working through the repressive myths of critical pedagogy", *Harvard Educational Review,* 59(3), páginas 297-324.
EPSTEIN, I. (1994): "The search for other through the escape from self". Ponencia presentada al 1994 Annual Meeting of the Comparative and International Education Society.
FREIRE, P. (1983): *Pedagogy of the Oppressed.* Nueva York, The Continuum Publishing Corporation. (Trad. cast.: *Pedagogía del oprimido.* Madrid, Siglo XXI, 1997, 14.ª ed.)
GEERTZ, C. (1973): *The Interpretation of Cultures.* Nueva York, Basic Books. (Trad. cast.: *La interpretación de las culturas.* Barcelona, Gedisa, 1996, 7.ª ed.)
GOFFMAN, E. (1961): *Asylums.* Nueva York, Doubleday. (Trad. cast.: *Internados: ensayos sobre la situación social de los enfermos mentales.* Buenos Aires, Amorrortu, 1970.)
— (1963): *Stigma.* Harmondsworth, Penguin. (Trad. cast.: *Estigma: la identidad deteriorada.* Buenos Aires, Amorrortu, 1992.)
HUMM, M. (1992): *Modern Feminisms: Political Literary Culture.* Nueva York, Columbia University Press.
LAWRENCE-LIGHFOOT, S. (1994): *I've Known Rivers: Lives of Loss and Liberation.* Nueva York, Addison-Wesley Publishing Company.
MCLAREN, P. (1993): *Schooling as a Ritual Performance: Towards a Political Economy of Educational Symbols and Gestures.* Londres y Nueva York, Routledge & Kegan Paul. (Trad. cast.: *La escuela como un performance ritual. Hacia una economía política de los símbolos y gestos educativos.* México, Siglo XXI-Centro de Estudios sobre la Universidad, UNAM, 1995.)
MEAD, G. H. (1970[1934]): *Mind, Self and Society.* Chicago, University of Chicago Press. (Trad. cast.: *Espíritu, persona y sociedad.* Barcelona, Paidós, 1982.)

© Ediciones Morata, S. L.

PARSONS, T. (1977): *Social Systems and the Evolution of Action Theory.* Nueva York, Free Press.
PETERS, S., KLEIN, A. y SHADWICK, C. (sin publicar): "Special education and the 'alter-eagle' problem" en B. FRANKLIN (Ed.) *When Children Don't Learn: Student Failure and the Lives of Teachers.* Columbia, Teachers College Press.
— (1995): "Disability baggage: changing the educational research terrain" en CLOUGH, P. y BARTON, L. (Eds.) *Making Difficulties: Research and the Construction of Special Education Needs.* Londres, Paul Chapman.
ROWBOTHAM, S. (1973): *Woman's Consciousness, Man's World.* Harmondsworth, Penguin. (Trad. cast.: *Mundo de hombre. Conciencia de mujer.* Madrid, Debate, 1977.)
SCULL, A. T. (1988): "Deviance and social control" en N. J. SMELSER (Ed.), *Handbook of Sociology.* Londres, Sage Publications.
SMITH-ROSENBERG, C. (1983): "The female world of love and ritual: relations between women in nineteenth century America" en E. ABEL y E. K. ABEL (Eds.) *The Signs Reader: Women, Gender and Scholarship.* Chicago, University of Chicago Press.
WEST, Cornel (1993): *Race Matters.* Boston, Beacon Press.
WHYTE, W. F. (1943): *Street Corner Society.* Chicago, University of Chicago Press.
ZOLA, I. K. (1982): *Ordinary Lives.* Cambridge, Applewood Books.

© Ediciones Morata, S. L.

CUARTA PARTE

Discapacidad: un método de investigación concreto

En los diferentes capítulos de este libro, el lector se habrá encontrado con referencias al efecto discapacitador de determinados tipos de investigación. Uno de los aspectos importantes de la discriminación es el grado de olvido en que se ha tenido a las voces de los discapacitados, tanto en el discurso académico como en el popular dentro de la sociedad. La causa no está en que no tengan nada que decir, sino en que se trata de una cuestión de estar supeditado a la importancia de las explicaciones profesionales, o de que no es algo que quepa esperar de una persona discapacitada. Este tipo de supuestos refuerza la idea del déficit, aquella que en última instancia considera menos humanos a quienes caen en su ámbito de aplicación.

El capítulo de Booth presenta una manera particular de abordar la investigación, una propuesta que pretende otorgar dignidad a los discapacitados implicados. En esta explicación, Booth analiza el uso de los métodos narrativos con personas que tienen dificultades de aprendizaje. Se interesa por la cuestión fundamental de cómo dar voz a las personas que carecen de palabras. Sostiene que los sociólogos deben experimentar formas de construir relatos que permitan el papel de la imaginación y el uso de la escritura creativa como herramientas por derecho propio.

Es importante recordar que se trata sólo de un enfoque, aunque importante, que los sociólogos adoptan como vehículo para la investigación. Sin embargo, como descubrirá el lector con la lectura del capítulo, plantea temas fundamentales y desafiantes que requieren un estudio urgente y serio.

© Ediciones Morata, S. L.

CAPÍTULO XII

El sonido de las voces acalladas: cuestiones acerca del uso de los métodos narrativos con personas con dificultades de aprendizaje

Por Tim Booth

En este capítulo se analiza el uso de los métodos narrativos con personas que tienen dificultades de aprendizaje. Por métodos narrativos entiendo aquellos que pretenden describir la experiencia subjetiva de las personas de una forma que sea fiel al sentido que éstas dan a sus propias vidas. Diré que los sociólogos deberían arrebatar a los historiadores la primera fila en la experimentación de formas de construir relatos que permitan un mayor espacio para que actúe la imaginación y para el uso de escritos creativos como herramientas de investigación por derecho propio.

Como observaba Bowker (1993) recientemente, estamos en la edad de la biografía, y los métodos narrativos están en posición de reconquistar un lugar central en la investigación sociológica. Dos razones entrelazadas han contribuido al resurgimiento del interés por la narración —un interés sin par desde los buenos tiempos de la escuela de Chicago— y ambas deben mucho a la influencia de la erudición feminista y a la teoría crítica sobre la raza.

La "tesis de la voz excluida" dice que los métodos narrativos facilitan el acceso a los puntos de vista y la experiencia de los grupos oprimidos que carecen del poder de hacer oír sus voces con los sistemas tradicionales del discurso académico. La segunda razón critica a la erudición tradicional por haber subordinado la realidad de la vida de las personas a la búsqueda de la generalización. Generalizar implica perder precisamente el tipo de detalle por el que se distingue la experiencia personal. En contraposición, el relato ofrece un punto por el que acceder al mundo de la experiencia a través de la imaginación del lector. Pensar concretamente en términos de narración combate lo que Connerton (1989) llama el "olvido obligado" impuesto por el razonamiento abstracto. Las historias también restauran el contenido emocional de la experiencia humana suprimido por los métodos de información objetivos.

Precisamente por estas razones, cabía esperar que el auge del relato repercutiera en la investigación en el campo de las dificultades de aprendizaje. Ciertamente en los últimos años se ha producido un creciente reconocimiento de la importancia de escuchar a las personas que han sido etiquetadas. Hace diez años, RICHARDS (1984) solamente pudo identificar cinco estudios realizados en Gran Bretaña en los veinte años anteriores en los que participaran como informadores personas con dificultades de aprendizaje. Esta situación ha cambiado de forma significativa. Se han realizado numerosos estudios en hospitales (BOOTH y cols., 1990; POTTS y FIDO, 1990; CATTERMOLE y cols., 1997), en hogares para necesitados (SUGG, 1987; MALIN, 1983; BRANDON y RIDLEY, 1983), en centros de educación social (BOOTH y FIELDEN, 1992), en centros de asistencia y en programas de vida independiente (FLYNN, 1989; LOWE y cols., 1986; PASSFIELD, 1983), en los que se ha utilizado como informadores a personas con dificultades de aprendizaje (véase también *Welsh Office,* 1991).

Sin embargo, salvo algunas excepciones notables, se han realizado pocos trabajos empleando métodos narrativos y de relato de la vida propia. WHITTEMORE y cols. (1986) sólo encontraron cuatro obras verdaderamente autobiográficas en su búsqueda de bibliografía. Al mismo tiempo, dicen, el material biográfico generalmente ha hecho sólo una "interpretación puntillista" de sus sujetos, al centrarse en rasgos o aspectos característicos aislados de sus vidas que por alguna razón atrajeron la atención del investigador. Asimismo, muchas veces se ha empleado la forma autobiográfica como una fórmula para contar la propia historia del autor (que con frecuencia es uno de los padres o un hermano). En la mayoría de los casos, los puntos de vista de las personas con dificultades de aprendizaje han sido subordinados a los intereses de otras personas. Como informadores que participan en la investigación, han sido utilizados como fuentes de datos para los relatos del sociólogo, más que merecer la consideración de personas que tienen sus propias historias que contar. En consecuencia, la bibliografía sigue aún muy escasa de la experiencia que pretende retratar.

Las razones de este estado de cosas tienen sus orígenes en el prejuicio. Los estereotipos comunes han ayudado a conformar el pensamiento y las actitudes en la comunidad de investigadores, con la misma certeza que lo han hecho en la sociedad en general. El trato más frecuente que han recibido las personas con dificultades de aprendizaje ha sido el de objetos de estudio, más que el del reconocimiento de su integridad como personas. Generalmente se les ha visto como problemas para las demás personas, más que como individuos con sus propias vidas. La atención primordial ha estado en sus deficiencias más que en sus capacidades (MOUNT y ZWERNIK, 1988). Estas actitudes y estos supuestos han fomentado la idea de que los principios básicos de la investigación cualitativa no se pueden aplicar correctamente al estudio de las personas con dificultades de aprendizaje. PLUMMER (1983), por ejemplo, sostiene que los buenos informadores "deben expresarse honestamente, ser capaces de verbalizar y tener una 'buena historia que contar'". Los investigadores han asumido con excesiva rapidez que los métodos narrativos son inadecuados para las personas con dificultades de expresión. De la misma manera, SPRADLEY (1979) afirma que un buen informador debe estar completamente "culturalizado", en cambio la costumbre y el lenguaje siempre han presentado a las personas con dificultades de aprendizaje como algo menos que humanas ("subnomales", "idiotas", "tarados", "imbéciles", "pobres de espíritu", "retrasados"). La investigación que se basa en el relato de la vida también conlleva el desarrollo de una relación cercana e íntima entre el investigador y el objeto de su estudio. Tal vez los investigadores han estado predispuestos (de una manera más o menos consciente) a encontrar excusas para no comprometerse demasiado con las personas que tienen dificultades de aprendizaje. La realidad es que son muchas las razones para aconsejar el uso de los métodos narrativos con este grupo de informadores.

La fuerza del relato

Los métodos narrativos varían en sus formas y en sus propósitos. La forma más pura de relato es la *autobiografía*, en la que el sujeto es también el único autor. Las *memorias* son el recuerdo no estructurado de hechos y sentimientos pasados, sin ninguna pretensión de ser exhaustivos ni minuciosos, acerca del curso de la vida. El *repaso de la vida* es un proceso de reflexión en el que las personas valoran su propio pasado desde su situación presente. El *relato de la vida* es un recuento de toda la vida de un individuo, o de parte de ella, que esa persona cuenta oralmente a un amanuense, que colabora en tal recuento. La *historia de la vida* es el relato de esta vida, pero incluye también información biográfica obtenida en otras muchas fuentes.

Estas formas narrativas pueden tener una multitud de usos. Por ejemplo, en una pequeña adaptación de ABRAMS (1991), podemos identificar cuatro categorías de narración que se solapan. Las *narraciones angustiadas en primera persona* relatan experiencias dolorosas como medio para desafiar el orden social o moral a través de la simpatía o la conciencia del lector [véase, por ejemplo, ASHE (1989) que teje su propia experiencia de dar a luz en un análisis de la regulación legal de la reproducción]. Las *narraciones interiores* pretenden ofrecer una visión de mundos subjetivos que resultan incomprensibles para el lector [véase, por ejemplo, la exposición clásica de LEWIS (1961) de la vida familiar en un suburbio mexicano]. Las *narraciones vinculadas a la realidad* traducen ideas abstractas a términos accesibles de la experiencia humana cotidiana [véase, por ejemplo, WILLIAMS (1991) sobre el racismo]. Las *narraciones marginales* dan voz a puntos de vista no escuchados o suprimidos anteriormente [véase, por ejemplo, la exposición que Jane FRY hace de su vida como transexual en las obras de BOGDAN (1974) o PARKER (1991) sobre los "condenados"]. Por último, *las narraciones que rompen moldes* ayudan a reformular un problema, proyectan algo con una nueva luz o, si no, cambian nuestra forma de entenderlo [véase, por ejemplo, WARSHAW (1989) sobre el fenómeno de la violación de personas con las que se sale].

A pesar de esta diversidad, los métodos narrativos presentan una serie de características y virtudes comunes:

- Aportan una "visión interior de la persona" (BIRREN y DEUTCHMAN, 1991), porque tratan a las personas como "testigos expertos" en el asunto de sus propias vidas cuyos relatos pueden constituir un punto de acceso a su mundo a través de la imaginación del lector.
- Son un medio de hacer más tangibles las propuestas abstractas, porque se asientan en la experiencia vivida concreta.
- Ayudan a contrarrestar el problema de la "desaparición del individuo" que se produce en la teorización sociológica, en la que la búsqueda de la abstracción y la generalización a menudo reduce a las personas a poco menos que cifras, y conduce tanto a los investigadores como a los estudiantes a perder de vista a los individuos humanos como fuerza creativa en la construcción de sus propias vidas y sus propias historias.
- Tienden un puente entre el individuo y la sociedad, porque a través de las vidas de las personas facilitan el acceso a las características estructurales de su mundo social. "Escuchando más allá" (BERTAUX-WIAME, 1981) de las palabras de un informador particular, es posible percibir los ecos de la experiencia de otras personas e identificar los temas que les convierten también en relatos de un grupo. Estos hilos comunes que unen las explicaciones de las personas revelan cómo sus vidas están conformadas por la sociedad más amplia, y descubren la red de relaciones sociales a la que pertenecen. De esta forma, como observaba FERRAROTTI (1981), el "esfuerzo por comprender una biografía en toda su singularidad... se convierte en el esfuerzo por interpretar un sistema social".
- Ayudan a combatir una visión de la realidad "excesivamente determinada" —la que ofrecen los métodos y los modos de razonamiento que imponen orden y racionalidad en el mundo— porque desenmascaran las "confusiones, las ambigüedades y las contradicciones" (FARADAY y PLUMMER, 1979) que caracterizan la vida y la experiencia cotidiana de las personas.

El problema de los métodos narrativos

Las críticas a estos métodos —que hablan, entre otras cosas, de los problemas de una conceptualización implícita, de falta de representitividad, de carencia de objetividad, de que son inmanejables, de parcialidad y de poca fiabilidad— se han repetido profusamente en la bibliografía (véase sobre todo ALLPORT, 1947). No es mi propósito volver a lo mismo. Por el contrario, me centraré en un problema concreto que señala BARON (1991): que quienes más necesitan que se escuchen sus historias tal vez sean quienes son menos capaces de contarlas. Una versión particular de este problema se plantea directamente en una investigación narrativa con personas que tengan dificultades de aprendizaje. ¿Cómo se puede dar voz a personas que carecen de palabras?

Para ilustrar este problema voy a referirme a un estudio concluido hace poco sobre padres con dificultades de aprendizaje (BOOTH y BOOTH, 1994). La meta a la que se dirigía ese estudio era ofrecer una visión sobre la paternidad

© Ediciones Morata, S. L.

dada por los propios padres, empleando para ello el método del relato de la vida. Participaron en el estudio un total de 33 personas (20 madres y 13 padres) de las que 25 (18 madres y 7 padres) tenían dificultades de aprendizaje. Mediante la búsqueda de los hilos comunes que entrelazaban sus vidas, el objetivo era elaborar una explicación que se correspondiera con la experiencia de esos padres en el ámbito de la realidad subjetiva, si no en el de la descripción estadística. En BOOTH y BOOTH (1994) se describe en detalle todo el proceso que siguió el estudio.

El método del relato de la vida aporta datos en forma de narración, más que números. Como dice DENZIN (1989), "sólo podemos disponer de las vidas mediante las palabras". El proceso por el que se producen las descripciones de las vidas y se convierten en texto es, por consiguiente, un tema metodológico importante en este tipo de investigación, y tiene implicaciones en el tema de la propiedad y la autenticidad del relato tal como se haya contado. Este proceso adquiere aún mayor importancia cuando los sujetos en cuestión son incapaces de comunicarse con fluidez mediante palabras. Veamos cuatro aspectos de este problema, utilizando ejemplos y material sacados del estudio sobre padres con dificultades de aprendizaje.

El relato

BERTAUX (1981) dice que "un buen relato de la vida es aquél en el que el entrevistado *se hace con el control de la entrevista* y habla libremente" (la cursiva es del original). Pocas veces ocurrió esto en nuestro estudio y, salvo contadas excepciones durante la primera entrevista, normalmente era la persona que no tenía dificultades de aprendizaje la que dirigía la conversación. En general, nuestros informadores tendían más a responder las preguntas con una sola palabra, una frase corta o una frase suelta. El siguiente fragmento de una transcripción no es atípico. Corresponde a la primera entrevista grabada a los padres en la que el entrevistador buscaba información sobre los antecedentes y la historia familiar de éstos:

Entrevistador: ¿Cuánto hace que vivís juntos o que vais juntos?
Padre: Bien, llego a Wakefield en 1984. Entoces vivía en Denby, ¿no?
Entrevistador: ¿Y dónde os conocisteis?
Padre: En el Centro.
Madre: El Centro. Solía ir cuando nació Craig (su primer hijo).
Padre: Hubo una Feria de Otoño.
Entrevistador: ¿Qué Centro es?
Madre: Sandalwood.
Padre: Está ahí abajo.
Entrevistador: Y los dos estabais allí, ¿no?
Padre: Yo trabajaba allí. Y hubo un especie de Feria de Pascua y eso.

© Ediciones Morata, S. L.

Madre:	Si él vuelve allí, yo puedo ir a las fiestas de Navidad y a las de Pascua también. Porque yo solía ir antes.
Entrevistador:	¿Y qué hacías? ¿Decías que cuidabas del jardín?
Padre:	El jardín, sí.
Madre:	Porque nuestra Trish trabaja allí, y su novio vive allí.
Entrevistador:	¿Tu hermana?
Madre:	Sí, mi hermana. Trabaja allí y su novio trabaja allí.
Entrevistador:	¿Y dónde estabas entonces, cuando John *(el padre)* trabajaba allí? ¿Vivías en casa?
Madre:	No. Yo tenía esta casa, ¿no?
Padre:	Ella vivía en casa.
Madre:	Yo estaba en casa.
Entrevistador:	¿Cuál? ¿con tu mamá?
Madre:	No. Yo tenía esta casa cuando vivía mi mamá, y después ella murió, por eso tuve esta casa cuando ella murió.
Entrevistador:	¿Y seguiste viviendo en esta casa? Y era esta casa, ¿verdad? O sea, que te criaste aquí, ¿verdad?
Madre:	No. Yo me crié, nací en Leeds en una ambulancia, no en el hospital.

En este fragmento aparecen una serie de características comunes que se observaban en los padres cuando hacían de informadores. Tendían a no hablar de forma extensa, con relatos largos y sin interrupciones. Muchas veces, las preguntas no obtenían más respuesta que una palabra o una frase sencilla. Con frecuencia había que sacar la información mediante preguntas directas, más que con preguntas abiertas. Les resultaba más fácil contestar preguntas sobre personas y lugares que tratar ideas abstractas o hacer comparaciones. Hablaban con mayor facilidad sobre cosas que ocurrieran aquí y ahora que sobre ocasiones o experiencias anteriores. Asimismo, la revelación de sus sentimientos y sus preocupaciones era más frecuente a través de su forma de comportarse y de reaccionar ante los acontecimientos, que a través de la reflexión y el análisis.

Aunque la capacidad lingüística de nuestros informadores era diversa, en las conversaciones con ellos solía aparecer: un vocabulario más instrumental que expresivo; una orientación hacia el presente; un marco de referencia más concreto que abstracto; un modo de expresión más literal que figurativo; una atención a las personas y las cosas, más que a los sentimientos y las emociones; y un estilo de respuesta, más que de iniciativa. Naturalmente, ninguna de estas características es exclusiva de las personas con dificultades de aprendizaje, aunque el desafío que plantean al investigador quizá sea más abierto en este caso. Y lo que es más importante, esta carencia de fluidez verbal no era obstáculo para que los padres contaran sus historias. Sin embargo, sí que influyen en el papel del entrevistador (que debe estar preparado para un trabajo más arduo), en la forma de dirigir las entrevistas (para integrar al informador se necesitan más técnicas que no sea el simple hablar), en la cantidad de tiempo que lleva recoger un relato de la vida (de toda la historia sólo aparece un trozo cada vez), y en la forma en que se redacta.

La falta de un relato continuado en las explicaciones que las personas daban de su experiencia como padres hizo necesario que el investigador, en su función de redactor, asumiera mayor responsabilidad en la transformación de los relatos en texto.

La redacción

Convertir las transcripciones en textos legibles conlleva una pérdida de material. Este hecho nos planteó un verdadero dilema en nuestro estudio. La conversación con los padres se centraba generalmente en lo cotidiano, lo concreto y el aquí y ahora; y solían hablar más de cosas que les habían ocurrido que de cosas que hubieran hecho. Y no se trataba de algo ocasional. Expresaban los puntos de vista y las preocupaciones de las personas cuya vulnerabilidad a la que estaban expuestas en el mundo les obligaba a aprovechar cada uno de los días. La forma que adquirían sus relatos reflejaba la de sus vidas (BERTAUX-WIAME, 1981). Cuando Rosie Spencer seguía hablando, entrevista tras entrevista, sobre lo que hacía la enfermera de la comunidad, sin darse cuenta revelaba su sometimiento y resistencia al poder que los profesionales ejercían en ella. Eliminar las repeticiones y el material que parece que no hace progresar el relato significa correr el riesgo de romper el vínculo entre la vida vivida y la historia como se ha contado. El trabajo de redacción conduce inexorablemente a los investigadores a traicionar a los sujetos de su estudio, por el hecho de representarlos (lo cual plantea la cuestión de cuánto se pierde por culpa de una investigación que no consigue en absoluto integrarse en la persona).

Cortar y unir es la forma más habitual de generar un texto. Se ensambla el material de diferentes partes de una misma entrevista o de entrevistas diferentes, para formar un relato coherente o para desarrollar un tema. Por ejemplo, en el siguiente fragmento se juntan una serie de afirmaciones hechas en diversos momentos por el mismo informador para expresar su opinión acerca de los asistentes sociales (los superíndices se refieren a la entrevista y la línea correspondientes):

> "No me gusta tener siempre encima a los asistentes sociales. Lo odio[1/136]. (Me pone) enfermo oírles, haz esto, haz lo otro. No tengo un año. Tengo ya 26[1/3 y 4]. (Se) meten en nuestras cosas[1/140]. Sé arreglármelas yo solo[1/4]. Sencillamente, no quiero que me ayuden, esto es todo[1/174]. Quiero librarme de ellos. No me gusta tenerlos encima y a mi mamá no le gustan[1/187 y 188]. No quiero que nadie me diga lo que tengo que hacer[2/437]. No son mi madre, para decirme lo que tengo que hacer[2/44]".

La redacción puede ser necesaria también para aclarar el sentido y hacerlo todo más legible. Veamos como ejemplo el siguiente fragmento de una de nuestras entrevistas:

"Vamos todos los martes... las gotas. Dejé de ir yo con él. Todas las veces he de ir con él, todos los martes. Sabes, los asistentes sanitarios van a casa de todos. Pero ella no viene aquí, sólo una vez o dos, ¿no?"

La versión ya redactada podría quedar así:

"La asistente social no viene aquí. Sólo vino una o dos veces. Nosotros vamos a la clínica todos los martes, para las gotas de Tony. Ted dejó de ir conmigo, y ahora voy con Tony todos los martes".

Ambos ejemplos ilustran un problema general de la investigación narrativa con sujetos que no saben expresarse. Los textos ya redactados, aunque sean fieles a las palabras del informador, dan una imagen falsa acerca de la lucidez de éste. Se produce una tensión entre la inteligibilidad del texto y la integridad del sujeto. En el caso de las personas con dificultades de aprendizaje, esto puede tener repercusiones en el lector acerca de la credibilidad del relato. Una observación que se hizo a nuestro estudio, por ejemplo, es que no era posible que los padres tuvieran dificultades de aprendizaje, ya que hablaban con mucha fluidez.

Estos problemas conducen a otro reto que afronta el investigador en su trabajo de redactor. ¿Qué margen tiene para añadir palabras de modo que la historia resulte coherente? ¿Puede el investigador prestar a los sujetos de su investigación el vocabulario de que carecen para expresar sus pensamientos y sentimientos? ¿Hasta qué punto se permite al redactor traducir en palabras la conducta de las personas? Estas cuestiones adquieren una importancia fundamental en el caso de sujetos que no expresan con palabras gran parte de lo que quieren decir, y que por tanto no se puede recoger como texto. Si un informador suelta "¡asistente social!" y da un puñetazo en la mesa, ¿es correcto transcribirlo como "los asistentes sociales me irritan"? Si una madre no puede hablar cuando llora por el recuerdo del hijo que le quitaron al nacer, ¿es legítimo escribir "No puedo hablar de esto. Sólo puedo llorar. Todavía me duele mucho"? Y si estos dos ejemplos no significan que el investigador haya incumplido la obligación de ser honrado con los datos, ¿en qué punto exacto la práctica de atribuir a los informadores palabras no dichas se convierte en injustificable? En este tema resuena la polémica que se desencadenó cuando Woodward y Bernstein utilizaron fuentes anónimas y material del que no se indicaba la procedencia en sus investigaciones sobre el caso Watergate, un hecho que algunos comentaristas interpretaron como un pacto faustiano con la ficción, que despejó el camino para excesos periodísticos con la verdad posteriores (como bien demuestra el propio protegido de Woodward que ganó el premio Pulitzer por un suceso que más tarde se descubrió que había sido un montaje). La tradición escolástica de ceñirse estrictamente a las fuentes limita la posibilidad de imaginar el mundo de las personas con dificultades de aprendizaje. Redactar sus historias invita a los investigadores a experimentar aquellas formas de representar lo que hayan descubierto que mejor reproduzcan la experiencia que desean transmitir (Sandelowski, 1994).

© Ediciones Morata, S. L.

La interpretación

La redacción implica también un proceso de interpretación. PLUMMER (1983) distingue entre el marco de referencia del investigador y el del sujeto, y señala que una cuestión clave en la compilación de relatos de la vida es el peso que se otorga a estos dos puntos de vista. El interés pasa del uno al otro de acuerdo con el grado en que el investigador impone su análisis a la exposición original del sujeto. Algunos investigadores se oponen al análisis de los relatos por razones estéticas (exponer el mensaje puede estropear la historia), políticas (negándose a consentir el poder del público a quien se explican) o de autenticidad (las historias no elaboradas son más fieles a las experiencias de las personas). Otros sostienen que los relatos que carecen de análisis no pasan la prueba de la seriedad académica porque no se pueden discutir, y que el análisis es necesario para que la historia trascienda de lo particular y pueda revelar su sentido a otras personas distintas de quien la cuenta (FARBER y SHERRY, 1993).

Existen muy pocas exposiciones puras de las vidas de personas con dificultades de aprendizaje. En las que se han publicado siempre está presente la mano del redactor o del intermediario, aunque su incidencia varía. El papel del intermediario puede ser más o menos indiscreto, y moverse por un continuo que va desde el *amanuense* (cuya contribución no altera el texto), por el *intérprete* (que añade su forma personal de construir la historia) hasta el *biógrafo* (que escribe sobre las vidas de los demás en tercera persona). Desde este punto de vista, el problema de la interpretación en la investigación narrativa va más allá de la función del análisis, y abarca el tema de la representación. Como señala BOWKER (1993), "crear versiones 'aceptables' de las vidas es un esfuerzo político tanto si se refieren a personas desconocidas como a personas famosas", y las personas con dificultades de aprendizaje están en mala posición para enfrentarse a la falsa interpretación que en la literatura se da de su experiencia. Debido en parte a esta razón, algunos estudiosos exigen una "ética de la representación" que obligue a los investigadores narrativos a dejar bien claro quién es el que habla en sus historias.

La propiedad

La investigación narrativa con personas que tienen dificultades de aprendizaje es casi siempre un trabajo de colaboración. Las historias que surgen son generalmente producto de (al menos) dos autores: un narrador y un investigador. Es acertada la imagen de ellos como "la creación de dos mentes que trabajan juntas" (WHITTEMORE y cols., 1986). Esto plantea el tema de la propiedad. Tal vez no sea posible separar completamente los hilos personales con los que se tejen las historias. Cuando un investigador ayuda a que surja el relato, redacta el material, interpreta su significado y lo convierte en texto, la contribución final de los dos autores tal vez se difumine. Existe el

© Ediciones Morata, S. L.

peligro de que los investigadores se apropien (por descuido o deliberadamente) de las vidas de las personas cuyas historias se cuentan.

El tema de la propiedad está estrechamente relacionado con el problema de la conceptualización o arbitrariedad implícitas en la investigación ideográfica (ALLPORT, 1947). Las historias se pueden elaborar con muchos objetivos. Los investigadores corren el riesgo de imponer sus propias ideas preconcebidas a los datos en bruto: de encontrar lo que están buscando o de elaborarlo con un molde prefabricado. Un ejemplo de este tipo de presión es el caso en que el investigador como "editor" de los relatos de la vida puede ser empujado al papel de abogado de personas o grupos a los que de otra forma se les negaría la voz (FARADAY y PLUMMER, 1979; BERTAUX y KOHLI, 1984). En este caso, la cuestión de la propiedad se presenta desde el punto de vista de la responsabilidad de los investigadores con los sujetos, frente a la que tienen con su profesión.

Estas consideraciones incrementan la importancia de establecer una distinción entre "el relato" y "la verdad". Como dice BOWKER (1993), "no existe ningún método fiable para salvar la 'verdad' biográfica". Cada relato de la vida es sólo una entre muchas versiones posibles, y todas deben algo a esa determinada relación de la que surgen.

El relato como una forma de arte

Los historiadores están acostumbrados a perseguir fantasmas. Acosados por la lejanía inevitable del objeto de su estudio, están abandonados "a la dolorosa conciencia de su incapacidad de reconstruir por completo un mundo muerto" (SCHAMA, 1992). Al enfrentarse a este dilema habitual, los historiadores no se muestran reacios a ejercitar sus simpatías e intuición para poder suministrar las piezas que faltan. Como señala ERIKSON (1973), la historia, más que cualquier otra ciencia social, reconoce que "la imaginación de una mente profesional disciplinada es en sí misma una herramienta de no poco valor".

La sociología ha sentido más inclinación a renegar de las musas. Ante ese mismo tipo de incertidumbres que asedian a los datos históricos, los sociólogos se guían por las convenciones de su oficio para refugiarse en bases más seguras donde puedan defender mejor su posición, o sostener mejor sus argumentos. Estas mismas presiones se observan también en los esfuerzos generalizados de los editores de periódicos y de sus revisores por "reivindicar la condición científica para la investigación cualitativa" (SANDELOWSKI, 1994) insistiendo en que se exponga en un estilo que mal se corresponde con el género. El resultado final de esas pretensiones ha sido el retraso en el desarrollo de una investigación narrativa como método de indagación sociológica y, más en concreto, la clausura del acceso a los mundos subjetivos de las personas (como los de las que tienen dificultades de aprendizaje) a los que no se llega fácilmente con métodos de libros de texto ni con el pensamiento formulario.

Mi opinión es que la sociología necesita parecerse más a la historia y reconocer el papel de la imaginación en la reconstrucción creativa de otros mundos. Es necesario que sus practicantes reconozcan que la realidad se puede aprehender mediante el arte igual que mediante la ciencia. Por lo que se refiere a la investigación narrativa, esto supone redefinir los límites de lo académico para que pueda incluir la forma de ficción.

No hay nada excesivamente problemático en esta pretensión. NISBET (1962, pág. 1976), por ejemplo, sostiene que buena parte de la literatura y el arte actuales se puede entender como "formas imaginativas de la sociología". Los grandes novelistas son precisamenten aquellos cuya obra alumbra su época. En un artículo que publicó en *Westminster Review* en 1856, George ELIOT escribió que la gran función del arte, incluidas las novelas, es "la extensión de nuestras simpatías": "Es un modo de ampliar la experiencia y extender nuestro contacto con nuestros semejantes más allá de los límites de nuestro grupo particular." PINNEY (1963). Para el investigador narrativo, estas palabras podrían casi constituir una máxima. George ELIOT veía su papel como el de un historiador imaginativo o un investigador científico que, con las historias que cuenta, trata de analizar los cambios sociales y políticos contemporáneos (ASHTON, 1994). No hay mucha distancia de esta posición a la idea de que algunas técnicas del escritor creativo pueden emplearse a su vez para infundir vida a los relatos sociológicos.

¿Qué aspectos de la ficción literaria se prestan a ser empleados por los investigadores narrativos que trabajan con sujetos que no pueden expresarse? Una vez más ilustraré los puntos generales refiriéndome a personas con dificultades de aprendizaje.

El uso de la metáfora

Los sociólogos son unos tipos sin imaginación que desconfían de los estilos de discurso alegóricos. La búsqueda de la verdad, dicen, no es cosa de leyendas. Los investigadores narrativos deben reconsiderar su postura. Después de todo, una metáfora es una afirmación sobre la realidad (WHALE, 1984). La virtud de la metáfora es que puede reunir perfectamente las observaciones o hacer que una idea abstracta se haga visible al ojo de la mente. Uno siente la tentación de ir más lejos y decir que la metáfora es el equivalente narrativo de la generalización, porque encarna lo universal en lo particular.

Cuando la enfermera de la comunidad que atendía a Rosie Spencer cogió el permiso por maternidad, prometió traer a su nuevo hijo para que Rosie lo viera (cf. BOOTH y BOOTH, 1994, Capítulo 7). Cuando nació el niño, Rosie envió una tarjeta y un regalo. Al cabo de más de doce meses, Rosie no le había visto todavía, a pesar de sus intentos persistentes y de las repetidas promesas de la enfermera de la comunidad. En un momento dado la saga del hijo de la enfermera Sharpe aparecía en casi todas las conversaciones en aquella época. Aunque era un asunto en sí aparentemente trivial, la historia se puede leer como una metáfora del *status* devaluado que se les supone a las personas con dificultades de aprendizaje en sus relaciones con los profesionales.

O el caso de Evelyn. Para asegurarse, tiene la costumbre de preguntar a menudo: "¿Lo he hecho bien?". Es un error ver en ello una simple ansia de alabanza o de aprobación. Su origen está en la experiencia de Evelyn de tener que agradar siempre a las personas que le dirigen la vida o sufren las consecuencias. "¿Lo he hecho bien?" es una metáfora de la represión de toda una vida.

La narración ofrece a los investigadores la oportunidad de usar la elegancia y el poder de la metáfora. Aunque ésta debe emplearse con un cuidado especial, y es peligrosa en manos de incautos, también tiene sus virtudes particulares, en especial para quienes escriben la "voz acallada" y tratan de expresar ideas desde un punto de vista auténtico y personal, y no mediante una prosa académica.

La caracterización

Los investigadores narrativos no pueden evitar verse atrapados entre la cantidad de material de que disponen y el espacio en el que deben redactarlo. El límite de palabras al que debíamos ceñirnos en *Parenting Under Pressure* significó que solamente pudiéramos exponer en profundidad a cuatro de las siete familias que pasaron a la segunda fase del estudio (BOOTH y BOOTH, 1994). E incluso éstas se expusieron a grandes rasgos. El primer borrador de la historia de Rosie Spencer era casi tres veces más extenso que la versión que se publicó. Cuando recortábamos el material, teníamos miedo de desdibujar la personalidad de Rosie. En este punto es donde la caracterización se muestra como una habilidad fundamental.

La caracterización es importante en la investigación narrativa al menos por tres razones. Transmite en el relato la calidad de las vidas de las personas y facilita que los lectores puedan trasladarse con su imaginación a un mundo que trasciende de su experiencia. Contrarresta la tendencia a que las personas sean conocidas únicamente por sus etiquetas. En el espacio de dos páginas cuando aparecen Lennie y George en *Of Mice and Men*, John STEINBECK* retrata las limitaciones de Lennie sin colgarle ni una etiqueta por una sola vez. Los investigadores narrativos también necesitan aprender a escribir sobre las personas como personajes más que como tipos. La caracterización también es una forma de abordar el problema de la confidencialidad en la investigación narrativa. Preservar el anonimato de aquellos de quienes se cuenta la vida resulta más difícil a medida que las historias se hacen más detalladas. La caracterización se puede emplear para dar pistas falsas que ayuden a ocultar la identidad del sujeto sin desfigurar sus vidas.

---

* Existen varias ediciones en español, entre ellas: STEINBECK, J.: *De ratones y hombres*. Madrid, Edhasa, 1995. *(N. del T.)*

Las historias compuestas

Las composiciones son personajes o historias construidos con partes sacadas de más de un original. Se pueden considerar constructos (o ficciones) analíticos diseñados para dar cierto orden a un mundo desordenado o para iluminar sus rincones oscuros. Como tales, se pueden comparar con la idea de BECKER (1940) de "tipos construidos" que unen variables seleccionadas con el fin de centrar la atención en los elementos comunes de situaciones diversas o de la vida y la experiencia de las personas.

Las composiciones se pueden ofrecer por varias razones. Son un medio de enfrentarse a la presión del material, las limitaciones de espacio y los condicionantes de la confidencialidad que asedian al investigador narrativo. Permiten agregar materiales sueltos provenientes de diversas fuentes, de la misma manera que se podría montar una bicicleta con las partes que se hubieran encontrado en un vertedero. En el caso de personas que no son capaces de expresarse, se pueden utilizar las composiciones para completar los relatos individuales y presentar una imagen más completa que la que podría dar cualquier informador individual, o para reunir en una sola exposición completa retazos de diversas vidas.

Los relatos de la vida no se suelen ofrecer por los hechos que contienen, sino como fuentes para la comprensión. Hacen de los acontecimientos particulares sus puntos de referencia pero, como señala BRUNER (1991), ese tipo de detalles son "su vehículo más que su destino". Las particularidades son importantes sólo en la medida en que contribuyen al sentido general de la historia. Las composiciones son maneras de construir historias con el fin de destacar este *status* emblemático.

Las composiciones son a la vez totalmente verdaderas y enteramente ficticias. Cogen el material de la vida real y lo presentan en forma de ficción. Elaborarlas implica el ejercicio de lo que George ELIOT (1963) llamó una "imaginación veraz" que completa los hechos reales con una "creación analógica cuidadosa". Como ocurre con otros constructos, las historias compuestas no se ofrecen como descripciones precisas de la realidad empírica, sino por su valor interpretativo o heurístico. Craig RAINE, al hablar sobre su libro *History: The Home Movie,* dice: "No quiero que la gente se preocupe de si es verdad o si es ficción. Simplemente quiero que vivan en este tipo de mundo —que entren en él, que existan en él y que lo disfruten" (DAVIES, 1994). Lo mismo se podría decir de las historias compuestas. La cuestión no es si son fieles a los hechos (falsifiabilidad), sino si son verdaderas para el sujeto (verosimilitud). Como dice SANDELOWSKI (1994):

> "Cuando habléis conmigo sobre mi investigación, no me preguntéis qué he descubierto; no he descubierto nada. Preguntadme qué he inventado, qué he hecho a partir de mis datos. Pero sabed que cuando os pido que preguntéis esto, no confieso que estoy mintiendo sobre las personas o los hechos que aparecen en mis estudios/historias. He dicho la verdad. La prueba está en las cosas que he hecho: en cómo aparecen a los ojos de vuestra mente, si satisfacen vuestra idea de estilo y destreza, si las creéis, y si os llegan al corazón".

© Ediciones Morata, S. L.

La dramaturgia

Los relatos de la vida son producciones que recurren a las artes dramáticas de la trama, la escena, el suceso y la acción para conseguir plasmarse con éxito. Traducir vidas a texto significa considerar el flujo, el ritmo, la forma y la estructura de la historia. Dos ejemplos de *Parenting Under Pressure* ilustran de qué forma influyen estas consideraciones en la redacción de las historias.

En el caso de Rosie Spencer, su monólogo ininterrumpido era insuficiente para que se pudiera presentar la historia enteramente con sus palabras. En consecuencia, se empleó la propia voz del investigador para informar de aquel material del que no se podía disponer en forma de narración en primera persona. Asimismo, la fuerte tendencia al presente significaba que había que prestar atención a lo que estaba ocurriendo en su vida en el curso del trabajo de campo. Este hecho obligaba, a su vez, a una estructura narrativa que reflejara la cronología de los acontecimientos tal como se producían, y en la que dominaba el investigador. No es probable que Rosie hubiera dado la misma importancia a esta relación en caso de que hubiera contado este mismo período de su vida a una tercera persona. Al mismo tiempo, no es la historia del investigador. No existe el análisis, el estilo es el del reportaje, y se ha suprimido el punto de vista del investigador. La versión publicada se puede entender correctamente como la historia de una relación de investigación.

La historia de Sarah Armstrong, en cambio, se presenta enteramente con sus propias palabras. Era una de nuestras informadoras que mejor se expresaban, cuya voz transmite el dolor que azotó a su familia y las presiones que sufrió su matrimonio, con mayor transparencia de la que hubiera sido capaz cualquier artífice de la palabra profesional. Su historia se estructura por la secuencia de entrevistas realizadas a lo largo de los doce meses durante los que se le retiraron sus hijos para dejarlos al cuidado de profesionales. Esta secuencia documenta la precipitación gradual de la familia en el trauma, a través de las emociones de Sarah como esposa y madre. Por razones graves se decidió no incluir la historia de su marido, Geoff. Al principio, aunque estaba preparado para hablar libremente, no permitió que se grabara ni se tomaran notas de sus palabras. Mucho de lo que tuvo que decir se escribió después, y no se pudo disponer de una versión literal. Decidimos que si mezclábamos las versiones directas con las indirectas restaríamos inmediatez al relato. Del mismo modo, aunque Geoff y Sarah compartían la misma opinión acerca de lo que les estaba ocurriendo por la presión de los acontecimientos, Geoff destaca más su propia conducta. Dejamos que el foco dramático del capítulo estuviera en la ruptura de la familia, más que en la conducta de Geoff.

A las dos versiones publicadas de estas historias se les dio forma con las herramientas del dramaturgo. Los investigadores narrativos deben desarrollar estas habilidades, más que disculparse por ellas. Son una parte fundamental de su método de trabajo, y no un abandono de los criterios del rigor científico. La dramaturgia es una forma de hacer comprensibles las vidas reales.

© Ediciones Morata, S. L.

El diálogo

La palabra hablada no siempre se plasma con facilidad en un página escrita. Incluso un virtuoso del medio de la palabra como Alastair Cooke debe confesar, en una publicación que recoge una selección de sus cartas desde América, que "aprovecha al máximo el privilegio de la letra impresa para enderezar la sintaxis" de sus emisiones (Cooke, 1980). Para las personas que no dominan su propia lengua, la cantidad de retoques y recortes que se necesitan para transmitir en lo que se escribe el sentido y el significado de lo que dicen puede ser enorme.

El diálogo está estrechamente unido al proceso de caracterización. Las personas se manifiestan a sí mismas con lo que dicen. Es también un vehículo para la trama; y para mantener informado, interesado y entretenido al lector. También en este caso Steinbeck nos enseña cómo. La forma de hablar que tiene Lennie es verdadera para el hombre y amable para el lector. Los investigadores narrativos deben perfeccionar estas mismas habilidades, Construir relatos es algo más que una cuestión de transcribir entrevistas y borrar las preguntas. Significa comunicar el personaje y el contenido de una forma que resulte verdadera para el sujeto, al tiempo que atrae la atención del lector. Éstas son en realidad las cualidades del escritor. John Banville, el novelista, hace la siguiente observación en su revisión de *Life After Life* de Parker (1991): "El material de Tony Parker son grabaciones de personas que hablan, pero se trata de un escritor muy ingenioso. Mediante arreglos y composiciones, ritmo y tono... convierte estos testimonios grabados en una forma de arte que resulta tanto más conmovedora porque parte de los hechos".

Reproducir fielmente como texto las palabras habladas, puede perjudicar a las personas con dificultades de aprendizaje. La exactitud y la verdad no siempre van de la mano. Cuando las palabras se separan del contexto que les arropa caen fácilmente en el caos. El resultado puede ser una falsa ilusión de falta de lucidez o de pérdida de cualquier sentido original que tuvieran en el momento de la conversación. Por este motivo, los investigadores narrativos no siempre deben tratar de conservar la forma exacta de las palabras que emplean sus sujetos. Su primera obligación es conservar el mensaje que esas palabras transmiten. Si esto supone recomponer el material y emplear otras palabras para expresar lo mismo, no deben rehusar hacerlo.

El estilo

El estilo es la expresión de la personalidad en el lenguaje. En el caso de los investigadores narrativos, la cuestión del estilo se plantea en tres momentos: cuando se redacta a partir de las transcripciones, cuando se pule el texto y cuando se añade un comentario o un análisis.

En el momento de redactar existe la tentación de suprimir todo el material que no sea estrictamente relevante para el desarrollo de la historia. Las limitaciones de espacio obligan a menudo a emplear mucho el bolígrafo rojo. Sin embargo, muchas veces es precisamente a través de esta información marginal como se manifiesta la personalidad de la gente. El investigador debe hacer un esfuerzo deliberado para asegurar que las voces individuales de las personas se oigan en sus historias. Asimismo, cuando se pule el texto, hay que tener cuidado de mantener el modo de expresión del narrador. El encanto se rompe fácilmente si se escribe "mi madre" donde quien habla dice siempre "mi mamá".

Conviene recordar también que los investigadores se manifiestan en lo que escriben. Aquellos que siguen empleando términos como "retraso mental", "deficiencia mental" o "retrasado", en contra de los deseos de aquellos a quienes se aplican estas etiquetas, demuestran que se identifican con sus compañeros de profesión, y no con los intereses y aspiraciones de las personas con dificultades de aprendizaje. Cuando se leen trabajos de investigación sobre padres y sobre paternidad, es sorprendente la frecuencia con que los autores se refieren a las "crías", y no a los hijos; a "varones" y "hembras", en vez de a "hombres" y "mujeres"; a "elección de pareja", en vez de contactos o cortejo; y a "apareamiento" o "emparejamiento", en vez de sexo. El estilo demuestra que todavía se considera a las personas con dificulatdes de aprendizaje algo menos que humanas.

Entretenimiento y legibilidad

J. H. PLUMB, el historiador, no escondía el hecho de que le gustaba la historia que se podía leer como literatura. Los investigadores narrativos no deberían aspirar a menos. Como dice Candia McWILLIAM (1993): "Todas las versiones personales de la experiencia común son absorbentes". Si los relatos no pasan esta prueba, probablemente hayan fallado a sus sujetos. La legibilidad es la clave para asegurar que quienes escuchan atiendan a las historias. También tiene el poder de integrar a los lectores en el relato tanto a nivel emotivo como a nivel intelectual. Al final, los investigadores narrativos, al igual que los novelistas, que no saben hacerse con el lector están perdiendo el tiempo.

Conclusiones

Los métodos de investigación social que se proponen en los manuales discriminan a las personas con dificultades de aprendizaje. Los métodos que se apoyan en la lectura o la escritura, en el razonamiento abstracto o en la fluidez verbal pueden excluirles efectivamente del papel de informador, reflejando con ello la exclusión a que se les somete en la sociedad en general. Deliberadamente o no, el uso de estos métodos ayuda también a reforzar el modelo médico de las dificultades de aprendizaje como un déficit individual. El problema que se plantea en la investigación cuando hay que tratar con personas con dificultades de aprendizaje se aborda en demasiadas ocasiones

© Ediciones Morata, S. L.

desde el punto de vista de las limitaciones de los sujetos, más que desde el punto de vista de las limitaciones de los métodos de investigación tradicionales. De esta forma, la propia investigación perpetúa una visión de la discapacidad como patología individual.

El principal medio de comunicación para el investigador narrativo son las palabras. Las personas que carecen del dominio de este medio no podrán hacer oír sus historias a menos que se encuentren nuevas formas de darles voz. Las transcripciones directas del material de las entrevistas pueden alimentar ideas de incongruencia personal. Nuestra propuesta de desarrollar formas de indagación noveladas pretende ser una respuesta práctica al desafío que supone integrar a las personas con dificultades de aprendizaje como partícipes en la investigación narrativa. Al mismo tiempo, la forma de ficción se justifica también en razones políticas, como una manera de desafiar el modelo médico de la discapacidad, al que sustentan métodos de investigación que imponen obstáculos a la participación de las personas con dificultades de aprendizaje.

El hecho de que en la investigación narrativa se empleen técnicas que se suelen asociar a la ficción destaca la necesidad de criterios diferentes para determinar la adecuación metodológica y que se correspondan mejor con este sistema de indagación. Las pruebas al uso al estilo de la fiabilidad, la validez y la replicabilidad no son adecuadas ni apropiadas cuando se trata de vidas frágiles, de una verdad biográfica que es una quimera y cuando las historias reflejan inevitablemente algo de quien las cuenta. Los relatos se pueden juzgar mejor con criterios estéticos (ABRAMS, 1991), por su fuerza emotiva o su capacidad de comprometer emocionalmente al lector en la historia que se cuenta, por su verisimilitud más que por la posibilidad de verificación (BRUNER, 1991) y por criterios de autenticidad o de integridad que se preocupen de hasta qué punto las historias son fieles a las vidas de aquellos a quienes retratan. La elaboración de estos criterios es un trabajo pendiente en la sociología de la discapacidad.

Bibliografía

ABRAMS, K. (1991): "Hearing the call of stories", *California Law Review,* 79, págs. 971-1.052.
ALLPORT, G. (1947): *The Use of Personal Documents in Psychological Science* (Bol. 49). Nueva York, Social Science Research Council.
ASHE, M. (1989): "Zig-zag stitching and the seamless web: thoughts on 'reproduction' and the law", *Nova Law Review,* 13, págs. 355-383.
ASHTON, R. (1994): "Introduction" to the Penguin edition of George Eliot's *Middlemarch.*
BARON, J. (1991): "The many promises of storytelling in law", *Rutgers Law Journal,* 23, páginas 79-105.
BECKER, H. (1940): "Constructive typology in the social sciences" en H. BARNES, H. BECKER y F. BECKER (Eds.), *Contemporary Social Theory.* Nueva York, Appleton-Century.

BERTAUX, D. y KOHLI, M. (1984): "The life story approach: a continental view", *American Review of Sociology,* 10, págs. 215-237.
— (1981): "Introduction" en D. BERTAUX (Ed.), *Biography and Society.* Londres, Sage Publications.
BERTAUX-WIAME, I. (1981): "The life-history approach to the study of internal migration" en D. BERTAUX (Ed.), *Biography and Society.* Londres, Sage Publications.
BIRREN, J. y DEUTCHMAN, D. (1991): *Guiding Autobiography Groups for Older Adults.* Londres, The John Hopkins University Press.
BOGDAN, R. (1974): *Being Different: The Autobiography of Jane Fry.* Londres, Wiley.
BOOTH, T. y BOOTH, W. (1994): *Parenting Under Pressure: Mothers and Fathers with Learning Difficulties.* Buckingham, Open University Press.
—, SIMONS, K. y BOOTH, W. (1990): *Outward Bound: Relocation and Community Care for People with Learning Difficulties.* Buckingham, Open University Press.
BOOTH, W. y FIELDEN, S. (1992): Second opinions: students' views of Swallow Street Centre. Informe no publicado, Department of Sociological Studies, University of Sheffield.
BOWKER, G. (1993): "The age of biography is upon us", *The Times Higher Education Supplement,* enero 8, pág. 19.
BRANDON, D. y RIDLEY, J. (1983): *Beginning to Listen - A Study of the Views of Residents Living in a Hostel for Mentally Handicapped People.* Londres, MIND.
CATTERMOLE, M., JAHODA, A. y MARKOVA, J. (1987): *Leaving Home: The Experience of People with a Mental Handicap,* Department of Psychology, University of Stirling.
CONNERTON, P. (1989): *How Societies Remember.* Cambridge, Cambridge University Press.
COOKE, A. (1980): *The Americans: Letters from America 1969-1979.* Harmondsworth, Penguin.
DAVIES, J. (1994): (Una entrevista a Craig Raine). *The Times Higher,* 9 septiembre, página 16.
DENZIN, N. (1989): *Interpretive Biography.* Londres, Sage.
EDGERTON, R., BOLLINGER, M. y HERR, B. (1984): "The cloak of competence: after two decades", *American Journal of Mental Deficiency,* 88(4), págs. 345-351.
ELIOT, G. (1963): "Leaves from a note-book: historical imagination", en T. PINNEY (Ed.) *Essays of George Eliot.* Londres, Routledge and Kegan Paul.
ERIKSON, K. (1973): "Sociology and the historical perspective" en M. DRAKE (Ed.) *Applied Historical Studies.* Londres, Methuen y Open University Press.
FARADAY, A. y PLUMMER, K. (1979): "Doing life histories", *Sociological Review,* 27, páginas 773-798.
FARBER, D. y SHERRY, S. (1993): "Telling stories out of school: an essay on legal narratives", *Stanford Law Review,* 45, págs. 807-855.
FERRAROTTI, F. (1981): "On the autonomy of the biographical method" en D. BERTAUX (Ed.), *Biography and Society.* Londres, Sage Publications.
FLYNN, M. (1989): *Independent Living for Adults with Mental Handicap.* Londres, Cassell.
LEWIS, O. (1961): *Children of Sanchez: Autobiography of a Mexican Family.* Nueva York, Random House.
LOWE, K., DE PAIVA, S. y HUMPHREYS, S. (1986): *Long Term Evaluations of Services for People with a Mental Handicap in Cardiff: Clients' Views,* Mental Handicap in Wales - Applied Research Unit.
MALIN, N. (1983): *Group Homes for Mentally Handicapped People.* Londres, HMSO.
MCWILLIAM, C. (1993): (Review of *Women as Revolutionary Agents of Change*). *Independent on Sunday,* 21 febrero, pág. 28.

© Ediciones Morata, S. L.

Mount, B. y Zwernik, K. (1988): *It's Never Too Early, It's Never Too Late: A Booklet about Personal Futures Planning,* Publicación N.º 421-88-109, Metropolitan Council, Minnesota, USA.

Nisbet, R. (1962): "Sociology as an art form", *Pacific Sociological Review,* 5, págs. 67-74.

— (1976): *Sociology as an Art From.* Londres, Heinemann. (Trad. cast.: *Sociología como una forma de arte.* Madrid, Espasa-Calpe, 1979.)

Parker, T. (1991): *Life After Life.* Londres, Pan Books.

Passfield, D. (1983): "What do you think of it so far? A survey of 20 Priory Court residents", *Mental Handicap,* 11(3), págs. 97-99.

Pinney, T. (Ed.) (1963): *Essays of George Eliot.* Londres, Routledge and Kegan Paul.

Plummer, K. (1983): *Documents of Life.* Londres, Allen and Unwin. (Trad. cast.: *Los documentos personales. Introducción a los problemas y la bibliografía del método humanista.* Madrid, Siglo XXI, 1989.)

Potts, M. y Fido, R. (1990): *They Take My Character.* Plymouth, Northcote House.

Richards, S. (1984): *Community Care of the Mentally Handicapped: Consumer Perspectives,* University of Birmingham.

Sandelowski, M. (1994): "The proof is in the pottery: towards a poetic for qualitative inquiry" en J. Morse (Ed.), *Critical Issues in Qualitative Research Methods.* Londres, Sage.

Schama, S. (1991): *Dead Certainties (Unwarranted Speculations).* Londres, Granta Books.

Spradley, J. (1979): *The Ethnographic Interview.* Londres, Holt, Rinehart and Winston.

Sugg, B. (1987): "Community care: the consumer's point of view", *Community Care,* 645, 22 enero, pág. 6.

Warshaw, R. (1989): *I Never Called It Rape.* Nueva York, Harper and Row.

Welsh Office (1991): *The Review of the All Wales Strategy: A View from the Users.* Cardiff, Social Services Inspectorate.

Whale, J. (1984): *Put It In Writing.* Londres, Dent.

Whittemore, R., Langness, L. y Koegel, P. (1986): "The life history approach to mental retardation" en L. Langness y H. Levine (Eds.), *Culture and Retardation,* Kluwer, D. Reidel Publishing Company.

Williams, P. (1991): *The Alchemy of Race and Rights: The Diary of a Law Professor.* Cambridge, Harvard University Press.

© Ediciones Morata, S. L.

Índice de autores y materias

AALL-JILLEK, J., 66.
ABBERLEY, P., 163.
— Educación, 126, 127, 145, 157.
— Investigación, 21, 23, 42.
— Representación, 191.
— Sociopolítica, 99, 103-104.
— Teoría, 55, 65, 79, 101, 105.
ABERCROMBIE, N., 72.
ABRAMS, K., 255, 269.
ACKER, S., 22, 106.
ADD, *Véase: Attention Deficit Disorder.*
ADHD. *Véase: Attention Deficit Hyperactivity Disorder.*
AINLEY, S., 38.
AINSCOW, M., 135.
ALBRECHT, G. L., 37, 39, 40, 61, 65, 66 69, 183.
ALCOFF, L., 82.
ALLAN, J., 111, 114, 117.
ALLEN, G., 176.
ALLPORT, G., 256, 262.
ANDERSON, B., 168.
ANSPACH, R., 166.
Apoyo al aprendizaje. Orientación, 111-112.
——— Provisión, 114-115.
APPLE, M., 25.
ARMSTRONG, D., 72, 115, 116.
ARNOT, M., 106, 107.
ARONOWITZ, S., 236, 237.
ASCH, A., 211, 232.
ASHE, M., 255.
ASHTON, R., 263.
Attention Deficit Disorder [Desorden de Carencia de Atención (ADD)], 131-132.
Attention Deficit Disorder/Attention Deficit Hyperactivity Disorder [Desorden de Carencia de Atención (ADD/ADHD)], 131-132.

Australia. Educación e invalidez, 129-134.
— Enseñanza superior, 155.

BALL, S. J., 99, 115, 124, 129, 130.
BANVILLE, J., 267.
BARBALET, J., 22.
BARKLEY, R. A., 131, 132.
BARNES, C., 55.
— Educación, 101, 128, 133.
— Investigación, 23.
— Organizaciones benéficas, 164, 176.
— Representación, 29, 78, 162-163.
— Sociopolítico, 49, 63, 72, 83, 222.
— Teoría, 28, 37, 43, 47, 59, 63, 67.
BARON, J., 256.
BARRETT, M., 105, 107.
BARRY, K., 22.
BARTON, L., 55, 102.
— Educación, 130, 134, 148.
— Investigación, 22, 23, 34, 128, 139-141.
— Organizaciones benéficas, 172.
— Representación, 176, 198.
— Teoría, 59, 126, 133, 163.
BASH, L., 124.
BATES, R., 131.
BATTYE, L., 41.
BAUDRILLARD, J., 85.
BCODP. *Véase: British Council of Organisations of Disabled People.*
BEAUVOIR, S. DE, 64.
BECKER, H., 35, 38, 134, 161, 233, 236, 265.
BEGUM, N., 26, 64.
BERESFORD, P., 167, 169.
BERRY, R., 173.
BERTAUX, D., 257, 262.
BERTAUX-WIAME, I., 256, 259.

© Ediciones Morata, S. L.

BERTHELOT, J. M., 241, 245.
BEWLEY, C., 29.
BINES, H., 23.
BIRREN, J., 256.
BLAXTER, 41.
BLOCH, E., 83.
BLOOR, M., 166.
BOGDAN, R., 255.
BOOTH, T., 104, 149, 251, 254, 256, 257, 263, 264.
BOOTH, W., 104, 256, 257, 263, 264.
BOUMA, G., 190.
BOURDIEU, P., 234.
BOWE, R., 99, 124.
BOURNE, J., 53.
BOWKER, G., 253, 261, 262.
BOWLES, S., 233.
BOWLEY, B. A., 131.
BOYCE, 190.
BRAH, A., 26.
BRANDON, D., 164, 254.
BRANSON, J., 129, 130, 190.
BRENTON, M., 164, 176.
BRISENDEN, S., 29, 163.
British Council of Organisations of Disabled People [Consejo Británico de Organizaciones de Personas Discapacitadas (BCODP)], 62, 78, 172, 173.
BROADY, M., 168.
BROOKS, M., 211.
BROOKS, N., 39.
BROWN, C., 231.
BROWN, D., 54.
BROWN, H., 182.
BROWN, S., 111, 114, 116, 117.
BRUNER, 265, 269.
BURY, M. B., 35, 36.
BYNOE, K., 83.

CAHN, M., 68.
CAMPBELL, J., 163, 225.
CAMPLING, J., 46, 211.
CANTER, L., 131.
CANTER, M., 131.
Capitalismo. Relación con la discapacidad, 44-45.
Carta de Derechos Civiles (Personas Discapacitadas), 174, 177.
CATTERMOLE, M., 254.
CHAPPELL, A. L., 182.
Charity Commission (Comisión para la Beneficencia), 172.
CHOMSKY, M., 194.
Ciegos. Estudiantes, 151.
CLANCY, S., 139.
Clases sociales. Relación con la discapacidad, 104.
COHEN, S., 127.

COLDWELL, R. A., 186, 187.
Community Care Plans (Programas de Atención a la Comunidad), 29.
Condicionales. Cláusulas, 124-136.
CONNELL, R., 21.
CONNERTON, P., 253.
Consejo Nacional para las Libertades Civiles. Véase: LIBERTY.
COOKE, A., 267.
COOPER, D., 147.
CORBETT, J., 29, 106-107, 128, 162, 195.
COULBY, D., 124.
CRENSON, M., 161.
Crescendo, J., 27.
CROFT, S., 167.
CROSS, M., 30, 218.
CROW, L., 64, 172.
Cultura. Acción productiva, 189-190.
— Actuaciones rituales, 231-235.
— Griegos, 68-69.
— Judíos, 69-70.
— Materialidad, 190-194.
— Percepciones de la insuficiencia, 65-67.
— Pre-industrialización, 67-72.
— Romanos, 69-70.
— Símbolos culturales, 231-235.
— Su papel en la discapacidad, 64-65.
CUMBERBATCH, G., 208.

DAHRENDORF, R., 162.
DALLEY, G., 88.
DARKE, P., 41.
DARVILL, G., 165.
DAUNT, P., 30.
DAVENPORT, J., 74.
DAVIS, A., 66, 69.
DAVIES, D., 205.
DAVIES, J., 265.
DAVIS, F., 38, 52.
DAVIS, K., 59.
DEEGAN, M., 39, 211.
DEEVER, B., 238.
DEFERT, D., 226.
DEGENER, T., 221.
DENZIN, N., 257.
Departamento Nacional para alumnos con discapacidades. Véase: Skill.
DEUTCHMAN, D., 256.
Dificultad. Encontrar pareja, 215-217.
DINGLE, A., 168.
DINNERSTEIN, D., 80.
Disability Quarterly, 39.
Disabled Peoples International (Internacional de Personas Discapacitadas), 78.
Disabled Students Awards [Becas para Estudiantes Discapacitados (DSA)], 147-148.
Discapacidad. Abusos deshonestos, 217-223.

© Ediciones Morata, S. L.

Discapacidad. Análisis feministas, 88-90.
— Clases sociales, 104.
— Definiciones, 24-29.
— Desviación social, 37-38.
— Diferencias entre géneros, 210-212.
— Estereotipos de género, 208-210.
— Estigma, 38-39.
— Estudiantes ciegos, 151.
— Estudios americanos, 39-40.
— Experiencia de, 64-65.
— Explicaciones funcionalistas, 60-61.
—— materialistas, 42, 44, 62-64.
—— sociopolíticas, 59-65.
— Hegemonía, 46-47.
— Historia, 25-29.
— Identidad personal, 230-247.
—— política, 203-247.
— Imagen, 206-212.
— Legado de Warnock, 109-111.
— Marginación, 35.
— Método de investigación, 251.
— Metodología, 52-55.
— Modelo médico, 24-25, 163-164.
—— social, 42, 60, 79-80, 163.
— Mujeres, 26-27.
— Normalización, 159-160.
— Nuevos temas, 19-31.
— Organizaciones benéficas, 159-160.
— Papel de la cultura, 64-65.
————— rehabilitación, 36-37.
—— del enfermo, 36.
— Placer sexual, 223-224.
— Planteamientos construccionistas sociales, 101-103.
—— del movimiento de la discapacidad, 108-109.
—— esenciales, 101-102.
—— materialistas, 103-105.
—— postmodernistas, 105-108.
— Política de la diferencia, 26-27.
— Prejuicio, 27-28.
— Producción en estado de transición, 45-47.
— Raza, 26-27.
— Rechazo sexual, 213-215.
— Relación con el capitalismo, 44-45.
— Relación con la educación, 97-98.
————— sociología, 22-23.
— Representación, 159-160, 190-194.
— Retraso mental, 25.
— Sexualidad, 205-228.
— Teorías de la, 59-73, 100-109.
— Teorización de alcance medio, 50-52.
— Versiones sociológicas, 35-41.
Discapacitados. Enseñanza superior, 141-146.
— Marginación, 189-197.
— Orígenes de la opresión, 59-73.
— Sexo y amor, 212-224.
— SIDA y HIV, 224, 226.

DITCH, J., 164.
DODDINGTON, K., 170.
DOE, T., 220.
DOUGLAS, M., 59, 64, 65, 67, 69.
DOYAL, L., 93.
DRAKE, R., 156, 159, 163, 165, 167, 169, 174, 177.
DREIDGER, D., 59.
DRISCOLL, K., 189, 190, 194.
DSA. *Véase: Disabled Students Awards.*
DUBOIS, W. E. B., 235.
DUFFIELD, J., 114, 116.
DURKHEIM, E., 82, 233.
DWORKIN, A., 241.
DYER, S., 110.

Economía política. Teoría sociológica, 48-50.
Educación, 21-31.
— Apoyo al aprendizaje, 111-112, 114-115.
— *Curriculum* 5-14, 113.
— Delegación de la gestión económica en los centros, 113.
— Discursos oficiales, 109-112.
— Estudiantes ciegos, 151.
—— sordos, 151.
— Experiencia australiana, 129-134.
— Gestión, 129-134.
— Integrar la invalidez, 129-134.
— Legado de Warnock, 109-112.
— Legislación posterior a Warnock, 109-111.
— Necesidades educativas especiales, 99-120.
— Relación con la discapacidad, 97-98.
— superior, 139-157.
— Tablas de clasificación, 114-115.
EDWARDS, A., 127.
ELIOT, G., 263, 265.
ELLIOT, D., 86.
ELLSWORTH, C., 239.
ENGELS, F., 60, 67.
Enseñanza superior. Discapacidad en la, 139-157.
—— Entorno del estudiante, 153.
—— Estudio de casos, 150-154.
—— Independencia del estudiante, 150-154.
—— Política de admisión, 147-148.
—— Profesores discapacitados, 145-146.
Entorno. Estudiantes, 153.
EPSTEIN, I., 234, 241.
EPSTEIN, M. A., 131.
ERIKSON, K., 262.
Escocia. Necesidades educativas especiales, 110-112, 113.
Escuelas. Delegación de la gestión económica, 114.
— Responsabilidad, 115-116.
ESSEVELD, J., 22.
ESTES, 183.
EVANS, J., 113.

© Ediciones Morata, S. L.

EVANS, P., 206.
EVANS-PRITCHARD, E., 66.
Explicaciones materialistas. Discapacidad, 42, 44, 62-64.

FAIRLEY, J., 115.
FARADAY, A., 256, 262.
FARBER, D., 261.
FEATHERSTONE, M., 35.
Feminismo. Análisis, 88-90.
— Coincidencias con la discapacidad, 106-108.
— Lenguaje, 125-126.
— Teoría de la identidad de la discapacidad, 241-243.
FERRAROTTI, F., 256.
FIDO, R., 254.
FIELDEN, S., 254.
FIELDING, N., 168.
FINCH, J., 88.
FINE, M., 211, 232.
FINGER, A., 205, 212.
FINKELSTEIN, V. Educación, 128, 135.
— Organizaciones benéficas, 163-164, 166.
— Sociopolítico, 38, 42, 44, 63-64, 87.
— Teoría, 29, 51, 59.
FLYNN, M., 254.
FOUCAULT, M. Educación, 105, 130.
— Normalización, 184, 193, 194-197.
— Poder, 228.
— SIDA, 226.
— Teoría, 35, 92.
FRANK, A., 35.
FREELAND, J., 130.
FREIRE, P., 240.
FRENCH, S., 64, 79, 135, 146.
FREUD, S., 86.
FREUND, P. E., 193.
FRY, J., 255.
FULCHER, G. Educación, 104, 128-131, 132.
— Investigación, 23-24.
— Normalización, 187-188.
— Representación, 191, 194.
— Sociopolítica, 159, 193, 194.
— Teoría, 190.
FURLONG, V. J., 130.

GALLOWAY, D., 115, 116.
GARDNER, 120.
GARTNER, A., 72.
GAVENTA, J., 161.
GEERTZ, C., 243, 244.
Género. *Véase:* Feminismo, sexualidad.
GIDDENS, A., 19, 20, 22, 34, 94.
GILLESPIE-SELLS, K., 57, 205.
GINTIS, H., 233.
GIROUX, H. A., 126, 236, 237.
GLASSER, W., 131.

GLENDINNING, C., 29.
GOFFMAN, E., 35, 38, 60, 102, 149, 161, 233, 241.
GOLD, A., 124.
GORDON, G., 36.
GORDON, P., 50, 214.
GORDON, T., 131.
GORZ, A., 86, 199, 200.
GOUGH, I., 93.
GOULDNER, A., 39, 169.
GOVONI, L. E., 132.
GRAMSCI, A., 64, 162.
GRAVES, R., 69.
GRIFFIN, S., 65.
GRIFFITHS, H., 169.
GROCE, N., 49.
GUNN, L., 168.
GUTCH, R., 168.
GWYNNE, G. V., 175.

HABER, L., 57, 83.
HABERMAS, J., 131.
HAFFTER, C., 71.
HAHN, H., 23, 24, 39.
HAMMERSLEY, M., 57.
HANDY, C., 164, 176.
HANISCH, C., 242.
HANKS, J., 66, 67.
HANKS, L., 66, 67.
HARDIKER, P., 220, 222.
HARDING, T., 169.
HARGREAVES, D., 149.
HARTLEY, D., 112.
HARVEY, L., 22.
HASLER, F., 29.
HASTINGS, E., 133.
HAYES, J. E., 132.
HEARN, K., 214, 215, 224.
HEPWORTH, M., 35.
HESA: *Véase: Higher Education Statistics Agency.*
HEVEY, D., 41, 43, 72, 170, 174, 190, 192.
HEWARD, C., 109.
HEWITT, M., 193.
Higher Education Funding Council (Consejo para la Financiación de la Enseñanza Superior), 141, 144-145, 154.
Higher Education Statistics Agency [Agencia de Estadísticas sobre Enseñanza Superior (HESA)], 146, 154.
HILL, M., 54.
HILL, S., 72.
HILL-COLLINS, P., 26, 89, 127.
HINDESS, B., 200.
Historia. Cultura occidental, 67-72.
HIV, 224-226.
HOBBES, T., 71.
HOOKS, B., 26.
HOUGHTON, P., 176.

© Ediciones Morata, S. L.

Howe, F., 209, 211.
Humm, M., 241.
Hunt, P., 41, 62, 64, 163, 175.
Humphries, S., 50, 214.
Hurst, A., 98, 140, 142, 143, 148.

ICIDH. *Véase: International Classification of Impariment Disability and Handicap.*
Identidad personal. Búsqueda de, 243-245, 246.
ILM. *Véase:* Movimiento en favor de la vida independiente.
Informe de HMI de 1978, 111-112, 113.
— Warnock, 109-111, 113, 118.
Inglis, F., 71.
Insuficiencia. Relación con el marxismo, 84-86.
— Trabajo y utopía, 77-94.
International Classification of Impairment Disability and Handicap [Clasificación Internacional de la Insuficiencia, la Discapacidad y el Impedimento (ICIDH)], 78.
Invalidez. Integración en la educación, 129-134.
— Sociología, 77-81.
—— funcionalista, 81-84.
Investigación. Discapacidad en la enseñanza superior, 139-157.
— Estudio de casos en enseñanza superior, 150-154.
— Método, 251.
—— narrativo, 253-269.
— Metodología, 52-55.
— Preguntas planteadas, 21.

James, P., 194.
Jenkins, R., 22, 101, 103.
Joe, T., 72.
Jones, G., 72.
Jones, R., 168, 170.
Jong, G. de, 39, 60, 163.

Keeton, G., 172.
Keith, L., 211.
Kellmer-Pringler, M., 101.
Kelly, L., 221.
Kershaw, 120.
Kevles, D. J., 72.
King-Smith, L., 193.
Kirp, D. L., 110.
Klein, A., 238.
Kohli, M., 262.
Kunt, T., 45.
Kunz, C., 168.

Lather, P., 53, 55, 105.
Lawrence-Lightfoot, S., 240.
Le Grand, J., 165.
Leat, D., 165.
Lemert, E., 38, 214.

Lenguaje. Acomodación, 124-136.
— de Signos Británico, 151.
— patriarcal, 125.
Levitas, R., 83, 85.
Lewis, O., 255.
Ley australiana sobre la discriminación de la discapacidad, 133.
— de 1975 sobre la educación de todos los niños con impedimentos, 232.
—— Enseñanza de Grado Medio y Superior de 1992, 141, 143, 147.
— sobre Discapacidades estadounidense, 133.
Leyes de Reforma Educativa, 97, 113, 124.
— sobre las organizaciones benéficas, 172.
Liberty, 83.
Lloyd-Smith, M., 109.
Locker, 41.
Lonsdale, S., 211.
Lowe, K., 254.
Lukes, S., 161, 162.
Lunt, I., 113.
Lunt, N., 86.
Lutero, 71.
Lyons, 130.

Mabott, J., 168.
Macfarlane, I., 70.
Maclure, M., 105.
Madison, M., 89.
Mairs, N., 207.
Malin, N., 254.
Marcuse, H., 86.
Marginson, S., 130.
Martin, J., 50, 86.
Marx, K., 44, 49, 59, 60, 67, 84, 157.
Marxismo. Relación con la insuficiencia, 84-86.
Mason, M., 25.
McIntosh, M., 88.
McKee, 89.
McLaren, P., 231.
McPherson, A., 112.
McWilliam, C., 268.
Mead, G. H., 234.
Meadmore, D., 129.
Meltzer, H., 50, 86.
Melucci, 190.
Merton, R., 46.
Método narrativo de investigación, 253-269.
———— Caracterización, 264.
———— Diálogo, 267.
———— Dramaturgia, 266.
———— Entretenimiento, 268.
———— Estilo, 267-268.
———— Forma de arte, 262-268.
———— Historias compuestas, 265.
———— Interpretación, 259-260.
———— Legibilidad, 268.

© Ediciones Morata, S. L.

Método narrativo de investigación. Poder, 255-256.
—————— Problemas, 256-262.
—————— Propiedad, 261-262.
—————— Redactar, 259-260.
MILLER, B., 170.
MILLER, D., 129, 130, 190.
MILLER, E. J., 175.
MILLS, C. W., 20.
MILNER, A., 182, 195, 196.
MITCHELL, R., 203.
Modelo social de la discapacidad, 42, 60, 79-80.
MORRIS, J. Educación, 127-129, 133.
— Empleo, 88-89.
— Género, 64.
— Investigación, 21, 28, 53.
— Representación, 26, 170, 206, 208-212.
— Teoría, 26, 30, 43, 46, 49, 72, 92.
MORRIS, W., 85.
MORRISON, E., 57.
MORROW, R., 54.
MOUNT, B., 254.
Movimiento de la discapacidad. Planteamientos, 108-109.
—————— política, 172-173.
—————— Respuesta de las organizaciones benéficas tradicionales, 174-175.
— en favor de la vida independiente (ILM), 60.
Movimientos sociales. Teorías de la necesidad, 90-93.
MUETZELFELDT, M., 131.
MUNN, 111.
MUPINDU, R., 240, 242.
MURPHY, R., 67, 209.

National Bureau for Handicapped Students (Departamento Nacional para alumnos con impedimentos), 140.
Necesidad. Teorías de la, 90-93.
Necesidades educativas especiales, 99-120.
——— *Currículum* 5-14, 113.
——— Discursos oficiales, 112-118.
——— Escocia, 110-112.
——— Escuelas normales, 115-116.
——— Método narrativo de investigación, 253-269.
——— Poder de los padres, 116-118.
NEGRINE, R., 208.
NIRJE, B., 181, 183.
NISBET, R., 263.
Normalidad. Definición, 161-162.
Normalización. Acción productiva, 189-190.
— Materialismo cultural, 194-197.
— Niños autistas, 186-187.
— Proyecto, 181-183.
—— artístico, 185-186.
—— pérdida de visión, 187-188.

Normalización.Proyectos pequeños, 185-188, 197-200.
— Sensibilidades materialistas, 189.
— Transformación, 183-185.
Normas. Ejercicio de poder, 161-162.

O'CONNOR, A., 203.
OFFE, C. 131.
OLIVER, M. Educación, 100, 105, 108, 109, 135, 157.
— Género, 209-210.
— Investigación, 21-24, 52, 120, 176.
— Normalización, 182, 190, 194.
— Organizaciones benéficas, 169, 171.
— Poder, 108.
— Representación, 163, 184, 198.
— Sociopolítico, 59, 60, 63-67, 83, 126-128, 183.
— Teoría, 24, 25, 26, 29, 37, 42, 45-47, 51.
Organizaciones benéficas. Alcance, 164.
—— Espíritu, 166-167.
—— Estructura, 169-170.
—— Foco, 166-167.
—— Futuro, 176-177.
—— Gobierno, 167-169.
—— Historia, 164.
—— Imagen, 170-171.
—— Papel tradicional, 161-162.
—— Política, 172-173.
—— Prácticas, 169-170.
—— Recursos, 167-169.
—— Respuesta al movimiento de la discapacidad, 174-175.
—— Temas sociológicos, 175-176.
OSMOND, M., 36.
OWENS, D. J., 174.

PAGEL, M., 139, 166.
PANE, L. G., 203.
PARKER, T., 255, 267.
PARSONS, T., 35, 36, 221, 233.
PASSFIELD, D., 254.
PATERSON, 115.
PATTON, B., 143.
PAYNE, J., 165, 175.
PEARSON, N., 167.
Pedagogía crítica. Teoría de la identidad de la discapacidad, 238-241.
PETERS, S., 170, 238, 239.
PETERSEN, A. R., 127.
PHILLIPS, A., 107.
PINNEY, T., 263.
Planteamientos construccionistas sociales. Discapacidad, 102-103.
— materialistas. Discapacidad, 103-105.
PLUMB, J. H., 268.
PLUMMER, K., 254, 256, 261, 262.

© Ediciones Morata, S. L.

Poder de los padres. Necesidades educativas especiales, 116-118.
— Ejercicio, 161-162.
Política. Identidad de la discapacidad, 230-247.
— — política, 245-246.
— Movimiento de la discapacidad, 173.
— Necesidades educativas especiales, 99-120.
— Organizaciones benéficas, 172-173.
POLK, K., 130.
Postmodernismo. Ideas sobre la discapacidad, 105-108.
— Teoría de la identidad de la discapacidad, 236-238.
— — sociológica, 48-50.
POTTS, M., 254.
POWER, S., 124.
Proyecto de la Universidad de Sheffield Hallam, 150-154.

RABINOW, P., 226.
RADAR. *Véase: Royal Association for Disability and Rehabilitation.*
RAE, A., 223.
RAINE, C., 265.
RALPH, S., 29.
RAMAZANOGLU, C., 89.
RAMSAY, E., 125, 132.
RASMUSSEN, K., 75.
RAWLS, J., 134.
REASON, P., 53.
REISER, R., 25, 71.
REYNOLDS, D., 112.
RICE, M., 130.
RICH, A., 127.
RICHARDS, S., 254.
RICHARDSON, R., 30.
RIDDELL, S., 97, 108, 110, 114, 116, 117.
RIDLEY, J., 254.
RISEBORO, B., 68.
ROBINSON, I., 41.
ROBINSON, R., 165.
ROGERS, L., 72.
ROGERS, W., 131.
ROMAN, L. G., 184, 185, 201.
ROSE, N., 127.
ROWAN, J., 52.
ROWBOTHAM, S., 242.
Royal Association for Disability and Rehabilitation [Real Asociación para la Discapacidad y la Rehabilitación (RADAR)], 144.
RUSSELL, B., 68, 72.
RUSSELL, J., 139
RUTTER, 101.
RYAN, J., 25, 49, 71.

SAFILIOS-ROTSCHILD, C., 36, 39, 65, 66.
SANDELOWSKI, M., 260, 262, 265.
SAXTON, M., 209, 211.
SCAMBLER, G., 41.
SCHAMA, S., 262.
SCHUTZ, A., 149.
SCHWEICKART, P., 90.
SCOTT, N., 174.
SCOTT, R., 39, 60.
SCULL, A., 70, 72, 233.
SERFONTEIN, G., 131.
Sexualidad. Abusos deshonestos, 217-223.
— Amor, 212-224.
— Diferencias entre géneros, 210-212.
— Encontrar pareja, 215-217.
— Estereotipos de género, 208-210.
— Imagen, 206-212.
— Inconveniencia, 206-208.
— Placer sexual, 223-224.
— Rechazo sexual, 213, 214.
— Relación con la discapacidad, 205, 227.
SHADWICK, C., 238.
SHAKESPEARE, T., 23, 26, 27, 41, 43, 59, 64, 65, 79, 91, 150, 160, 191, 206, 225.
SHAPIRO, M. J., 192.
SHEARER, 66, 67, 72.
SHERIDAN, L., 172.
SHERRY, S., 261.
SIDA, 224-226.
SIEGLAR, M., 36.
SILVER, R., 37.
Skill, 155-157.
SLEE, R., 97, 130, 131, 142.
SMITH, D. E., 127, 241.
SMITH, R., 57.
SMITH, T., 83.
SMITH-ROSENBURG, C., 245.
SMOLKA, G., 165.
SNOW, C. P., 226.
SOBSEY, D., 220.
Society for Disability Studies (Sociedad de Estudios sobre la Discapacidad), 39.
Sociología. Análisis feministas, 88-90.
— Avances teóricos, 17-18.
— Enfoque emancipador, 19-22.
— funcionalista, 81-84.
— Humildad, 19.
— Nuevos temas, 19-31.
— Preguntas suscitadas, 20.
— Proceso de aprendizaje, 20.
— que incapacita, 34-55.
— Temas de la discapacidad, 22-23.
— Teoría de la discapacidad, 34-35.
— Últimos avances, 23.
SODER, M., 102.
Sordos. Estudiantes, 151.
SPENCER, K., 168.
SPRADLEY, J., 254.
STANTON, E., 170.

© Ediciones Morata, S. L.

STEINBECK, J., 264.
STONE, D. A., 60, 74, 70.
STUART, O., 27, 54, 64.
SUGG, B., 254.
SULLIVAN, M., 112.
SUTHERLAND, A. T., 47, 167.
SWAIN, J., 58, 95, 135, 163.
SWANN, A. DE, 127.

TAIT, T., 130.
Teoría de la discapacidad. Conexiones con la política y la práctica, 150-154.
— — — — política, 243.
— — — — Trabajo de la, 86-87.
— — — — identidad de la discapacidad, 236-243.
— social. Redefinición, 90-93.
— — Utopía, 83-84.
— sociológica de alcance medio, 50-52.
— — Economía política, 48-50.
— — Metodología, 52-55.
— — Paradigmas, 48.
— — Postmodernismo, 48-50.
— — Tragedia personal, 48-50.
THOMAS, D., 67, 69.
THOMAS, F., 25, 49, 71.
THOMAS, K., 71.
THOMPSON, D., 218.
THOMPSON, G. O. B., 101, 110.
THORNTON, P., 86, 203.
TIMPANARO, S., 81.
TOMLINSON, S., 23, 101, 102, 119, 130, 131, 190.
TOOLEY, M., 68.
TOPLISS, 81, 82, 86.
TOURAINE, A., 91-93, 108.
TOWNSEND, 41.
Trabajo. Teoría de la discapacidad, 86-87.
— Utopía e insuficiencia, 77-94.
Tragedia personal. Teoría sociológica, 48-50.
Transformación, 183-185, 236.
TREVALYAN, G. A., 70.
TROWBRIDGE, R., 189, 190, 194.
TROYNA, B., 22, 128.
TUCKER, B. P., 133.
TURNER, B., 35, 72.
TURNER, V., 67.
TWADDLE, A., 36.

UCAS. *Véase: Universities and Colleges Admissions Service.*
UDITSKY, B., 135.
UNELL, J., 165.

Union of the Physically Impaired Against Segregation [Unión de Personas con Insuficiencias Físicas contra la Segregación (UPIAS)], 41-42, 51, 62, 78.
Universities and Colleges Admissions Service [Servicio de Admisiones en Universidades y Escuelas universitarias (UCAS)], 147-148.
UPIAS. *Véase: Union of the Physically Impaired Against Segregation.*
Utopía. Teoría social, 83-84.
— Trabajo e insuficiencia, 77-94.

Voluntariado. Alcance, 164-165.
— Dirección, 167-169.
— Espíritu y foco, 166, 167.
— Estructura y prácticas, 169-170.
— Imagen, 170-171.
— Política, 170-171.
— Recursos, 167-169.
Voluntarios al Servicio de la Comunidad, 153.

WALKER, 41.
WALSH, B., 130.
WALTER, E., 131.
WARNOCK, 109, 114, 116, 118.
WARSHAW, R., 255.
WEBER, K., 67.
WEEDON, 113.
WEILER, K., 106, 107.
WEINER, G., 128.
WEST, C., 235.
WESTCOTT, H., 217, 219, 221.
WHALE, J., 263.
WHITE, R., 50, 130.
WHITTAKER, A., 120.
WHITTEMORE, R., 254, 261.
WICKHAM, G., 203.
WILLIAMS, P., 255.
WILLIAMS, R., 181, 195, 196, 201.
WILLMS, J. D., 112.
WOLFENSBERGER, W., 61, 181, 182.
WOOD, P., 78.
WORTMANN, C., 37.
WRIGHT MILLS, C., 150.

YATES, L., 107.
YOUNG, I., 27.

ZARB, G., 47, 55.
ZOLA, I., 39, 249.
ZWERNIK, K., 254.

© Ediciones Morata, S. L.

Otras obras de Ediciones Morata de interés

Adorno, Th.: *Educación para la emancipación,* 1998.
Aitken, J. y Mills, G.: *Tecnología creativa,* (3.ª ed.), 1997.
Apple, M. W.: *Política cultural y educación,* 1996.
—— **y Beane, J. A.:** *Escuelas democráticas,* 1997.
Arnold, P. J.: *Educación física, movimiento y* curriculum, (2.ª ed.), 1997.
Astington, J. W.: *El descubrimiento infantil de la mente,* 1998.
Bakeman, R. y Gottman, J. M.: *Observación de la interacción,* 1989.
Bakker, F. C., Whiting, H. T. A. y van der Brug, H.: *Psicología del deporte,* 1993.
Bale, J.: *Didáctica de la geografía en la escuela primaria,* (2.ª ed.), 1996.
Ball, S.: *Foucault y la educación,* (3.ª ed.), 1997.
Baudelot, Ch. y Establet, R.: *El nivel educativo sube,* (2.ª ed.), 1998.
Bennett, N.: *Estilos de enseñanza y progreso de los alumnos,* 1979.
Bernstein, B.: *La estructura del discurso pedagógico,* (3.ª ed.), 1997.
—— *Pedagogía, control simbólico e identidad,* 1998.
Blanco, A.: *Cinco tradiciones en la psicología social,* (2.ª ed.), 1995.
Browne, N. y France, P.: *Hacia una educación infantil no sexista,* 1988.
Bruner, J.: *Desarrollo cognitivo y educación,* (3.ª ed.), 1998.
Carr, W.: *Una teoría para la educación,* 1996.
Connell, R. W.: *Escuelas y justicia social,* 1997.
Contreras, J.: *La autonomía del profesorado,* 1997.
Cook, T. D. y Reichardt, Ch.: *Métodos cualitativos y cuantitativos en investigación evaluativa,* (3.ª ed.), 1997.
Decroly, O.: *El juego educativo,* (3.ª ed.), 1998.
Dewey, J.: *Democracia y educación,* (3.ª ed.), 1998.
Donaldson, M.: *La mente de los niños,* (4.ª ed.), 1997.
—— *Una exploración de la mente humana,* 1996.
Driver, R., Guesne, E. y Tiberghien, A.: *Ideas científicas en la infancia y la adolescencia,* (3.ª ed.), 1997.
Egan, K.: *Fantasía e imaginación: su poder en la enseñanza,* 1994.
Elliott, J.: *El cambio educativo desde la investigación-acción,* (2.ª ed.), 1997.
—— *Investigación-acción en educación,* (3.ª ed.), 1997.

© Ediciones Morata, S. L.

Escuelas infantiles de Reggio Emilia: *La inteligencia se construye usándola,* 1995.
Fernández Dols, J. M.: *Patrones para el diseño de la psicología social,* 1990.
Fernández Pérez, M.: *Evaluación y cambio educativo: el fracaso escolar,* (5.ª ed.), 1999.
Freinet, C.: *La escuela moderna francesa. Una pedagogía moderna de sentido común. Las invariantes pedagógicas,* 1996.
Gimeno Sacristán, J.: *El* curriculum*: una reflexión sobre la práctica,* (7.ª ed.), 1998.
——— *La pedagogía por objetivos: obsesión por la eficiencia,* (9.ª ed.), 1997.
——— *Poderes inestables en educación,* 1998.
——— *La transición a la educación secundaria,* (2.ª ed.), 1997.
——— **y Pérez Gómez, A. I.:** *Comprender y transformar la enseñanza,* (7.ª ed.), 1998.
Goetz, J. P. y LeCompte, M. D.: *Etnografía y diseño cualitativo en investigación educativa,* 1988.
González Portal, M. D.: *Conducta prosocial: evaluación e intervención,* (2.ª ed.), 1995.
——— *Dificultades en el aprendizaje de la lectura,* (5.ª ed.), 1998.
Gore, J.: *Controversias entre las pedagogías,* 1996.
Graves, D. H.: *Didáctica de la escritura,* (2.ª ed.), 1997.
Grundy, S.: *Producto o praxis del* curriculum, (3.ª ed.), 1998.
Halliday, J.: *Educación, gerencialismo y mercado,* 1995.
Hargreaves, A.: *Profesorado, cultura y postmodernidad,* (2.ª ed.), 1998.
Harlen, W.: *Enseñanza y aprendizaje de las ciencias,* (2.ª ed. actualizada), 1998.
Hegarty, S.: *Aprender juntos: la integración escolar,* (3.ª ed.), 1998.
Hicks, D.: *Educación para la paz,* (2.ª ed.), 1998.
House, E.: *Evaluación, ética y poder,* (2.ª ed.), 1997.
Hyde, J.: *Psicología de la mujer,* 1995.
Inhelder, B.: *Aprendizaje y estructuras del conocimiento,* (2.ª ed.), 1996.
Jackson, Ph. W.: *La vida en las aulas,* (5.ª ed.), 1998.
Kemmis, S.: *El* curriculum*: más allá de la teoría de la reproducción,* (3.ª ed.), 1998.
Liston, D. P. y Zeichner, K. M.: *Formación del profesorado y condiciones sociales de la escolarización,* (2.ª ed.), 1997.
Loughlin, C. E. y Suina, J. H.: *El ambiente de aprendizaje: diseño y organización,* (4.ª ed.), 1997.
Lundgren, U. P.: *Teoría del* curriculum *y escolarización,* (2.ª ed.), 1997.
McCarthy, C.: *Racismo y curriculum,* 1994.
McCormick, R. y James, M.: *Evaluación del* curriculum *en los centros escolares,* (2.ª ed.), 1997.
Moyles, J. R.: *El juego en la educación infantil y primaria,* (2.ª ed.), 1998.
Oléron, P.: *El niño: su saber y su saber hacer,* 1987.
Olweus, D.: *Conductas de acoso y amenaza entre escolares,* 1998.
Orton, A.: *Didáctica de las matemáticas,* (3.ª ed.), 1998.
Pérez Gómez, A. I.: *La cultura escolar en la sociedad neoliberal,* 1998.
Perrenoud, Ph.: *La construcción del éxito y del fracaso escolar,* (2.ª ed.), 1996.
Piaget, J.: *La composición de las fuerzas y el problema de los vectores,* 1975.
——— *Psicología del niño,* (14.ª ed.), 1997.
——— *La representación del mundo en el niño,* (8.ª ed.), 1997.
——— *La toma de conciencia,* (3.ª ed.), 1985.
Pimm, D.: *El lenguaje matemático en el aula,* (2.ª ed.), 1998.
Popkewitz, Th. S.: *Sociología política de las reformas educativas,* (2.ª ed.), 1997.
Postic, M.: *Observación y formación de los profesores,* (2.ª ed.), 1997.

© Ediciones Morata, S. L.

Pozo, J. I.: *Teorías cognitivas del aprendizaje,* (5.ª ed.), 1997.
——— **y Gómez Crespo, M. A.:** *Aprender y enseñar ciencia,* 1998.
Rivas, F.: *Psicología vocacional: enfoques del asesoramiento,* (3.ª ed.), 1998.
Sanuy, M.: *Aula sonora. Hacia una educación musical en primaria,* (2.ª ed.), 1996.
Saunders, R. y Bingham-Newman, A. M.: *Perspectivas piagetianas en la educación infantil,* (2.ª ed.), 1998.
Scraton, Sh.: *Educación física de las niñas,* 1995.
Secada, W. G.; Fennema, E. y Adajian, L. B. (Comps.): *Equidad y enseñanza de las matemáticas: nuevas tendencias,* 1997.
Selmi, L. y Turrini, A.: *La escuela infantil a los tres años,* (3.ª ed.), 1997.
——— y ——— *La escuela infantil a los cuatro años,* (3.ª ed.), 1997.
——— y ——— *La escuela infantil a los cinco años,* (3.ª ed.), 1997.
Stake, R.: *Investigación con estudio de casos,* 1997.
Stenhouse, L.: *Investigación y desarrollo del* curriculum, (4.ª ed.), 1998.
——— *La investigación como base de la enseñanza,* (4.ª ed.), 1998.
Tann, C. S.: *Diseño y desarrollo de unidades didácticas en la escuela primaria,* (2.ª ed.), 1993.
Thornton, S.: *La resolución infantil de problemas,* 1998.
Torres, J.: *El* curriculum *oculto,* (6.ª ed.), 1998.
——— *Globalización e interdisciplinariedad: el* curriculum *integrado,* (3.ª ed.), 1998.
Turner, J.: *Redescubrir el grupo social,* 1990.
Tyler, J.: *Organización escolar,* (2.ª ed.), 1996.
Usher, R. y Bryant, I.: *La educación de adultos como teoría, práctica e investigación. El triángulo cautivo,* (2.ª ed.), 1997.
Vidal, F.: *Piaget antes de ser Piaget,* 1998.
VV.AA.: *Volver a pensar la educación* (2 vols.), 1995.
Walker, R.: *Métodos de investigación para el profesorado,* (2.ª ed.), 1997.
Willis, A. y Ricciuti, H.: *Orientaciones para la escuela infantil de cero a dos años,* (2.ª ed.), 1997.
Zimmermann, D.: *Observación y comunicación no verbal en la escuela infantil,* (3.ª ed.), 1998.

© Ediciones Morata, S. L.